Compliance, Internal Investigations und Beschuldigtenrechte

Europäische Hochschulschriften

European University Studies
Publications Universitaires Européennes

Reihe II	**Rechtswissenschaft**
Series II	Law
Série II	Droit

Band/Volume **5637**

Vorwort

Die vorliegende Arbeit wurde im Wintersemester 2013/2014 von der Juristischen Fakultät der Universität Passau als Dissertation angenommen.

An dieser Stelle möchte ich mich bei den Menschen bedanken, die zur Entstehung dieser Arbeit beigetragen haben:

An erster Stelle ist mein Doktorvater, Herr Professor Dr. Werner Beulke, zu nennen. Von der Ausarbeitung des Themas bis zur Abgabe des Manuskripts stand er mir jederzeit zur Seite. Für seine äußerst hilfreichen Denkanstöße und Anmerkungen möchte ich mich herzlichst bedanken.

Herrn Professor Dr. Eckhart Müller danke ich vielmals für die zügige Erstellung des Zweitgutachtens.

Großen Anteil am Gelingen meiner Arbeit haben meine Eltern. Sie haben mir meine Ausbildung ermöglicht und ohne ihre fortwährende Unterstützung wäre diese Arbeit nicht möglich gewesen. Ihnen gilt mein ganz besonderer Dank.

Zuletzt möchte ich mich auch bei meinen Freunden bedanken, die stets ein offenes Ohr hatten und mit denen ich während des Studiums und der Erstellung dieser Arbeit Zeit verbringen durfte.

München, im Mai 2014 *Sebastian Lenze*

Inhaltsverzeichnis

Abkürzungsverzeichnis

a. A.	Andere Ansicht
Abs.	Absatz
a. F.	alte Fassung
AG	Aktiengesellschaft
AG	Aktiengesellschaft (Zeitschrift)
AGB	Allgemeine Geschäftsbedingungen
AGG	Allgemeines Gleichbehandlungsgesetz
AktG	Aktiengesetz
Alt.	Alternative
Anh.	Anhang
Anm.	Anmerkung
AnwBl.	Anwaltsblatt (Zeitschrift)
AO	Abgabenordnung
ArbG	Arbeitsgericht
Art.	Artikel
Aufl.	Auflage
BAG	Bundesarbeitsgericht
BB	Betriebs-Berater (Zeitschrift)
BDSG	Bundesdatenschutzgesetz
BetrVG	Betriebsverfassungsgesetz
BGB	Bürgerliches Gesetzbuch
BGBl.	Bundesgesetzblatt
BGH	Bundesgerichtshof
BGHSt	Entscheidungen des Bundesgerichtshofs in Strafsachen
BGHZ	Entscheidungen des Bundesgerichtshofs in Zivilsachen
BImschG	Bundesimmissionsschutzgesetz

BRAK	Bundesrechtsanwaltskammer
BRAO	Bundesrechtsanwaltsordnung
BT-Drucks.	Drucksache des Bundestages
BtMG	Betäubungsmittelgesetz
BVerfG	Bundesverfassungsgericht
BVerfGE	Entscheidungen des Bundesverfassungsgerichts
bezgl.	bezüglich
bzw.	beziehungsweise
CCZ	Corporate Compliance Zeitschrift
CEO	Chief Executive Officer
CFO	Chief Financial Officer
D&O	Directors and Officers
DAV	Deutscher Anwaltverein
DB	Der Betrieb (Zeitschrift)
DCGK	Deutscher Corporate Governance Kodex
ders.	derselbe
d. h.	das heißt
dies.	dieselbe(n)
DOJ	Department of Justice
Einf.	Einführung
Einl	Einleitung
EMRK	Europäische Menschenrechtskonvention
EPS	Entwurf Prüfungsstandard
ErfK	Erfurter Kommentar zum Arbeitsrecht
etc.	Et cetera
EU	Europäische Union
e. V.	eingetragener Verein

f., ff.	Folgende, fortfolgende
FAZ	Frankfurter Allgemeine Zeitung
FCPA	Foreign Corrupt Practices Act
Fn.	Fußnote
FS	Festschrift
gem.	gemäß
GewO	Gewerbeordnung
GG	Grundgesetz
ggf.	gegebenenfalls
GmbH	Gesellschaft mit begrenzter Haftung
GmbHG	Gesetz betreffend die Gesellschaften mit beschränkter Haftung
GwG	Geldwäschegesetz
HGB	Handelsgesetzbuch
h. L.	herrschende Lehre
h. M.	herrschende Meinung
Hrsg.	Herausgeber
Hs.	Halbsatz
i. d. S.	in diesem Sinne
IDW	Institut der Wirtschaftsprüfer in Deutschland e. V.
i. H. v.	in Höhe von
insb.	insbesondere
InsO	Insolvenzordnung
IPBR	Internationaler Pakt über bürgerliche und politische Rechte
IRG	Gesetz über die internationale Rechtshilfe in Strafsachen
i. S. d.	im Sinne des
i. S. v.	im Sinne von
IT	Informationstechnik
i. V. m.	in Verbindung mit

JuS	Juristische Schulung (Zeitschrift)
KK-OWiG	Karlsruher Kommentar zum Ordnungswidrigkeitengesetz
KK-StPO	Karlsruher Kommentar zur Strafprozessordnung
KO	Konkursordnung
KonTraG	Gesetz zur Kontrolle und Transparenz im Unternehmensbereich
KrW/AbfG	Kreislaufwirtschafts- und Abfallgesetz
KSchG	Kündigungsschutzgesetz
KWG	Kreditwesengesetz
LAG	Landesarbeitsgericht
LG	Landgericht
lit.	littera
MAH	Münchener Anwaltshandbuch
MDR	Monatsschrift für Deutsches Recht (Zeitschrift)
Mio.	Millionen
MMR	Multimedia und Recht (Zeitschrift)
Mrd.	Milliarden
MünchArbR	Münchener Handbuch zum Arbeitsrecht
MünchKomm	Münchener Kommentar
m. w. N.	mit weiteren Nachweisen
n. F.	Neue Fassung
NJW	Neue Juristische Wochenschrift (Zeitschrift)
NJW-RR	NJW-Rechtsprechungsreport
Nr.	Nummer
NStZ	Neue Zeitschrift für Strafrecht
NStZ-RR	NStZ-Rechtsprechungsreport
NYSE	New York Stock Exchange
NZA	Neue Zeitschrift für Arbeitsrecht
NZA-RR	NZA-Rechtsprechungsreport

NZG	Neue Zeitschrift für Gesellschaftsrecht
NZWiSt	Neue Zeitschrift für Wirtschafts-, Steuer- und Unternehmensstrafrecht
o.	oben
OECD	Organization of Economic Cooperation and Development
OLG	Oberlandesgericht
OWiG	Ordnungswidrigkeitengesetz
PCAOB	Public Company Accounting Oversight Board
PS	Prüfungsstandard
RdA	Recht der Arbeit (Zeitschrift)
RG	Reichsgericht
RGZ	Entscheidungen des Reichsgerichts in Zivilsachen
RiVASt	Richtlinien für den Verkehr mit dem Ausland in strafrechtlichen Angelegenheiten
RIW	Recht der Internationalen Wirtschaft (Zeitschrift)
Rn.	Randnummer
Rspr.	Rechtsprechung
S.	Seite
s.	Siehe
SEA	Securities Exchange Act
SEC	United States Securities and Exchange Commission
SOX	Sarbanes Oxley Act
sog.	sogenannte(s)
StGB	Strafgesetzbuch
StPO	Strafprozessordnung
StV	Strafverteidiger (Zeitschrift)
SZ	Süddeutsche Zeitung
SZW	Schweizerische Zeitschrift für Wirtschafts- und Finanzmarktrecht

TKG	Telekommunikationsgesetz
UMAG	Gesetz zur Unternehmensintegrität und zur Modernisierung des Anfechtungsrechts
UrhG	Urheberrechtsgesetz
US	United States
U.S.C.	United States Code
U.S.C.A.	United States Code Annotated
v.	von
Var.	Variante
Verf.	Verfasser
vgl.	vergleiche
VOB/A	Vergabe- und Vertragsordnung für Bauleistungen
Vorbem.	Vorbemerkung
wistra	Zeitschrift für Wirtschafts- und Steuerstrafrecht
WM	Wertpapiermitteilungen – Zeitschrift für Wirtschafts- und Bankrecht
WpDVerOV	Wertpapierdienstleistungs-Verhaltens- und Organisationsverordnung
WpHG	Wertpapierhandelsgesetz
ZD-Aktuell	Zeitschrift für Datenschutz-Aktuell
ZGR	Zeitschrift für Unternehmens- und Gesellschaftsrecht
Ziff.	Ziffer
ZIS	Zeitschrift für Internationale Strafrechtsdogmatik
ZIP	Zeitschrift für Wirtschaftsrecht
zit.	zitiert
ZPO	Zivilprozessordnung

Einleitung und Gang der Untersuchung

Hegel befand im Jahr 1807 „das Wahre ist das Ganze“[1]. Sein allumfassender Ansatz über das werdende Wissen lässt sich gerade in der aktuellen Compliance-Diskussion beobachten. Kaum eine andere Thematik steht im Wirtschaftsrecht derzeit mehr im Fokus; aus der deutschen Rechtssprache ist der Begriff längst nicht mehr wegzudenken. Gleichzeitig ist die Thematik äußerst komplex und beinhaltet viele, teilweise ungelöste Problemfelder. Fragestellungen, die unter der Überschrift Compliance diskutiert werden, finden sich in nahezu jedem Rechtsgebiet: Straf- und Strafprozessrecht, Arbeitsrecht, Kartellrecht, Gesellschaftsrecht, Vergaberecht. Die Aufzählung ließe sich beliebig erweitern. So bildet sich in Deutschland nach und nach ein umfassendes Compliance-Verständnis. Teilweise sind die im Zusammenhang mit Compliance erörterten Fragen jedoch weniger „neue Probleme“ als originäre wirtschaftsrechtliche Sachverhalte. Die Identifizierung und Diskussion neuer Probleme der Compliance steht in Deutschland noch am Anfang. Diese Arbeit soll im Folgenden einen Teil dazu beitragen.

Die Zahl strafrechtlicher Ermittlungen gegen Konzerne, deren Leitungsorgane und Mitarbeiter hat in den letzten Jahren stark zugenommen. Hierbei kommt dem Korruptionsfall Siemens aus dem Jahr 2006 und der Aufarbeitung durch das Unternehmen eine herausragende Rolle zu, die einer Zäsur gleicht: Seither ist Compliance in Unternehmen Chefsache und sog. „internal investigations“ zur Aufklärung von Gesetzesverstößen sind gang und gäbe. Im Zuge der internen Untersuchungen kooperieren die betroffenen Unternehmen regelmäßig umfassend mit den Strafverfolgungsbehörden. Der Konzern MAN orientierte sich, nachdem Mitte des Jahres 2009 strafrechtliche Ermittlungen wegen des Verdachts der Zahlung von Bestechungsgeldern bekannt geworden waren, maßgeblich an der Strategie von Siemens und lieferte damit ein Lehrstück, wie ein Korruptionsfall möglichst zeitnah und geräuschlos aufgearbeitet werden kann. Noch im Dezember 2009 schloss die Staatsanwaltschaft München das Verfahren ab.

Die Staatsanwaltschaft profitiert von diesem „Outsourcing“ der Ermittlungen. Ein ungelöstes Problem bei dieser Vorgehensweise zur Aufklärung von gesetz- oder regelwidrigem Verhalten ist jedoch das Spannungsverhältnis zwischen

---

1 *Hegel*, Phänomenologie des Geistes, S. 11.

Unternehmensinteressen und Beschuldigtenrechten. Im Rahmen von Mitarbeiterbefragungen – einem wesentlichen Bestandteil interner Ermittlungen – tritt der Konflikt offen zu Tage: Besteht eine Pflicht zur oder ein Schutz vor Selbstbelastung? Sind Arbeitnehmer gegenüber dem Arbeitgeber umfassend zur Auskunft verpflichtet oder sind sie mit Blick auf ein mögliches späteres Strafverfahren durch ein Zeugnis- bzw. Aussageverweigerungsrecht zu schützen? Dürfen die Strafverfolgungsbehörden nach einem Informationstransfer die Erkenntnisse aus den Mitarbeiterbefragungen verwerten? Der Gesetzgeber hat sich noch nicht dazu geäußert, ob durch die „Privatisierung der Strafverfolgung“[2] Beschuldigtenrechte umgangen oder zumindest ausgehöhlt werden und wo die Grenzen für die Zulässigkeit eines solchen Vorgehens zu ziehen sind. Höchstrichterliche Rechtsprechung hierzu ist bislang nicht ergangen.

Die vorliegende Arbeit will Anhaltspunkte für den Umgang mit Beschuldigtenrechten im Rahmen von Compliance-Ermittlungen liefern. Im *Ersten Kapitel* erfolgt eine Einführung in die Thematik. Begrifflichkeiten, Rechtsgrundlagen und die typischen Bestandteile einer Compliance-Organisation werden geklärt. Im *Zweiten Kapitel* werden die wichtigsten Compliance-Rechtsgrundlagen in den USA skizziert. Das *Dritte Kapitel* dient der Darstellung der Korruptionsfälle Siemens und MAN, die im weiteren Verlauf der Untersuchung als Praxisbeispiele den theoretischen Ausführungen zugrunde liegen. Im *Vierten Kapitel* werden die grundlegenden arbeitsrechtlichen Compliance-Probleme behandelt und die verschiedenen Maßnahmen bei internen Ermittlungen aufgezeigt. Gegenstand des *Fünften Kapitels* ist die Analyse von Mitarbeiterbefragungen und sog. Amnestieprogrammen. Das *Sechste Kapitel* widmet sich der Frage, inwieweit Erkenntnisse aus Mitarbeiterbefragungen verwertbar sind. Dabei wird zunächst das Spannungsverhältnis zwischen Unternehmens- und Arbeitnehmerinteressen beleuchtet. Im Anschluss daran wird die Reichweite der arbeitsrechtlichen Auskunftspflicht gegenüber dem Arbeitgeber untersucht. Abschließend legt die Untersuchung unter Berücksichtigung der bestehenden Literatur und Rechtsprechung dar, in welchen Fällen hinsichtlich der Erkenntnisse aus einer Mitarbeiterbefragung ein strafprozessuales Verwertungsverbot angenommen werden muss.

Die Komplexität des Themas bringt es mit sich, dass nur ausgewählte Probleme behandelt werden können. Insbesondere auf kollektivarbeitsrechtliche Aspekte konnte nur am Rande eingegangen werden.

---

2 *Taschke*, NZWiSt 2012, 9 (9).

Erstes Kapitel: Einführung in die Thematik

A) Der Begriff (Corporate) Compliance

Der aus dem angelsächsischen Recht stammende Begriff Compliance leitet sich ab vom englischen „to comply with“.[3] Eine exakte Übersetzung in die deutsche Sprache ist indes kaum möglich. Compliance bedeutet in etwa „Einhaltung“, „Befolgung“, „Folgsamkeit“, „Einhaltung bestimmter Gebote“.[4] Häufig ist auch von Corporate Compliance die Rede. Dieser Zusatz dient der Klarstellung und Abgrenzung zur rein sektorspezifischen Compliance und bedeutet übersetzt nichts anderes als Compliance im Unternehmen bzw. Compliance im Unternehmensverbund.[5] Im Medizinrecht wurde der Begriff von der Rechtsprechung bereits bestätigt als „die zuverlässige Befolgung der therapeutischen Anweisung“[6]. Demgemäß wird Compliance von einem Patienten gegenüber seinem Arzt als Voraussetzung dafür erwartet, dass dieser ihn heilen kann.[7]

Das medizinrechtliche Compliance-Verständnis, d. h. die Therapietreue eines Patienten, lässt sich teilweise auf den Begriff der (Corporate) Compliance übertragen. Denn im wirtschaftsrechtlichen Zusammenhang ist mit Compliance zunächst gemeint, dass das Handeln von Unternehmen, ihren Organen und Mitarbeitern mit dem geltenden Recht vereinbar sein muss, insbesondere straf- und bußgeldbewehrte Normen sind zu beachten.[8] Die „Spieler“ müssen die „Spielregeln“

---

3 *Eisele/Faust*, in: Bankrechts-Handbuch, § 109 Rn. 1.

4 *Hauschka*, in: Hauschka, Corporate Compliance, § 1 Rn. 2; *Bock*, Criminal Compliance, S. 19; vgl. auch *Eisele/Faust*, in: Bankrechts-Handbuch, § 109 Rn. 2, Fn. 5, wonach in Anlehnung an Art. 19 Abs. 1 EG-Richtlinie über Märkte für Finanzinstrumente 2004/39 v. 21.04.2004 (MiFID-Richtlinie) „Compliance“ mit den deutschen Worten „Treue und Redlichkeit“ zutreffend beschrieben wäre.

5 *Böhm*, Non-Compliance, S. 48 f.; *Kort*, NZG 2008, 81 (85).

6 Vgl. *OLG Hamburg*, GRUR-RR 2003, 105 ff.; *Hauschka*, NJW 2004, 257 (257).

7 *Momsen*, ZIS 2011, 508 (508).

8 Vgl. hierzu etwa *Hauschka*, NJW 2004, 257 (257, 261); *ders.*, in: Hauschka, Corporate Compliance, § 1 Rn. 2; *Bock*, ZIS 2009, 68 (68); *ders.*, Criminal Compliance, S. 19 f.; *Mengel/Hagemeister*, BB 2006, 2466 (2466 f.); *Schemmel/Ruhmannseder/Witzigmann*, Hinweisgebersysteme, 1. Kapitel Rn. 39.

einhalten.[9] Dies sollte an sich selbstverständlich sein und wäre kein Novum.[10] Neben der reinen Gesetzestreue umfasst Compliance aber auch die Einhaltung unternehmensinterner Richtlinien und Verhaltensregeln sowie gesellschaftliche Moral- und Wertvorstellungen.[11]

Das vorrangige Ziel der Compliance, auf die Einhaltung der Gesetze und Regelwerke hinzuwirken, um Risiken zu begrenzen und Haftungsfällen vorzubeugen, stellt sich somit für Unternehmen als komplexe Herausforderung dar. Verstöße gegen Gesetze und andere Compliance-Regeln sind präventiv zu vermeiden, die Einhaltung der Regeln ist zu überwachen und bei entdecktem Fehlverhalten ist angemessen zu reagieren.

Hiervon ausgehend verbirgt sich hinter dem Begriff Compliance damit die Aussage, dass das geltende Recht beachtet werden muss. Daneben stellt sich die Frage, auf welche Weise rechtskonformes Verhalten gewährleistet werden kann.[12] Compliance lässt sich demnach definieren als die Gesamtheit aller unternehmensinterner Maßnahmen, die gewährleisten sollen, dass das entsprechende Unternehmen, seine Organe und Mitarbeiter die jeweils geltenden gesetzlichen Bestimmungen sowie unternehmensinternen Richtlinien beachten.[13]

B) Rechtsgrundlagen der Compliance

I) Rechtsgrundlagen

Schon aus der deutschen Übersetzung des Begriffes Compliance („Einhaltung, Befolgung des geltenden Rechts“) folgt, dass das geltende Recht der

9 *Sieg*, in: FS Buchner, S. 859 (859).

10 Vgl. *Schneider*, ZIP 2003, 645 (646), der dies als „Binsenweisheit“ bezeichnet.

11 Vgl. hierzu etwa *Böhm*, Non-Compliance, S. 31; *Momsen*, ZIS 2011, 508 (508); *Schemmel/Ruhmannseder/Witzigmann*, Hinweisgebersysteme, 1. Kapitel Rn. 39; *Nestler*, in: Knierim/Rübenstahl/Tsambikakis, Internal Investigations, 1. Kapitel Rn. 32.

12 Vgl. *Koch*, WM 2009, 1013 (1013); *Eufinger*, CCZ 2012, 21 (21); *Hauschka*, NJW 2004, 257 (257); *Reichert*, ZIS 2011, 113 (114); *Schemmel/Ruhmannseder/Witzigmann*, Hinweisgebersysteme, 1. Kapitel Rn. 41.

13 *Schemmel/Ruhmannseder/Witzigmann*, Hinweisgebersysteme, 1. Kapitel Rn. 40; vgl. auch *Eisele/Faust*, in: Bankrechts-Handbuch, § 109 Rn. 1; *Moosmayer*, Compliance, S. 1; ; *Nestler*, in: Knierim/Rübenstahl/Tsambikakis, Internal Investigations, 1. Kapitel Rn. 32; *Schneider*, ZIP 2003, 645 (645) jeweils m. w. N. In diesem Sinne auch *Bock*, in: Compliance-Diskussion, S. 63 (63).

Grundpfeiler für alle Bereiche der Compliance ist. Eine Norm, die explizit die Errichtung einer Compliance-Organisation oder die Durchführung von Compliance-Ermittlungen für alle Unternehmen vorschreibt, existiert jedoch im deutschen Recht nicht. In Teilbereichen des Rechts finden sich lediglich verschiedene Vorschriften, die Einzelaspekte normativ für einen bestimmten Kreis von Adressaten festlegen. Besonderes Augenmerk ist dabei auf Vorschriften zu legen, die auf die Organisation eines Unternehmens abzielen. Solche „Organisationsnormen“[14] statuieren besondere Pflichten, die von der Unternehmensleitung beachtet werden müssen.

Für Management und Mitarbeiter eines Unternehmens gilt es zunächst, im Einklang mit den geltenden (Straf-)Gesetzen zu handeln. Dies sollte an sich eine Selbstverständlichkeit sein, da in einem Rechtsstaat das Recht für jedermann verbindlich ist.[15] Dennoch wird in der Literatur teilweise betont, dass für das Management bzw. die Unternehmensleitung die Gefahr der Strafbarkeit wegen Anstiftung und Beihilfe (§§ 26, 27 StGB) zu Delikten aus dem Bereich des Wirtschaftsstrafrechts besonders groß sei.[16] Diese Problematik ist sicher in der Praxis gegeben. Jedoch ist die Möglichkeit der Strafbarkeit wegen Anstiftung oder Beihilfe zu allgemein, um als Rechtsgrundlage der Compliance zu dienen. Die §§ 26, 27 StGB definieren vielmehr nur einen Teil des strafrechtlichen Rahmens, in dem sich generell das Handeln der Unternehmensleitung bewegen muss.

1) §§ 9, 30, 130 OWiG

Im Ordnungswidrigkeitenrecht sind §§ 9, 30, 130 OWiG von zentraler Bedeutung für Compliance.[17] Die „Trias“ bildet den „harten Kern“ der Compliance.[18] Gem. § 130 Abs. 1 OWiG – die Vorschrift wird mittlerweile auch als

---

14 *Hauschka*, in: Hauschka, Corporate Compliance, § 1 Rn. 21.

15 So auch *Schemmel/Ruhmannseder/Witzigmann*, Hinweisgebersysteme, 2. Kapitel Rn. 8.

16 Vgl. etwa *Hauschka*, in: Hauschka, Corporate Compliance, § 1 Rn. 21.

17 Instruktiv hierzu *Theile/Petermann*, JuS 2011, 496 ff.; *Achenbach*, NZWiSt 2012, 321 ff. Vgl. auch *Moosmayer/Gropp-Stadler*, NZWiSt 2012, 241 ff. zur inzwischen in Kraft getretenen Änderung der §§ 30, 130, OWiG. Umfassend zum Ganzen die Monographien von *Wilhelm*, Ausmaß der erforderlichen Aufsichtsmaßnahmen; *Buchholz*, Begriff der Zuwiderhandlung in § 130 OWiG; *Geismar*, Tatbestand der Aufsichtspflichtverletzung.

18 *Moosmayer*, NJW 2012, 3013 (3014).

„Compliance-Tatbestand“ bezeichnet[19] – handelt ordnungswidrig, wer als Inhaber eines Betriebes oder Unternehmens schuldhaft die Aufsichtsmaßnahmen unterlässt, die erforderlich sind, um in dem Betrieb oder Unternehmen Zuwiderhandlungen gegen Pflichten zu verhindern, die den Inhaber treffen und deren Verletzung mit Strafe oder Geldbuße bedroht ist. Vereinfacht gesprochen ist es bußgeldbewehrt, wenn in einem Betrieb oder Unternehmen durch die Unternehmensleitung keine Vorkehrungen gegen betriebsbezogene Zuwiderhandlungen getroffen werden.[20] Zweck des § 130 OWiG ist es, drohende Lücken bei der Sanktionierung unternehmensbezogener Pflichtverletzungen zu schließen.[21] Die Norm beruht auf dem Gedanken, dass die Inhaber von Betrieben und Unternehmen eine Garantenpflicht trifft, Normverstößen entgegenzuwirken, die in ihre Organisationszuständigkeit fallen.[22]

Der Täterkreis ist nach § 130 Abs. 1 OWiG zunächst auf den Inhaber des Betriebes oder Unternehmens beschränkt. Nach herrschender Meinung sind auch Konzerne Unternehmen i. S. d. § 130 Abs. 1 OWiG, da diese faktisch wie Unternehmen organisiert sind.[23] § 9 OWiG erweitert den Anwendungsbereich des Sonderdelikts § 130 OWiG. Durch diese Tatbestandsergänzungsvorschrift werden Personen, die für den Betriebs- oder Unternehmensinhaber handeln, in die Verantwortung einbezogen.

§ 30 OWiG ermöglicht daneben zusätzlich den Durchgriff auf das Unternehmen selbst. Gem. § 30 Abs. 1 OWiG wird die Geldbuße gegen das Unternehmen festgesetzt, da die Aufsichtspflichtverletzung im Sinne von § 130 Abs. 1 OWiG eine betriebsbezogene Ordnungswidrigkeit im Sinne von § 30 Abs. 1 OWiG darstellt.[24] Die Ordnungswidrigkeit wird der juristischen Person, für die gehandelt wurde, zugerechnet.

Tathandlung des § 130 OWiG ist das Unterlassen der erforderlichen Aufsichtsmaßnahmen. Diese Aufsichtsverpflichtung wird in § 130 Abs. 1 S. 1 OWiG durch das Merkmal der Erforderlichkeit konkretisiert. Darüber hinaus statuiert § 130 Abs. 1 S. 2 OWiG, dass zu den erforderlichen Aufsichtsmaßnahmen „auch“

---

19 So etwa *Withus*, CCZ 2011, 63 (64).
20 *Rogall*, in: KK-OWiG, § 130 Rn. 1.
21 *Bock*, Criminal Compliance, S. 364; *Rogall*, in: KK-OWiG, § 130 Rn. 4; *Schemmel/Ruhmannseder/Witzigmann*, Hinweisgebersysteme, 2. Kapitel Rn. 47.
22 *Rettenmaier/Palm*, NJOZ 2010, 1414 (1415).
23 *Koch*, WM 2009, 1013 (1017 f.); *Bock*, Criminal Compliance, S. 363 m. w. N.
24 Vgl. *Gürtler*, in: Göhler, OWiG, § 130 Rn. 3; *Rogall*, in: KK-OWiG, § 130 Rn. 6.

die Bestellung, die sorgfältige Auswahl und die Überwachung von Aufsichtspersonen gehören. Somit können auch weitere Maßnahmen geboten sein.[25]

Auf der Rechtsfolgenseite des § 130 OWiG findet für die Bemessung der Geldbuße zunächst § 130 Abs. 3 S. 1 OWiG Anwendung, der eine Ahndung mit einer Geldbuße bis zu zehn Millionen Euro vorsieht. Gem. § 30 Abs. 3 OWiG gilt darüber hinaus § 17 Abs. 4 OWiG, wonach die Geldbuße den wirtschaftlichen Vorteil übersteigen soll, den das Unternehmen aus der Ordnungswidrigkeit erlangt hat.[26] Gem. § 17 Abs. 4 S. 2 OWiG darf das gesetzliche Höchstmaß des Bußgeldes zu diesem Zweck überschritten werden. Der Normzweck des § 17 Abs. 4 OWiG ist es, dass sich die Begehung einer Ordnungswidrigkeit für den Täter in keiner Weise „lohnen" soll.[27]

Durch die Möglichkeit des direkten Durchgriffs sind §§ 9, 30, 130 OWiG regelmäßig die entscheidenden Vorschriften, wenn die Strafverfolgungsorgane gegen ein Unternehmen Ermittlungen anstrengen.[28] Ansatzpunkt ist stets die Prüfung einer Aufsichtspflichtverletzung durch die Unternehmensleitung wegen defizitär organisierter Compliance-Systeme. Für die Frage, ob und inwieweit § 130 OWiG Rechtsgrundlage der Compliance ist, lässt sich der Schluss ziehen, dass Unternehmen grundsätzlich am Merkmal der Erforderlichkeit entscheiden müssen, welche Aufsichtsmaßnahmen zu treffen sind. Die Rechtsprechung hat hierzu bislang keine allgemeine Konkretisierung vorgenommen, sie ist vielmehr durch einen „Wildwuchs an Kasuistik"[29] gekennzeichnet. Die Ausführungen der Gerichte beschränken sich auf die Feststellung, dass die jeweils getroffenen Aufsichtsmaßnahmen im Einzelfall eben nicht ausgereicht haben. Die Frage, welche Maßnahmen konkret erforderlich gewesen wären, wird hingegen nicht beantwortet.[30]

2) § 91 Abs. 2 AktG

Gem. § 91 Abs. 2 AktG hat der Vorstand einer Aktiengesellschaft geeignete Maßnahmen zu treffen, damit Entwicklungen, die den Fortbestand der Gesellschaft gefährden, frühzeitig erkannt werden. Die 1998 mit Art. 1 Nr. 9

---

25 Vgl. auch *Rogall*, in: KK-OWiG, § 130 Rn. 37; vgl. auch die Auswahl an Aufsichtsmaßnahmen von *Rogall*, in: KK-OWiG, § 130 Rn. 51 ff.

26 Vgl. hierzu auch *Retemeyer*, wistra 2012, 56 ff.

27 *Mitsch*, in: KK-OWiG, § 17 Rn. 112 m. w. N.

28 So etwa bei den Korruptionsskandalen Siemens, MAN oder Ferrostaal.

29 *Bussmann/Matschke*, CCZ 2009, 132 (132).

30 *Hauschka*, in: Hauschka, Corporate Compliance, § 1 Rn. 21 m. w. N.

KonTraG eingeführte Vorschrift war die Reaktion des Gesetzgebers auf Unternehmenskrisen in den neunziger Jahren. Sie statuiert eine Organisationspflicht des Vorstands und dient der Insolvenz- und Krisenprophylaxe.[31] Bereits vor Inkrafttreten der Vorschrift wurde die Pflicht zur Errichtung eines Überwachungssystems aus der Leitungsaufgabe des Vorstandes nach § 76 AktG hergeleitet.[32]

Allgemein ist der Vorstand verpflichtet, für eine ordnungsgemäße Organisation im Unternehmen zu sorgen.[33] Die Pflicht, bestandsgefährdende Entwicklungen zu erkennen im Sinne von § 91 Abs. 2 AktG, ist ein Teil davon. Eine Bestandsgefährdung ist grundsätzlich dann anzunehmen, wenn sich nachteilige Veränderungen auf die Vermögens-, Ertrags- oder Finanzlage der Gesellschaft wesentlich auswirken können.[34] Welche Maßnahmen konkret „geeignet" sind im Sinne von § 91 Abs. 2 AktG lässt sich nur anhand des Einzelfalls unter Berücksichtigung des unternehmerischen Ermessensspielraums des Vorstands beantworten.[35] Namentlich verlangt die Vorschrift des § 91 Abs. 2 AktG allerdings, „insbesondere" ein Überwachungssystem einzurichten. Wie dieses Überwachungssystem auszugestalten ist, ist umstritten.[36] Insoweit wird diskutiert, ob damit ein umfassendes betriebswirtschaftliches Risikomanagement oder nur ein Früherkennungs- und Überwachungssystem gemeint ist. Die Forderung nach einem umfassenden Risikomanagement würde allerdings die den Unternehmen gem. Art. 14 GG eingeräumte Organisationsfreiheit verkennen.[37] Demzufolge hat der Vorstand nach richtiger Ansicht nur spezifische, auf das jeweilige Unternehmen zugeschnittene Maßnahmen zur Risikoerkennung zu treffen und zu überwachen.[38]

---

31 Vgl. *Fleischer*, in: Spindler/Stilz, AktG, § 91 Rn. 29; *Spindler*, in: MünchKomm AktG, § 91 Rn. 15; *Krieger/Sailer*, in: Schmidt/Lutter, AktG, § 91 Rn. 6.

32 *Hauschka*, in: Hauschka, Corporate Compliance, § 1 Rn.5 Fn. 7; *Hüffer*, AktG, § 76 Rn. 9a.

33 *Spindler*, in: MünchKomm AktG, § 91 Rn. 18.

34 Vgl. Begr. RegE BT-Drucks. 13/9712 S. 15; vgl. auch *Spindler*, in: MünchKomm AktG, § 91 Rn. 21.

35 *Spindler*, in: MünchKomm AktG, § 91 Rn. 24.

36 Vgl. zum Streitstand *Fleischer*, in: Spindler/Stilz, AktG, § 91 Rn. 34 m. w. N.; vgl. hierzu auch *Blasche*, CCZ 2009, 62 ff.

37 Vgl. *Spindler*, in: MünchKomm AktG, § 91 Rn. 27; ausführlich dazu *Spindler*, Unternehmensorganisationspflichten, S. 462 ff.

38 Vgl. *Fleischer*, in: Spindler/Stilz, AktG, § 91 Rn. 35.

3) § 25a KWG

Gem. § 25a KWG[39] ist ein Institut im Sinne des KWG (nach § 1 Abs. 1b KWG Kredit- und Finanzdienstleistungsinstitute[40]) verpflichtet, bestimmte organisatorische Pflichten zu beachten. Nach § 25a Abs. 1 S. 1 KWG müssen die beaufsichtigten Institute über eine ordnungsgemäße Geschäftsorganisation verfügen, die gewährleistet, dass die zu beachtenden gesetzlichen Vorschriften erfüllt werden. Hierzu zählt insbesondere ein angemessenes und wirksames Risikomanagement. § 25a Abs. 2-4 KWG legt spezielle organisatorische Anforderungen bezüglich der Auslagerung von Bereichen auf andere Unternehmen sowie der Nutzung von gebundenen Vertretern fest.[41]

4) § 33 Abs. 1 WpHG i. V. m. § 25a KWG

Durch die Einführung des § 33 WpHG, der auf der Wertpapierdienstleistungsrichtlinie[42] beruht, hat der Begriff Compliance in Deutschland erstmals eine gesetzliche Regelung erfahren.[43] Der Anwendungsbereich der Vorschrift umfasst alle Wertpapierdienstleistungsunternehmen im Sinne von § 2 Abs. 4 WpHG (im wesentlichen Kreditinstitute und Finanzdienstleistungsinstitute im Sinne des KWG).[44]

§ 33 WpHG[45] verpflichtet Wertpapierdienstleistungsunternehmen, angemessene Organisationsstrukturen zu schaffen.[46] Zunächst hat jedes Wertpapierdienstleistungsunternehmen gem. § 33 Abs. 1 S. 1 WpHG die organisatorischen Pflichten nach § 25a Abs. 1 und 4 KWG einzuhalten, d.h. eine ordnungsgemäße Geschäftsorganisation zu entwickeln, welche insbesondere ein angemessenes und wirksames Risikomanagement umfasst. Darüber hinaus listet § 33 Abs. 1 S. 2 Nr. 1 bis 6 WpHG weitergehende wertpapierhandelsrechtliche Organisationspflichten auf.

Das Bundesministerium der Finanzen hat durch den Erlass der Wertpapierdienstleistungs-Verhaltens- und Organisationsverordnung (WpDVerOV) vom 20.

---

39 S. Anhang A) (S. 213).

40 Zu beachten ist die Anwendung dieser Grundsätze auch auf Gruppenebene für Institutsgruppen oder Finanzkonglomerate gem. § 25a Abs. 1a KWG.

41 Vgl. hierzu *Braun/Wolfgarten*, in: Boos/Fischer/Schulte-Mattler, KWG, § 25a Rn. 1.

42 Richtlinie 93/22/EWG des Rates vom 10. Mai 1993 über Wertpapierdienstleistungen.

43 Vgl. hierzu *Fuchs*, WpHG, § 33 Rn. 3.

44 Vgl. hierzu auch *Eisele/Faust*, in: Bankrechts-Handbuch, § 109 Rn. 12.

45 S. Anhang B) (S. 216).

46 *Fuchs*, WpHG, § 33 Rn. 1.

Juli 2007 von der Verordnungsermächtigung in § 33 Abs. 4 WpHG gebraucht gemacht und mit §§ 12, 13 WpDVerOV die allgemeine Organisationspflicht nach § 33 Abs. 1 S. 2 Nr. 1 WpHG konkretisiert.[47] Danach haben die Wertpapierdienstleistungsunternehmen insbesondere eine dauerhafte und wirksame Compliance-Funktion einzurichten, die das Risiko einer Verletzung des WpHG und der WpDVerOV angemessen zu überwachen und zu bewerten hat. Darüber hinaus ist grundsätzlich[48] ein verantwortlicher Compliance-Beauftragter zu benennen, dessen Aufgaben gem. § 12 Abs. 4 WpDVerOV näher bestimmt werden.

5) Weitere spezialgesetzliche Rechtsvorschriften

An unterschiedlichen Stellen finden sich weitere Normen, die spezielle Organisationspflichten regeln und somit Rechtsgrundlage für Teilbereiche der Compliance sein können.[49] Beispielsweise verlangen § 52a Abs. 2 BImSchG und § 53 KrW-/AbfG, dass der Betreiber einer dort beschriebenen Anlage der jeweils zuständigen Behörde mitteilt, „auf welche Weise sichergestellt ist“, dass bestimmte Vorschriften und Anordnungen beim Betrieb beachtet werden. Daneben statuiert § 9 GwG für Kreditinstitute, dass „interne Sicherungsmaßnahmen“ zu treffen sind, damit die Institute nicht zur Geldwäsche oder Terrorismusfinanzierung missbraucht werden können.

II) Rechtspflicht zur Errichtung einer Compliance-Organisation?

Wie eben dargestellt ist Compliance in verschiedenen Normen rechtlich verankert.[50] Mithin stellt sich die Frage, ob aus diesen Normen eine allgemeine (Rechts-)Pflicht zur Errichtung eines Compliance-Systems für alle Unternehmen abgeleitet werden kann. Dies wird in der Literatur vereinzelt vertreten.[51] Danach ergeben sich die Organisationspflichten aus dem Gesellschaftsrecht, mittelbar aus § 130 OWiG und aus einer Reihe von Spezialnormen.[52] Zwar fehle eine allgemeine

---

47 Vgl. *Fuchs*, WpHG, § 33 Rn. 10.

48 Vgl. § 12 Abs. 5 WpDVerOV.

49 Vgl. hierzu auch *Wessing*, in: FS Klaus Volk, S. 867 (889 f.).

50 Vgl. o. Erstes Kapitel B) I) (S. 22 ff.).

51 Vgl. *Schneider*, ZIP 2003, 645 (648). Umfassend zur Thematik *Grundmeier*, Rechtspflicht zur Compliance, S. 23 ff., 117 ff., 127.

52 *Schneider*, ZIP 2003, 645 (648).

Verpflichtung zur Errichtung einer Compliance-Organisation. Der hinter den Einzelvorschriften[53] stehende Rechtsgedanke lasse sich aber verallgemeinern und „im Wege der Rechtsanalogie"[54] aus den Einzelvorschriften ableiten.

Diese Argumentation ist nicht überzeugend. Methodisch erfordert eine Analogie eine (planwidrige) Regelungslücke sowie eine vergleichbare Interessenlage.[55] Eine Regelungslücke kann darin gesehen werden, dass durch den Gesetzgeber keine allgemeine Pflicht zur Errichtung einer Compliance-Organisation vorgesehen ist. Zweifelhaft ist allerdings schon, ob diese Regelungslücke auch planwidrig ist, da der Gesetzgeber Compliance nur für Kreditinstitute und Wertpapierdienstleistungsunternehmen vorschreibt.[56] Jedenfalls gelingt der für die Analogie nötige Ähnlichkeitsvergleich nicht. Eine vergleichbare Interessenlage aller Unternehmen ist nicht gegeben. Ist bei einem Weltkonzern Compliance unabdingbar notwendig, kann dies nicht zwangsläufig für jede GmbH mit nur wenigen Mitarbeitern gelten. Die Komplexität der Aufgaben, die das jeweilige Unternehmen in der Praxis zu bewältigen hat, und die daraus resultierenden organisatorischen Anforderungen, sind nicht vergleichbar.[57]

Eine Verallgemeinerung des hinter den speziellen Organisationsvorschriften stehenden Rechtsgedankens scheitert ebenfalls. Allein aus der Existenz der spezialgesetzlichen (Organisations-)Normen kann kein allgemeiner Rechtsgedanke gefolgert werden. Vorschriften wie § 52a Abs. 2 BImSchG oder § 53 KrW-/AbfG sind an die spezifischen Besonderheiten der dort genannten Probleme angepasst. Eine Ausdehnung mit dem Ziel, eine Compliance-Pflicht für alle Unternehmen zu begründen, würde dem Sinn und Zweck der Normen zuwiderlaufen. Vielmehr ist zu bedenken, dass gerade die Existenz der einzelnen Spezialnormen gegen einen allgemeinen Rechtsgedanken spricht, da der Gesetzgeber zwingende Organisationspflichten nur für bestimmte Fälle gesetzlich regeln wollte. Eine generelle Rechtspflicht für Unternehmen, eine Compliance-Organisation einzurichten, besteht daher nach deutschem Recht nicht.[58]

---

53 Die von *Schneider* erwähnten Einzelvorschriften sind: § 25a KWG, § 33 WpHG, § 130 OWiG, § 91 Abs. 2 AktG, § 52a Abs. 2 BImSchG, § 53 KrW-/AbfG, § 14 Abs. 2 GwG.

54 *Schneider*, ZIP 2003, 645 (648); vgl. hierzu auch *Preußner*, NZG 2004, 57 (60).

55 Hierzu *Larenz*, Methodenlehre, S. 381 ff. m. w. N.

56 Vgl. hierzu Erstes Kapitel B) I) 4) und 5) (S. 27 f.).

57 *Hauschka*, ZIP 2004, 877 (878).

58 So auch *Hauschka*, in: Corporate Compliance § 1 Rn. 23; *ders.*, ZIP 2004, 877 (878); *Fleischer*, AG 2003, 291 (299) *Wewerka*, Internal Investigations, S. 15; *Kindler*, in:

C) Corporate Compliance und Corporate Governance

Ähnlich wie der terminus technicus Compliance hat auch der Begriff „Corporate Governance" „Hochkonjunktur"[59], mit der Folge, dass die Fülle an Stellungnahmen in der Literatur kaum zu überblicken ist.[60] Erschwert wird die Diskussion um „Corporate Governance" dadurch, dass der Begriff nicht einheitlich verwendet wird, da er durch unterschiedliches Vorverständnis und unterschiedliche Wurzeln geprägt ist.[61]

I) Definition

Eine wörtliche Übersetzung in die deutsche Sprache ist schwierig. Überwiegend wird der Begriff mit „Unternehmensverfassung" gleichgesetzt.[62] Im Kern geht es um den rechtlichen und faktischen Ordnungsrahmen für die Leitung und Überwachung eines Unternehmens.[63]

Es ist zu unterscheiden zwischen einer internen und einer externen Governance-Perspektive.[64] Während sich das Verständnis von interner Corporate Governance hauptsächlich in der anglo-amerikanischen Rechtssprache entwickelt hat, ist die externe Corporate Governance von der anglo-amerikanischen

---

Compliance-Diskussion, S. 1 (4 f.); vgl. hierzu auch *Liese* BB-Special 5.2008, 17 (17); *Engelhart*, Sanktionierung von Unternehmen, S. 510 f.

59 *Claussen/Bröcker*, AG 2000, 481 (481).

60 Vgl. *Hopt*, ZGR 2000, 779 (782).

61 Vgl. *Schneider*, DB 2000, 2413 (2413).

62 Vgl. z.B. *v. Werder*, Handbuch Corporate Governance, S. 4; *ders.*, in: Kodex-Kommentar, Vorbem. Rn. 1; *Hauschka*, in: Hauschka, Corporate Compliance, § 1 Rn. 2; *Metten*, Corporate Governance, S. 7 ff.; *Schneider*, DB 2000, 2413 (2413); *Hanfland*, Haftungsrisiken im Zusammenhang mit § 161 AktG, S. 32 ff.

63 Vgl. *v. Werder*, in: Kodex-Kommentar, Vorbem. Rn. 1.

64 Anschaulich hierzu *Böckli*, SZW 1999, 1 (1): „Corporate Governance covers two different issues: the organization of top management, so that leadership and monitoring remain appropriately balanced, and the agency relation between management and shareholders, especially institutional shareholders. Corporate Governance is thus a unique concept, which has found no logical translation, although referred to worldwide." Vgl. hierzu auch *v. Werder*, Handbuch Corporate Governance, S. 4; *ders.*, in: Kodex-Kommentar, Vorbem. Rn. 1; *Keßler*, Strafrechtliche Aspekte von Corporate Governance, S. 8 ff.

Kapitalmarkt-Sprache geprägt.[65] Im Rahmen der internen Corporate Governance geht es um den bereits angesprochenen Ordnungsrahmen für die Leitung und Überwachung eines Unternehmens, d.h. um die jeweiligen Rollen, Kompetenzen und Funktionsweisen sowie das Zusammenwirken der verschiedenen Unternehmensorgane (Struktur von „checks and balances" innerhalb eines Unternehmens[66]).[67] Die externe Corporate Governance hingegen bezieht sich auf das Verhältnis der Unternehmensführung zu den wesentlichen Bezugsgruppen des Unternehmens (Stakeholder).[68] „Gute" Corporate Governance zeichnet sich demnach durch die nachhaltige Wahrnehmung der Interessen der Stakeholder aus, wobei insoweit den Anteilseignern (Shareholdern) im Kreis der Stakeholder besondere Bedeutung zukommt.[69]

II) Verhältnis von Compliance und Corporate Governance

Die Begriffe Compliance und Corporate Governance sind untrennbar mit guter Unternehmensführung verbunden. Die Abgrenzung beider Vokabeln wird unterschiedlich vorgenommen. Es wird vertreten, der Unterschied liege vor allem in der jeweiligen Perspektive.[70] Corporate Governance umschreibe die Sichtweise der „Regulierer", Compliance den Blickwinkel der „Regulierten".[71] Dem ist zwar grundsätzlich zuzustimmen, jedoch fehlt die Feststellung, dass Compliance wesentlicher Bestandteil von Corporate Governance ist.[72] Compliance muss als ein Baustein gesehen werden, um die Ziele der Corporate Governance zu erreichen. Dies gilt im Kontext sowohl interner als auch externer Corporate Governance.

Compliance und interne Corporate Governance, d.h. der rechtliche und faktische Ordnungsrahmen für die Leitung und Überwachung eines

65 Zu dieser Unterscheidung vgl. *Schneider*, DB 2000, 2413 (2413).
66 Vgl. *Abeltshauser*, in: Abeltshauser/Buck, Corporate Governance, S. 11.
67 *v. Werder*, in: Handbuch Corporate Governance, S. 4.
68 *v. Werder*, in: Handbuch Corporate Governance, S. 4.
69 *v. Werder*, in: Handbuch Corporate Governance, S. 4.
70 *Hauschka*, in: Hauschka, Corporate Compliance, § 1 Rn. 2.
71 *Hauschka*, in: Hauschka, Corporate Compliance, § 1 Rn. 2.
72 Vgl. etwa *Berndt/Hoppler*, BB 2005, 2623 (2627); *Schmidt*, Compliance in Kapitalgesellschaften, S. 19 f.; *Schneider*, ZIP 2003, 645 (647); *Schemmel/Ruhmannseder/Witzigmann*, Hinweisgebersysteme, 1. Kapitel Rn. 59.

Unternehmens, decken sich in weiten Teilen. Besonders deutlich wird dies mit Blick auf das Risikomanagement, das sowohl wesentliche Compliance-Aufgabe als auch Teil der Leitung und Überwachung eines Unternehmens ist. Externe Corporate Governance und Compliance stehen in einem anderen Verhältnis. Soweit es hierbei um die nachhaltige Interessenwahrnehmung der Stakeholder geht, ist Compliance die Grundvoraussetzung, um diese Aufgabe effektiv zu erfüllen.

III) Deutscher Corporate Governance Kodex

Im Jahr 2001 setzte die damalige Justizministerin *Herta Däubler-Gmelin* die Kodexkommission ein, die unter Leitung von *Gerhard Cromme* einen Deutschen Corporate Governance Kodex (DCGK) erarbeiten sollte.[73] Am 26.02.2002 wurde der Kodex verabschiedet.[74] Ziel war es, prägnante Grundsätze guter Unternehmensführung zu kodifizieren, die die in Deutschland geltenden Regeln für Unternehmensleitung für nationale und internationale Investoren transparent machen und breite Akzeptanz in der deutschen Wirtschaft finden.[75] Der Kodex richtet sich vornehmlich an deutsche (börsennotierte) Gesellschaften, jedoch wird auch nicht börsennotierten Gesellschaften die Beachtung des Kodex empfohlen.[76]

Die Thematik Compliance ist in den Ziffern 3.4, 4.1.3, 4.1.4 und 5.3.2 des Kodex angesprochen.[77] Zunächst ist zu beachten, dass die Ziffern 3.4, 4.1.3 und 4.1.4 des Kodex die geltende Rechtslage beschreiben. Dies folgt aus den in der Präambel des Kodex abschließend genannten Ordnungskriterien mit der Differenzierung zwischen Empfehlungen, Anregungen sowie der Darstellung des geltenden Gesetzesrechts. Somit kann Ziffer 4.1.3 des Kodex auch nicht als Empfehlung im Sinne des Kodex verstanden werden, ein Compliance-System im Unternehmen einzurichten. Ebenso wenig kann aus Ziffer 4.1.3 des Kodex eine Empfehlung abgeleitet werden, unternehmensinterne Richtlinien zu

---

73 Vgl. zur internationalen Corporate Governance-Bewegung und zur Entstehungsgeschichte des Deutschen Corporate Governance Kodex *v. Werder/Ringleb*, in: Kodex-Kommentar, Vorbem. Rn. 3 ff.

74 Die aktuelle Fassung vom 13.05.2013 ist abrufbar unter www.corporate-governance-code.de/ger/kodex/1.html (Stand: 20.07.2013).

75 Vgl. *Ringleb*, in: Kodex-Kommentar, Vorbem. Rn. 19.

76 Vgl. Präambel Deutscher Corporate Governance Kodex, s. Anhang D) (S. 220).

77 S. Anhang D) (S. 220).

erlassen. Ziffer 5.3.2 des Kodex enthält hingegen eine Empfehlung: Danach soll der Aufsichtsrat einen Prüfungsausschuss einrichten, der sich unter anderem insbesondere mit Fragen der Compliance zu befassen hat. Von dieser Empfehlung können die Unternehmen abweichen, sind dann aber verpflichtet, dies jährlich offen zu legen.[78]

Die Ziffern 3.4, 4.1.3, 4.1.4 und 5.3.2 des Kodex zeigen das Verhältnis von Corporate Governance und Compliance: Compliance ist als umfassende Aufgabe im Unternehmen zu sehen und demnach – wie oben bereits herausgearbeitet[79] – Teil der Corporate Governance.

D) Bestandteile einer Compliance-Organisation

In Deutschland fehlen bislang unabhängige, kodifizierte Compliance-Standards für Unternehmen. Die Folge ist, dass Compliance in der Praxis unterschiedlich ausgeübt wird. Resultat der Komplexität der Materie im Zusammenspiel mit den Haftungsrisiken ist eine nicht unerhebliche Rechtsunsicherheit für die Entscheidungsträger der Unternehmen. Für Unternehmen stellen sich in diesem Zusammenhang eine Vielzahl grundsätzlicher Fragen, insbesondere nach dem *ob*, dem *wann* und dem *wie* der Implementierung und Ausgestaltung einer Compliance-Organisation.

I) Mindeststandards einer Compliance-Organisation

Einen „Königsweg" bei der Ausgestaltung eines Compliance-Systems gibt es nicht.[80] In der Literatur werden verschiedene, teilweise ähnliche Ansätze diskutiert.[81] Die Schwierigkeit eines einheitlichen modus operandi zeigt schon folgende Überlegung: Ein ausschließlich regional agierendes Unternehmen ist selbstredend nicht mit einem „global player" vergleichbar. Unterschiede in Größe und Geschäftsmodell lassen keine Blaupause zu. Somit ist es unabdingbar, die

---

78 Vgl. Präambel Deutscher Corporate Governance Kodex, s. Anhang D) (S. 220).

79 Erstes Kapitel C) II) (S. 31 f.).

80 Vgl. *Moosmayer*, NJW 2012, 3013 (3014).

81 Vgl. etwa *Hauschka*, ZIP 2004, 877 (879 ff.); *ders.*, NJW 2004, 257 (259 f.), *Schneider*, ZIP 2003, 645 ff.; *Bürkle*, BB 2005, 565 ff.; *Bergmoser/Theusinger/Gushurst*, BB-Special 5.2008, 1 (6 ff.); *Lampert*, BB 2002, 2237 (2241 f.); *Itzen*, BB-Special 5.2008, 12 (14 ff.).

Situation eines Unternehmens im Hinblick auf Compliance in jedem Einzelfall gesondert zu analysieren. Es existieren jedoch gewisse Mindeststandards, denen ein funktionierendes und effektives Compliance-System genügen muss. Auf diese „Eckpfeiler" eines Compliance-Systems konzentrieren sich die nachstehenden Ausführungen.

1) Tone from the Top und Risikoanalyse

Die Verantwortung für Compliance liegt bei der Unternehmensleitung. Compliance ist nur glaubwürdig, wenn sich das Management ausdrücklich dazu bekennt (sog. „Tone from the Top"). Die Unternehmensleitung muss diese Selbstverpflichtung ausdrücklich kommunizieren und entsprechend danach handeln. Beispielhaft sei erwähnt, wie *Peter Löscher*, der Vorstandsvorsitzende der Siemens AG, im Jahr 2007 die Verantwortung des Managements formulierte:

> *„Only clean business is Siemens business – everywhere – everybody – every time... Compliance as part of Corporate Responsibility is 1st priority."*[82]

Compliance kann im Unternehmen allerdings nur dann funktionieren, wenn die spezifischen Risiken der unternehmerischen Tätigkeit umfassend analysiert werden. Das bedeutet, die Unternehmensleitung muss sich ein Bild über die Compliance-Risiken des Unternehmens und seiner geschäftlichen Aktivitäten verschaffen, und darüber hinaus hierbei auch die Geschäftspraktiken der Geschäftspartner berücksichtigen.[83] Eine solche Risikoanaylse ist der notwendige erste Schritt auf dem Weg zu einer effektiven Compliance-Organisation.[84] Die Identifikation und Bewertung bestehender rechtlicher Risiken sind ein Teilbereich des Risikomanagements. Das Compliance-System ist dann auf die identifizierten Schwachstellen auszurichten.[85]

---

82 *Moosmayer*, Compliance, S. 119.

83 *Moosmayer*, Compliance, S. 2.

84 *Bock*, ZIS 2009, 68 (76); *Pauthner-Seidel/Stephan*, in: Hauschka, Corporate Compliance, § 27 Rn. 22 ff.; *Beste*, in: Görling/Inderst/Bannenberg, Compliance, Kapitel 4 Rn. 29 ff.; *Böhm*, Non-Compliance, S. 55; *Moosmayer*, Compliance, S. 25 ff.; *Schemmel/Ruhmannseder*, AnwBl 2010, 647 (649).

85 Weiterführend hierzu etwa Moosmayer, Compliance, S. 26 ff.; *Pampel/Glage*, in: Hauschka, Corporate Compliance, § 5; *Geiger*, in: Görling/Inderst/Bannenberg, Compliance, Kapitel 5.

2) Verhaltensrichtlinie (Code of Conduct)

Kern eines jeden Compliance-Systems ist der Verhaltenskodex, der das Verhalten der Mitarbeiter bei Ausübung ihrer Tätigkeit regeln soll.[86] Darin sind meist neben allgemeinen Unternehmensprinzipien[87] auch spezielle Verhaltensregeln[88] statuiert. Bestandteile von Verhaltens- oder Ethikrichtlinien sind oftmals auch das „Commitment" der Unternehmensleitung sowie Ausführungen zu Berichtswegen und Ansprechpartnern bei Beschwerden. Darüber hinaus ist eine sog. Sanktionsklausel gebräuchlich, wonach Verstöße gegen Compliance-Regeln nicht toleriert werden und stets zu einer arbeitgeberseitigen Sanktion führen.[89]

Verhaltensrichtlinien helfen dem Unternehmen als Arbeitgeber auch bei der Erfüllung seiner Fürsorgepflicht gegenüber den Arbeitnehmern. Diese werden auf die allgemeinen und für den jeweiligen Arbeitsbereich speziellen Regeln ausdrücklich hingewiesen und somit präventiv vor möglichen Verstößen geschützt.[90]

Schließlich ist auch die Außenwirkung von Ethikrichtlinien nicht zu unterschätzen. Die Wertvorstellungen des Unternehmens werden auf diesem Wege gegenüber Geschäftspartnern und der Öffentlichkeit kommuniziert. Dies kann sich reputationsfördernd auswirken.[91]

---

86 Zur arbeitsrechtlichen Einbeziehung einer Verhaltensrichtlinie vgl. Viertes Kapitel A) II) 2) (S. 68 ff.).

87 In den „Business Conduct Guidelines" der Siemens AG sind beispielsweise unter dem Gliederungspunkt „Grundsätzliche Verhaltensanforderungen" folgende allgemeine Prinzipien aufgeführt: „Rechtmäßiges Verhalten", „Gegenseitiger Respekt, Ehrlichkeit und Integrität", „Verantwortung für das Ansehen von Siemens" und „Führung, Verantwortung und Aufsicht"; abzurufen unter www.siemens.com/sustainability/pool/cr-framework/business_conduct_guidelines_d.pdf (Stand: 20.07.2013).

88 In den Business Conduct Guidelines der Siemens AG finden sich Ausführungen zu folgenden Themen: „Umgang mit Geschäftspartnern und Dritten", „Vermeidung von Interessenkonflikten", „Umgang mit Firmeneinrichtungen", „Umgang mit Informationen", „Umwelt, Sicherheit und Gesundheit"; abzurufen unter www.siemens.com/sustainability/pool/cr-framework/business_conduct_guidelines_d.pdf (Stand: 20.07.2013).

89 Vgl. hierzu auch Viertes Kapitel A) III) (S. 71 ff.).

90 *Borgmann*, NZA 2003, 352 (352).

91 Vgl. hierzu etwa *Schneider*, Die arbeitsrechtliche Implementierung von Compliance- und Ethikrichtlinien, S. 34 f.; *Willemsen*, Einführung und Inhaltskontrolle von Ethikrichtlinien, S. 15 f.

3) Compliance-Organisation

Eine Compliance-Organisation besteht aus einer Vielzahl von Maßnahmen, deren Effektivität stetig überprüft und kontinuierlich verbessert werden muss. Regelmäßig sind drei Säulen zu beobachten: Präventive Elemente sind zu implementieren, Compliance-Verstöße müssen effizient identifiziert werden und die repressive Seite der Compliance-Organisation erfordert die Durchführung von Sanktionen.[92]

a) Präventive Maßnahmen

Als Präventivmaßnahmen werden im Allgemeinen solche Vorkehrungen bezeichnet, die ein Bewusstsein für integeres Verhalten schaffen und Compliance-Verstößen vorbeugen sollen. Ein präventives Instrument sind etwa Compliance-Schulungen, um Mitarbeiter für Problemfelder ihres Arbeitsbereiches zu sensibilisieren. Praxisrelevant sind beispielsweise Schulungen über den Umgang mit Geschenken und Einladungen.[93] Darüber hinaus lassen sich etwa durch die Einführung von Kontrollmechanismen Geschäftsvorgänge vor deren Ausführung überprüfen. Hierfür definiert das Unternehmen Parameter, die, im Falle des Auftretens, automatisch zu einer Prüfung des Vorgangs führen. Ein Beispiel hierfür sind softwarebasierte Buchungsfreigaben. Treten bestimmte Verdachtsmomente auf, kann eine Buchung dann nicht vom Mitarbeiter selbst freigegeben werden. Die Regelkonformität des Vorgangs wird sachlich und rechnerisch geprüft. Fällt die Prüfung positiv aus, ist gegebenenfalls noch die Genehmigung des zuständigen Compliance-Mitarbeiters einzuholen. In der Praxis sind deshalb jeder Vorgang und jede Prüfung zu dokumentieren.

b) Identifikation

Verdachtsfälle und Compliance-Verstöße sind trotz präventiver Maßnahmen nicht vermeidbar. Bei der Identifikation von Verstößen sind zwei Informationsquellen zu unterscheiden: Einmal selbstständige Hinweise von Mitarbeitern, zum anderen Informationen, die sich das Unternehmen eigenständig verschafft.

---

92 Vgl. *Moosmayer*, Compliance, S. 33.

93 Hierbei stellen sich z. B. folgende Fragen: Darf der Mitarbeiter Geschenke annehmen bzw. machen? Wenn ja, wie oft und in welcher Höhe? Wie sind Geschenke oder Einladungen zu dokumentieren? Wann ist mit dem zuständigen Compliance-Mitarbeiter Rücksprache zu halten?

Unaufgeforderte Hinweise von Mitarbeitern erfordern einen klar definierten Meldeweg. Möglichkeiten sind die Einrichtung einer telefonischen „Whistleblowing"-Hotline, eines internetbasierten Meldesystems sowie die Berufung eines (externen) Ombudsmannes.[94] Hierbei ist es ratsam, einen externen Rechtsanwalt als Ombudsmann zu berufen, da dieser einer beruflichen Verschwiegenheitspflicht (vgl. § 43a Abs. 2 BRAO, § 203 StGB) unterliegt und das Zeugnisverweigerungsrecht gem. § 53 Abs. 1 Nr. 3 StPO einschlägig sein kann. Aus Sicht der Mitarbeiter ist es bei allen Hinweiswegen von Bedeutung, dass Meldungen von Verdachtsfällen oder Compliance-Verstößen verantwortungsvoll behandelt werden. Fraglich ist jedoch, ob es empfehlenswert ist, die Möglichkeit einer anonymen Meldung anzubieten. Hinweisgeber müssen unter Umständen bei Bekanntwerden ihrer Identität Repressalien durch Vorgesetzte oder andere Mitarbeiter fürchten.[95] Die Anonymität kann einem Hinweisgeber einerseits den entscheidenden Schutz bieten, sein Wissen zu offenbaren. Andererseits ist es für das Unternehmen dann nicht möglich, die Aussagen des Hinweisgebers zu überprüfen.[96] Außerdem kann sich unter Umständen eine Kultur des Denunziantentums entwickeln.[97] Zu beachten bleibt jedoch, dass in einem Unternehmen immer die Gefahr besteht, dass die Identität eines Hinweisgebers auf inoffiziellem Weg bekannt wird. Darüber hinaus sind aufgrund der oft komplexen Vorgänge, die Gegenstand eines Mitarbeiter-Hinweises sein können, weiterführende Fragen des Unternehmens in den meisten Fällen zu erwarten. Dementsprechend sollten Hinweise per Hotline oder Internet nicht anonym möglich sein. Anders kann ein Hinweis gegenüber dem Ombudsmann zu beurteilen sein, falls für diesen die Möglichkeit der Rückfrage beim Hinweisgeber besteht. Unabhängig von der Anonymität muss das Unternehmen jedenfalls die Vertraulichkeit der Angelegenheiten sicherstellen. Dies geschieht auch im Interesse des Unternehmens, um eine nachfolgende Untersuchung des Sachverhalts nicht zu gefährden.

Mittels Compliance-Untersuchungen erlangt das Unternehmen auch ohne Initiative von Mitarbeitern Hinweise auf mögliche Verstöße. Regelmäßige, auch verdachtsunabhängige Kontrollen einzelner Unternehmensbereiche garantieren die ordnungsgemäße Funktionsweise der Compliance-Organisation und lassen Rückschlüsse auf mögliche Schwachstellen zu.

---

94 Ausführlich hierzu *Schemmel/Ruhmannseder/Witzigmann*, Hinweisgebersysteme; *Buchert/Jacob-Hofbauer*, in: Knierim/Rübenstahl/Tsambikakis, Internal Investigations, 8. Kapitel.

95 Z. B. drohen Versetzungen in minderwertige Positionen, Mobbing oder auch der Verlust des Arbeitsplatzes, vgl. *Buchert*, CCZ 2008, 148 (148).

96 *Wisskirchen/Körber/Bissels*, BB 2006, 1567 (1569).

97 *Wisskirchen/Körber/Bissels*, BB 2006, 1567 (1569).

c) Reaktion und Sanktion

Dritte Säule einer Compliance-Organisation ist die Reaktion des Unternehmens. Die identifizierten und untersuchten Compliance-Verstöße müssen zum Wohle der Funktionsfähigkeit des gesamten Compliance-Systems angemessen sanktioniert werden. Dem Unternehmen steht hierfür der gesamte Katalog an arbeitsrechtlichen Sanktionsmöglichkeiten zur Verfügung.[98]

d) Strukturelle und organisatorische Maßnahmen

Strukturelle und organisatorische Maßnahmen umspannen als übergreifende Themen die Compliance-Organisation und gewährleisten deren Funktionalität. Die zuständigen Stellen/Gremien[99] müssen eingerichtet und in das Unternehmen integriert werden. Berichtswege und Dokumentationspflichten sind zu definieren. Schließlich muss das gesamte System kontinuierlich weiterentwickelt und verbessert werden.

II) Der Prüfungsstandard des IDW (IDW PS 980)

Auf das Bedürfnis nach objektiven Kriterien zur Beurteilung von Compliance-Systemen hat das Institut der Wirtschaftsprüfer in Deutschland e. V. (IDW) reagiert und den „IDW Prüfungsstandard: Grundsätze ordnungsmäßiger Prüfung von Compliance Management Systemen (IDW PS 980)“ verabschiedet.[100] Dieser ist zwar in erster Linie an Wirtschaftsprüfer adressiert und für diese nunmehr zwingend zu beachten,[101] beinhaltet aber auch grundlegende Aussagen zu Compliance-Systemen, die gleichermaßen für Unternehmen relevant sind.[102] Von großer praktischer Bedeutung ist die Frage, ob die Zertifizierung eines Compliance-Systems nach dem IDW PS 980 enthaftende bzw. haftungsreduzierende Wirkung für das Unternehmen und die Organmitglieder der Unternehmensleitung haben kann. Insoweit wird sogar vertreten, dass ein

---

98 Vgl. hierzu Viertes Kapitel A) III) (S. 71 ff.).

99 Je nach Größe des Unternehmens kommen insbesondere Compliance-Beauftragte, Compliance Officer, Chief Compliance Officer sowie ein Compliance-Ausschuss in Betracht.

100 IDW Prüfungsstandard: Grundsätze ordnungsmäßiger Prüfung von Compliance Management Systemen, IDW-Fachnachrichten 2011, S. 203 ff. (IDW PS 980).

101 Vgl. IDW PS 980 Tz. 3, wonach der Prüfungsstandard für Prüfungen, die nach dem 30.09.2011 begonnen haben, zwingend anwendbar ist.

102 *Görtz*, CCZ 2010, 127 (127).

uneingeschränkter PS-980-Prüfbericht im Bußgeldverfahren nach § 130 OWiG tatbestandsausschließende Wirkung haben und damit zur Verneinung eines Pflichtenverstoßes führen soll.[103] Eine gerichtliche Entscheidung zu einer möglichen Exkulpation liegt bisher – soweit ersichtlich – nicht vor. Im Schrifttum rief der Prüfungsstandard unterschiedliche Reaktionen hervor. Positiv wurde insbesondere bewertet, dass erstmals ein einheitliches standardisiertes Regelwerk zur Prüfung von Compliance-Systemen geschaffen wurde.[104] Der Prüfungsstandard stieß aber auch auf Kritik:[105] Es wird bemängelt, dass ein auf Grundlage des IDW-Prüfungsstandards erstellter Prüfbericht unter rechtlichen Gesichtspunkten für Unternehmen und Entscheidungsträger wenig Nutzen haben dürfte.[106] Neben der fehlenden juristischen Grundlage wird auch auf die inhaltliche Unvollständigkeit sowie die rechtliche Unverbindlichkeit hingewiesen.[107] Insbesondere könne, wenn ein Prüfungsverfahren den Anspruch haben solle, die Konzeption, Angemessenheit oder gar Wirksamkeit eines Compliance-Systems zu bescheinigen, ohne juristische Expertise keine nachhaltig belastbare Aussage darüber geliefert werden.[108] Eine umfassende Exkulpationswirkung sei deshalb nicht zu erwarten.[109] Ob sich der IDW PS 980 außerhalb der Wirtschaftsprüfungsgesellschaften in der Praxis als Standard durchsetzen wird, darf dementsprechend bezweifelt werden.

103 *Gelhausen/Wermelt*, CCZ 2010, 208 (209).

104 Vgl. *Eisolt*, BB 2010, 1843 ff.; *Görtz*, CCZ 2010, 127 ff.; *Gelhausen/Wermelt*, CCZ 2010, 208 ff.; *Horney/Kuhlmann*, CCZ 2010, 192 ff.; *Görtz/Roßkopf*, CCZ 2011, 103 ff.; *Busekist/Hein*, CCZ 2012, 41 ff.; *Schemmel/Ruhmannseder/Witzigmann*, Hinweisgebersysteme, 1. Kapitel Rn. 55.

105 Vgl. hierzu insbesondere *Rieder/Jerg*, CCZ 2010, 201 ff.; *Böttcher*, NZG 2011, 1054 ff.; *Schemmel/Minkoff*, CCZ 2012, 49 ff.; *Schemmel/Ruhmannseder/Witzigmann*, Hinweisgebersysteme, 1. Kapitel Rn. 56.

106 *Rieder/Jerg*, CCZ 2010, 201 (205).

107 *Böttcher*, NZG 2011, 1054 (1058).

108 *Schemmel/Minkoff*, CCZ 2012, 49 (50); *Moosmayer*, NJW 2012, 3013 (3016); kritisch auch *Klindt/Pelz/Theusinger*, NJW 2010, 2385 (2387).

109 *Böttcher*, NZG 2011, 1054 (1058).

III) Praxisbeispiel: Compliance-Organisation der Siemens AG

Die Compliance-Organisation der Siemens AG[110] gilt als vorbildlich.[111] Das Unternehmen stand infolge des Korruptionsfalles[112] besonders am Pranger und wurde wegen des mangelhaften Compliance-Systems gerügt. Dieser Makel wurde inzwischen behoben. Ende des Jahres 2011 waren rund 600 Mitarbeiter im Bereich Compliance beschäftigt.[113] Seit Juli 2010 wird die Compliance-Organisation von einem Chief Compliance Officer (Compliance Operations) und einem Chief Counsel Compliance (Compliance Governance) geleitet, die direkt dem zuständigen Vorstandsmitglied unterstellt sind. Sie verantworten den Bereich Compliance gemeinsam und berichten auch gemeinsam an die Leitungsorgane des Unternehmens.[114] Der Chief Compliance Officer ist für die operativen und der Chief Counsel Compliance für die juristischen Aufgaben der Compliance zuständig. Der Bereich Compliance Operations erfasst insbesondere alle Compliance Officer des Unternehmens und ist in fünf Abteilungen untergliedert (Sector Compliance Officers, Cluster Compliance Officers, Corporate and Cross-Sector Units/Supply Chain, Business Excellence und Collective Action & External Affairs). Die Compliance-Officer sind über ihre Verantwortungsbereiche dem Chief Compliance Officer berichtspflichtig. Die Zuständigkeiten der vier dem Chief Counsel Compliance unterstellten Abteilungen (Compliance Legal, Investigations, Discipline & Integrity und Remediation & Risk Prevention) umfassen den gesamten Prozess des Umgangs mit möglichen Compliance-Verstößen. Daneben ist der Chief Counsel Compliance für die juristischen Aspekte unternehmensinternen Richtlinien und Kontrollen verantwortlich.[115]

---

110 Vgl. hierzu auch die Darstellung bei *Moosmayer*, Compliance, S. 117 ff.

111 Vgl. etwa *Eckl-Dorna*, „Siemens hat aus Schmiergeldskandal Lehren gezogen", abzurufen unter www.wiwo.de/unternehmen-maerkte/siemens-hat-aus-schmiergelds kandal-lehren-gezogen-418017 (Stand: 20.07.2013); *Fasse/Hofer*, Der Versuch eines sauberen Neustarts, abzurufen unter www.handelsblatt.com/unternehmen/industrie/ der-versuch-eines-sauberen-neustarts/3512232.html (Stand: 20.07.2013).

112 Vgl. Drittes Kapitel A) (S. 59 ff.).

113 *Höpner*, Kampf der Korruption, abzurufen unter www.handelsblatt.com/unternehmen /industrie/siemens-kampf-der-korruption/5836868.html (Stand: 20.07.2013).

114 *Moosmayer*, Compliance, S. 121 f. Eine Übersicht der Compliance-Organisation ist abzurufen unter www.siemens.com/sustainability/de/themenfelder/compliance/ue bersicht/index.htm (Stand: 20.07.2013).

115 *Moosmayer*, Compliance, S. 122.

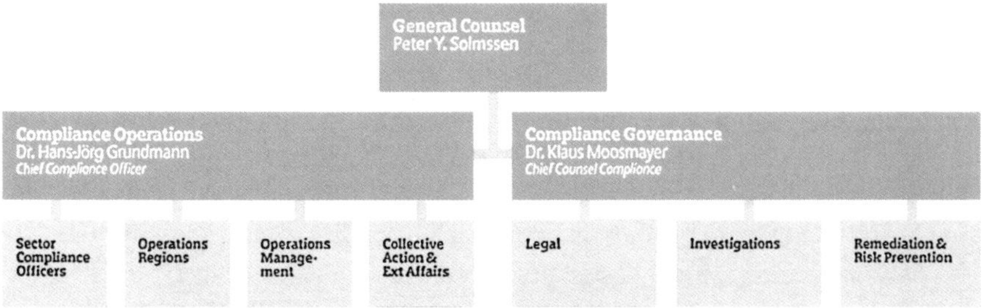

(Quelle: Siemens AG[116])

Darüber hinaus setzte Siemens, wie von den US-amerikanischen Behörden im Zuge der Einigung mit dem Konzern gefordert, einen Compliance-Monitor ein.[117] Dessen Aufgabe war es, dem „Department of Justice“ (DOJ) und der „Securities and Exchange Commission“ (SEC) „regelmäßig über Effektivität der Compliance-Maßnahmen zu berichten“[118]. Der Monitor hatte Zugriff auf alle Daten und Unterlagen und konnte so mittels Stichproben die Legalität der Geschäftspraktiken kontrollieren. Das Mandat des Compliance-Monitors war auf vier Jahre ausgelegt und endete im Oktober 2012.[119]

116 www.siemens.com/sustainability/de/themenfelder/compliance/managementansatz/compliance-organisation.htm (Stand: 20.07. 2013); vgl. auch *Moosmayer*, Compliance, S. 121.

117 Pressemitteilung der Siemens AG vom 15.12.2008, abzurufen unter www.siemens.com/press/pool/de/pressemitteilungen/corporate_communication/axx20081219d.pdf (Stand: 20.07.2013). Vgl. auch Drittes Kapitel A) III) (S. 62 f.). Weiterführend *Reyhn*, CCZ 2011, 48 ff.

118 Pressemitteilung der Siemens AG vom 15.12.2008, abzurufen unter www.siemens.com/press/pool/de/pressemitteilungen/corporate_communication/axx20081219d.pdf (Stand: 20.07.2013).

119 Vgl. *Maier*, Waigel beendet Anti-Korruptionsarbeit bei Siemens, abzurufen unter www.ftd.de/unternehmen/industrie/:korruptionsaffaere-waigel-beendet-anti-korruptionsarbeit-bei-siemens/70112053.html (Stand: 20.07.2013).

Für den gesamten Konzern gelten umfangreiche interne Compliance-Richtlinien.[120] Neben den Business Conduct Guidelines (dem primären Verhaltenskodex) sind verschiedene Themen gesondert geregelt, z. B. „Geschenke und Einladungen", die „Einhaltung des Verbotes der Korruption im Öffentlichen Dienst" oder der „Ethikkodex bei Finanzangelegenheiten".[121] Im „Tone from the Top" bekennt sich das obere Management des Konzerns explizit zur Compliance. Gefordert wird eine Vorbildfunktion der Führungskräfte nach dem Grundsatz „Walk the Talk".[122]

Das Compliance-System basiert auf den drei Säulen „Vorbeugen", „Erkennen" und „Reagieren", die systemübergreifend fortlaufend weiterentwickelt werden. Die Handlungsebene „Vorbeugen" besteht aus dem „Compliance Helpdesk ‚Ask Us'", einer Anlaufstelle für alle Fragen zum Thema Compliance. Daneben sind regelmäßige Schulungen ein zentrales Element präventiver Compliance. Die bereits beschriebenen Richtlinien haben ebenfalls Präventionsfunktion. Siemens hat darüber hinaus ein umfassendes Kommunikationsprogramm installiert, im Zuge dessen die Mitarbeiter über Intranet und Email über neue Maßnahmen und Entwicklungen informiert werden.[123] Das Hinweisgebersystem „Tell Us"[124] (Teil des Helpdesks) ist Element der Säule „Erkennen" und bietet Mitarbeitern und anderen Stakeholdern des Unternehmens einen anonymen Meldeweg für Compliance-Verstöße.[125] Anonym können sich Mitarbeiter auch an den externen Ombudsmann des Unternehmens wenden.[126] Ebenfalls zum Zweck des „Erkennens" von Verstößen führt Siemens interne Kontrollen und Compliance-Untersuchungen durch. Zuständig sind die Abteilung Compliance Investigations und die Unternehmensrevision. Die Untersuchungen werden rechtlich durch Anwälte der Abteilung Compliance Legal begleitet.[127] Im Anschluss

---

120 www.siemens.com/sustainability/de/themenfelder/compliance/managementansatz/richtlinien.htm (Stand: 20.07.2013).

121 www.siemens.com/sustainability/de/themenfelder/compliance/managementansatz/richtlinien.htm (Stand: 20.07.2013).

122 www.siemens.com/sustainability/de/themenfelder/compliance/managementansatz/verantwortung-des-managements.htm (Stand: 20.07.2013).

123 www.siemens.com/sustainability/de/themenfelder/compliance/managementansatz/vorbeugen.htm (Stand: 20.07.2013).

124 www.siemens.com/sustainability/de/themenfelder/compliance/managementansatz/compliance-helpdesk.htm (Stand: 20.07.2013).

125 Hinweise können über eine Webseite und ein Call Center abgegeben werden.

126 www.siemens.com/sustainability/de/themenfelder/compliance/managementansatz/ombudsmann. htm (Stand: 20.07.2013).

127 www.siemens.com/sustainability/de/themenfelder/compliance/managementansatz/erkennen.htm (Stand: 20.07.2013).

an die Untersuchungen wird geprüft, ob die identifizierte Schwachstelle geschlossen wurde und ob strukturelle Compliance-Versäumnisse vorlagen.[128]

Die Sanktionierung von Compliance-Verstößen und die unternehmensweite Fallverfolgung sind die tragenden Elemente der dritten Säule „Reagieren". Die zur Anwendung kommenden Sanktionen orientieren sich an der Schwere des Compliance-Verstoßes.[129] Ab einer gewissen Funktionsstufe des Mitarbeiters ist hierfür das Corporate Disciplinary Committee zuständig. Nach Unternehmensangaben sind entsprechende Verfahrensregeln (Zuständigkeit, Verfahren, Beteiligungsrechte) klar geregelt.[130]

Im Nachhaltigkeitsbericht 2012[131] des Unternehmens sind die Anzahl der Anfragen und Meldungen der Anlauf- und Meldestellen sowie die ausgesprochenen Disziplinarmaßnahmen dokumentiert:

COMPLIANCE IN ZAHLEN[1]

	GJ 2012	GJ 2011	GJ 2010
Anzahl Anfragen an das Helpdesk »Ask us«	1.009	1.740	3.077
Anzahl Meldungen an das Helpdesk »Tell us« und den Ombudsmann	715	787	582
davon als schlüssig behandelt	612	683	502
Disziplinarmaßnahmen	266	306	448
davon Abmahnungen	173	179	313
davon Entlassungen	73	77	108
davon andere[2]	20	50	27

1 Fortgeführte und nicht fortgeführte Aktivitäten

2 Umfasst den Verlust variabler und freiwilliger Vergütungskomponenten, Versetzungen und Suspendierungen.

128 www.siemens.com/sustainability/de/themenfelder/compliance/managementansatz/erkennen.htm (Stand: 20.07.2013).

129 Folgende Maßnahmen kommen in Betracht: Ermahnung, Abmahnung, Verlust von freiwilligen Entgeltbestandteilen/Stock-Awards, Verlust variabler Entgeltbestandteile, Versetzung auf eine andere Position und Kündigung.
Vgl. www.siemens.com/sustainability/de/themenfelder/compliance/managementansatz/richtlinien.htm (Stand: 20.07.2013).

130 www.siemens.com/sustainability/de/themenfelder/compliance/managementansatz/reagieren.htm (Stand: 20.07.2013).

131 Abzurufen unter www.siemens.com/sustainability/pool/de/nachhaltigkeitsreporting/siemens-nb2012.pdf (Stand: 20.07.2013).

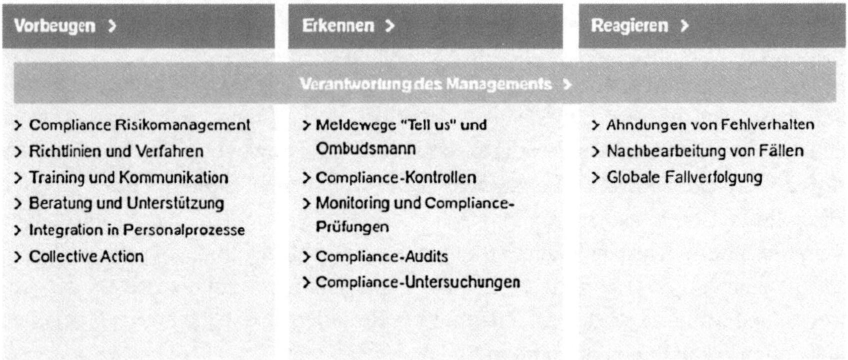

(Quelle: Siemens AG[132])

132 www.siemens.com/sustainability/de/themenfelder/compliance/managementansatz/index.php (Stand: 20.07.2013); vgl. auch *Moosmayer*, Compliance, S. 118.

Zweites Kapitel: Hintergrund – Compliance in den USA

A) Einführung

Compliance hat seinen Ursprung in den Vereinigten Staaten von Amerika.[133] Das Verständnis zentraler Aspekte von Compliance in den USA ist daher unerlässlich, um die Entwicklungen in Deutschland in den letzten Jahren nachvollziehen zu können. Namentlich waren im Fall Siemens die US-amerikanischen Behörden maßgeblich involviert und haben dadurch sowohl die Compliance-Strukturen im Siemens-Konzern als auch insgesamt das deutsche Verständnis von Compliance nachhaltig geprägt.

Verschiedene US-amerikanische Gesetze und Richtlinien verlangen von Unternehmen ein wirksames Compliance-System. Darüber hinaus kann sich ein effektives Compliance-System im Rahmen eines Verfahrens auch strafmildernd auswirken. Die wichtigsten compliance-relevanten Vorschriften sind der *Foreign Corrupt Practices Act* von 1977, der *Sarbanes-Oxley Act* von 2002 sowie die *United States Federal Sentencing Guidelines*. Die für die Durchsetzung dieser Normen zuständigen staatlichen Stellen sind das *United States Department of Justice* (DOJ)[134] für die Sanktionierung strafrechtlicher Verstöße und die *United States Securities and Exchange Commission* (SEC)[135], soweit es um die Verletzung nicht-strafrechtlicher Vorschriften geht.[136]

Vom Anwendungsbereich dieser Rechtsetzungsakte sind jedoch nicht nur amerikanische Personen und Unternehmen erfasst, vielmehr wurde der Adressatenkreis stetig erweitert mit der Folge, dass die Vorschriften auch für deutsche Unternehmen zwingend gelten können. Die US-amerikanischen Behörden erlangen von möglichen Verstößen gegen US-amerikanische Gesetze auf verschiedene Weise Kenntnis. Mitarbeiter, Anteilseigner oder Wettbewerber etwa weisen die Behörden auf mögliche Gesetzesverstöße hin, daneben ist auch die Lektüre der

133 Vgl. etwa *Eufinger*, CCZ 2012, 21 f.; *Mahnhold*, Compliance und Arbeitsrecht, S. 30 ff.
134 Vgl. hierzu auch den Internetauftritt des US-Justizministeriums: www.usdoj.gov.
135 Vgl. hierzu auch den Internetauftritt der SEC: www.sec.gov.
136 *Behrens*, RIW 2009, 22 (23).

internationalen Presse ein geeignetes Mittel, um auf Verdachtsfälle aufmerksam zu werden.[137]

B) Foreign Corrupt Practices Act of 1977

I) Entstehungsgeschichte und Hintergrund

Der *Foreign Corrupt Practices Act* (FCPA)[138] ist für US-Behörden ein bedeutendes Instrument im Kampf gegen die internationale Korruption. Der FCPA bezweckt den Schutz des Ansehens der amerikanischen Wirtschaft im Ausland.[139] Erlassen im Jahr 1977 als Ergänzung des *Securities Exchange Act* von 1934 (SEA)[140] bildet er die gesetzliche Grundlage für Anti-Korruptionsermittlungen durch das DOJ und die SEC. Bis in die siebziger Jahre des 20. Jahrhunderts gab es in den USA kein Gesetz zur Bekämpfung von Bestechung ausländischer Amtsträger durch Amerikaner bzw. amerikanische Unternehmen.[141] Im Zuge des Watergate-Skandals ermittelte die SEC umfangreich und deckte auf, dass amerikanische Unternehmen hohe Schmiergeldzahlungen ins Ausland getätigt hatten.[142] Das Ausmaß dieser Zahlungen erschütterte die amerikanische Bevölkerung, und es wurde landesweit verstärkt eine Gesetzgebung gefordert, welche diesem Geschäftsgebaren Einhalt gebietet.[143] Neben diesem moralischen Aspekt führten auch wirtschaftspolitische

137 So *Bruce E. Yannett* aus der Kanzlei Debevoise & Plimpton auf der 8. NStZ-Jahrestagung 2009: "*Another simple way is reading the newspaper. [...] The public aspects of the investigation of Siemens began in November 2006, when Frau Bäumler-Hösl and 200 of her closest friends and the police department showed up at the headquarters of Siemens and the homes of various executives. The U.S. found out about it by reading the newspaper. They weren't involved prior to the dawn raid of the Munich authorities.*".

138 S. Anhang E) (S. 222). Vgl. 15 U.S.C. §§ 78a, 78m, 78dd-1 ff., abzurufen unter www.justice.gov/criminal/fraud/fcpa/docs/fcpa-english.pdf (Stand: 20.07.2013).

139 *Schulte/Görts*, RIW 2006 561 (562).

140 Der SEA bezweckt, das Vertrauen in die Märkte zu stärken, indem durch Offenlegungspflichten ein höheres Maß an Transparenz geschafften werden soll. Vgl. hierzu *Nagel*, Korruptionsbekämpfung, S. 71 Fn. 238.

141 Es gab lediglich einige Bestimmungen, die das Auftreten amerikanischer Unternehmen im Ausland regelten, z.B. der *Mail and Wire Fraud Act* oder der *False Statement Act*; vgl. auch Nagel, Korruptionsbekämpfung, S. 71.

142 Vgl. hierzu *Partsch*, FCPA, S. 2 ff.; *Nagel*, Korruptionsbekämpfung, S. 73 ff.

143 *Nagel*, Korruptionsbekämpfung, S. 74.

Überlegungen zum Erlass des FCPA, da die US-Regierung danach strebte, sich auf einem stabilen Weltmarkt zu bewegen. Dieses Ziel war durch die weit verbreitete Korruption gefährdet. Unter der *Carter Administration* trat der FCPA Ende 1977 in Kraft.

Systematisch lässt sich der FCPA in zwei Kernbereiche einteilen: die Bestechungsverbote (*Anti-Bribery Provisions*), die jegliche Gewährung von korrupten Vorteilen an ausländische Amtsträger sanktionieren, sowie die Buchführungspflichten und die Vornahme interner Kontrollen (*Books and Records Provisions*), die verhindern sollen, dass Schmiergeldzahlungen in der Bilanz falsch oder gar nicht ausgewiesen werden.[144] 1998 wurde im Zuge einer Gesetzesänderung der persönliche Anwendungsbereich des FCPA erheblich ausgeweitet. Ein Grund hierfür war der geringe Wille anderer Nationen (unter anderem Deutschland), Korruption effektiv zu bekämpfen.[145] Somit ist es seither möglich, auch gegen ausländische Unternehmen, ausländische Bürger oder ausländische Tochterunternehmen amerikanischer Muttergesellschaften vorzugehen.[146]

II) Wesentliche Inhalte des FCPA

1) Zuständigkeiten

Für die Durchsetzung des FCPA sind das DOJ und die SEC gemeinsam zuständig.[147] Das US-Justizministerium besitzt die Kompetenz für alle strafrechtlichen Verfahren, sowie für diejenigen zivilrechtlichen Verfahren, welche nicht börsennotierte Unternehmen und natürliche Personen betreffen. Die Wertpapier- und Börsenaufsicht SEC hingegen ist ausschließlich zuständig für zivilrechtliche Verfahren gegen Aktienemittenten („*issuers*“).[148] Falls zwischen den beteiligten Parteien ein außergerichtlicher Vergleich nicht gelingt, erhebt das DOJ oder die SEC Anklage vor dem zuständigen *District Court*[149].

144 *Schulte/Görts*, RIW 2006, 561 (562).

145 *Partsch*, FCPA, S. 3.

146 Vgl. *Partsch*, FCPA, S. 3.

147 15 U.S.C. § 78dd-2(d) (Zuständigkeit des *Attorney General* (Generalstaatsanwalt)) sowie 15 U.S.C. § 78u(d)(1) (Zuständigkeit der SEC).

148 Vgl. *Schulte/Görts*, RIW 2006, 561 (562).

149 Dieser entspricht dem Landgericht; vgl. auch *Schulte/Görts*, RIW 2006, 561 (562).

2) Bestechungsverbote

Im Rahmen der Bestechungsverbote des FCPA (*Anti-Bribery-Provisions*) ist zunächst ein wesentlicher Unterschied zum deutschen Korruptionsstrafrecht (vgl. §§ 331-334 StGB) hervorzuheben. Während die §§ 331-334 StGB sowohl die Bestechung als auch die Bestechlichkeit sanktionieren, hat der FCPA nur die Geberseite im Blick.[150] 15 U.S.C. § 78dd-1 erfasst die US-Emittenten (sog. *issuers*, in der Regel börsennotierte Aktiengesellschaften) und die nahezu identische Vorschrift des 15 U.S.C. § 78dd-2 richtet sich an sog. *domestic concerns* (d. h. betroffene Inländer, erfasst sind natürliche Personen und Gesellschaften)[151]. Seit 1998 ist in 15 U.S.C. § 78dd-3 zusätzlich die Strafbarkeit aller Personen, die Handlungen zur Förderung von Korruptionszahlungen auf US-Hoheitsgebiet vornehmen, erfasst.[152]

Der Bestechungstatbestand ist sehr weit gefasst. Sanktioniert wird jede geldwerte Leistung[153] an einen ausländischen Amtsträger[154], unter Verwendung einer Einrichtung des zwischenstaatlichen Handelsverkehrs[155] mit dem Zweck der Beeinflussung einer Amtshandlung, um damit das Unternehmen bei der Verschaffung eines unangemessenen Vorteils zu unterstützen.[156]

Subjektiv erfordert der Tatbestand qualifizierten Vorsatz (*corrupt intent*). Eine Definition, was nach dem FCPA „korrupt" sein soll, existiert zwar nicht, jedoch ist aus den Gesetzesmaterialien erkennbar, dass die Zuwendung mit der Absicht erfolgen muss, den Empfänger zum Missbrauch seines Amtes (bzw. seiner Position) zu verleiten.[157] Dabei kommt es auf einen Bestechungserfolg nicht an. Bereits der Versuch ist strafbar.

Um eine ausufernde Anwendung der Korruptionstatbestände zu verhindern, statuiert der FCPA Ausnahmen und gibt den betroffenen Unternehmen

---

150 *Schulte/Görts*, RIW 2006, 561 (562); *Partsch*, FCPA, S. 5.

151 15 U.S.C. §§ 78dd-2(h)(1).Vgl. hierzu auch *Wysong/Pinto/Hugger*, CCZ 2011, 30 (31).

152 Vgl. *Grau/Meshulam/Blechschmidt*, BB 2010, 652 (656).

153 Vgl. U.S.C. §§ 78dd-1(a), 78dd-2(a) und 78dd-3(a), die diesbezüglich identisch formuliert sind: "*offer, payment, promise to pay, or authorization of the payment of any money, or offer, gift, promise to give, or authorization of the giving of anything of value*".

154 Vgl. 15 U.S.C. §§ 78dd-1(a)(1)-(3), 78dd-2(a)(1)-(3), 78dd-3(a)(1)-(3).

155 Vgl. U.S.C. §§ 78dd-1(a), 78dd-2(a) und 78dd-3(a): „*instrumentality of interstate commerce*", z. B. Telefon, E-Mail oder Post.

156 Vgl. hierzu auch *Rübenstahl*, NZWiSt 2012, 401 (404 f.).

157 *Partsch*, FCPA, S. 11.

Verteidigungsmittel an die Hand. So fallen gem. 15 U.S.C. §§ 78dd-1(b), 78dd-2(b), 78dd-3(b) Zahlungen für routinemäßige Amtshandlungen (*Facilitating Payment*) nicht unter das Bestechungsverbot. Des Weiteren gibt es nach dem FCPA zwei Verteidigungsmittel, sog. *affirmative defenses*[158]: Nach 15 U.S.C. §§ 78dd-1(c)(1), 78dd-2(c)(1), 78dd-3(c)(1) kann geltend gemacht werden, dass die entsprechende Handlung mit den im Drittland geltenden Gesetzen im Einklang steht. Der Tatbestand der Bestechung ist darüber hinaus gem. 15 U.S.C. §§ 78dd-1(c)(2), 78dd-2(c)(2), 78dd-3(c)(2) auch nicht erfüllt, falls die Leistung den Umständen nach angemessen war und der Gebende gutgläubig gehandelt hat.[159]

3) Buchführungspflichten und interne Kontrollen

Die Vorschriften zur Buchführung sowie zur Einrichtung interner Kontrollsysteme (*Books and Records Provisions*) nach 15 U.S.C. §§ 78m(b)(2)(A), 78m(b)(2)(B) gelten ausschließlich für Aktiengesellschaften, die in den USA notiert sind.[160] Dies gilt unabhängig vom Sitz der Aktiengesellschaft, so dass die Vorschrift auch uneingeschränkt auf deutsche Gesellschaften Anwendung findet, soweit diese an einer US-amerikanischen Börse gelistet sind. Durch diese Vorschriften sollen Schmiergeldkassen und sog. *Off-book Accounts* verhindert werden, denn je genauer die Unternehmen ihre Bücher führen müssen, desto schwieriger ist die Bereitstellung von Bestechungsgeldern.[161] Hier zeigt sich eine faktische Verknüpfung der Buchführungspflichten mit den Bestechungstatbeständen: Geht Bestechung meist Hand in Hand mit unredlicher Buchführung, wird akkurate Buchführung regelmäßig mit einer ordentlichen Zahlungspraxis verbunden sein.[162]

15 U.S.C. § 78m(b)(2)(A) verpflichtet die Gesellschaften, dass die Buchführung den Geschäftsgang angemessenen detailliert und sorgfältig widerspiegelt. „Buchhalterische Perfektion"[163] wird indes nicht verlangt. Mit anderen Worten

---

158 Eine exakte Entsprechung im deutschen Recht existiert für diesen Begriff nicht. Im *Common Law* bezeichnet *affirmative defense* grundsätzlich dasjenige, was der Beschuldigte (bzw. der Angeklagte) oder Beklagte im straf- oder zivilrechtlichen Verfahren in tatsächlicher und rechtlicher Hinsicht zu seiner Verteidigung vorbringen kann; vgl. hierzu *Partsch*, FCPA, S. 14 sowie *Schulte/Görts*, RIW 2006, 561 (563).

159 Beispielhaft werden im FCPA Reise- und Übernachtungskosten genannt (*travel and lodging expenses*).

160 Vgl. hierzu auch *Rübenstahl*, NZWiSt 2013, 6 (6 ff.).

161 So auch *Partsch*, FCPA, S. 17; *Schulte/Görts*, RIW 2006, 562 (564).

162 So auch *Schulte/Görts*, RIW 2006, 562 (565).

163 *Schulte/Görts*, RIW 2006, 562 (565).

führt nicht jede kleinste Abweichung zur Haftung des Unternehmens. Darüber hinaus muss ein internes Buchführungs- und Bilanzierungskontrollsystem installiert werden mit dem Zweck, die Einhaltung gewisser Standards[164] ausreichend zu gewährleisten.

Die strafrechtliche Haftung gem. 15 U.S.C. § 78m beschränkt sich auf Vorsatz. Geprüft wird, ob Unternehmen vorsätzlich falsch bilanzieren oder es vorsätzlich unterlassen oder umgehen, ein internes Kontrollsystem zu installieren, 15 U.S.C. § 78m(b)(4) und (5). Im Rahmen der zivilrechtlichen Haftung nach 15 U.S.C. § 78m genügt hingegen jede Form von Fahrlässigkeit.[165]

4) Strafmaß und Bußgeldhöhe

Unternehmen können für jede strafrechtlich relevante Verletzung der Bestechungsvorschriften des FCPA mit einer Geldstrafe von bis zu US$ 2 Millionen belangt werden. Natürlichen Personen droht pro Verletzungshandlung eine Strafe von bis zu US$ 100 000 sowie Freiheitsstrafe von bis zu fünf Jahren, 15 U.S.C. §§ 78dd-2(g), 78dd-3(e), 78ff(c). Ergänzend kann dazu der *Alternative Fines Act*[166] angewendet werden, wodurch im Einzelfall noch höhere Strafen verhängbar sind. In einem Verfahren vor dem Zivilgericht wird im Rahmen des Strafmaßes nicht zwischen Unternehmen und natürlichen Personen unterschieden. Eine Verletzung der Bestechungsvorschriften des FCPA kann jeweils mit bis zu US$ 10.000 geahndet werden gem. 15 U.S.C. §§ 78dd-2(g), 78dd-3(e), 78ff(c).

Noch drastischer sind die Strafen, die gem. 15 U.S.C. § 78ff(a) bei einer vorsätzlichen Verletzung der Buchführungspflichten möglich sind. Unternehmen droht eine Strafe von bis zu US$ 25 Millionen pro Verletzungshandlung, natürliche Personen können mit einer Geldstrafe bis zu US$ 5 Millionen und Freiheitsstrafe bis zu 20 Jahren zur Rechenschaft gezogen werden. Wiederum findet der *Alternative Fines Act*[167] Anwendung.

Der Strafrahmen des FCPA zeigt, welch scharfe Waffe das Gesetz in den Händen der US-Behörden ist. Im Falle einer Verurteilung kann die Existenz des betroffenen Unternehmens gefährdet sein. Darin ist auch der Grund zu sehen, weswegen die Unternehmen üblicherweise einen außergerichtlichen Vergleich mit den

---

164 Insoweit geht es um die Ausführung von Transaktionen, die korrekte Buchung von Vorgängen, dem Zugang zu Vermögenswerten sowie dem Abgleich der protokollierten Vorgänge mit bestehenden Vermögenswerten, 15 U.S.C. § 78m(b)(2)(B)(i)-(iv).

165 Vgl. *Schulte/Görts*, RIW 2006, 562 (565) m. w. N.

166 Vgl. 18 U.S.C. § 3571(d).

167 18 U.S.C. § 3571(d).

US-Behörden anstreben.[168] So akzeptierte auch im Fall Siemens die Unternehmensleitung ein Millionen-Bußgeld.[169] Eine Verurteilung hätte diesen Betrag noch deutlich übertreffen können.

C) Sarbanes-Oxley Act of 2002

I) Entstehungsgeschichte und Hintergrund

Der *Sarbanes-Oxley Act of 2002*[170] (SOX) oder auch „*Public Company Accounting Reform and Investor Act*" ist ein US-Bundesgesetz, das den Schutz von Anlegern durch genauere und verlässlichere wertpapierrechtliche Publizitätspflichten bezweckt.[171] Benannt wurde das Artikelgesetz nach seinen Verfassern, *Paul S. Sarbanes* und *Michael Oxley*. Der SOX war die gesetzgeberische Antwort auf die Finanzskandale von Unternehmen wie Enron oder Worldcom und dem damit verbundenen Vertrauensverlust in die Kapitalmärkte. Der Zusammenbruch des US-Unternehmens Enron aufgrund fortgesetzter Bilanzfälschungen im Dezember 2001 war der bis dato größte Bankrott der US-Geschichte. Im Skandal um WorldCom wurden im Zuge der Aufarbeitung Fehlbuchungen in Höhe von 11 Mrd. US$ durch die SEC aufgedeckt. Anlieger verloren Milliarden und die Ausmaße der Enron-Pleite wurden sogar noch übertroffen.[172] Den fragwürdigen Bilanzierungsmethoden, bewussten Falschbuchungen sowie anderen Bilanzbetrügereien musste Einhalt geboten werden, um das Vertrauen in die Richtigkeit der veröffentlichten Finanzdaten wieder sicherzustellen.[173] Der unzureichenden Selbstregulierung der Unternehmen sollte durch den SOX entgegengewirkt werden. Das Pflichtenprogramm für die Unternehmen und deren Wirtschaftsprüfer wurde erheblich erweitert, die Verantwortung des Managements von Kapitalgesellschaften vor allem im Hinblick auf erweiterte Publizitätspflichten erhöht. Wie der FCPA entfaltet auch der SOX extraterritoriale Wirkung: US-amerikanische

---

168 So auch *Schulte/Görts*, RIW 2006, 562 (565).

169 Vgl. hierzu auch Drittes Kapitel A) II) (S. 61 f.).

170 Der *Sarbanes-Oxley Act* ist abzurufen unter www.sec.gov/about/laws/soa2002.pdf (Stand: 20.07.2013). Vgl. auch Anhang F) (S. 243).

171 Dem SOX ist folgender Satz vorangestellt: „*An Act to protect investors by improving the accuracy and reliability of corporate disclosures made pursuant to the securities laws, and for other purposes.*"

172 Vgl. hierzu auch *Menzies*, SOX, S. 7 ff.

173 *Beulke/Lüdke/Swoboda*, Unternehmen im Fadenkreuz, S. 43 Fn. 163.

und ausländische Unternehmen, die an US-Behörden notiert sind, fallen in den Anwendungsbereich des SOX.

II) Wesentliche Inhalte des SOX

Der SOX gliedert sich in elf Abschnitte (*Titles*), jedoch beschränkt sich die Darstellung auf die Abschnitte I – IV, da diese die compliance-relevanten Regelungen beinhalten.

1) Title I: Public Company Accounting Oversight Board

Der erste Abschnitt des SOX regelt die Einrichtung einer Aufsichtsbehörde, dem *Public Company Accounting Oversight Board* (PCAOB)[174]. Nach Section 102 SOX hat sich dort jede Wirtschaftsprüfungsgesellschaft (*accounting firm*), die den Jahresabschluss eines an einer US-Börse notierten Unternehmens prüft, zu registrieren. Das PCAOB soll die Interessen von Investoren schützen und das Vertrauen der Öffentlichkeit in publizierte Unternehmenszahlen stärken, Section 101(a) SOX. Als unabhängige Organisation ausgestaltet untersteht das PCAOB der Kontrolle der SEC, Section 107 SOX.

2) Title II: Auditor Independence

Der zweite Abschnitt des SOX enthält Regeln, die die Unabhängigkeit der Abschlussprüfer gewährleisten sollen. So werden in Section 201 SOX verschiedene Dienstleistungen aufgeführt, die nicht durch den Abschlussprüfer erbracht werden dürfen (*prohibited activities*). Hintergrund dieser Regelung ist, dass andernfalls der Abschlussprüfer seine eigene Tätigkeit überprüfen würde (Stichwort: Selbstprüfung). Dies wiederum könnte Auswirkungen auf die Objektivität und Neutralität des Prüfers haben; die vollständige Unabhängigkeit wäre nicht gewährleistet.[175] Weiter schreibt Section 203 SOX vor, dass spätestens nach fünf Jahren ein Wechsel des hauptverantwortlichen Abschlussprüfers stattfinden muss (*audit partner rotation*). Hierdurch soll eine zu enge Bindung zwischen dem Prüfer und dem überprüften Unternehmen vermieden werden. Einen weiteren wichtigen Punkt statuiert Section 206 SOX: Um Interessenkonflikte zu vermeiden, muss mindestens ein Jahr vergangen sein, bevor ein Mitarbeiter der Wirtschaftsprüfungsgesellschaft

---

174 Internetauftritt des PCAOB: www.pcaobus.org.

175 *Menzies*, SOX, S. 16.

in eine herausragende Position des auch von ihm geprüften Unternehmens wechseln kann (*Cooling-Off Period*). In Section 206(1) SOX werden als Beispiele derartiger Führungspositionen der *chief executive officer*, der *chief financial officer* oder auch der *chief accounting officer* genannt.

3) Title III: Corporate Responsibility

Regelungen zur Corporate Governance sind der Kern des dritten Abschnitts des SOX. Insbesondere Section 302 SOX hat weitreichende Auswirkungen. Der *Securities Exchange Act (1934)* verpflichtet Unternehmen in periodischen Abständen ihre Geschäftsberichte bei der SEC einzureichen. Section 302 SOX verlangt nun vom *chief executive officer* (CEO) und vom *chief financial officer* (CFO) eines jeden Unternehmens, das unter den Anwendungsbereich des SOX fällt, diese Geschäftsberichte mittels einer schriftlichen Erklärung zu zertifizieren und somit die Korrektheit der Angaben zu bestätigen. Darüber hinaus sind CEO und CFO angehalten, ein System interner Kontrollen einzurichten und auszugestalten, um das Zustandekommen eines korrekten Geschäftsberichts auch auf diesem Wege zu überprüfen. Diese eidesstattliche Erklärung führt für CEO und CFO zu nur schwer kalkulierbaren Haftungsrisiken, da eine Berufung auf fehlende Kenntnis kaum mehr möglich ist.[176] Im Ergebnis ergibt sich für die Unternehmensleitung ein großer Anreiz mittels interner Kontrollen und Schulungen im Rahmen eines Compliance-Systems dieses Risiko einzuschränken.

Neben dieser zentralen Vorschrift enthält Abschnitt III des SOX unter anderem noch das Verbot, auf den Wirtschaftsprüfer in unlauterer Weise Einfluss zu nehmen oder diesen zu manipulieren (Section 303 SOX), eine Bestimmung zur möglichen Rückzahlung von Boni oder Abfindungen (Section 304 SOX) sowie allgemeine Verhaltensregeln für Anwälte des Unternehmens (Section 307 SOX).

4) Title IV: Enhanced Financial Disclosures

Im vierten Abschnitt des SOX sind erweiterte Offenlegungspflichten für Finanzinformationen geregelt. Gem. Section 401 SOX müssen in den periodisch einzureichenden Berichten auch die bilanzunwirksamen Geschäfte (*off-balance sheet transactions*) ausgewiesen werden. Die Vorschrift ist eine Konsequenz aus dem Enron-Skandal, da Enron eben diese Informationen nicht veröffentlichte und erst

176 So auch *Schulte/Görts*, RIW 2006, 561 (566).

dadurch jene Finanzstruktur aufgebaut werden konnte, die dem Unternehmen schließlich zum Verhängnis wurde.[177]

Ein grundsätzliches Verbot der Vergabe von persönlichen Darlehen an Mitglieder von Vorstand und Aufsichtsrat findet sich in Section 402 SOX. Außerdem sind nach Section 403 SOX kürzere Fristen zu beachten, in denen Transaktionen bei der SEC anzuzeigen sind, falls daran die Unternehmensleitung oder Personen beteiligt sind, die mehr als 10 % der Aktien halten.

Im Hinblick auf Compliance stellt Section 404 SOX für die Unternehmen eine Hürde dar, deren Umsetzung besonders herausfordernd ist. Überschrieben ist die Vorschrift mit „*Management Assessment of Internal Controls*", Beurteilung des internen Kontrollsystems durch das Management. Zum Einen muss der Jahresbericht eines Unternehmens einen Bericht über das interne Kontrollsystem der Finanzberichterstattung enthalten. In diesem Bericht muss das Management die Verantwortung für die Einrichtung und Unterhaltung des internen Kontrollsystems übernehmen (Section 404.(b) SOX). Außerdem muss der Bericht noch eine Beurteilung der Effektivität des Systems beinhalten. Des Weiteren muss dieser Bericht zusätzlich vom Abschlussprüfer im Rahmen der Jahresabschlussprüfung testiert werden (Section 404.(a)SOX). Schließlich ist noch herauszustellen, dass Section 406 SOX die Ausarbeitung eines *Code of Ethics* fordert. Dieser soll für das Führungspersonal im Bereich Finanzen und Buchhaltung gelten und zu einem ehrlichen und ethisch verantwortungsvollen Verhalten anhalten. Existiert in einem Unternehmen kein *Code of Ethics*, ist dies im periodisch bei der SEC einzureichenden Bericht anzugeben und zu begründen.

D) United States Federal Sentencing Guidelines

Bei der Betrachtung von Compliance in den USA spielen die *United States Federal Sentencing Guidelines*[178] (im Folgenden: *Guidelines*) sowie das dazu gehörige *Guidelines Manuel*[179] eine wichtige Rolle. Hierbei handelt es sich um Richtlinien, aus denen sich die Strafzumessung der Bundesgerichte ergibt. Die *Guidelines* werden von der *United States Sentencing Commission* entworfen, einer unabhängigen zur Judikative zählenden Kommission, die eigens hierfür im Zuge des

177 *Schulte/Görts*, RIW 2006, 561 (562).

178 Vgl. 18 U.S.C.A. §§ 1 ff., abzurufen unter www.ussc.gov.

179 Abzurufen unter www.ussc.gov/Guidelines/2011_Guidelines/Manual_PDF/2011_Guidelines_Manual_Full.pdf (Stand: 20.07.2013).

Sentencing Reform Act of 1984 errichtet worden ist.[180] Gem. 28 U.S.C. § 991(b)(1)(B) bezwecken die *Guidelines* die Vereinheitlichung der Strafzumessung der Bundesgerichte.

Im achten Kapitel (*Chapter Eight – Sentencing of Organizations*[181]) der *Guidelines* sind die *Organizational Sentencing Guidelines* niedergelegt. Diese sind 1991 in Kraft getreten und wurden 2004 in Folge der Skandale um Enron und Worldcom verschärft. Der Anwendungsbereich der *Guidelines* umfasst seither nicht nur börsennotierte Unternehmen, vielmehr erstreckt sich der Geltungsbereich gem. 18 U.S.C.A. § 8A1.1. auf folgende weitere Rechtsformen: *corporations, partnerships, associations, joint-stock companies, unions, trusts, pension funds, unincorporated organizations, governments and political subdivisions thereof, and non-profit organizations.*[182] Die *Organizational Sentencing Guidelines* kommen zur Anwendung, wenn es um eine Verurteilung eines Unternehmens geht, das für die Handlungen von Mitarbeitern zur Verantwortung gezogen wird. Hier zeigt sich auch eine Besonderheit der *Guidelines*: Ein ganzes Unternehmen kann strafrechtlich für rechtswidrige Taten von Mitarbeitern (employees‘ illegal actions) zur Verantwortung gezogen werden, selbst wenn das Unternehmen Anstrengungen unternommen hat, derartiges Fehlverhalten zu verhindern.[183] Im Jahr 2010 erfolgte eine erneute Reform der *Guidelines* mit Klarstellungen hinsichtlich des Verhaltens nach der Entdeckung einer Straftat, der Schaffung von Compliance-Programmen als eigenständige Strafe sowie die Anwendung der *Guidelines* im Falle der Beteiligung leitender Mitarbeiter an der Tat.[184]

Nach den *Guidelines* ergibt sich für die einem Unternehmen vorgeworfene Tat ein sog. base offence level.[185] Dieses bildet, abhängig von den konkreten Umständen des Einzelfalls, die Grundlage der tatsächlichen Strafe und kann herabgesetzt werden, wenn das Unternehmen ein effektives Compliance-System

---

180 Vgl. hierzu: An overview of the United States Sentencing Commission, S. 1, abzurufen unter www.ussc.gov/About_the_Commission/Overview_of_the_USSC/USSC_Overview.pdf (Stand: 20.07.2013).

181 Abzurufen unter www.ussc.gov/Guidelines/2011_Guidelines/Manual_PDF/Chapter_8.pdf (Stand: 20.07.2013). S. Anhang G) (S. 262).

182 Vgl. hierzu auch *Hopson/Koehler*, CCZ 2008, 208 (208).

183 *Desio*, An Overview of the Organizational Guidelines, S. 1, abzurufen unter www.ussc.gov/Guidelines/Organizational_Guidelines/ORGOVERVIEW.pdf (Stand: 20.07.2013).

184 *Engelhart*, NZG 2011, 126 (127).

185 18 U.S.C.A. § 8C2.3.

vorweisen kann (*Effective Compliance and Ethics Program*).[186] Wie ein solches ausgestaltet sein soll, ist in § 8B2.1 der *Guidelines* niedergelegt. Dies ist zu lesen als genaue Anleitung, ein effektives Compliance-Programm zu schaffen und bildet den Maßstab, an dem sich eine Compliance-Organisation messen lassen muss.[187] Die Vorschrift enthält allgemeine Prinzipien und spezielle Anforderungen an ein Compliance-Programm: Das Unternehmen soll allgemein darauf achten, kriminelle Handlungen zu verhindern und aufzudecken. Dazu soll eine Kultur vermittelt werden, die ethisches und regelkonformes Verhalten fördert.[188] Im Anschluss folgen sieben detaillierte Anforderungen an ein effektives Compliance-Programm[189]:

- Das Unternehmen soll Standards und Verfahren einführen, die strafbare Handlungen verhindern und entdecken, § 8B2.1.(b)(1)
- § 8B2.1.(b)(2) legt besondere Verantwortlichkeiten für die Unternehmensleitung und Führungskräfte fest
- Nach § 8B2.1.(b)(3) hat das Unternehmen darauf zu achten, entscheidende Verantwortung nicht an Personen zu vergeben, die in kriminelle Tätigkeiten involviert waren oder deren Integrität in Zweifel steht.
- § 8B2.1.(b)(4) verlangt eine regelmäßige Kommunikation der Compliance-Standards und eine effektive Schulung der Mitarbeiter
- Des Weiteren ist die Effektivität des Compliance-Programm regelmäßig zu überprüfen und zu bewerten, § 8B2.1.(b)(5). Außerdem ist ein System für die interne Berichterstattung einzurichten.
- § 8B2.1.(b)(6) fordert die ständige Durchsetzung des Compliance-Programms.

Durch das Zusammenspiel von teilweise abstrakten und daneben konkreten Anforderungen wird den Unternehmen die Möglichkeit gegeben, ein Compliance-System zu entwerfen, das auf die speziellen Bedürfnisse der jeweiligen Gesellschaft zugeschnitten ist. Mindeststandards müssen vorhanden sein, die exakte Ausgestaltung hängt vom Einzelfall und den spezifischen Unternehmensanforderungen ab.

186 *Bergmoser/Theusinger/Gushurst*, BB-Special 5.2008, 1 (2).
187 *Hopson/Koehler*, CCZ 2008, 208 (208).
188 § 8B2.1.(a).
189 § 8B2.1.(b). Ausführlich zu den sieben Elementen *Hopson/Koehler*, CCZ 2008, 208 ff.

E) Stellungnahme: Auswirkungen auf Deutschland

Der FCPA, der SOX und die Federal Sentencing Guidelines sind eine reale „Gefahr“ für deutsche Unternehmen. Dies gilt zuvorderst für Unternehmen, die an US-amerikanischen Börsen notiert sind. So waren Mitte des Jahres 2013 noch fünf Konzerne gelistet: Deutsche Bank AG, Elster Group SE, Fresenius Medical Care AG & Co. KG, SAP AG und Siemens AG.[190] Auch aufgrund der strengen Gesetze und den Ermittlungen der Börsenaufsicht SEC haben sich bereits eine Reihe deutscher Konzerne, z. B. Daimler AG, BASF AG, Bayer AG und EON AG, von der US-Börse zurückgezogen.[191] Doch schützt auch ein „Delisting“ nicht vor dem „langen Arm“ der US-Behörden: Der weite Anwendungsbereich des FCPA kann – wie gezeigt – schon bei geringstem Bezug zu den USA Ermittlungen auslösen. Die möglichen Strafen können existenzbedrohend sein.

Umso entscheidender ist es für deutsche Unternehmen, US-amerikanischen Compliance-Standards große Aufmerksamkeit zu schenken und unter Umständen im eigenen Unternehmen zu implementieren. Der Fall Siemens war ein erstes und eindrucksvolles Beispiel und hat die Compliance-Landschaft in Deutschland nachhaltig beeinflusst, was sich am zeitlich nachfolgenden Fall MAN gezeigt hat.

---

190 Abzurufen unter www.nyse.com.

191 Vgl. hierzu auch *Höpner/Schnell*, Deutsche Konzerne sagen US-Börsen Adieu, abzurufen unter www.handelsblatt.com/unternehmen/banken/deutsche-konzerne-sagen-us-boersen-adieu/3264514.html (Stand: 15.07.2013).

Drittes Kapitel: Der Fall Siemens und der Fall MAN

A) Der Fall Siemens

I) Sachverhalt

1) Ermittlungen der Behörden

Die Siemens-Korruptionsaffäre zählt zu den größten Wirtschaftsskandalen in der Geschichte der Bundesrepublik Deutschland.[192] Die Staatsanwaltschaft München I leitete aufgrund einer anonymen Anzeige sowie aufgrund von Rechtshilfeersuchen aus der Schweiz und Italien gegen insgesamt zehn Mitarbeiter der Firma Siemens Ermittlungen wegen des Verdachts der Untreue zum Nachteil der Siemens AG ein. Es bestand der Verdacht, dass rund € 20 Millionen aus dem Geschäftsbereich der des Unternehmens ausgeschleust und zu Schmiergeldzahlungen verwendet worden waren.[193]

Am 15. November 2006 wurden 30 Objekte in München und Umgebung, Erlangen und Österreich unter Einsatz von ca. 250 Beamten und 23 Staatsanwälten aus München und Bozen sowie drei Schweizer Bundesanwälten durchsucht.[194] Hierbei wurden zwischen 200 und 300 Ordner mit laufenden Geschäftsunterlagen, ca. 36.000 Ordner Archivunterlagen sowie umfangreiches weiteres Datenmaterial beschlagnahmt.[195]

Das Ausmaß der Affäre wurde indes erst später ersichtlich. Im Ergebnis erreichte der Fall eine Milliarden-Dimension: So gab der Vorstandsvorsitzende der Siemens AG *Peter Löscher* im Rahmen der Jahrespressekonferenz des Konzerns

---

192 Ausführlich hierzu *Wolf*, in: Korruptionsfall Siemens, S. 9 ff.

193 Pressemitteilung 04/06 der Staatsanwaltschaft München I vom 16. November 2006, abzurufen unter www.justiz.bayern.de/sta/sta/m1/presse/archiv/2006/00558/ (Stand: 20.07.2013).

194 Pressemitteilung 04/06 der Staatsanwaltschaft München I vom 16. November 2006, abzurufen unter www.justiz.bayern.de/sta/sta/m1/presse/archiv/2006/00558/ (Stand: 20.07.2013).

195 Pressemitteilung 05/06 der Staatsanwaltschaft München I vom 22. November 2006, abzurufen unter www.justiz.bayern.de/sta/sta/m1/presse/archiv/2006/00559/ (Stand: 20.07.2013).

am 8. November 2007 bekannt, dass über alle Geschäftsbereiche hinweg zweifelhafte Zahlungen in Höhe von € 1,3 Milliarden entdeckt worden waren.[196]

2) Unternehmensinterne Ermittlungen

Das Management von Siemens entschied sich frühzeitig zu eigenen unternehmensinternen Ermittlungen sowie zur vollen Kooperation mit den Behörden. Am 15. Dezember 2006 wurde der US-amerikanischen Kanzlei Debevoise & Plimpton LLP (im Folgenden: Debevoise) das Mandat zu einer umfassenden Untersuchung erteilt. Gerhard Cromme, der Vorsitzende des Prüfungsausschusses, führte auf der Hauptversammlung des Konzerns am 25. Januar 2007 aus: „Das Mandat für ‚Debevoise & Plimpton' sieht eine vollständige und unabhängige Untersuchung vor"[197]. Debevoise sollte untersuchen, ob gegen Anti-Korruptionsvorschriften verstoßen worden war und eine unabhängige Beurteilung der Compliance- und Kontrollsysteme des Konzerns vornehmen.[198] Mit Zustimmung von Siemens beauftragte Debevoise wiederum die Wirtschaftsprüfungsgesellschaft Deloitte & Touche GmbH (im Folgenden: Deloitte), um die forensischen Untersuchungen zu unterstützen.

Aufgrund der Größe des Konzerns[199] war das Ausmaß der Untersuchung immens. Laut Angaben des Konzerns umfassten die Arbeiten von Debevoise und Deloitte unter anderem:[200]

- 1.750 Interviews mit Siemens-Mitarbeitern und weiteren Personen,
- 800 informelle Gespräche mit Mitarbeitern, um Hintergrundinformationen zu erhalten,

196 Abzurufen unter www.siemens.com/press/pool/de/events/jahrespk2007/speech-loescher-q4-2007-d.pdf (Stand: 20.07.2013).

197 Statement von *Gerhard Cromme* auf der Hauptversammlung am 25. Januar 2007, abzurufen unter www.siemens.com/press/pool/de/events/hauptversammlung/sie_hv_speech_cromme_1430860.pdf, S. 3 (Stand: 20.07.2013).

198 Vgl. hierzu: Erklärung der Siemens AG vom 15. Dezember 2008, abzurufen unter www.siemens.com/press/pool/de/events/2008-12-PK/summary-d.pdf (Stand: 20.07.2013).

199 Im Geschäftsjahr 2006 beschäftigte das Unternehmen ca. 475.000 Mitarbeiter und war in 190 Ländern weltweit tätig, vgl. Erklärung der Siemens AG vom 15. Dezember 2008, abzurufen unter www.siemens.com/press/pool/de/events/2008-12-PK/summary-d.pdf, S. 4 (Stand: 20.07.2013).

200 Vgl. Erklärung der Siemens AG vom 15. Dezember 2008, abzurufen unter www.siemens.com/press/pool/de/events/2008-12-PK/summary-d.pdf, S. 5 (Stand: 20.07.2013).

- 82 Millionen elektronisch durchkämmte Dokumente, um relevantes Material aufzuspüren,
- 14 Millionen gesichtete Dokumente,
- 38 Millionen analysierte Finanztransaktionen und
- 10 Millionen durchgesehene Bankbelege.

Darüber hinaus wurde im Oktober 2007 ein Amnestieprogramm für aktuelle und ehemalige Mitarbeiter der Siemens AG aufgelegt. Ziel dieser Maßnahme war es, den Mitarbeitern einen Anreiz zu setzen bei der Aufklärung von Korruptionssachverhalten mitzuhelfen. Mitarbeiter sollten freiwillig und vollständig kooperieren, im Gegenzug verzichtete das Unternehmen auf eine einseitige Beendigung des Arbeitsverhältnisses sowie auf Schadensersatzansprüche. Bis Ende Februar 2008 sind insgesamt 123 Amnestiegesuche gestellt worden.[201]

Als weitere Maßnahme führte das Unternehmen im April 2008 noch eine Art Kronzeugenregelung ein, durch die es für einzelne, für die Untersuchung besonders relevante Mitarbeiter möglich war, individuelle Disziplinarmaßnahmen zu vereinbaren. Diese, im Unterschied zum Amnestieprogramm auch für Top-Manager zugängliche Regelung wurde in 48 Fällen in Anspruch genommen.[202]

II) Bußgelder und Gewinnabschöpfungen

Siemens konnte sich mit den deutschen und US-amerikanischen Behörden zeitnah einigen. Insgesamt musste der Konzern Strafzahlungen in Höhe von etwa € 1,2 Milliarde leisten. Dieser Gesamtbetrag setzt sich aus verschiedenen Positionen zusammen:

Im Oktober 2007 verhängte das Landgericht München I ein Bußgeld in Höhe von € 201 Millionen (€ 1 Million als höchste mögliche Geldbuße gem. § 130 Abs. 3 S. 1 OWiG sowie € 200 Millionen im Wege der Gewinnabschöpfung, §§ 30 Abs. 3 i. V. m. 17 Abs. 4 OWiG) gegen die ehemalige Siemens-Telekommunikations-Sparte „Com".[203] Das Gericht kam zu der Überzeugung, dass ein

201 Vgl. hierzu z. B. den Compliance-Bericht 2008, abzurufen unter www.siemens.com/annual/08/ de/corp_governance/nachhaltigkeitsbericht.htm (Stand: 20.07.2013).

202 Vgl. hierzu: Erklärung der Siemens AG vom 15. Dezember 2008, abzurufen unter www.siemens.com/press/pool/de/events/2008-12-PK/summary-d.pdf, S. 7 (Stand: 20.07.2013).

203 Vgl. hierzu z.B. die Ad-hoc Meldung nach § 15 WpHG vom 4. Oktober 2007, abzurufen unter www.siemens.com; ebenso www.spiegel.de/wirtschaft/0,1518,509503,00.html (Stand: 20.07.2013).

früherer leitender Angestellter in den Jahren 2001 bis 2004 zum Zweck der Auftragserlangung gemeinschaftlich mit anderen Personen ausländische Amtsträger bestochen hatte. Grundlage der Entscheidung waren 77 belegbare Bestechungsfälle in Nigeria, Russland und Libyen.[204]

Am 15. Dezember 2008 wurden zeitgleich und abgestimmt weitere Verfahren im Rahmen des Korruptionsskandals gegen Siemens beendet. Die Staatsanwaltschaft München I erließ einen Bußgeldbescheid in Höhe von € 395 Millionen (€ 250.000 Geldbuße sowie € 394.750.000 im Wege der Gewinnabschöpfung) wegen Verletzung der Aufsichtspflichten nach §§ 30, 130 OWiG.[205] In den USA wurde das Unternehmen wegen vorsätzlicher Verletzung von FCPA-Vorschriften schuldiggesprochen. Siemens und drei betroffene Tochtergesellschaften akzeptierten ein Bußgeld in Höhe von US-$ 450 Millionen.[206] Des Weiteren stimmte das Unternehmen in einem von der SEC eingeleiteten Zivilverfahren einer Gewinnabschöpfung in Höhe von US-$ 350 Millionen zu. Diese insgesamt US-$ 800 Millionen betrugen zum damaligen Wechselkurs circa € 620 Millionen.

Die Strafzahlungen waren im Ergebnis deutlich niedriger als erwartet. Sowohl die Staatsanwaltschaft München als auch die US-amerikanischen Behörden würdigten die Kooperation seitens des Unternehmens sowie die beachtlichen Anstrengungen bei der Aufarbeitung des Sachverhalts.

III) Neuausrichtung des Konzerns und juristische Aufarbeitung

Der Korruptionsskandal führte unternehmensintern zu einer umfassenden personellen Neuausrichtung in der Konzernleitung sowie im gehobenen Management. Nahezu alle neuralgischen Positionen wurden neu besetzt. Dazu wurde die Compliance-Organisation erheblich ausgeweitet und verbessert. Durch das neue Vorstandsressort Recht und Compliance („Corporate Legal and Compliance“)

---

204 Vgl. *Wolf*, in: Korruptionsfall Siemens, S. 9 (13); im Rahmen einer steuerrechtlichen Regelung mit den Finanzbehörden musste Siemens in diesem Zusammenhang auch Steuern in Höhe von € 179 Millionen nachzahlen, da Zahlungen in Höhe von € 450 Millionen als steuerlich nicht abzugsfähig eingestuft wurden.

205 Ein veröffentlichter Entwurf des Bescheides ist abzurufen unter www.siemens.com/press/pool/de/events/2008-12-PK/MucStaats.pdf (Stand: 20.07.2013), s. Anhang K) (S. 267).

206 Vgl. „*Sentencing Memorandum*“ des US-Justizministeriums, abzurufen unter www.justice.gov/opa/documents/siemens-sentencing-memo.pdf (Stand: 20.07.2013).

und direkte Berichtswege vom Chief Compliance Officer an den Vorstandsvorsitzenden wurde das Thema Compliance zur „Chefsache" gemacht. Des Weiteren richtete das Unternehmen neue Compliance-Abteilungen ein und strukturierte die Rechtsabteilung neu.[207] Am Tag der Einigung mit den Behörden in Deutschland und den USA gab Siemens auch bekannt, dass der ehemalige deutsche Finanzminister *Dr. Theo Waigel* die Position des „Compliance-Monitor" bekleidet.[208]

Die juristische Aufarbeitung des Korruptionsskandals ist noch nicht abgeschlossen. Die wirtschaftsstrafrechtlichen Verfahren gegen Manager und Mitarbeiter wegen Untreue und Korruption führten in einigen Fällen zu Bewährungsstrafen, meist wurden die Verfahren jedoch gem. § 153a StPO eingestellt.[209] Mitte des Jahres 2008 beschloss der Aufsichtsrat von Siemens, Schadensersatzansprüche gegen ehemalige Mitglieder des Zentralvorstandes wegen der Verletzung ihrer Organisations- und Aufsichtspflichten vor dem Hintergrund des Vorwurfs illegaler Geschäftspraktiken und Bestechungen in den Jahren 2003 bis 2006 geltend zu machen.[210] Diese Vorgehensweise ist im Zusammenhang zu sehen mit einer möglichen eigenen Strafbarkeit der Unternehmensleitung wegen Untreue gem. § 266 StGB bei Unterlassen der Geltendmachung von Schadensersatzforderungen. Zurückzuführen ist dies auf die ARAG/Garmenbeck-Rechtsprechung des BGH, nach der der Aufsichtsrat verpflichtet ist, mögliche Schadensersatzansprüche gegen die Unternehmensleitung zu prüfen und grundsätzlich geltend zu machen.[211] Mit einigen ehemaligen Managern konnte sich der Konzern außergerichtlich einigen. Beispielsweise einigte sich das Unternehmen mit dem ehemaligen Vorstandsvorsitzenden sowie ehemaligen Aufsichtsratsvorsitzenden *Heinrich von Pierer* auf eine Zahlung von fünf Millionen Euro. In den übrigen Fällen wird es zu einer gerichtlichen Klärung kommen.[212]

---

207 Vgl. hierzu: Erklärung der Siemens AG vom 15. Dezember 2008, abzurufen unter www.siemens.com/press/pool/de/events/2008-12-PK/summary-d.pdf, S. 27 ff. (Stand: 20.07.2013).

208 S. o. Erstes Kapitel D) III) (S. 40 ff.).

209 Vgl. dazu *BGH*, Urt. v. 29.08.2008 – 2 StR 587/07 = NJW 2009, 89 ff. als erste bundesgerichtliche Entscheidung in Zusammenhang mit dem Korruptionsskandal; instruktiv hierzu *Satzger*, NStZ 2009, 297 ff. sowie *Knauer*, NStZ 2009, 151 ff. m. w. N.

210 Vgl. Bericht des Aufsichtsrats 2008, abzurufen unter www.siemens.com/annual/08/de/bericht_aufsichtsrat.htm (Stand: 20.07.2013).

211 Vgl. BGHZ 135, 244 ff. = NJW 1997, 1926 ff. Vgl. hierzu etwa *Götz*, NJW 1997, 3275 ff.; *Werner*, CCZ 2011, 201 ff.; *Moosmayer*, Compliance, S. 19 f.

212 Vgl. www.manager-magazin.de/koepfe/artikel/0,2828,687683,00.html (Stand: 20.07.2013).

B) Der Fall MAN

I) Sachverhalt

Der Korruptionsfall bei MAN weist Ähnlichkeiten mit dem Fall bei Siemens auf, vor allem hinsichtlich der Ermittlungen der Behörden sowie der unternehmensinternen Aufarbeitung der Unregelmäßigkeiten. Der auffälligste Unterschied liegt in der unterschiedlichen Dimension der beiden Fälle.[213] Bei Siemens wurden verdächtige Beträge in Milliardenhöhe entdeckt, bei MAN hingegen „lediglich" Millionensummen. Des Weiteren werden die Wertpapiere von MAN an keiner US-amerikanischen Börse gehandelt, dementsprechend waren die US-amerikanischen Behörden im Fall MAN nicht involviert.

Am 5. Mai 2009 durchsuchte die Staatsanwaltschaft München I im gesamten Bundesgebiet Geschäftsräume und Niederlassungen der MAN AG, MAN Nutzfahrzeuge AG, MAN Truck & Bus Deutschland GmbH sowie Privatwohnungen von Beschuldigten. Hierbei waren 26 Staatsanwälte, circa 100 Steuerfahnder und circa 300 Polizeibeamte involviert. Aus Sicht der Staatsanwaltschaft bestand der Verdacht, dass bei der MAN Nutzfahrzeuge AG „ein System zur Förderung des Absatzes von Lkw und Bussen im Bundesgebiet existierte"[214]. Die Ermittlungen erstreckten sich auf den Zeitraum zwischen 2002 und 2009 und richteten sich gegen fast 200 Beschuldigte. Im In- und Ausland sollen als „Provisionen" bezeichnete Bestechungsgelder an Mitarbeiter von Kunden von MAN gezahlt worden sein. Nach Konzernangaben wurden im Ergebnis verdächtige Zahlungen in einer Höhe von insgesamt € 51,6 Millionen aufgedeckt.[215]

Das Management von MAN leitete bereits einen Tag nach den Durchsuchungen interne Ermittlungen durch Anwälte, Steuerexperten und Wirtschaftsprüfer ein. MAN erklärte ebenfalls, eng mit der Staatsanwaltschaft kooperieren zu wollen und alle Ergebnisse der internen Untersuchung den Behörden zur Verfügung

---

213 So auch Oberstaatsanwalt *Anton Winkler*: „Das MAN-Verfahren lässt sich mit dem Ausmaß des Siemens-Verfahrens nicht vergleichen.", vgl. www.focus.de/panorama/vermischtes/ermittlungen-weit-ueber-100-beschuldigte-im-man-korruptionsskandal_aid_398204.html (Stand: 20.07.2013).

214 Vgl. Pressemitteilung 02/09 der Staatsanwaltschaft München I vom 5. Mai 2009, abzurufen unter www.justiz.bayern.de/sta/sta/m1/presse/archiv/2009/02001/ (Stand: 20.07.2013).

215 Vgl. hierzu Pressemitteilung der MAN SE vom 11.12.2009, abzurufen unter www.man.eu/de/presse/pressemitteilungen/Pressemitteilung_2653.html (Stand: 20.07.2013).

zu stellen.[216] Das Unternehmen legte am 18.05.2009 ein Amnestieprogramm auf, um die Aufklärung des Sachverhaltes zu beschleunigen. Ähnlich wie Siemens verzichtete MAN bei Mitarbeitern, die freiwillig ihr Wissen im Zusammenhang mit den unrechtmäßigen Provisionszahlungen offenbarten, grundsätzlich auf mögliche Schadensersatzansprüche und einseitige Beendigungen des Arbeitsverhältnisses. Die Ergebnisse dieses Amnestieprogramms wurden an die Staatsanwaltschaft weitergegeben.[217]

II) Bußgelder

Die Ermittlungen der Behörden im Fall MAN endeten am 10.12.2009 mit Geldbußen in Höhe von € 150,6 Millionen. Die Staatsanwaltschaft München I erließ einen Bußgeldbescheid gegen die MAN Nutzfahrzeuge AG in Höhe von € 75,3 Millionen wegen Verletzung der Aufsichtspflichten nach § 130 OWiG. In gleicher Höhe setzte das Landgericht München I durch Beschluss eine Geldbuße gegen die MAN Turbo AG fest.[218] Nach Ansicht der Behörden war die Compliance-Struktur in den beiden Konzerntöchtern defizitär organisiert. Dadurch sei es zur der Zahlung von Bestechungsgeldern gekommen. Der Konzern verzichtete auf die Einlegung von Rechtsmitteln. Die Höhe der Geldbußen bzw. Gewinnabschöpfungen erscheint im Vergleich zu den Strafzahlungen im Siemens-Verfahren überproportional hoch. Insoweit zeigt sich, dass die Höhe der Strafzahlungen auch entscheidend von den Verhandlungen des Unternehmens mit den Strafverfolgungsbehörden abhängt. Eine genaue Untersuchung der Gründe kann im Rahmen dieser Arbeit allerdings nicht erfolgen.

---

216 Vgl. hierzu die Pressemitteilungen der MAN SE vom 05.05.2009 und 06.05.2009, abzurufen unter www.man.eu/de/presse/pressemitteilungen/Pressemitteilung_3566.html und www.man.eu/de/presse/ pressemitteilungen/Pressemitteilung_3565.html (Stand: 20.07.2013).

217 Vgl. Presseerklärungen der MAN SE vom 18.05.2009 und 11.12.2009, abzurufen unter www.man.eu/de/presse/pressemitteilungen/Pressemitteilung_3558.html und www.man.eu/de/presse/ pressemitteilungen/Pressemitteilung_2653.html (Stand: 20.07.2013).

218 Vgl. Pressemitteilung der Staatsanwaltschaft München I vom 10.12.2009, abzurufen unter www.justiz.bayern.de/sta/sta/m1/presse/archiv/2009/02346/ (Stand: 20.07.2013); Presseerklärung der MAN SE vom 10.12.2009, abzurufen unter www.man.eu/de/presse/pressemitteilungen/Pressemit teilung_2658.html (Stand: 20.07.2013).

III) Neuausrichtung des Konzerns und juristische Aufarbeitung

Im Zuge der Aufarbeitung der Geschehnisse wurden nahezu alle Posten der Konzernleitung neu besetzt. Der Konzern trennte sich infolge der Vorwürfe von rund 20 Mitarbeitern. MAN SE implementierte einen neuen Bereich Compliance, der organisatorisch direkt dem Sprecher des Vorstandes unterstellt ist und weitete seine Bemühungen im Bereich der Korruptionsprävention erheblich aus.[219]

Die wirtschaftsstrafrechtlichen Verfahren gegen ehemalige Mitarbeiter sind noch nicht vollständig abgeschlossen. Das umfangsreichste Verfahren richtet sich gegen den Vorstandschef der Konzerntochter MAN Turbo AG, der wegen der Bestechung ausländischer Amtsträger angeklagt wurde.[220] Des Weiteren fordert das Management des Unternehmens Schadensersatz gegen sechs ehemalige Vorstände von MAN und den beiden Tochtergesellschaften MAN Turbo und MAN Nutzfahrzeuge. Gegen den ehemaligen Konzernchef *Håkan Samuelsson* macht der Aufsichtsrat von MAN Schadensersatz in Höhe von € 237 Millionen geltend.[221] Insoweit werden die gesamten mutmaßlichen Kosten des Korruptionsfalles als Schaden geltend gemacht. Der Betrag setzt sich zusammen aus dem verhängten Bußgeld in Höhe von € 150,6 Millionen, den Kosten für die internen Ermittlungen und sonstigen Ausgaben infolge der Affäre.[222] Wie über den Anspruch entschieden wird, bleibt abzuwarten. Jedenfalls zeigt sich, dass das ehemalige Management vermehrt mit zivilrechtlicher Inanspruchnahme zu rechnen hat. Erstaunlich ist diese Forderung auch mit Blick auf die Zahlung von € 5 Millionen (ursprünglich wurden € 6 Millionen gefordert) des ehemaligen Siemens-Vorstandsvorsitzenden infolge des Korruptionsfalles.[223] Hätte Siemens wie MAN die Gesamtkosten als Schaden geltend gemacht, wären ca. € 2,5 Milliarden zu fordern gewesen. Auch mit Blick auf diese unkalkulierbaren Haftungsrisiken ist Compliance in Großkonzernen alternativlos.

---

219 Pressemitteilung der MAN SE vom 11.12.2009, abzurufen unter www.man.eu/de/presse/pressemitteilungen/Pressemitteilung_2653.html (Stand: 20.07.2013).

220 Vgl. hierzu SZ vom 19./20. Juni 2010, S. 25.

221 Vgl. *Ott*, Piëch gnadenlos, abzurufen unter www.sueddeutsche.de/wirtschaft/man-korruptionsaffaere-pich-gnadenlos-1.1047302 (Stand: 20.07.2013).

222 *Ott*, Piëch gnadenlos, abzurufen unter www.sueddeutsche.de/wirtschaft/man-korruptionsaffaere-pich-gnadenlos-1.1047302 (Stand: 20.07.2013).

223 S. o. Drittes Kapitel A) III) (S. 62 f.).

Viertes Kapitel: Compliance-Ermittlungen im Unternehmen

A) Compliance und Arbeitsrecht

I) Einführung

Selbstredend besteht auch im Arbeitsrecht ein generelles Interesse an rechts- und regelkonformem Verhalten.[224] Die beiden Komplexe Compliance und Arbeitsrecht sind in vielfältiger Weise miteinander verflochten. Eine Reduzierung auf die „reine Gesetzestreue" greift dementsprechend zu kurz.

Zunächst ist eine Grundunterscheidung vorzunehmen zwischen der arbeitsrechtlichen Compliance und dem Einfluss arbeitsrechtlicher Normen und Prinzipien auf Compliance-Maßnahmen.[225]

Unter arbeitsrechtlicher Compliance ist primär die Befolgung der einschlägigen arbeitsrechtlichen Normen zu verstehen. Des Weiteren sind entscheidender Bestandteil arbeitsrechtlicher Compliance die Möglichkeiten der Implementierung von Compliance-Organisationen bzw. -Regeln. In diesem Zusammenhang ist beispielsweise an die Einführung von Verhaltensrichtlinien und Hinweisgebersystemen zu denken.

Auf die im Rahmen dieser Arbeit vorgenommene Analyse unternehmensinterner Ermittlungen ist der Einfluss des Arbeitsrechts von herausragender Bedeutung, denn arbeitsrechtliche Normen definieren in vielen Fällen die Grenzen zulässiger Compliance-Maßnahmen.

II) Arbeitsrechtliche Compliance

1) Überblick über den Normbestand der arbeitsrechtlichen Compliance

Im Arbeitsrecht müssen eine Vielzahl gesetzlicher Regelungen beachten werden, um „compliant" zu handeln. Exemplarisch seien einige Regelungskomplexe des

224 *Kreitner*, in: Personalbuch 2013, Compliance, Rn. 3.

225 Vgl. hierzu auch *Müller-Bonanni*, AnwBl. 2010, 651 (651), der insoweit schlagwortartig zwischen der arbeitsrechtlichen Compliance und Arbeitsrecht in der Compliance unterscheidet.

Arbeitsstrafrechts erwähnt. Verschiedene Normen des StGB haben arbeitsstrafrechtliche Schutzrichtung: Die Vorenthaltung bzw. Veruntreuung von Arbeitsentgelt (§ 266a StGB), Betrug (§ 263 StGB), Untreue (§ 266 StGB) oder auch der sog. „Lohnwucher" (§ 291 Abs. 1 Nr. 3 StGB). Darüber hinaus sind nach § 119 Abs. 1 BetrVG Behinderungen gegen Betriebsverfassungsorgane strafbewehrt. Hinzu kommen Straf- und Bußgeldvorschriften aus dem Arbeitsschutzgesetz, dem Schwarzarbeitsbekämpfungsgesetz oder dem Jugendarbeitsschutzgesetz. Neben dem Arbeitsstrafrecht finden sich z.B. auch im Lohnsteuer- und Sozialversicherungsrecht oder im Allgemeinen Gleichbehandlungsgesetz (AGG) Vorschriften, die der arbeitsrechtlichen Compliance zuzurechnen sind.

2) Umsetzung und Implementierung von Compliance-Regeln

Zur Umsetzung und Implementierung von Compliance-Regeln stehen einem Unternehmen grundsätzlich drei Möglichkeiten zur Verfügung. Sie können einseitig vom Arbeitgeber vorgegeben werden oder sie werden durch eine zweiseitige Vereinbarung Inhalt des Arbeitsvertrages. Schließlich können Compliance-Regeln auch mittels kollektiv-rechtlicher Regelung durch Betriebsvereinbarung umgesetzt werden.[226]

a) Direktionsrecht des Arbeitgebers

Zur einseitigen Vorgabe der Compliance-Regeln ist der Arbeitgeber grundsätzlich qua Direktionsrecht befugt.[227] Dieses einseitige Weisungsrecht ist in § 106 GewO geregelt. Hiernach kann der Arbeitgeber Art, Ort und Zeit der Leistungsverpflichtung des Arbeitnehmers nach billigem Ermessen näher bestimmen.[228] Dem Erfordernis des billigen Ermessens ist dann entsprochen, wenn der Arbeitgeber die beiderseitigen Interessen in einer Abwägungsentscheidung angemessen berücksichtigt.[229] In der Praxis ist es dem Arbeitgeber damit möglich, dem Arbeitnehmer die Compliance-Regeln (in der Regel in Form eines Verhaltenskodex) in

---

226 Vgl. hierzu auch die umfassenden Darstellungen der Thematik von *Schneider*, Die arbeitsrechtliche Implementierung von Compliance- und Ethikrichtlinien und *Köstner*, Compliance-Richtlinien.

227 Hierzu *Mengel/Hagemeister*, BB 2007, 1386 (1387).

228 Statt aller: *Müller-Glöge,* in: MünchKomm BGB, § 611 Rn. 1016. Vgl. hierzu auch § 315 BGB, wonach bei Bestimmung der Leistung durch eine (Vertrags-)Partei anzunehmen ist, dass diese Bestimmung nach billigem Ermessen zu treffen ist.

229 *Müller-Glöge*, in: MünchKomm BGB, § 611 Rn. 1016.

körperlicher Form zu übergeben oder in elektronischer Form bekannt zu machen (per Email oder im Intranet des Unternehmens).[230]

Begrenzt wird das Weisungsrecht durch den Arbeitsvertrag selbst, denn durch das Weisungsrecht können nur bereits bestehende vertragliche Pflichten konkretisiert, nicht aber neue Verpflichtungen begründet werden.[231] Weitere Grenzen ergeben sich durch arbeitsrechtliche Sonderregelungen (insbesondere durch das Arbeitsschutzrecht, Tarifrecht und Betriebsvereinbarungen)[232] und den Schutz des Allgemeinen Persönlichkeitsrechts gem. Art. 2 Abs. 1 i. V. m. Art. 1 Abs. 1 GG.[233] In der Praxis nehmen Compliance-Regeln oft Bezug auf außerbetriebliches Verhalten des Arbeitnehmers. Weisungen des Arbeitgebers erstrecken sich hierauf nur, wenn sich das außerbetriebliche Verhalten auf den betrieblichen Bereich auswirkt.[234] Im Regelfall haben jedoch Verhaltensregeln, die den außerdienstlichen Bereich betreffen, stets einen betrieblichen Bezug, dementsprechend werden sie durch das Direktionsrecht erfasst: Beispielsweise greift eine Regelung zum Umgang mit Interessenkonflikten, wonach die Mitarbeiter dafür Sorge zu tragen haben, dass keine Konflikte zwischen privaten Interessen und Unternehmensinteressen entstehen, in den privaten (außerdienstlichen) Bereich der Mitarbeiter ein. Eine solche Regelung stellt jedoch keine willkürlichen Verhaltensanforderungen für den privaten Bereich auf. Vielmehr ist ein konkreter Bezug zum Betrieb vorhanden, weshalb sich das Weisungsrecht auf das außerdienstliche Verhalten erstreckt.

Bewegen sich die Compliance-Regeln in den eben genannten Grenzen, kann der Arbeitgeber auch Änderungen an den Regeln vornehmen und diese aktualisieren.[235]

b) Arbeitsvertragliche Vereinbarung

Eine arbeitsvertragliche Regelung hat zunächst den Vorteil, dass Zweifelsfragen, ob bestimmte Verhaltensvorgaben des Unternehmens noch vom Direktionsrecht

230 *Mengel/Hagemeister*, BB 2007, 1386 (1387).

231 *Mahnhold*, Compliance und Arbeitsrecht, S. 155; *Schuster/Darsow*, NZA 2005, 273 (273); *Mengel/Hagemeister*, BB 2007, 1386 (1387).

232 *Müller-Glöge*, in: MünchKomm BGB, § 611 Rn. 1016.

233 So auch *Mengel/Hagemeister*, BB 2007, 1386 (1388).

234 *Borgmann*, NZA 2003, 352 (354); *Schreiber*, NZA-RR 2010, 617 (618), *Mengel/Hagemeister*, BB 2007, 1386 (1388); *Schuster/Darsow*, NZA 2005, 273 (273).

235 *Mengel/Hagemeister*, BB 2007, 1386 (1387) mit dem ergänzenden Hinweis, dass der Arbeitnehmer aus Gründen der Beweisbarkeit eines etwaigen Compliance-Verstoßes den Empfang der Compliance-Regeln idealerweise schriftlich bestätigt.

umfasst sind, vermieden werden.[236] Gem. § 105 GewO besteht hinsichtlich des Arbeitsvertrages grundsätzlich Abschluss- und Inhaltsfreiheit. Grenzen dieser Freiheiten finden sich in den §§ 305 ff. BGB, dem Recht der allgemeinen Geschäftsbedingungen. Das Pendant zur oben genannten Abwägungsentscheidung im Rahmen des Weisungsrechts ist die Frage nach einer unangemessenen Benachteiligung des Arbeitnehmers im Sinne des § 307 BGB. Zu prüfen sind insbesondere die inhaltliche Unangemessenheit und die unangemessene Intransparenz einer Klausel.[237]

In der Praxis können die Compliance-Regeln durch eine Zusatzvereinbarung zum Arbeitsvertrag einbezogen werden oder es wird auf die jeweils geltende Fassung der Regeln verwiesen.[238]

c) Betriebsvereinbarung

Besteht ein Betriebsrat, kann dieser in mitbestimmungspflichtigen Angelegenheiten den Abschluss einer Betriebsvereinbarung verlangen.[239] Da Compliance-Regeln nur in Ausnahmefällen keine mitbestimmungspflichtigen Elemente im Sinne von § 87 Abs. 1 BetrVG enthalten, ist der Abschluss einer Betriebsvereinbarung erforderlich.[240] Die Vor- und Nachteile einer Betriebsvereinbarung liegen auf der Hand: Einerseits wird die Akzeptanz der Compliance-Regeln innerhalb der Belegschaft erhöht, andererseits sind mitunter wesentliche Bestandteile des Regelkataloges der einseitigen Entscheidungs- und Gestaltungsfreiheit des Unternehmens entzogen.[241] Will der Arbeitgeber seine Dispositionsbefugnis nicht gänzlich verlieren, kann das Regelwerk in einen mitbestimmungsfreien und einen mitbestimmungspflichtigen Teil getrennt werden.[242]

---

236 So auch *Mengel/Hagemeister*, BB 2007, 1386 (1390).

237 *Mengel/Hagemeister*, BB 2007, 1386 (1390).

238 *Borgmann*, NZA 2003, 352 (354); *Mengel/Hagemeister*, BB 2007, 1386 (1390). Es ist zu unterscheiden zwischen der Einbeziehung in Arbeitsverträge bei Neueinstellung und der Einbeziehung in die Arbeitsverträge von Alt-Mitarbeitern. Insbesondere bezüglich des Problemfeldes der Änderungskündigung bei Alt-Mitarbeitern vgl. die Ausführungen bei *Borgmann*, NZA 2003, 352 (354) und *Mengel/Hagemeister*, BB 2007, 1386 (1390).

239 *BAG*, Beschl. v. 08.08.1989 – 1 ABR 62/88 = NZA 1990, 322 ff.; *Borgmann*, NZA 2003, 352 (355).

240 *Mengel/Hagemeister*, BB 2007, 1386 (1391).

241 *Borgmann*, NZA 2003, 352 (355).

242 *Borgmann*, NZA 2003, 352 (355).

III) Arbeitsrechtliche Sanktionen bei Compliance-Verstößen

Unternehmen müssen die Einhaltung der Compliance-Regeln kontrollieren, im Falle eines Verstoßes reagieren und gegebenenfalls Sanktionieren aussprechen. Nur so kann die Effektivität und Glaubwürdigkeit einer Compliance-Organisation dauerhaft gewährleistet werden. Der Arbeitgeber hat im Falle eines Pflichtenverstoßes die oft schwierige Entscheidung über die angemessene Sanktionsmaßnahme zu treffen.[243] Der Sanktionskatalog des Arbeitgebers reicht hierbei von einer (erneuten) Compliance-Schulung, einer Belehrung oder einem Eintrag in der Personalakte, bis hin zu einer Abmahnung, einer Versetzung oder einer einseitigen Beendigung des Arbeitsverhältnisses.

1) Zero-Tolerance bei Compliance-Verstößen: Pflicht zur Kündigung?

Um ihrem Umgang mit dem Thema Compliance Nachdruck zu verleihen, führen immer mehr Unternehmen Zero-Tolerance-Richtlinien ein oder weisen in den Verhaltenskodizes explizit darauf hin, dass Compliance-Verstöße nicht toleriert werden und zwingend zu Sanktionen führen. Es leuchtet jedoch ein, dass nicht jeder Bagatellverstoß automatisch zur wirksamen Kündigung führen kann. Dennoch lässt sich die Entwicklung beobachten, dass Unternehmen bei Compliance-Verstößen selbst dann eine Kündigung aussprechen, wenn der folgende Kündigungsschutzprozess vom Arbeitgeber an sich nicht gewonnen werden kann.[244]

Doch in welchen Konstellationen besteht für das Unternehmen eine Pflicht zur Kündigung? Die (Rechts-)Pflicht zur Kündigung kann nur die Ausnahme sein, das folgt schon aus dem kündigungsrechtlichen „ultima ratio-Prinzip".[245] Im Rahmen der Interessenabwägung und Verhältnismäßigkeitsprüfung hat der Kündigende stets zu prüfen, ob die Kündigung geeignet ist, den mit ihr angestrebten Zweck zu erreichen. Zudem muss die Kündigung erforderlich und angemessen sein.[246] Demnach

243 *Mengel*, Compliance und Arbeitsrecht, Kap. 5 Rn. 2.

244 Zur Kündigung bei einem Compliance-Verstoß vgl. z.B. *ArbG München*, Urt. v. 02.10.2008 – 13 Ca 17197/07 = NZA-RR 2009, 134 ff. Vgl. hierzu auch *Kolbe*, NZA 2009, 228 ff.

245 Das „ultima ratio-Prinzip" findet sowohl bei außerordentlichen als auch bei der ordentlichen Kündigung Anwendung. Vgl. *Henssler*, in: MünchKomm BGB, § 626, Rn. 87 f.

246 Vgl. hierzu etwa *Dörner/Vossen*, in: Kündigungsrecht, § 1 KSchG, Rn. 65 ff. m. w. N.; *Henssler*, in: MünchKomm BGB, § 626, Rn. 87 ff. m. w. N.

kann keine generelle Rechtspflicht bestehen, eine Kündigung als letzte denkbare Maßnahme bei jedem Compliance-Verstoß auszusprechen. Eine echte Handlungspflicht kann sich jedoch aus dem Gesellschaftsrecht ergeben.[247] Ausgangspunkt hierfür ist die ARAG/Garmenbeck-Rechtsprechung des BGH,[248] wonach der Aufsichtsrat einer AG verpflichtet ist, Schadensersatzansprüche des Unternehmens gegenüber Vorstandsmitgliedern zu prüfen und gegebenenfalls gerichtlich geltend zu machen. Dabei hat der Aufsichtsrat den weiten unternehmerischen Handlungsspielraum des Vorstandes zu berücksichtigen, d. h. eine Schadensersatzpflicht kommt erst dann in Betracht, wenn der Vorstand schlechthin unverantwortlich gehandelt hat.[249] Eine Übertragung dieser Rechtsdurchsetzungspflicht auf das Kündigungsrecht ist durchaus denkbar.[250] In Fällen, in denen durch einen erheblichen Compliance-Verstoß des Arbeitnehmers dem Unternehmen ein Schaden entstanden ist, beispielsweise durch den Boykott von Kunden oder Lieferanten,[251] könnte die Entscheidung gegen die Trennung von einem Arbeitnehmer eine Pflichtwidrigkeit der Unternehmensleitung begründen und eine Verantwortlichkeit gem. § 266 StGB nach sich ziehen.[252] Dies wiederum könnte, analog der ARAG/Garmenbeck-Entscheidung, eine Sanktions- bzw. Kündigungspflicht begründen.

Somit bleibt festzuhalten, dass ein Zwang zur Kündigung nur in Ausnahmefällen bestehen kann. Ungeachtet dessen sollte ein Unternehmen keine Toleranz bei Compliance-Verstößen zeigen.[253] Entscheidend ist stets die Angemessenheit der arbeitsrechtlichen Maßnahme im Rahmen der Verhältnismäßigkeitsprüfung, die für jeden Einzelfall gesondert festzustellen ist.

2) Sanktionen bei Weiterbeschäftigung des Mitarbeiters

Bei „leichteren“ Compliance-Verstößen wird der Arbeitgeber im Normalfall das Arbeitsverhältnis nicht beenden wollen. Mögliche arbeitgeberseitige Sanktionen sind Ermahnung, Abmahnung oder Eintrag in die Personalakte. Insoweit sind keine compliance-typischen Besonderheiten erkennbar. Daneben sind (erneute)

---

247 *Mengel*, CCZ 2008, 85 (88); *dies.*, Compliance und Arbeitsrecht, Kap. 5 Rn. 4.

248 BGHZ 135, 244 ff. = NJW 1997, 1926 ff.

249 *Mengel*, Compliance und Arbeitsrecht, Kap. 5 Rn. 50; vgl. auch *Taschke*, NZWiSt 2012, 89 (90).

250 *Kolbe*, NZA 2009, 228 (231).

251 *Mengel*, Compliance und Arbeitsrecht, Kap. 5 Rn. 4.

252 *Kolbe*, NZA 2009, 228 (231).

253 Vgl. auch *Schneider*, ZIP 2003, 645 (649); *Hauschka*, ZIP 2004, 877 (881); *Hauschka/Greeve*, BB 2007 165 (172).

Compliance-Schulungen als milde Sanktion bei geringen Compliance-Verstößen weit verbreitet.[254]

3) Einseitige Beendigung des Arbeitsverhältnisses

Beabsichtigt der Arbeitgeber infolge eines Compliance-Verstoßes das Arbeitsverhältnis einseitig zu beenden, kommen verschiedenen Formen einer Kündigung in Betracht. Aufgrund der unüberschaubaren Zahl von Entscheidungen beschränken sich die folgenden Ausführungen auf die im Zusammenhang mit der Kündigung auftretenden compliance-typischen Probleme.

a) Entbehrlichkeit der Abmahnung?

Grundsätzlich hat der Arbeitgeber vor Ausspruch der Kündigung den Arbeitnehmer abzumahnen. Dies ist Ausdruck des Verhältnismäßigkeitsprinzips und des ultima-ratio-Grundsatzes.[255]

Fraglich erscheint, ob der Arbeitgeber mit dem Institut der vorweggenommenen Abmahnung[256] argumentieren kann, wenn sich in den Verhaltensregeln des Unternehmens eine Sanktionsklausel findet.[257] Eine solche Klausel hat den Inhalt, dass Compliance-Verstöße zu arbeitsrechtlichen Sanktionen einschließlich der Kündigung führen können. Zu beachten ist jedoch, dass Verhaltenskodizes eine Vielzahl von Tatbeständen regeln. Der pauschale Hinweis auf Sanktionen kann somit weder die Warn- noch die Hinweisfunktion der Abmahnung ersetzen. Der Arbeitgeber hat dem Arbeitnehmer die möglichen Konsequenzen ausdrücklich anzudrohen (sog. Warnfunktion) und das arbeitsvertragswidrige Verhalten zu rügen (sog. Hinweisfunktion).[258] Diese konkreten Pflichten des Arbeitgebers können in der Regel nicht durch eine pauschale Sanktionsklausel erfüllt werden. Die Abmahnung ist nicht entbehrlich und vor einer ordentlichen Kündigung auszusprechen.[259]

Ein anderes Ergebnis kann sich hingegen ergeben, wenn in einem Regelwerk des Unternehmens Einzelfälle dezidiert benannt werden und bei pflichtwidrigem

254 Vgl. hierzu oben Erstes Kapitel D) I) 3) a) (S. 36).

255 Grundlegend hierzu *BAG*, Urt. v. 17.02.1994 – 2 AZR 616/93 = NZA 1994, 656. Zum Erfordernis der Abmahnung vgl. auch *Hergenröder*, in: MünchKomm BGB, § 1 KSchG, Rn. 198; *Henssler*, in: MünchKomm BGB, § 626, Rn. 89 ff., jeweils m. w. N.

256 Hierzu etwa *Eisemann*, in: Personalbuch 2013, Abmahnung Rn. 19.

257 *Mengel*, Compliance und Arbeitsrecht, Kap. 5 Rn. 9..

258 Zu den Funktionen der Abmahnung vgl. etwa *Eisenbeis*, in: MAH ArbR, § 16 Rn. 1 ff.

259 *Mengel*, Compliance und Arbeitsrecht, Kap. 5 Rn. 9.

Verhalten ausdrücklich die Kündigung angedroht ist.[260] Rechtsprechung hierzu existiert – soweit ersichtlich – nicht. In der Praxis kommt es somit stets auf den Einzelfall und die dort gewählte Formulierung an.

Unabhängig davon gibt es die Fälle, in denen der Pflichtenverstoß des Mitarbeiters so gravierend ist, dass dem Arbeitgeber eine Abmahnung vor Ausspruch der Kündigung nicht mehr zugemutet werden kann. Hierbei ist etwa an Delikte wie Untreue, Korruption, Insiderhandel, Bilanz- und Kartellstraftaten zu denken.[261] Die Abmahnung ist dann aufgrund der Zerstörung der Vertrauensgrundlage im Arbeitsverhältnis entbehrlich.[262]

b) Verdachtskündigung

Ordentliche und außerordentliche Kündigung weisen kaum spezifische Compliance-Probleme auf. Insoweit wird auf die einschlägige Literatur verwiesen.[263] Eine Ausnahme bildet die Verdachtskündigung[264], die insbesondere bei komplexen Compliance-Verstößen für Unternehmen ein probates Mittel darstellt, sich von einem Mitarbeiter zu trennen. Ein solcher Verstoß ist beispielsweise anzunehmen, wenn mehrere Mitarbeiter involviert sind und sich die einzelnen Beiträge zu den vorgeworfenen Handlungen nicht mehr ermitteln lassen. Eine konkrete vertragswidrige Handlung kann dem Mitarbeiter nicht nachgewiesen werden, der Weg der ordentlichen sog. Tatkündigung bleibt verwehrt. Jedoch kann der Arbeitgeber die Kündigung auf den Verdacht eines strafbaren Verhaltens oder einer schwerwiegenden Pflichtwidrigkeit stützen.[265] Die vermutete Handlung muss dabei so schwer wiegen, dass sie bei Nachweis eine Kündigung rechtfertigen würde.[266] Eine weitere Voraussetzung ist, dass die Verdachtskündigung auf objektiven Tatsachen beruht, denn der rein subjektive Vertrauensverlust des Arbeitgebers reicht nicht aus.[267] Ferner muss der Tatverdacht dringend sein, d. h. es müssen

---

260 So *Mengel*, Compliance und Arbeitsrecht, Kap. 5 Rn. 11; *Schuster/Darsow*, NZA 2005, 273 (277); *Mengel/Hagemeister*, BB 2007, 1386 (1392).

261 *Mengel*, Compliance und Arbeitsrecht, Kap. 5 Rn. 11. Vgl. hierzu insbesondere *Odenthal*, Korruption und Mitarbeiterkriminalität, sowie *Zimmer/Stetter*, BB 2006, 1445 ff.

262 St. Rspr., zuletzt *BAG*, Urteil v. 12.01.2006 – 2 AZR 21/05 = NZA 2006, 917 ff.; *Müller-Glöge*, in: ErfK § 626 BGB Rn. 29 ff. m. w. N.

263 Vgl. etwa *Mengel*, Compliance und Arbeitsrecht, Kap. 5 Rn. 15 ff. m. w. N.

264 Grundlegend hierzu etwa *Henssler*, in: MünchKomm BGB, § 626 Rn. 240 ff.

265 *Mengel*, Compliance und Arbeitsrecht, Kap.5 Rn. 12.

266 Vgl. *BAG* NZA 2004, 919 ff.

267 Vgl. *BAG* NZA 1995, 269 (271); *BAG* NZA 1986, 674 (676).

überwiegend wahrscheinliche Umstände dafür vorliegen, dass der Mitarbeiter die ihm vorgeworfene Handlung begangen hat.[268] Hieraus folgt auch, dass der Arbeitgeber im Zusammenhang mit behördlichen Ermittlungsmaßnahmen gegen Mitarbeiter eine Verdachtskündigung damit gerade nicht begründen kann.[269] Denn für die Eröffnung eines Ermittlungsverfahrens genügt bereits ein geringerer Verdachtsgrad. Gem. § 152 Abs. 2 StPO ist lediglich ein Anfangsverdacht notwendig, d. h. nach kriminalistischen Erfahrungen muss es möglich erscheinen, dass eine verfolgbare Straftat vorliegt.[270] Hinreichende objektive Tatsachen im Sinne einer Verdachtskündigung können sich hieraus nicht ergeben. Das Ergebnis eines parallel laufenden Strafverfahrens entfaltet ebenfalls keine Bindungswirkung für den Arbeitgeber.[271] Zwingende Wirksamkeitsvoraussetzung der Verdachtskündigung ist die Anhörung des Betroffenen.[272] Hierbei muss der Arbeitgeber die relevanten objektiven Verdachtsmomente substantiiert darlegen und dem Arbeitnehmer Gelegenheit zur Verteidigung geben.[273]

Die Anhörung im Rahmen der Verdachtskündigung ist grundsätzlich von einer (Compliance-)Mitarbeiterbefragung zu unterscheiden. Mitunter ist einziger Zweck der Anhörung, die Voraussetzungen für die Wirksamkeit der Kündigung zu schaffen.[274] Wird die Anhörung allerdings ausnahmsweise mit einer Mitarbeiterbefragung im Rahmen einer Compliance-Investigation verbunden, muss der Arbeitgeber die für die Anhörung geltenden Grundsätze beachten.[275] Nach der Rechtsprechung des BAG muss sich die Anhörung auf einen konkreten Sachverhalt beziehen. Der Arbeitgeber hat dem Arbeitnehmer die Möglichkeit zu geben, bestimmte Tatsachen zu bestreiten oder entlastende Tatsachen vorzutragen, um so zur Aufklärung der Geschehnisse beizutragen.[276]

Schließlich ist die Zwei-Wochen-Frist des § 626 Abs. 2 BGB zu beachten. Existiert im Unternehmen ein Compliance-Ausschuss, der mit der Leitung der unternehmensinternen Ermittlungen betraut ist, und ist dieser Ausschuss befugt, über

---

268 Vgl. z.B. *BAG* NZA 2005, 1056 (1058).

269 *Göpfert/Merten/Siegrist*, NJW 2008, 1703 (1707).

270 *Meyer-Goßner*, StPO, § 152 Rn. 4.

271 *Müller-Glöge*, in: ErfK, § 626 BGB Rn. 179; *Göpfert/Merten/Siegrist*, NJW 2008, 1703 (1707).

272 *BAG* NZA 1996, 81 ff., wobei diese Anhörung nicht den Anforderungen an eine Anhörung des Betriebsrats gem. § 102 BetrVG genügen muss.

273 Vgl. etwa *Müller-Glöge*, in: ErfK, § 626 BGB Rn. 177 f.

274 *Rudkowski*, NZA 2011, 612 (612).

275 Vgl. *BAG* NZA 2008, 809 ff.; *Rudkowski*, NZA 2011, 612 (612).

276 *BAG* NZA 2008, 809 (810).

eine Kündigung zu entscheiden, beginnt die Frist des § 626 Abs. 2 BGB erst nach Kenntnis der die Kündigung begründenden Umstände und anschließender Freigabe der Kündigungsentscheidung.[277]

B) Rechtmäßigkeit von internen Untersuchungen

I) Begriffsbestimmung

Die Begriffe Internal Investigations, (unternehmens-)interne Untersuchung oder auch Sonderermittlung werden in Literatur und Praxis häufig synonym verwendet. Im Rahmen einer solchen Untersuchung sollen (regelmäßig) vergangenheitsbezogene Geschäftsabläufe unter dem Blickwinkel konkreter Hinweise auf Vertrags-, Verwaltungs- oder Kriminalunrecht untersucht und bewertet werden.[278]

Eine einheitliche Definition findet sich weder im US-amerikanischen, noch im deutschen Rechtsraum.[279] In der deutschsprachigen Literatur werden verschiedene Ansätze vertreten, die jedoch weitgehend ähnliche Kriterien festlegen:[280] Grundsätzlich sind interne Untersuchungen, als repressive Seite der Compliance, wesentlicher Bestandteil eines effektiven Compliance-Programms, das neben präventiven Elementen eben auch auf dem Aufdecken von Fehlverhalten und dessen Sanktionierung beruht.[281] Voraussetzung der repressiven Zweckrichtung ist der

277 *Göpfert/Merten/Siegrist*, NJW 2008, 1703 (1707). Weiterführend geben die Autoren richtigerweise zu bedenken, dass die Unternehmensleitung bei einem zu frühen Ausspruch der Kündigung Gefahr läuft, den D&O-Versicherungsschutz zu verlieren, da dies den Schluss zulassen kann, dass der Arbeitnehmer wissentlich etwas falsch gemacht hat. In solchen Fällen greift regelmäßig ein Haftungsausschluss in den Versicherungsbedingungen.

278 *Knierim*, in: Compliance-Diskussion, S. 77 (78); *ders.*, Mitwirkung von Rechtsanwälten bei internen Ermittlungen im Unternehmen, Vortrag im Rahmen der 10. NStZ-Jahrestagung 2011 in Frankfurt am Main.

279 *Behrens*, RIW 2009, 22 (22 mit Fn. 2); *Duggin*, Columbia Business Law Review 2003 (859 (864).

280 Vgl. *Behrens*, RIW 2009, 22 (22); *Nestler*, in: Knierim/Rübenstahl/Tsambikakis, Internal Investigations, 1. Kapitel Rn. 19 ff.; *Reeb*, Internal Investigations, S. 7 ff., 19 ff.; *Rödiger*, Strafverfolgung von Unternehmen, S. 23 ff.

281 *Momsen*, ZIS 2011, 511 (511); *Moosmayer*, in: Moosmayer/Hartwig, Interne Untersuchungen, S. 1; *Moosmayer*, Compliance, S. 1 ff., 95 ff.; vgl. auch oben Erstes Kapitel D) I) 3) (S. 36 ff.).

Verdacht eines Verstoßes gegen bestehende Gesetze oder sonstige Regeln.[282] Typischerweise stehen die Ermittlungen auch im Zusammenhang mit (möglicherweise drohenden) staatlichen Verfahren wegen der Regelverstöße. Weiteres Charakteristikum interner Untersuchungen ist darüber hinaus die Hinzuziehung externer Berater, typischerweise von Rechtsanwälten und gegebenenfalls von Wirtschaftsprüfern. Die mitwirkenden Personen handeln dabei privat, es handelt sich nicht um staatliche Ermittlungsmaßnahmen.[283]

Bei der Durchführung interner Untersuchungen sind verschiedene Maßnahmen üblich, die nach Art und Umfang an die strafprozessualen Ermittlungsbefugnisse der StPO erinnern.[284] Ein Wesensmerkmal staatlicher Zwangsmaßnahmen der StPO ist die hohe Grundrechtsintensität. Namentlich können das Selbstbestimmungsrecht gem. Art. 2 Abs. 1 GG, das Post- und Fernmeldegeheimnis gem. Art. 10 Abs. 1 GG, die Unverletzlichkeit der Wohnung gem. Art. 13 Abs. 1 GG sowie das aus dem Allgemeinen Persönlichkeitsrecht gem. Art. 2 Abs. 1 i. V. m. Art. 1 Abs. 1 GG abgeleitete Recht auf informationelle Selbstbestimmung betroffen sein. Aus diesem Grund sind den strafprozessualen Rechtsgrundlagen enge Grenzen gesetzt. Jede Maßnahme muss stets dem Verhältnismäßigkeitsgrundsatz entsprechen, d.h. geeignet, erforderlich und angemessen sein. Private interne Ermittlungsmaßnahmen sind indes kaum gesetzlich geregelt, die Gefahr der Verletzung geschützter Rechtspositionen besteht für die Betroffenen jedoch auch. Dabei können interne Untersuchungen selbstverständlich nicht auf die Eingriffsbefugnisse der StPO gestützt werden, das Handeln der ermittelnden Personen hat keinen hoheitlichen Charakter. Dementsprechend stellt sich die Frage nach der Zulässigkeit und Rechtmäßigkeit von privaten, nichtstaatlichen Ermittlungen.

II) Private Ermittlungen im Zivilrecht

Private Ermittlungen im Bereich des Zivilrechts sind, als Ausdruck des umfassenden Schutzes der Freiheitsausübung durch die Grundrechte des Grundgesetzes,

---

282 *Momsen*, ZIS 2011, 511 (511); *Rödiger*, Strafverfolgung von Unternehmen, S. 24; *Nestler*, in: Knierim/Rübenstahl/Tsambikakis, Internal Investigations, 1. Kapitel Rn. 21.

283 Vgl. etwa *Behrens*, RIW 2009, 22 (22); *Jahn*, StV 2009, 41 (42); *Nestler*, in: Knierim/Rübenstahl/Tsambikakis, Internal Investigations, 1. Kapitel Rn. 24, 27.

284 Vgl. hierzu insbesondere §§ 94-111p StPO sowie §§ 133-136a StPO.

grundsätzlich zulässig.[285] Daneben ist die Sachverhaltsaufklärung durch Private oftmals notwendiger Bestandteil einer zivilrechtlichen Streitigkeit. Dies folgt schon aus dem Beibringungsgrundsatz des Zivilprozesses, der die Zulässigkeit privater Investigation bereits begrifflich voraussetzt.[286]

III) Private Ermittlungen neben laufenden Ermittlungen der Strafverfolgungsorgane

Die Zulässigkeit privater Ermittlungen neben (laufenden) Ermittlungen der Strafverfolgungsorgane ist differenzierter zu betrachten. Es geht etwa um Fallgestaltungen, in denen der Verletzte bzw. das Opfer einer Straftat parallel zu staatsanwaltschaftlichen Ermittlungen selbst ermittelt hat mit dem Ziel, die Ermittlungsergebnisse der Behörden zu unterstützen.

Während diese Frage vor einigen Jahren in der Literatur noch rege diskutiert wurde, werden heute private Ermittlungen grundsätzlich als zulässig angesehen.[287] Eine Kernfrage in der damaligen Diskussion war, ob die Ermittlungstätigkeit von Privatpersonen durch die Vorschriften der StPO eingeschränkt oder gar untersagt ist. So könnte insbesondere die Offizialmaxime der Annahme einer privaten Ermittlungsbefugnis entgegenstehen, nach der der Staat Straftaten von Amts wegen zu verfolgen hat.[288] Die Strafverfolgung obliegt grundsätzlich dem Staat, nicht dem einzelnen Bürger.[289] Jedoch gilt diese Maxime nicht absolut, vielmehr wird dieses Prinzip durch die StPO selbst an verschiedenen Stellen durchbrochen.[290] Besonders deutlich wird die Durchbrechung des Offizialprinzips mit Blick auf das Privatklageverfahren gem. §§ 374 ff. StPO. Hierbei handelt es sich um die Möglichkeit, im Wege einer privaten Klage, ohne Anrufung

285 *Reeb*, Internal Investigations, S. 28 f.; *Bockemühl*, Private Ermittlungen im Strafprozess, S. 32 f.; *Krey*, Zur Problematik interner Ermittlungen, S. 23 ff.

286 *Salvenmoser/Schreier*, in: Handbuch Wirtschaftsstrafrecht, 15. Teil Rn. 21.

287 Ausführlich hierzu etwa *Bockemühl*, Private Ermittlungen im Strafprozess, S. 33 ff.; vgl. *Jahn*, Gutachten C zum 67. DJT 2008, S. C20 (C99 ff.); *ders.*, StV 2009, 41 (43); *Knauer/Buhlmann*, AnwBl. 2010, 387 (391); *Momsen*, ZIS 2011, 508 (514); *Beulke/Ruhmannseder*, Strafbarkeit des Verteidigers, Rn. 84 ff.; *Eisenberg*, StPO, Rn. 395 ff.; *Wewerka*, Internal Investigations, S. 112 ff. *Kottek*, Kooperation von Unternehmen, S. 97 ff.; *Rödiger*, Strafverfolgung von Unternehmen, S. 245.

288 *Beulke*, in: Löwe-Rosenberg, StPO, § 152 Rn. 5; *Meyer-Goßner*, StPO, § 152 Rn. 1.

289 *Beulke*, in: Löwe-Rosenberg, StPO, § 152 Rn. 5; *Meyer-Goßner*, StPO, § 152 Rn. 1.

290 *Bockemühl*, Private Ermittlungen im Strafprozess, S. 33.

der Staatsanwaltschaft Fälle von geringer Kriminalität zu verfolgen.[291] Die Strafverfolgung wird vom klagenden Bürger selbst vorgenommen. Eine weitere Ausnahme von der Offizialmaxime ist in den Antragsdelikten des StGB zu sehen. Die Stellung des Strafantrags ist unabdingbare Prozessvoraussetzung.[292] Fehlt der Strafantrag, verbietet sich durch dieses Prozesshindernis der gesamte Prozess.[293] Somit liegt in diesen Fällen die Strafverfolgung zumindest nicht ausschließlich in den Händen der Staatsanwaltschaft. Es bleibt eine faktische Einschränkung der Offizialmaxime zu erwähnen: Die StPO kennt grundsätzlich keine Pflicht zur Strafanzeige.[294] Es liegt somit in vielen Fällen gerade in der Hand des Betroffenen, ob die Strafverfolgungsbehörden Kenntnis von einer möglichen Straftat erlangen und Ermittlungen einleiten.[295]

Im Ergebnis zeigt sich, dass eine Einschränkung der privaten Ermittlungsbefugnisse durch Vorschriften der StPO gerade nicht anzunehmen ist, vielmehr kann die Mitwirkung von Privatpersonen eine gewinnbringende Ergänzung zu den behördlichen Ermittlungen sein.[296] Selbstredend können Private nur in engen Grenzen ermittelnd tätig werden, insbesondere stehen ihnen, im Unterschied zu den Strafverfolgungsbehörden keinerlei Zwangsmittel zur Verfügung.

C) Maßnahmenkatalog bei internen Untersuchungen

Schwerpunkt der vorliegenden Abhandlung ist die Analyse von Mitarbeiterbefragungen (sog. „Interviews“) als besonders effizientes Compliance-Instrument. Nachfolgend kann deshalb nur ein Überblick über die weiteren potenziellen Einzelmaßnahmen gegeben werden. Eine dezidierte Darstellung jeder Maßnahme würde den Rahmen dieser Untersuchung überschreiten.

---

291 Der abschließende Katalog des § 374 Abs. 1 StPO beinhaltet beispielsweise die Delikte Hausfriedensbruch (§ 123 StGB), Verletzung des Briefgeheimnisses (§ 202 StGB), Körperverletzung (§§ 223 und 229 StGB) oder Sachbeschädigung (§ 303 StGB).

292 *Sternberg-Lieben/Bosch*, in: Schönke/Schröder, StGB, § 77 Rn. 8/9.

293 *Meyer-Goßner*, StPO, Einl Rn. 145; hierzu auch *Bockemühl*, Private Ermittlungen im Strafprozess, S. 34.

294 Ausnahme von diesem Grundsatz ist die Anzeigepflicht gem. §§ 138, 139 StGB.

295 So auch *Bockemühl*, Private Ermittlungen im Strafprozess, S. 34.

296 *Salvenmoser/Schreier*, in: Handbuch Wirtschaftsstrafrecht, 15. Teil Rn. 39.

I) Sonderproblem: Reform des Beschäftigtendatenschutzes

Ein besonderes Problemfeld im Rahmen privater Ermittlungsmaßnahmen ist das Bundesdatenschutzgesetz[297] (BDSG). Der vielfältige Einsatz elektronischer Datenverarbeitung und moderner Kommunikationsmittel lässt die mannigfaltigen Berührungspunkte mit diesem Gesetz erahnen. Durch Einführung des § 32 BDSG n. F.[298] im Jahr 2009 als zentrale Norm des Arbeitnehmerdatenschutzes in Deutschland sollten die durch die Gerichte entwickelten Kriterien zum Arbeitnehmerdatenschutz gesetzlich normiert werden, eine inhaltliche Änderung sollte indes nicht stattfinden.[299] Vielmehr reagierte der Gesetzgeber auf Datenskandale in deutschen Großunternehmen in den Jahren 2008 und 2009.[300] Inzwischen legte die Bundesregierung im Spätsommer 2010 einen Gesetzesentwurf zum Beschäftigtendatenschutz vor.[301] Dieser Entwurf beinhaltet eine umfassendere Neuregelung des Arbeitnehmerdatenschutzes. Unter anderem sollen §§ 32a - 32l BDSG neu in das Gesetz eingefügt werden und die „Datenerhebung, -verarbeitung und -nutzung für Zwecke des Beschäftigungsverhältnisses“[302] regeln. Das Gesetzgebungsverfahren gestaltet sich indes schwierig: Die Bundestagsfraktionen der SPD[303] und Bündnis90/Die Grünen[304] haben Alternativentwürfe in den Bundestag eingebracht, ebenso hat der Bundesrat im Rahmen seiner Stellungnahme eine Vielzahl von Ergänzungs- und Änderungsvorschlägen angemahnt.[305] Daneben wird der Entwurf in der Literatur kritisiert.[306] Der weitere Verlauf des Gesetzgebungsverfahrens bleibt abzuwarten, eine Prognose lässt sich nicht abgeben.[307]

---

297 Bundesdatenschutzgesetz v. 14.01.2003, BGBl. I S. 66.

298 S. Anhang H) (S. 264).

299 BT-Drucks. 16/13657, S. 35; diese „allgemeine Regelung“ soll einen Schritt zu einem Arbeitnehmerdatenschutzgesetz in Deutschland darstellen, dieses aber nicht vorwegnehmen oder entbehrlich machen.

300 *Tinnefeld*, ZD-Aktuell 2011, 1 (1).

301 BT-Drucks. 17/4230, S. 5.; Ausführlich hierzu *Maschmann*, NZA-Beil. 2012, 50 ff.

302 BT-Drucks. 17/4230.

303 BT-Drucks. 17/69.

304 BT-Drucks. 17/4853.

305 Vgl. BT-Drucks. 17/4230, Anlage 4, S. 38-43.

306 Vgl. *Tinnefeld/Petri/Brink*, MMR 2010, 727 ff.; *Tinnefeld*, ZD-Aktuell 2011, 1 ff.; *Kort*, MMR 2011, 294 ff.; *Tinnefeld/Petri/Brink*, MMR 2011, 427 ff.

307 *Tinnefeld/Petri/Brink*, MMR 2011, 427 (432); *Maschmann*, NZA-Beil. 2012, 50 (52); *ders.*, in: Compliance und Strafrecht, S. 85 (87 f.).

II) Überwachung und Auswertung der Telekommunikation

Primäres Ziel interner Ermittlungen ist es, Informationen und Daten zu erlangen. Eine Methode ist daher die Kontrolle und Auswertung der Telekommunikation der Mitarbeiter. Gem. § 3 Nr. 22 TKG[308] ist Telekommunikation „der technische Vorgang des Aussendens, Übermittelns und Empfangens von Signalen mittels Telekommunikationsanlagen[309]“. Damit umfasst Telekommunikation Nachrichten jeglicher Art in der Form von Zeichen, Sprache, Bildern oder Tönen, solange der Nachrichtenverkehr mittels elektromagnetischer oder optischer Signale erfolgt.[310]

Zunächst ist an die Erfassung von Telefondaten zu denken.[311] Es ist zu differenzieren zwischen der Erfassung von (Telefon-)Daten sowie der inhaltlichen Kontrolle von (Telefon-)Gesprächen. Die Erfassung und Auswertung peripherer Telefondaten (z. B. Datum, Uhrzeit, Länge des Gesprächs, Zielrufnummer) hat das BAG bei Dienstgesprächen oder dienstlich veranlassten Privatgesprächen für zulässig erachtet.[312] Für private Telefonate gilt dies grundsätzlich auch, mit Ausnahme der Erfassung der Zielrufnummern.[313] Eine inhaltliche Kontrolle ist möglich durch heimliches „Abhören“ und reines „Mithören“ eines Dritten.[314] Das heimliche „Abhören“ eines dienstlichen oder privaten Telefongesprächs ist nach herrschender Ansicht stets als unzulässig zu qualifizieren.[315] Das Fernmeldegeheimnis gem.

---

308 Telekommunikationsgesetz v. 25.07.1996, BGBl. I S. 1120, s. auch Anhang I) (S. 264).

309 Telekommunikationsanlagen sind gem. § 3 Nr. 23 TKG „technische Einrichtungen oder Systeme, die als Nachrichten identifizierbare elektromagnetische oder optische Signale senden, übertragen, vermitteln, empfangen, steuern oder kontrollieren können“.

310 Vgl. *Däubler*, Gläserne Belegschaften?, S. 185 Rn. 325; *Mengel*, BB 2004, 2014 (2014).

311 Ausführlich zur Kontrolle der Telekommunikation am Arbeitsplatz: *Mengel*, BB 2004, 1445 ff.

312 *BAG* NZA 1986, 643 (647).

313 *BAG* NZA 1986, 643 (648).

314 Zur Differenzierung zwischen „Abhören“ und „Mithören“ vgl. *Maschmann*, NZA 2002, 13 (18) m. w. N.; *Klengel/Mückenberger*, CCZ 2009, 81 (84); *Weißgerber*, NZA 2003, 1006.

315 *Weißgerber*, NZA 2003 1005 (1006); *Salvenmoser/Schreier*, in: Handbuch Wirtschaftsstrafrecht, 15. Teil Rn. 139; *Grosjean*, DB 2003, 2650 (2651); *Klengel/Mückenberger*, CCZ 2009, 81 (84); *Ruhmannseder*, in: FS Imme Roxin, S. 501 (513); *Wedde*, in: Däubler/Klebe/Wedde/Weichert, BDSG, § 32 Rn. 112 m. w. N.

Art. 10 Abs. 1 GG sowie das Allgemeine Persönlichkeitsrecht gem. Art. 2 Abs. 1 i. V. m. Art. 1 Abs. 1 GG[316] stehen einer solchen Maßnahme entgegen.[317] Folge eines Verstoßes ist regelmäßig ein Verwertungsverbot der dadurch gewonnen Beweise im Verfahren vor den Arbeitsgerichten.[318] Gesondert ist § 201 StGB zu beachten, der die Verletzung der Vertraulichkeit des Wortes mit Strafe bedroht.[319] Geschütztes Rechtsgut des § 201 StGB ist das Recht auf die Wahrung der Unbefangenheit des gesprochenen Wortes.[320] Tatbestandlich ist das nichtöffentlich gesprochene Wort vor dem Aufzeichnen und Abhören geschützt. Das bloße Mitschreiben oder Belauschen eines Anderen wird nicht erfasst, derartige Maßnahmen bleiben straflos.[321] In Ausnahmefällen kann das Abhören gem. § 34 StGB gerechtfertigt sein.[322] Da aber die geschützten Interessen des Arbeitgebers das beeinträchtigte Rechtsgut des Arbeitnehmers in einem solchen Fall wesentlich überwiegen muss, ist eine Rechtfertigung nur in engen Grenzen möglich.[323]

Ein gegenüber dem heimlichen Abhören abgeschwächtes Mittel ist das sog. „Mithören". Dies bedeutet, dass zumindest ein Gesprächsteilnehmer Kenntnis davon hat, dass das Gespräch belauscht bzw. überwacht wird. Nach

---

316 Das Allgemeine Persönlichkeitsrecht wurde nach wegweisenden Entscheidungen des BGH (etwa BGHZ 13, 334 ff. – Leserbrief; BGHZ 26, 349 ff. – Herrenreiter; BGHZ 27, 284 ff. – heimliche Tonbandaufnahme) von Rechtslehre und Rechtsprechung entwickelt, um einen ergänzenden Persönlichkeitsschutz zu gewährleisten (hierzu z.B. *Jarass*, NJW 1989, 857 ff.); weiterführend *Di Fabio*, in: Maunz/Dürig, GG-Kommentar, Art. 2 Abs. 1 Rn. 127 ff.

317 Insoweit ist zu beachten, dass die Grundrechte des Grundgesetzes in erster Linie Abwehrrechte des Einzelnen gegen den Staat sind. Jedoch ist auch im Verhältnis zweier Privater zueinander die objektive Werteordnung der Grundrechte zu beachten, sodass die Grundrechte auf andere Bereiche des Rechts ausstrahlen. Über die zivilrechtrechtlichen Generalklauseln (sog. „Einfallstore" sind z. B. § 138 BGB oder § 242 BGB) sind die Grundrechte mittelbar zu berücksichtigen und haben somit Eingang in das Arbeitsverhältnis zwischen Arbeitgeber und Arbeitnehmer gefunden. Weiterführend hierzu *Richardi*, in: MünchArbR, § 12 m. w. N.

318 *Ruhmannseder*, in: FS Imme Roxin, S. 501 (513); *Görling*, in: Görling/Inderst/Bannenberg, Compliance, Kapitel 6 Rn.60; *Klengel/Mückenberger*, CCZ 2009, 81 (84).

319 So auch *Klengel/Mückenberger*, CCZ 2009, 81 (84); *Maschmann*, NZA 2002, 13 (18). Weiterführend hierzu *Mölter*, Überwachung und Informationsbeschaffung des Arbeitgebers, S. 32 ff.

320 *Lackner/Kühl*, StGB, § 201 Rn. 1.

321 *Eisele*, Compliance und Datenschutzstrafrecht, S. 18.

322 *Eisele*, Compliance und Datenschutzstrafrecht, S. 23 f.; *Ruhmannseder*, in: FS Imme Roxin, S. 501 (513).

323 *Eisele*, Compliance und Datenschutzstrafrecht, S. 23.

höchstrichterlicher Rechtsprechung des BVerfG greift das heimliche Mithören regelmäßig in verfassungsrechtlich nicht gerechtfertigter Weise in das Allgemeine Persönlichkeitsrecht gem. Art. 2 Abs. 1 i. V. m. Art. 1 Abs. 1 GG (Recht am gesprochenen Wort als Teil des Allgemeinen Persönlichkeitsrechts) ein.[324] Art. 10 Abs. 1 GG ist hingegen nicht betroffen, denn die Vorschrift schützt nicht vor der Nutzung einer einem Dritten bereitgestellten Abhöreinrichtung.[325] Vielmehr ist durch Art. 10 Abs. 1 GG die Vertraulichkeit der Nutzung des zur Nachrichtenübermittlung eingesetzten Mediums geschützt, nicht jedoch das Vertrauen der Kommunikationspartner zueinander.[326]

Es zeigt sich, dass (privaten) Ermittlern bei dieser Art der Sachverhaltsaufklärung durch den Grundrechtsschutz der betroffenen Mitarbeiter enge Schranken gesetzt sind. Insoweit entsteht ein Spannungsverhältnis zwischen mittelbarem Grundrechtsschutz des Arbeitnehmers und dem Aufklärungsinteresse des Arbeitgebers. Darüber hinaus sind stets spezialgesetzliche Regelungen zu beachten; hierbei sind die Vorschriften zum Arbeitnehmerdatenschutz im BDSG von zentraler Bedeutung.[327]

Zusammenfassend lässt sich feststellen, dass eine inhaltliche Kontrolle von Telefongesprächen unzulässig ist[328], während die Überwachung und Auswertung der peripheren Telefondaten unter Berücksichtigung spezialgesetzlicher Vorgaben (insbesondere § 32 BDSG) grundsätzlich als zulässig erachtet werden können.

III) Überwachung und Auswertung der E-Mail- und Internetkommunikation

1) Differenzierung zwischen der Art der Nutzung

Die Kommunikationsmittel E-Mail[329], Intranet und Internet sind ebenfalls unter den Oberbegriff Telekommunikation zu subsumieren. Insbesondere der E-Mail-Verkehr stellt eine ergiebige Informationsquelle dar und ist für die Ermittler

---

324 *BVerfG* NJW 2002, 3619 ff.; vgl. hierzu auch *Salvenmoser/Schreier*, in: Handbuch Wirtschaftsstrafrecht, 15. Teil Rn. 141 ff.

325 *BVerfG* NJW 2002, 3619 (3620).

326 *BVerfG* NJW 2002, 3619 (3620).

327 S. o. Viertes Kapitel C) I) (S. 80 f.). Weiterführend hierzu *Däubler*, Gläserne Belegschaften?, S. 156 ff.

328 Vgl. hierzu auch *Weißgerber*, NZA 2003, 1005 (1006) m. w. N.

329 Gemeint ist hierbei die Auswertung der E-Mails in elektronischer Form und nicht die Auswertung von ausgedruckten E-Mails, die in Papierform vorliegen.

unverzichtbar.[330] Wie bei der Überwachung und Auswertung von Telefondaten können auch bei E-Mails Verbindungs- und Inhaltsdaten kontrolliert werden. Mit Hilfe spezielle Software-Suchprogramme, die inzwischen nicht nur von privaten Ermittlern, sondern auch von den Strafverfolgungsbehörden eingesetzt werden, können die E-Mails nach Schlüsselbegriffen systematisch durchsucht werden.[331]

Im Rahmen der Zulässigkeit solcher Überwachungsmaßnahmen ist zwischen dienstlicher und privater Korrespondenz zu unterscheiden. Für die Rechtmäßigkeit kommt es entscheidend darauf an, ob der Arbeitgeber ausschließlich die dienstliche Nutzung oder darüber hinaus auch die private Nutzung des Firmen-Accounts gestattet hat.

Die Erfassung, Speicherung oder Auswertung von E-Mail-Verbindungsdaten und E-Mail-Inhalten können in grundrechtlich geschützte Belange des Arbeitnehmers eingreifen. Namentlich sind das Fernmeldegeheimnis gem. Art. 10 Abs. 1 GG und das Recht auf informationelle Selbstbestimmung als Teil des Allgemeinen Persönlichkeitsrechts gem. Art. 2 Abs. 1 i. V. m. Art. 1 Abs. 1 GG tangiert und bei der Prüfung der Zulässigkeit einer Maßnahme stets zu berücksichtigen.

2) Nur dienstliche Nutzung erlaubt

Hat der Arbeitgeber ausschließlich die dienstliche Nutzung des betrieblichen E-Mail-Accounts gestattet, bieten sich für ihn umfangreiche Kontrollmöglichkeiten. Die Zulässigkeit einer Überwachungsmaßnahme richtet sich nach § 32 BDSG als zentraler Vorschrift des Arbeitnehmerdatenschutzes. Das TKG ist indes nicht einschlägig, da der Arbeitgeber bei einem Verbot der privaten Nutzung kein geschäftsmäßiger Anbieter von Telekommunikationsdiensten im Sinne von § 3 Nr. 6 TKG ist.[332]

Die gem. § 32 BDSG durchzuführende Verhältnismäßigkeitsprüfung führt je nach Intensität der investigativen Maßnahme zu unterschiedlichen Ergebnissen. Die Kontrolle der Verbindungsdaten (Datum, Uhrzeit, übermitteltes Datenvolumen etc.) ist im Regelfall aufgrund der überwiegenden Interessen des Arbeitgebers gerechtfertigt[333] und somit nicht zu beanstanden. Die inhaltliche Kontrolle dienstlicher E-Mails beurteilt sich ebenfalls nach § 32 BDSG. Zwar wird teilweise

---

330 Ausführlich zu dieser Problematik *Däubler*, Gläserne Belegschaften?, S. 156 ff.; *Mengel*, BB 2004, 2014 ff.; *Hoppe/Braun*, MMR 2010, 80 ff.

331 *Ruhmannseder*, in: FS Imme Roxin, S. 501 (510).

332 Vgl. hierzu auch *Hoppe/Braun*, MMR 2010, 80 (80).

333 *Mölter*, Überwachung und Informationsbeschaffung des Arbeitgebers, S. 220 ff.; *Mengel*, BB 2004, 2014 (2016) m. w. N.

die Ansicht vertreten, bei der E-Mail-Nutzung liege eine telefonähnliche Situation vor und daher würden die Regeln für Diensttelefonate gelten mit der Folge, dass eine inhaltliche Kontrolle ausscheiden würde.[334] Entscheidend ist aber, dass die E-Mail-Kommunikation in keinem Fall mündlich ist, sondern vielmehr mit der Briefpost oder einem Telefax zu vergleichen ist. Wegen der Schriftlichkeit der E-Mail fehlt allerdings der für die mündliche Kommunikation wesentliche Charakter der Flüchtigkeit. Dies rechtfertigt im Hinblick auf die Schutzinteressen des Arbeitnehmers die inhaltliche Kontrolle.[335] Der Arbeitgeber und beauftragte private Ermittler haben bei dienstlichen E-Mails grundsätzlich ein umfassendes Einsichts- und Auswertungsrecht.[336] Die E-Mails stehen als Teil der Unternehmenskommunikation dem Unternehmen zu und sind Teil der Arbeitsleistung.[337] Bei dienstlicher Nutzung ist der am Arbeitsplatz installierte E-Mail-Account als Teil der Kommunikationsanlage ein Betriebsmittel, das dem Arbeitnehmer vom Arbeitgeber zur Verfügung gestellt wird.[338]

3) Privatnutzung des E-Mail-Accounts gestattet

Werden die betrieblichen E-Mail-Accounts auch privat genutzt und hat der Arbeitgeber die Privatnutzung entweder ausdrücklich oder konkludent gestattet, sind nach bisher noch herrschender Meinung die Telekommunikationsgesetze im Verhältnis Arbeitnehmer – Arbeitgeber anwendbar.[339] Dies wird unterschiedlich begründet: Zunächst komme es nach § 3 Nr. 10 TKG nicht auf eine Gewinnerzielungsabsicht an. Daneben wird auf die Gesetzesmaterialien verwiesen und schließlich wird damit argumentiert, die Anwendung des TKG sei sachgerecht, da der Arbeitgeber an den Kommunikationsdienstleistungen mitwirke.[340] Dementsprechend sind, im Vergleich zu dem Fall, dass nur die dienstliche Nutzung gestattet ist, die Kontrollmöglichkeiten stark eingeschränkt. Da der Arbeitgeber nach dieser Ansicht gem. § 3 TKG Telekommunikationsdienste anbietet, ist er auch zur Wahrung des Fernmeldegeheimnisses nach § 88 TKG verpflichtet, das

---

334 Vgl. die Darstellung des Meinungsstreits bei *Mengel*, BB 2004, 2014 (2016 f.) m. w. N.

335 *Mengel*, BB 2004, 2014 (2017).

336 Ganz h. M., *Mengel/Ullrich*, NZA 2006, 240 (242); *Klengel/Mückenberger*, CCZ 2009, 81 (83).

337 *Klengel/Mückenberger*, CCZ 2009, 81 (83).

338 So auch *Mengel*, BB 2004, 2014 (2014).

339 Vgl. *Hoppe/Braun*, MMR 2010, 80 (81); *Eisele*, Compliance und Datenschutzstrafrecht, S. 31.

340 *Eisele*, Compliance und Datenschutzstrafrecht, S. 31 jeweils m. w. N.

auch gem. § 206 Abs. 1 StGB strafrechtlich abgesichert ist.[341] Nach § 88 Abs. 3 S. 1 TKG ist es dem Arbeitgeber grundsätzlich untersagt, sich oder anderen Kenntnis vom Inhalt oder den näheren Umständen der Kommunikation zu verschaffen.[342] Trennt nun der Arbeitnehmer nicht zwischen privater und dienstlicher Kommunikation, dann erstreckt sich das Fernmeldegeheimnis auf den Inhalt der gesamten Kommunikation und damit auch auf die dienstlichen E-Mails.[343] Darüber hinaus darf die angewählte E-Mail-Adresse nicht gespeichert werden. Auch auf sonstige E-Mail-Verbindungdaten darf nicht zurückgegriffen werden. Wurden die Daten trotzdem gespeichert, sind sie umgehend zu löschen.[344] Dies verhindert mittelbar auch die Kontrolle dienstlicher E-Mails.[345] Dem Arbeitgeber ist es nicht gestattet eine Kontrolle durchzuführen, die sich ausschließlich auf dienstliche E-Mails beschränkt. Denkbar ist nur eine Einzelprüfung, die jedoch nicht ohne Einwilligung des Arbeitnehmers zulässig sein dürfte. Die Folge einer gestatteten Privatnutzung des dienstlichen E-Mail-Accounts ist, dass Kontrollen durch den Arbeitgeber kaum in zulässiger Weise durchzuführen sind. Lediglich in Ausnahmefällen kann eine inhaltliche Einsicht der E-Mail-Kommunikation durch den Arbeitgeber zulässig sein. Hierfür muss ein konkreter Verdacht bestehen, dass ein schwerer Verstoß oder ein Missbrauch des Kommunikations-Systems vorliegt und das Verhältnismäßigkeitsprinzip dennoch gewahrt bleibt.[346]

In der neueren Rechtsprechung und Literatur wird vermehrt die Ansicht vertreten, dass Arbeitgeber keine „Diensteanbieter" nach dem TKG seien und damit auch das Fernmeldegeheimnis gem. § 88 TKG keine Anwendung finde.[347] Höchstrichterlich ist diese Rechtsfrage nicht endgültig entschieden. Bis dahin ist es

---

341 *Ruhmannseder*, in: FS Imme Roxin, S. 501 (512).

342 Möglichen Ausnahmen werden enge Grenzen gesetzt. Dies zeigt § 88 Abs. 3 S. 4 TKG, der die Pflicht zur Anzeige drohender Verbrechen gem. § 138 StGB unberührt lässt. Vgl. auch *Däubler*, Gläserne Belegschaften?, S. 199 Rn. 366; *Wedde*, in: Däubler/Klebe/Wedde/Weichert, BDSG, § 32 Rn. 114 ff.

343 So auch *Salvenmoser/Schreier*, in: Handbuch Wirtschaftsstrafrecht, 15. Teil Rn. 126; *Ruhmannseder*, in: FS Imme Roxin, S. 501 (512).

344 *Däubler*, Gläserne Belegschaften?, S. 199 Rn. 368.

345 Vgl. *Mengel*, BB 2004, 2014 (2018).

346 *Salvenmoser/Schreier*, in: Handbuch Wirtschaftsstrafrecht, 15. Teil Rn. 127; *Lindemann/Simon*, BB 2001, 1950 (1953 Fn. 28); *Beckschulze/Henkel* DB 2001, 1491 (1494).

347 *LAG Niedersachsen*, MMR 2010, 639 ff.; *LAG Berlin-Brandenburg*, BB 2011, 2298 ff.; vgl. hierzu weiterführend *Ruhmannseder*, in: FS Imme Roxin, S. 501 (512); *Scheben/Klos/Geschonneck*, CCZ 2012, 13 (16 f.); *Rübenstahl/Debus*, NZWiSt 2012, 129 (132 ff.); *Eisele*, Compliance und Datenschutzstrafrecht, S. 31 f.

ratsam, bei der Durchführung interner Ermittlungen von der Anwendbarkeit des TKG auszugehen, um eine mögliche Strafbarkeit gem. § 206 Abs. 1, 5 StGB zu umgehen.[348]

IV) Überwachung und Auswertung von Briefen

Die Überwachung und inhaltliche Auswertung der Post des Arbeitnehmers sind eine weitere Informationsquelle für interne Ermittler. Hierbei ist zu beachten, dass die Verletzung des Briefgeheimnisses gem. § 202 StGB strafbewehrt ist. Eine Verletzung des Briefgeheimnisses ist dann anzunehmen, wenn der Täter einen verschlossenen Brief oder ein anderes verschlossenes Schriftstück öffnet oder sich ohne Öffnung Kenntnis vom Inhalt verschafft, wobei das Schriftstück gem. § 202 Abs. 1 StGB nicht zur Kenntnis des Öffnenden bestimmt sein darf. Eine solche Bestimmung trifft regelmäßig der Absender des Briefes, da er das Schriftstück verschließt bzw. den Verschluss anbringen lässt.[349]

Trotzdem werden die Kontrolle und inhaltliche Kenntnisnahme der Geschäftspost durch den Arbeitgeber als zulässig angesehen.[350] Selbst verschlossene Geschäftspost an den Arbeitnehmer, die nicht eindeutig als private Post zu identifizieren ist[351], darf geöffnet und inhaltlich ausgewertet werden.[352] Kennzeichnet der Absender den Brief nicht dergestalt, dass unverkennbar der Adressat persönlich gemeint ist und es sich in einem solchen Fall eben nicht um Geschäftspost handelt, so hat der Absender damit zu rechnen, dass der Arbeitgeber von seinem Weisungsrecht[353] Gebrauch macht und die Post an einen anderen Mitarbeiter weitergibt oder womöglich selbst öffnet.

Für interne Ermittlungen hat das zur Folge, dass Geschäftspost umfassend gesichtet und inhaltlich ausgewertet werden kann. Ist die Post jedoch ersichtlich als

---

348 Vgl. *Ruhmannseder*, in: FS Imme Roxin, S. 501 (513).

349 *Fischer*, StGB, § 202 Rn. 7.

350 Vgl. *Salvenmoser/Schreier*, in: Handbuch Wirtschaftsstrafrecht, 15. Teil Rn. 168; *Klengel/Mückenberger*, CCZ 2009, 81 (83).

351 In Betracht kommt eine ausdrückliche Vertraulichkeitswidmung (z.B. „persönlich"/ „vertraulich") im Adressfeld, sowie eine konkludente Vertraulichkeitswidmung (z.B. sichtbare Herzen oder ein Lippenstiftabdruck); vgl. *Salvenmoser/Schreier*, in: Handbuch Wirtschaftsstrafrecht, 15. Teil Rn. 168.

352 *Salvenmoser/Schreier*, in: Handbuch Wirtschaftsstrafrecht, 15. Teil Rn. 168; *Klengel/ Mückenberger*, CCZ 2009, 81 (83).

353 Vgl. zum Weisungs- bzw. Direktionsrecht des Arbeitgebers *Moll/Altenburg*, in: MAH Arbeitsrecht, § 1 Rn. 31; *Preis*, in: ErfK, § 611 BGB Rn. 233.

privat einzustufen, besteht für private Ermittler die Gefahr den Tatbestand des § 202 StGB zu verwirklichen.

V) Visuelle Überwachung

Die visuelle Überwachung von Mitarbeitern als Ermittlungsmaßnahme stellt sich insbesondere als datenschutzrechtliche Problematik dar. Sie wird unter dem Stichwort der Arbeitnehmerrechte rege diskutiert, nachdem aufgedeckt wurde, dass die Videoüberwachung von Arbeitnehmern in verschiedenen Unternehmen jahrelang gängige Praxis war.[354] Zunächst ist neben dem Datenschutzrecht erneut die Grundrechtsrelevanz dieser Untersuchungsmaßnahme zu betonen. Das Allgemeine Persönlichkeitsrecht gem. Art. 2 Abs. 1 i. V. m. Art. 1 Abs. 1 GG sowie das Recht am eigenen Bild als Teil des Persönlichkeitsrechts sind durch die visuelle Überwachung betroffen.[355] Das Recht am eigenen Bild besagt, dass jeder Einzelne darüber entscheiden kann, ob Filmaufnahmen von ihm gemacht und möglicherweise gegen ihn verwendet werden dürfen.[356,357]

Die Rechtsprechung im Bereich der visuellen Überwachung ist unübersichtlich. Es ist somit schwierig, die verschiedenen Fallgruppen genau abzugrenzen und zu kategorisieren somit. Grundsätzlich ist zwischen öffentlich zugänglichen und nicht öffentlich zugänglichen Arbeitsplätzen und zwischen offener und heimlicher Videoüberwachung von Mitarbeitern zu differenzieren.

Seit 2001 ist die Videoüberwachung öffentlich zugänglicher Räume durch § 6b BDSG umfassend geregelt. Danach ist sie in den in § 6b BDSG aufgezählten Konstellationen (Aufgabenerfüllung öffentlicher Stellen, Wahrnehmung des Hausrechts und Wahrnehmung berechtigter Interessen für konkret festgelegte

---

354 Es wurde publik, dass verschiedene Lebensmittel-Discounter ihre Arbeitnehmer in großem Umfang per Videoaufzeichnung überwachten und systematisch ausspähten (z. B. im Kassenbereich). Vgl. hierzu *Oberwetter*, NZA 2008, 609 ff.

355 Vgl. *BAG* NZA 2004, 1278 (1280) m. w. N.

356 *BAG* NZA 2004, 1278 (1280) m. w. N.

357 Auf § 201a StGB, der die Verletzung des höchstpersönlichen Lebensbereichs durch Bildaufnahmen (Videoaufnahmen inbegriffen) mit Strafe bedroht, soll an dieser Stelle nur hingewiesen werden. Die Vorschrift ist im Rahmen der Videoüberwachung am Arbeitsplatz zu vernachlässigen. Der Tatbestand setzt voraus, dass sich die unbefugt aufgenommene Person in einer Wohnung oder einem anderen gegen Einblick geschützten Raum befindet. Eine Videoaufzeichnung am Arbeitsplatz ist somit in der Regel nicht tatbestandsmäßig. Ausnahmen bilden besonders geschützte Räumlichkeiten wie Umkleidekabinen oder Toiletten.

Zwecke) zulässig, soweit sie erforderlich ist und keine überwiegenden schutzwürdigen Interessen der Betroffenen entgegenstehen. Letzteres ist regelmäßig dann ausgeschlossen, wenn nicht gerade besonders schützenswerte Intimbereich gefilmt wird.[358] Häufig sind Arbeitsplätze jedoch nicht öffentlich zugänglich. In diesen Fällen beurteilt sich die Zulässigkeit der Videoüberwachung nicht nach § 6b BDSG, da die Vorschrift nur dann Zulässigkeitsmaßstab einer Mitarbeiterüberwachung ist, wenn Arbeitnehmer in Räumlichkeiten mit Publikumsverkehr ihre Tätigkeit verrichten (z.B. Kaufhäuser, Supermärkte, Banken).[359] Die Videoüberwachung in nicht öffentlich zugänglichen Räumen (z.B. Büros oder Fabriken) ist datenschutzrechtlich an § 32 BDSG zu messen.[360]

Das BAG entwickelte verschiedene Abwägungskriterien zur Zulässigkeit von offener und verdeckter Videoüberwachung am Arbeitsplatz.[361] Da offene Kameraüberwachung auf Seiten der Arbeitnehmer einen dauerhaften Überwachungsdruck erzeugt, wird dadurch erheblich in das Allgemeine Persönlichkeitsrecht der Arbeitnehmer eingegriffen.[362] Um diesen Eingriff zu rechtfertigen, muss der Arbeitgeber ein vorrangiges Kontrollinteresse geltend machen, hinter dem das Allgemeine Persönlichkeitsrecht der Arbeitnehmer dann ausnahmsweise zurücktritt. Das vorrangige Interesse auf Seiten des Arbeitgebers ist anzunehmen, wenn es um die Aufklärung erheblicher Straftaten geht, die sich gegen den Arbeitgeber richten (z. B. Diebstahl, Industriespionage).[363] Allerdings muss der Maßnahme ein konkreter Verdacht oder Anlass zugrunde liegen und die Maßnahme muss verhältnismäßig sein.[364] Zu beachten ist, dass an eine heimliche Videoüberwachung höhere Anforderungen zu stellen sind als an eine offene, da in das Allgemeine Persönlichkeitsrecht des Arbeitnehmers schwerwiegender eingegriffen wird.[365] Dementsprechend muss die Maßnahme für den Arbeitgeber praktisch das einzig verbleibende Mittel darstellen und darf insgesamt nicht unverhältnismäßig sein.[366]

---

358 *Ruhmannseder*, in: FS Imme Roxin, S. 501 (516).

359 *Grimm/Schiefer*, RdA 2009, 329 (331).

360 Vgl. hierzu auch *Vietmeyer/Byers*, DB 2010, 1461 (1462); *Mölter*, Überwachung und Informationsbeschaffung des Arbeitgebers, S. 293.

361 Vgl. z.B. *BAG* NJW 2003, 3436 ff.; *BAG* NZA 2004, 1278 ff.

362 *BAG* NZA 2004, 1278 (1281).

363 *Maschmann*, NZA 2002, 13 (17); *Salvenmoser/Schreier*, in: Handbuch Wirtschaftsstrafrecht, 15. Teil Rn. 157.

364 *Maschmann*, NZA 2002, 13 (17); *Salvenmoser/Schreier*, in: Handbuch Wirtschaftsstrafrecht, 15. Teil Rn. 157.

365 Vgl. *BAG* NZA 2003, 1193 ff.; *Ruhmannseder*, in: FS Imme Roxin, S. 501 (517).

366 *BAG* NZA 2003, 1193 (1195).

Die heimliche visuelle Überwachung kann angemessen sein, wenn sie räumlich auf den Bereich beschränkt wird, auf den sich der Verdacht erstreckt, und zudem zeitlich beschränkt durchgeführt wird.[367]

Die Installation und der Betrieb einer Videoüberwachungsanlage ist mitbestimmungspflichtig nach § 87 Abs. 1 Nr. 6 BetrVG. Die Mitbestimmung soll zu einer angemessenen, die beiderseitigen Interessenlagen berücksichtigenden Ausgestaltung der Maßnahme führen.[368]

Bei der Aufarbeitung wirtschaftsstrafrechtlicher Delikte spielt die Videoüberwachung eine untergeordnete Rolle. Andere Untersuchungsmethoden versprechen bei der Aufklärung von Korruption, Untreue oder Betrug mehr Erfolg. Von der Anbahnung bis zur Begehung dieser Delikte kann ein größerer Zeitraum liegen, außerdem vermeiden potentielle Täter in der Regel direkte Absprachen, so dass Videomaterial kaum taugliche Ergebnisse liefern würde. Vor allem in den untersuchungsintensiven Bereichen Korruption und Untreue muss die konkrete Tat regelmäßig aus vielen Fragmenten zusammengesetzt werden; ein Videodokument kann die Ermittlungen nur in Ausnahmefällen weiterführen.

Andere Compliance-Verstöße sind hingegen durch visuelle Überwachung effizient zu verfolgen. Besonders bei Taten, die nur bedingt heimlich stattfinden können (z. B. Mobbing, sexuelle Belästigung oder Diebstahl) können Videoaufzeichnungen schwer widerlegbare Beweise liefern.

VI) Auswertung von geschäftlichen Unterlagen

Um Informationen zu erlangen, müssen bei einer internen Untersuchung umfangreiche Aktenbestände und andere geschäftliche Unterlagen gesichtet und inhaltlich ausgewertet werden. Dienstliche Dokumente sind weder privater noch persönlicher Natur, folglich ist der Schutzbereich des Persönlichkeitsrechts des Arbeitnehmers schon nicht eröffnet.[369] Der Arbeitgeber kann demnach auf die Akten und Unterlagen zugreifen, ohne dass sein Interesse daran mit dem Persönlichkeitsrecht

367 *Maschmann*, in: Corporate Compliance und Arbeitsrecht, S. 149 (158 f.); *Ruhmannseder*, in: FS Imme Roxin, S. 501 (517).

368 *Kania*, in: ErfK, § 87 BetrVG Rn. 48; hierzu auch *Maschmann*, in: Corporate Compliance und Arbeitsrecht, S. 149 (159), zu der umstrittenen Frage, ob Videobänder, die unter Verletzung von Mitbestimmungsrechten aufgenommen wurden, gerichtlich verwertbar sind.

369 So auch *Mengel/Ullrich*, NZA 2006, 240 (241).

des Arbeitnehmers abzuwägen wäre. Dies gilt auch im Verhältnis des Arbeitnehmers zu einem vom Arbeitgeber beauftragten Ermittler.[370]

Weitgehend unerheblich ist es auch, ob die Dokumente und Unterlagen in Papier- oder in elektronischer Form vorliegen. Werden ausschließlich geschäftliche Dateien und elektronische Dokumente überprüft, bestehen an sich keine datenschutzrechtlichen Bedenken. Bei der Kontrolle von elektronischen Datenbeständen ist jedoch der Anwendungsbereich des BDSG eröffnet, wenn personenbezogene Daten im Sinne von § 3 Abs. 1 BDSG ausgewertet werden sollen.[371] Das BDSG bezweckt gem. § 1 Abs. 1 BDSG den Schutz des Persönlichkeitsrechts des Betroffenen, weshalb der Arbeitgeber die gesetzlich normierten Voraussetzungen und die daraus resultierenden Schranken bei der Datenauswertung zu berücksichtigen hat. Jedoch können in einem solchen Fall die Tatbestandsvoraussetzungen des § 32 Abs. 1 S. 2 BDSG gegeben sein.[372] Nach § 32 Abs. 1 S. 2 BDSG dürfen personenbezogene Daten eines Beschäftigten zur Aufdeckung von Straftaten dann erhoben, verarbeitet oder genutzt werden, wenn zu dokumentierende tatsächliche Anhaltspunkte den Verdacht begründen, dass der Betroffene im Beschäftigungsverhältnis eine Straftat begangen hat. Zusätzlich muss die Erhebung, Verarbeitung oder Nutzung zur Aufdeckung erforderlich sein und das schutzwürdige Interesse des Beschäftigten an dem Ausschluss der Erhebung, Verarbeitung oder Nutzung darf nicht überwiegen. Endlich muss insbesondere Art und Ausmaß der Datenauswertung im Hinblick auf den Anlass verhältnismäßig sein.[373] Ermittlungen wegen wirtschaftsstrafrechtlicher Delikte werden diese Voraussetzungen regelmäßig erfüllen.[374]

Zusätzliche Probleme ergeben sich beim Zugriff auf Personalakten. In Personalakten finden sich besonders sensible Unterlagen des Arbeitnehmers: Stammdatenblatt, Beurteilungen, Zeugnisse, die Krankengeschichte oder auch

---

370 *Mengel/Ullrich*, NZA 2006, 240 (241); *Ruhmannseder*, in: FS Imme Roxin, S. 501 (510).

371 Gem. § 3 Abs. 1 BDSG sind personenbezogene Daten Einzelangaben über persönliche oder sachliche Verhältnisse einer bestimmten oder bestimmbaren natürlichen Person.

372 Vgl. hierzu *Wedde*, in: Däubler/Klebe/Wedde/Weichert, BDSG, § 32 Rn. 125 ff.; *Mengel/Ullrich*, NZA 2006, 240 (241).

373 § 32 Abs. 1 S. 2 BDSG war die gesetzgeberische Reaktion nach zahlreichen „Datenskandalen“ in deutschen Konzernen. Insbesondere der verdachtsunabhängige massenhafte Abgleich von Mitarbeiterdaten sollte damit unterbunden werden.

374 Vgl. zur Problematik der Reformbestrebungen des BDSG o. Viertes Kapitel C) I) (S. 80 f.).

der Schriftverkehr zwischen Arbeitgeber und Arbeitnehmer.[375] Wie diese Aufzählung zeigt, sind die Unterlagen der Personalakte ausschließlich privater und höchstpersönlicher Natur mit der Folge, dass das Persönlichkeitsrecht des Arbeitnehmers – neben Vorschriften des Datenschutz- und Arbeitsrechts[376] – besondere Berücksichtigung findet. Wie bereits erwähnt besteht der Schutz des Persönlichkeitsrechts nicht unbeschränkt, vielmehr kann ein überwiegendes Interesse des Arbeitgebers einen Eingriff rechtfertigen.[377] Insoweit muss es für die berechtigten Zwecke der Ermittlung gerade auf den Inhalt der Personalakte ankommen.[378] Im Fall der Auswertung der Personalakte ist der Kreis der Personen, die Einsicht nehmen, möglichst klein zu halten und die Vertraulichkeit der Informationen muss durch die Zugriffsberechtigten gewährleistet werden. Dies ist insbesondere von Bedeutung, wenn externe Ermittler in Personalakten Einsicht nehmen wollen. Um die Vertraulichkeit sicherzustellen, können zusätzlich verschiedene Vertraulichkeits- bzw. Zugriffsstufen eingerichtet werden.[379]

D) Stellungnahme

Je nach Blickwinkel bieten interne Untersuchungen Anlass zur Kritik. Für Mitarbeiter stellt sich regelmäßig die Frage nach der Objektivität und Neutralität der ermittelnden Personen. Es kann der Eindruck entstehen, dass die Geschäftsführung Ermittlungen durchführen lässt, um „den eigenen Kopf aus der Schlinge" zu ziehen und die Schuldigen in der Belegschaft zu suchen und zu finden. Die Objektivität kann dadurch, dass die Ermittler durch die Geschäftsführung mandatiert werden, gefährdet sein. Somit kann die Untersuchung „(theoretisch) willkürlich, sachfremd und eingriffsintensiv geführt werden"[380].

Für Ermittler ist oft die Tatsache, dass interne Ermittlungen jenseits einer bindenden Verfahrensordnung ablaufen, von Vorteil.[381] Anders als bei staatsanwaltschaftlichen Untersuchungen sind die Eingriffsgrundlagen und Rechte der betroffenen Arbeitnehmer nicht umfassend geregelt. Private Ermittler können

375 *Kania*, in: ErfK, § 83 BetrVG Rn. 2; vgl. auch *Görling*, : Görling/Inderst/Bannenberg, Compliance, Kapitel 6 Rn. 53; *Ruhmannseder*, in: FS Imme Roxin, S. 501 (510).
376 *Kania*, in: ErfK, § 83 BetrVG Rn. 8, 11.
377 *BAG* NZA 1990, 933 (934); vgl. hierzu auch *Mengel/Ullrich*, NZA 2006, 240 (242).
378 So auch *Vogt*, NJW 2009, 3755 (3755).
379 *BAG* NZA 1990, 933 (934) m. w. N.; *Mengel/Ullrich*, NZA 2006, 240 (242).
380 *Knierim*, StV 2009, 324 (325).
381 So auch *Knierim*, StV 2009, 324 (325).

innerhalb der großzügigeren Schranken des Zivilrechts agieren. Dies führt jedoch auch zu Rechtsunsicherheit auf beiden Seiten. Effektivität der Ermittlungsmaßnahmen versus Grundrechts- und Datenschutz der Betroffenen. Dies ist der generelle Konflikt im Zusammenhang mit unternehmensinternen Ermittlungen.

Inzwischen lässt sich jedoch ein Trend zur Stärkung der Arbeitnehmerrechte erkennen. Neben den Diskussionen um eine Reform des Beschäftigtendatenschutzes[382] wächst das Datenschutzbewusstsein in der Gesellschaft generell. Maßnahmen wie die verdeckte Videoüberwachung der Belegschaft oder der verdachtsunabhängige massenhafte Abgleich von Mitarbeiterdaten wurden in den Medien und durch die Politik stark kritisiert. Die Zahl derartiger Kontrollmaßnahmen dürfte seit einiger Zeit nicht zuletzt deshalb rückläufig sein, weil sich heimliche Kontrollen für diverse Unternehmen zum „PR-Desaster“ [383] entwickelt haben.

Daneben zeigt die neuere Rechtsprechung des BVerfG, dass aus Sicht des höchsten deutschen Gerichts in Zeiten des (drohenden) gläsernen Bürgers der grundrechtliche Schutz weiterentwickelt werden muss: Das BVerfG hatte zu beurteilen, ob Vorschriften zur Online-Durchsuchung im Verfassungsschutzgesetz Nordrhein-Westfalen mit dem Grundgesetz vereinbar waren. Im Zuge dieser Entscheidung stellte das Gericht fest, dass das Allgemeine Persönlichkeitsrecht gem. Art. 2 Abs. 1 i. V. m. Art. 1 Abs. 1 GG auch das Grundrecht auf Gewährleistung der Vertraulichkeit und Integrität informationsrechtlicher Systeme umfasst.[384] Nach dieser Entscheidung ist eine heimliche Infiltration eines informationstechnischen Systems verfassungsrechtlich nur zulässig, wenn tatsächliche Anhaltspunkte einer konkreten Gefahr für ein überragend wichtiges Rechtsgut bestehen.[385] Überragend wichtige Rechtsgüter sind nach den Ausführungen des BVerfG Leib, Leben und Freiheit der Person oder Güter der Allgemeinheit, deren Bedrohung die Grundlagen oder den Bestand des Staates oder die Grundlagen der Existenz der Menschen berührt.[386] Die Wertungen dieser Entscheidung können über die mittelbare Drittwirkung der Grundrechte im Verhältnis Arbeitgeber – Arbeitnehmer Anwendung finden. Im Arbeitsverhältnis wird sich zwar eine Gefahrensituation, wie sie das BVerfG für staatliche heimliche Eingriffe in vernetzte IT-Systeme fordert,

---

382 S. o. Viertes Kapitel C) I) (S. 80 f.).

383 Vgl. *Knierim*, StV 2009, 324 (324). A. A. *Maschmann*, in: Corporate Compliance und Arbeitsrecht, S. 149 (149), der davon ausgeht, dass Arbeitnehmer in der Praxis „nur selten und erst recht nicht systematisch“ kontrolliert werden.

384 *BVerfG*, Urt. v. 27.02.2008 – 1 BvR 370/07, 1 BvR 595/07 = NJW 2008, 822 ff.

385 *BVerfG* NJW 2008, 822 (822).

386 *BVerfG* NJW 2008, 822 (822).

praktisch nicht einstellen können.[387] Dennoch ist zu erwarten, dass die Wertungen dieser Entscheidung in künftiger Rechtsprechung und Gesetzgebung Berücksichtigung finden werden.

387 *Wedde*, in: Däubler/Klebe/Wedde/Weichert, BDSG, § 32 Rn. 93.

Fünftes Kapitel: Mitarbeiterbefragungen und Amnestieangebot

A) Ablauf der Befragungen in den Fällen Siemens und MAN

I) Einführung

Befragungen von Mitarbeitern durch den Arbeitgeber beinhalten nicht per se rechtliches Konfliktpotential. So ist es etwa dem Arbeitgeber auf Grundlage des Arbeitsvertrages erlaubt, den Arbeitnehmer über die aktuell zu verrichtende oder bereits verrichtete Tätigkeiten zu befragen. Andere Fragestellungen wiederum beschäftigen Literatur und Rechtsprechung in hohem Maße. Ein anschauliches Beispiel hierfür ist die Reichweite des Informationsanspruchs des Arbeitgebers im Einstellungsgespräch, in Rechtsprechung und Literatur meist plakativ als „Fragerecht des Arbeitgebers" diskutiert.[388]

Seit einigen Jahren wird eine bis dahin kaum beachtete Konstellation in der Literatur lebhaft erörtert: Mitarbeiterbefragungen im Zusammenhang mit einer Compliance-Untersuchung im Unternehmen.[389] Derartige Befragungen gab es auch schon vor der aktuellen Compliance-Diskussion: Der Arbeitgeber bittet im Verdachtsfall einen Mitarbeiter zum Gespräch, um diesen z. B. über den Verbleib betrieblichen Eigentums zu befragen. Ein solches Gespräch zwischen Arbeitgeber und Arbeitnehmer ist in der Regel der erste Schritt, innerbetriebliches Fehlverhalten aufzuklären.

388 Statt aller *Kreitner*, in: Personalbuch 2013, Auskunftspflichten Arbeitnehmer Rn. 13 ff. m. w. N. und *Buchner*, in: MünchArbR, § 30 Rn. 232 ff., 261 ff. m. w. N.

389 Vgl. etwa *Göpfert/Merten/Siegrist*, NJW 2008, 1703 ff.; *Wehnert*, in: FS Egon Müller, S. 729 ff.; *Jahn*, StV 2009, 41 ff.; *Bittmann/Molkenbur*, wistra 2009, 373 ff.; *Wastl/Litzka/Pusch*, NStZ 2009, 68 ff.; *Dann/Schmidt*, NJW 2009, 1851 ff.; *Böhm*, WM 2009, 1923 ff.; *Maschmann*, in: Corporate Compliance und Arbeitsrecht, S. 149 ff.; *Knauer/Buhlmann*, AnwBl 2010, 387 ff.; *Pfordte*, in: FS Arbeitsgemeinschaft Strafrecht DAV, S. 740 ff.; *Theile*, StV 2011, 381 ff.; *Momsen*, ZIS 2011, 508 ff.; *Rudkowski*, NZA 2011, 612 ff.; *Roxin*, StV 2012, 116 ff.; *Ruhmannseder*, in: FS Imme Roxin, S. 501 ff.; *Tscherwinka*, in: FS Imme Roxin, S. 521 ff.; *Wimmer*, in: FS Imme Roxin, S. 537 ff.; *Reeb*, Internal Investigations; *Rödiger*, Strafverfolgung von Unternehmen; *Kottek*, Kooperation von Unternehmen; *Wewerka*, Internal Investigations.

Im Rahmen von Compliance-Ermittlungen bekommen die Befragungen jedoch eine neue Qualität. Anstelle des Vorgesetzten oder der internen Revision übernehmen regelmäßig Compliance-Mitarbeiter oder externe Ermittler die Befragungen. Die Befragten werden mit spezifischen Geschäftsvorgängen und den entsprechenden Unterlagen konfrontiert. Zusätzlich können Amnestieprogramme[390] aufgelegt werden, um die Aufklärung zu beschleunigen oder neue Informationsquellen zu erschließen. Die Vorbereitung der Befragungen ist mit großem Aufwand verbunden, da immense Mengen an Daten, Akten und Unterlagen gesichtet und bewertet werden müssen. Ermittelt wird regelmäßig zunächst „in die Breite", dann „in die Tiefe". Je nach Unternehmensgröße sind die Datenmassen oft nur von ganzen Ermittlungs-Teams, bestehend aus Rechtsanwälten und Wirtschaftsprüfern, zu bewältigen.

Die Mitarbeiter-Befragungen in den Fällen Siemens und MAN waren von unterschiedlichen Ausgangssituationen geprägt. Der Korruptionsfall Siemens war in Deutschland der erste seiner Art und stellte die Konzernleitung vor erhebliche Schwierigkeiten, nicht zuletzt aufgrund der Beteiligung US-amerikanischer Behörden. Im Fall Siemens rückten zwei Gesichtspunkte in den Mittelpunkt: Die Beauftragung externer Ermittler und die vollständige Kooperation mit den US-amerikanischen und deutschen Behörden. Die Konzernleitung stand dabei unter Zeitdruck, nicht zuletzt sollte die Bereitschaft zur Aufklärung erfolgreich in der Öffentlichkeit kommuniziert werden. Der Konzern MAN konnte hingegen auf das „Modell Siemens" zurückgreifen: Zusammenarbeit mit den (ausschließlich deutschen) Ermittlungsbehörden sowie eine umfassende Untersuchung durch externe Ermittler. Der damalige Vorstandsvorsitzende der MAN SE war gleichzeitig Aufsichtsratsmitglied bei der Siemens AG und in dieser Funktion auch in der Siemens-Untersuchung beteiligt. Dieser Umstand ist mutmaßlich einer der Gründe, warum die Aufarbeitung beider Fälle deutliche Parallelen aufweist. Darüber hinaus verknüpften beide Unternehmen die Mitarbeiter-Befragungen mit Amnestieprogrammen. Während bei den Siemens-Ermittlungen dieses Mittel erst zum Einsatz kam, als die „Untersuchung in einer Sackgasse"[391] steckte, stellte MAN den Mitarbeitern von Anfang an eine Amnestierung in Aussicht.[392]

390 Ausführlich hierzu Fünftes Kapitel C) (S. 107 ff.).

391 Aussage eines beteiligten Strafverteidigers. Siemens legte das „Amnestieprogramm" ca. ein Jahr nach Beginn der Untersuchungen durch Debevoise auf.

392 Die rege Bereitschaft der Belegschaft ist auch darauf zurückzuführen, dass der damalige Vorstandvorsitzende des Konzerns die eindeutige Empfehlung aussprach, die Möglichkeit einer Amnestierung in Anspruch zu nehmen.

II) Ablauf der Mitarbeiterbefragungen in den Fällen Siemens und MAN

Die Angaben über den Ablauf der Mitarbeiterbefragungen beruhen partiell auf Informationen von beteiligten Personen, die sich hierzu in der juristischen Fachliteratur, der Tagespresse oder im persönlichen Gespräch mit dem Verfasser geäußert haben. Es ist zu beobachten, dass die Aussagen mitunter nicht gänzlich unabhängig von Eigeninteressen gemacht wurden und somit einer subjektiven Sichtweise nicht entbehren. Stellungnahmen von (auf Arbeitnehmerseite beteiligten) Strafverteidigern und Stellungnahmen von Personen auf Unternehmensseite stehen sich teilweise gegensätzlich gegenüber. Die nachstehenden Ausführungen versuchen sich in einer möglichst objektiven Darstellung, erheben jedoch nicht den Anspruch auf Vollständigkeit, da einzelne Fakten und Daten nicht eruiert werden konnten.

1) Situative Umstände

Im Fall Siemens bekamen die zu befragenden Mitarbeiter ein Schreiben mit der Aufforderung, sich an einem bestimmten Termin an einem Ort einzufinden und Fragen zu beantworten.[393] Nach Auflage des Amnestieprogramms wurde die Aufforderung erweitert um den Zusatz, dass die Siemens AG auf zivilrechtliche Schadensersatzforderungen und eine einseitige Beendigung des Arbeitsverhältnisses verzichten wird, falls die Fragen „zur Zufriedenheit des Ermittler“[394] beantwortet werden. Diese Erweiterung des Schreibens erhöhte den Druck auf die Mitarbeiter, da im Umkehrschluss bei mangelnder Kooperationsbereitschaft eben genau diese wirtschaftlich und persönlich existenzbedrohenden Folgen in Aussicht gestellt wurden. Die Entscheidungsfreiheit der betroffenen Mitarbeiter bezüglich einer Zusammenarbeit ging „wohl faktisch gegen Null“[395].

Rechtsanwälte der Kanzlei Debevoise führten die Mitarbeiterbefragungen durch. Debevoise nennt derartige Befragungen „Interviews“, „aber man kann sie durchaus als Verhöre oder Vernehmungen bezeichnen“[396]. Die Gespräche waren

393 Interview mit *Wastl* v. 07.08.2008, abzurufen unter www.wiwo.de/unternehmen-maerkte/szenisch-effektvoll-und-ueberraschend-303167 (Stand: 20.07.2013).

394 Interview mit *Wastl* v. 07.08.2008, abzurufen unter www.wiwo.de/unternehmen-maerkte/szenisch-effektvoll-und-ueberraschend-303167 (Stand: 20.07.2013).

395 *Knauer/Buhlmann*, AnwBl. 2010, 387 (388).

396 Interview mit *Wastl* v. 07.08.2008, abzurufen unter www.wiwo.de/unternehmen-maerkte/szenisch-effektvoll-und-ueberraschend-303167 (Stand: 20.07.2013).

zwar „von äußerster Sachlichkeit geprägt“[397], dennoch ist anzumerken, dass es sich bei den US-amerikanischen Anwälten um ermittlungstaktisch geschulte Personen handelte, die teilweise über staatsanwaltschaftliche Erfahrung verfügten.[398] So kann bei privaten Ermittlern die Gefahr bestehen, dass diese – „ungezügelt von den Sanktionsmechanismen der Strafprozessordnung“[399] – striktere Vernehmungsmethoden anwenden als behördliche Ermittlungspersonen.

In dieser vernehmungsähnlichen Situation wurden die betroffenen Mitarbeiter von ihnen unbekannten Personen zu Einzelvorgängen befragt und mit Vorwürfen konfrontiert. Einer der Anwälte von Debevoise protokollierte das Geschehen. Darüber hinaus waren in eigenen Fällen weitere Anwälte von Debevoise anwesend sowie Vertreter der Siemens AG und der beteiligten Wirtschaftsprüfungsgesellschaft. Dieser Personenkreis war es auch, der darüber befand, ob die Aussage des Mitarbeiters ausreichen würde, um ihn zu amnestieren.[400]

Die Mitarbeiterbefragungen bei der Aufklärung des Korruptionsfalles MAN wurden anders als bei Siemens nicht von einer US-amerikanischen Großkanzlei, sondern von einer deutschen Strafrechtskanzlei durchgeführt. Außerdem wurden die Befragungen von Anfang an mit einem Amnestieangebot verknüpft. Nach Aussage eines an beiden Verfahren beteiligten Strafverteidigers waren die Interviews im Vergleich zum Fall Siemens von einem „moderateren Umgangston geprägt“.

2) Belehrung/Aufklärung

Im Fall Siemens fand vor der Befragung mit den sog. „*Upjohn Warnings*“ eine Art Belehrung durch die US-amerikanischen Anwälte statt, der genaue Wortlaut

397 Aussage eines beteiligten Strafverteidigers.

398 Vgl. hierzu auch Interview mit *Wastl* v. 07.08.2008, abzurufen unter www.wiwo.de/unternehmen-maerkte/szenisch-effektvoll-und-ueberraschend-303167: „Die wissen, wie man Fragen stellt, Verunsicherungstaktiken anwendet, jemanden in die Irre führt und den Gegenüber in Widersprüche verwickelt. Dann kommt ein Vorhalt aus Unterlagen, mit dem der Befragte völlig überraschend und szenisch effektvoll konfrontiert wird. Das ist – entgegen dem teilweise vordergründigen Eindruck – kein Smalltalk, das ist eine echte Vernehmung, um nicht zu sagen ein Verhör.“ (Stand: 20.07.2013).

399 Interview mit *Wessing* v. 13.09.2008, abzurufen unter www.wiwo.de/unternehmen-maerkte/das-koennte-toedlich-treffen-306846 (Stand: 20.07.2013). Vgl. hierzu auch Viertes Kapitel B) I) (S. 76 f.).

400 Hierzu auch Interview mit *Wastl* v. 07.08.2008, abzurufen unter www.wiwo.de/unternehmen-maerkte/szenisch-effektvoll-und-ueberraschend-303167 (Stand: 20.07.2013).

ist nicht bekannt.[401] Der Begriff geht auf eine Leitentscheidung des *US Supreme Court*[402] zurück. In der Sache geht es um die Rechtweite des Anwaltsgeheimnisses. Es soll vermieden werden, dass ein Mitarbeiter eine Aussage macht, ohne zu wissen, dass seine protokollierten Aussagen oder eine Zusammenfassung davon an in- und ausländische Behörden weitergegeben und gegebenenfalls gegen ihn verwendet werden können.[403] Richtlinien[404] des US-Justizministerium über die Strafverfolgung von Unternehmen weisen unter anderem darauf hin, dass die Kooperationsbereitschaft des Unternehmens sowie der Verzicht auf das Anwaltsgeheimnis bei der Frage der Anklageerhebung zu berücksichtigen sind und mit einem Strafrabatt honoriert werden können.[405,406] Die Reichweite des Anwaltsgeheimnisses und der Verzicht auf dieses müssen somit im Zusammenhang mit der Kooperation des Unternehmens mit den US-amerikanischen Behörden gesehen werden.

Im Fall MAN fand sich im „Protokoll Mitarbeiterbefragung Amnestieangebot der MAN-Gruppe“ unter dem Punkt „Zustimmungserklärung“ folgender Hinweis auf eine Belehrung/Aufklärung durch die befragenden Anwälte:

> *„Ich wurde über die Wirkung des Amnestieprogramms, die sich ausschließlich auf das Verhältnis zwischen dem Unternehmen und dem Mitarbeiter beschränkt, aufgeklärt. Mir ist bekannt, dass eine Teilnahme an diesem Programm nicht vor einer strafrechtlichen Verfolgung schützt.“*

---

401 Vgl. *Jahn*, StV 2009, 41 (42).

402 Vgl. *U.S. Supreme Court* – Upjohn Company vs. United States – 449 U.S. 383, 386 (1981).

403 Vgl. *Schulte/Görts*, RIW 2006, 561 (567).

404 Vgl. insbes. die "*Principles of Federal Prosecution of Business Organizations*" (sog. *Thompson Memorandum)*, verfasst vom damaligen *Deputy Attorney General Larry D. Thompson*; abzurufen unter www.justice.gov/dag/cftf/corporate_guidelines.htm (Stand: 20.07.2013).

405 Als zu beachtender Gesichtspunkt heißt es hierzu im *Thompson Memorandum*: "*In determining whether to charge a corporation, that corporation's timely and voluntary disclosure of wrongdoing and its willingness to cooperate with the government's investigation may be relevant factors. In gauging the extent of the corporation's cooperation, the prosecutor may consider the corporation's willingness to identify the culprits within the corporation, including senior executives; to make witnesses available; to disclose the complete results of its internal investigation; and to waive attorney-client and work product protection.*"

406 Weiterführend hierzu *Wehnert*, NJW 2009, 1190 ff.; *dies.*, in: FS Egon Müller, S. 729 (734 f.); *dies.*, in: FS Strafrechtsausschuss BRAK, S. 175 (178 ff.).

Das Protokoll schließt mit der Unterschrift des befragenden Rechtsanwalts unter folgender Erklärung:

> *„Ich habe dem Mitarbeiter die vorstehenden Hinweise über die Speicherung und Weitergaben von Informationen und Daten sowie über die Gefahren einer möglichen Selbstbelastung oder Belastung von Angehörigen oder Dritten erläutert und mich durch Rückfrage vergewissert, dass der Mitarbeiter die Hinweise verstanden hat.“*

Die Beschäftigten wurden somit in beiden Fällen belehrt bzw. aufgeklärt. Anders aber als bei der durch § 136 Abs. 1 StPO statuierten Aussagefreiheit in strafprozessualen Vernehmungssituationen ist bei den hier beschriebenen Befragungen zweifelhaft, ob eine Aufklärung über mögliche Konsequenzen und die mögliche Weitergabe von Auskünften tatsächlich zu einer echten Wahlmöglichkeit des Mitarbeiters führt. Der Betroffene stand unter faktischem Kooperationszwang, ein Abbruch der Befragung durch den Mitarbeiter war aufgrund der drohenden persönlichen und wirtschaftlichen Folgen nicht zu erwarten.

3) Anwesenheit eines Rechtsbeistandes

Während der Befragung war die Anwesenheit eines Rechtsbeistandes des betroffenen Mitarbeiters regelmäßig zulässig. Nach den Erkenntnissen des Verfassers stellte Siemens den Befragten grundsätzlich einen Rechtsanwalt zur Seite, dennoch beauftragten in der Mehrzahl der Fälle die Mitarbeiter einen eigenen, nicht vom Unternehmen ausgewählten Verteidiger.[407] Über die Praxis im Fall MAN liegen keine genauen Informationen vor.

Hier schließt sich die Frage an, ob die Mitarbeiter grundsätzlich einen Anspruch auf Teilnahme bzw. Anwesenheit eines Rechtsbeistandes haben. Ein solcher Anspruch soll nach einer Meinung in der Literatur nicht bestehen.[408] Danach ist die Zulassung eines Rechtsanwalts für das Unternehmen regelmäßig freiwillig, da die unternehmensinterne Ermittlung nicht mit einer strafrechtlichen Ermittlung oder einem Beratungsgespräch vergleichbar sei.[409] Ausnahmsweise könne bei Gefahr strafrechtlich relevanter Selbstbelastung die Hinzuziehung eines Rechtsanwalts

---

407 Das Hinzuziehen eines eigenen Rechtsanwalts war empfehlenswert, da die Rechtsbeistände von Siemens bestellt worden waren und somit das Mandatsverhältnis zwischen den Rechtsanwälten und Siemens und nicht zwischen den Anwälten und dem betroffenen Mitarbeiter bestand.

408 So *Mengel/Ullrich*, NZA 2006, 240 (244); *Göpfert/Merten/Siegrist*, NJW 2008, 1703 (1708).

409 *Mengel/Ullrich*, NZA 2006, 240 (244).

gestattet werden.[410] Diese Ansicht ist mit Blick auf die arbeitgeberrechtliche Fürsorgepflicht zu kritisieren. Es ist sachgeregt, einen Beistand auf Seiten des Arbeitnehmers zuzulassen. Hierfür spricht das Argument der „Waffengleichheit". Denn lässt der Arbeitgeber die Untersuchung durch betriebsfremde Dritte durchführen, ist auch die Mitwirkung eines Beistandes als Vertrauensperson auf Arbeitnehmerseite geboten.[411] Dies gilt insbesondere, wenn der Arbeitgeber gezielt nach möglicherweise strafbaren Verhalten des Arbeitnehmers fragen will. Aber auch in den Fällen, in denen der Arbeitnehmer zu allgemeinen Unternehmenssachverhalten befragt werden soll, ist die Anwesenheit eines Rechtsbeistandes zu befürworten, weil sich der strafrechtliche Gehalt eines komplexen Sachverhalts in der Praxis typischerweise nicht von vorneherein ausschließen lässt.

4) Protokollierung und Gegenzeichnung

Im Fall Siemens wurden die Aussagen des Mitarbeiters protokolliert. Dabei diktierte der Vernehmende die wesentlichen Teile der Aussage. War ein weiterer Anwalt anwesend, protokollierte dieser die Aussage schriftlich, jedoch nicht in Form eines Wortprotokolls.[412] Auf eine Unterschrift bzw. Gegenzeichnung dieser als „Memos" bezeichneten Notizen durch den Mitarbeiter wurde ausdrücklich verzichtet.[413] Nach Aussage eines beteiligten Verteidigers war Debevoise der Ansicht, dass dadurch die „Verwertbarkeit des Protokolls vor der Staatsanwaltschaft oder einem Gericht vereitelt werden würde". In einem anderen Fall wurde das Vorenthalten des Protokolls mit der Niederlegung von eigenen Eindrücken und Schlussfolgerungen der Anwälte in den Notizen begründet.[414]

Im Fall MAN protokollierte der Anwalt während der Mitarbeiterbefragung die Aussagen und ließ das Protokoll[415] nach folgender Erklärung gegenzeichnen:

---

410 *Mengel/Ullrich*, NZA 2006, 240 (244).

411 *LAG Hamm* MDR 2001, 1361 (1361).

412 Aussage eines beteiligten Verteidigers.

413 Vgl. auch *Werres*, manager-magazin 7/2008, 40 (44).

414 Interview mit *Wastl* v. 07.08.2008, abzurufen unter www.wiwo.de/unternehmen-maerkte/szenisch-effektvoll-und-ueberraschend-303167 (Stand: 20.07.2013).

415 Das „Protokoll Mitarbeiterbefragung – Amnestieangebot der MAN-Gruppe" ist in verschiedene Punkte untergliedert, u. A.: Angaben zum Teilnehmer am Amnestieprogramm, Angaben zum Beschäftigungsverhältnis, Angaben zur Beteiligung am Ermittlungsverfahren der StA München, Angaben zu „kritischen" Provisionssachverhalten, Angaben zu sonstigen Regelverstößen, Angaben zu bisherigen Prüfungen durch interne Revision und Compliance, Dokumente/Belege, Zustimmungserklärung.

„Meine Teilnahme am Amnestieprogramm ist freiwillig. Das vorstehende Protokoll habe ich gelesen. Es entspricht den Tatsachen und gibt meine Angaben zutreffend wieder.“

Die Protokollierungspraxis unterscheidet sich somit in beiden Fälle signifikant. Die Hauptursache dafür ist, dass die beteiligten Anwälte in ihrem Vorgehen durch die jeweilige Rechtsordnung ihres Heimatlandes geprägt sind. Debevoise war zwar von Siemens mandatiert, führte die Untersuchungen aber ausschließlich mit Blick auf die SEC-Ermittlungen durch. Dementsprechend kamen – im Gegensatz zum Fall MAN – US-amerikanische Standards zur Anwendung.

5) Weitergabe der Informationen

Die Weitergabe der in den Befragungen gewonnenen Informationen an die Ermittlungsbehörden ist das Bindeglied zwischen privaten und staatlichen Ermittlungen.

Über den Informationsfluss im Fall Siemens waren widersprüchliche Aussagen zu vernehmen. Die Untersuchungsergebnisse wurden an die US-amerikanischen Behörden übermittelt. Dies war wesentlicher Bestandteil der Vereinbarung zwischen Siemens und den US-amerikanischen Behörden. Die Frage, ob darüber hinaus auch eine Weitergabe der Informationen an deutsche Ermittlungsbehörden erfolgte, wurde zum Zankapfel in der Praxis.

Die Anwälte von *Debevoise* beschrieben ihre Aufgabe im Konzern stets als unabhängige Untersuchung. *Bruce E. Yannett*, ein Partner von Debevoise, äußerte sich zur Weitergabe von Informationen wie folgt: „Welche Informationen wir an Behörden im In- und Ausland weitergaben, oblag allein dem Management oder Aufsichtsrat“[416]. Oberstaatsanwältin *Hildegard Bäumler-Hösl* hat den Vorwurf der Informationsweitergabe strikt zurückgewiesen, vielmehr sei es Ziel der Münchener Staatsanwaltschaft gewesen, eine Art „Erstbefragungsrecht“ bei verdächtigen Mitarbeitern durchzusetzen.[417] Ein weiterer Münchener Staatsanwalt verneinte im Gespräch mit dem Verfasser den Informationsaustausch mit dem Hinweis, die Behörden wüssten von kritischen Sachverhalten im Regelfall vor den Debevoise-Ermittlern. Außerdem wäre eine solche Ermittlungspraxis aus rechtsstaatlichen

416 Podiumsdiskussion im Rahmen der 8. NStZ-Jahrestagung in Frankfurt a.M.: „Private Ermittlungen durch Anwaltskanzleien in börsennotierten Unternehmen“; vgl. auch *Jahn J.*, Verdächtige Eintracht zwischen Anwälten und Strafverfolgern, FAZ v. 01.07.2009, Nr. 149, S. 21.

417 Information aus einem Gespräch mit einem Unternehmensanwalt der Siemens AG; vgl. auch *Rödiger*, Strafverfolgung von Unternehmen, S. 233 f.

Gesichtspunkten nicht zu rechtfertigen, da die Informationen auf eine Art und Weise erlangt worden wären, die mit staatsanwaltschaftlichen Ermittlungsgrundsätzen nicht vereinbar wäre.

Stimmen, die von einer Weitergabe an die Ermittlungsbehörden berichten, sind indes zahlreich vorhanden, hauptsächlich in Verteidigerkreisen. Sie berichten, wie die in den Interviews gewonnenen Erkenntnisse der Münchener Staatsanwaltschaft in der Regel informell und unaufgefordert durch die Siemens-Anwälte zur Verfügung gestellt worden ist.[418] Die Staatsanwaltschaft habe teilweise erst auf diesem Weg Hinweise auf potentielle Korruptionstäter erlangt bzw. habe durch die Informationen die Aussagen von Beschuldigten abgleichen und auf Vollständigkeit überprüfen können.

Dass die Staatsanwaltschaft von den Ermittlungen der US-Amerikaner profitierte, steht außer Frage. Schon allein aus Kapazitätsgründen wären ähnlich umfangreiche Untersuchungen für die Staatsanwaltschaft unmöglich gewesen.[419] Bei internen Untersuchungen ist es durchaus üblich, dass Zwischen- und Abschlussberichte an die Behörden übermittelt werden. Ob, und wenn ja wann im Fall Siemens Informationen aus den Befragungen weitergegeben wurden, ist nicht endgültig zu klären. Das Selbstverständnis von Debevoise als Vertrauenskanzlei der SEC spricht jedoch gegen einen informellen Informationsfluss in Richtung der deutschen Strafverfolgungsbehörden. Die Untersuchung sollte parallel zu den Ermittlungen der Staatsanwaltschaft ablaufen und aufgrund des umfangreichen Untersuchungsauftrags der Anwälte bestand für Debevoise kein Anlass zur übermäßigen Kooperation mit den Ermittlungsbehörden. Vielmehr bestand ein Bedarf an Koordination, um die Interessen von Debevoise, der Staatsanwaltschaft und den betroffenen Mitarbeitern in Einklang zu bringen.

Im Fall MAN beantwortet sich die Frage nach der Weitergabe von Informationen mit Blick auf die im Befragungsprotokoll enthaltene Zustimmungserklärung:

> *„Mir ist bekannt, dass die von mir im Rahmen des so genannten Amnestieprogramms der MAN SE erteilten Auskünfte und übergebenen Unterlagen gespeichert werden. Mir ist ferner bekannt, dass im Rahmen des Amnestieprogramms Auskünfte an Dritte, namentlich an nationale und internationale Ermittlungs- und Finanzbehörden sowie an Beauftragte des Vorstandes und des Aufsichtsrats der MAN erteilt werden. Dies schließt die Weitergabe der von mir im Rahmen des Amnestieprogramms gemachten Angaben und übergebenen Unterlagen sowie dieses Protokolls ein.*

---

418 *Jahn*, StV 2009, 41 (42); *Pfordte*, in: FS Arbeitsgemeinschaft Strafrecht DAV, S. 740 (741); *Wastl/Litzka/Pusch*, NStZ 2009, 68 (68); *J. Jahn*, FAZ vom 01.07.2009, Nr. 149 S. 21.

419 Vgl. zum Umfang der Untersuchungen Drittes Kapitel A) I) 2) (S. 60 f.).

Der Informationsfluss von den privaten Ermittlern bzw. von Seiten des Unternehmens zur Staatsanwaltschaft steht damit fest.

6) Verschwiegenheitserklärung

Den Befragten im Fall Siemens ist in einigen Fällen Stillschweigen über das Interview auferlegt worden: „You are instructed, that this interview is strictly confidential and you should not discuss it with anybody in or outside the company."[420]

In der Zustimmungserklärung des Amnestieangebots der MAN SE heißt es hierzu:

> *„Ich verpflichte mich, über dieses Gespräch weder mündliche Erklärungen noch schriftliche Aufzeichnungen an Dritte – mit Ausnahme meines Verteidigers oder Zeugenbeistands – zu geben."*

B) Fall Siemens: Rechtmäßigkeit der Befragungen durch ausländische Anwälte

Untersuchungsmaßnahmen durch deutsche private Ermittler sind – wie bereits dargestellt – grundsätzlich zulässig und bei Beachtung spezialgesetzlicher Vorgaben sowie des Grundrechtschutzes der Betroffenen rechtmäßig.[421] Problematisch kann die Rechtmäßigkeit von Befragungen allerdings sein, wenn diese von ausländischen Ermittlern durchgeführt werden, hinter denen – möglicherweise zumindest mittelbar – eine hoheitliche Stelle steht.

Im Fall Siemens wurde Debevoise zwar direkt durch das Unternehmen und nicht unmittelbar von den US-amerikanischen Behörden beauftragt. Die Mandatierung der Kanzlei war jedoch mit der SEC abgesprochen, weshalb es für die US-amerikanischen Behörden möglich war, die Ermittlungen durch „Anwälte ihres Vertrauens"[422] durchführen zu lassen. Dies konnte den Anschein von „quasi-staatlichen" Ermittlungen einer US-amerikanischen Behörde in Deutschland erwecken.

---

420 *Jahn* StV 2009, 41 (42), wonach ein Verteidiger diesen Wortlaut mitgeteilt hat.

421 Vgl. oben Viertes Kapitel B) (S. 76 ff.).

422 *Jahn*, StV 2009, 41 (43).

I) Faktischer Zwang zur Kooperation

Siemens wollte Strafmilderung erlangen, hierfür war die Kooperation mit den US-amerikanischen Behörden unumgänglich. Im Zuge einer derartigen Kooperation werden in der Regel US-amerikanische Ermittler beauftragt, die das uneingeschränkte Vertrauen der SEC (oder des DOJ) genießen.

Mithin besteht kein rechtlicher Zwang zur Kooperation, jedoch muss von einer faktischen Zwangslage ausgegangen werden:[423] ein streitiges Verfahren kann für das Unternehmen unüberschaubare Folgen haben. Die Dauer eines Prozesses und die Höhe der möglichen Strafe sind nicht kalkulierbar. Die mediale Berichterstattung kann sich negativ auf den Ruf des Unternehmens und auf die Geschäftsbeziehungen auswirken. Betroffene Unternehmen werden somit primär immer versuchen einen Vergleich mit den Behörden aushandeln zu können. Entscheidender Bestandteil eines solchen Vergleichs ist die Kooperation des Unternehmens. So auch im Fall Siemens.

II) Umgehung des internationalen Rechtshilfeverkehrs?

Die dargestellte Konstellation kann völkerrechtliche Probleme aufwerfen, falls die US-amerikanischen Behörden durch den Einsatz der Debevoise-Anwälte als private Ermittlungspersonen den förmlichen Rechtshilfeverkehr umgehen würden.[424] In letzter Konsequenz könnten dann Private weltweit mit behördlichem Auftrag Ermittlungen durchführen, ohne an die Vorgaben von internationalen Rechtshilfeabkommen gebunden zu sein.

In Deutschland richtet sich der Rechtshilfeverkehr in strafrechtlichen Angelegenheiten grundsätzlich nach dem IRG.[425] Unmittelbar anwendbare Regelungen in völkerrechtlichen Verträgen gehen den Vorschriften des IRG gem. § 1 Abs. 3 IRG jedoch vor. Die Bundesrepublik Deutschland und die Vereinigten Staaten von Amerika schlossen am 14. Oktober 2003 den Vertrag über die Rechtshilfe in

423 So auch *Wehnert*, NJW 2009, 1190 (1191); *Dann/Schmidt*, NJW 2009, 1851 (1852).

424 Vgl. *Knierim*, StV 2009, 324 (325), wonach in der Schweiz die Umgehung des Rechtshilfeverkehrs sogar strafbar ist.

425 Gesetz über die internationale Rechtshilfe in Strafsachen v. 27.06.1995, BGBl I S. 1537. Vgl. hierzu auch die Richtlinien für den Verkehr mit dem Ausland in strafrechtlichen Angelegenheiten (RiVASt), die für Gerichte, Staatsanwaltschaften und Behörden gelten.

Strafsachen nebst dem Zusatzvertrag vom 18. April 2006[426], um, wie es vor Artikel 1 des Vertrages vom 14. Oktober 2003 heißt, „die Zusammenarbeit beider Staaten bei der Bekämpfung der Kriminalität wirksamer zu gestalten und insbesondere den Verkehr zwischen beiden Staaten auf dem Gebiet der Rechtshilfe in Strafsachen zu erleichtern". Die Vertragsparteien verpflichten sich in Art. 1 Abs. 1 des Vertrages vom 14. Oktober 2003, einander durch die jeweils zuständigen Behörden in strafrechtlichen Ermittlungsverfahren und in Strafverfahren Rechtshilfe zu leisten. Gem. Art. 1 Abs. 2 des Vertrages umfasst die Rechtshilfe auch die „Abnahme von Aussagen oder anderen Erklärungen" (Nr. 3), „die Überlassung von Urkunden, Akten und anderen Gegenständen" (Nr. 5) sowie die „Durchsuchung und Beschlagnahme" (Nr. 6).

Entscheidend für die Frage der Umgehung des internationalen Rechtshilfeverkehrs ist nun, ob dem Handeln der Anwälte von Debevoise hoheitlicher Charakter zukommt und die SEC dadurch „mittelbar die Rolle einer exterritorial ermittelnden Strafverfolgungsbehörde"[427] einnimmt. Die Nähe zwischen der SEC und Debevoise mag Anlass für Unbehagen sein,[428] genügt aber nicht, um aus der Kanzlei den verlängerten Arm der Behörde zu machen. Im Fall Siemens hatte die Tätigkeit von Debevoise in Deutschland keinen hoheitlichen Charakter.[429] Schon rein formal betrachtet war Siemens der Auftraggeber. Das Mandatsverhältnis führte zu einer privatrechtlichen Bindung zwischen dem Unternehmen und der Kanzlei. Darüber hinaus konnte Debevoise unabhängig ermitteln und war an keine behördlichen Vorgaben gebunden. Dementsprechend wurden die Anwälte auf bundesdeutschem Hoheitsgebiet als Privatpersonen tätig.[430]

Dieses Ergebnis ist aber nur tragfähig, solange die US-amerikanischen Behörden die Unabhängigkeit der Ermittler nicht gefährden. Würde versucht werden, direkt Einfluss auf das Ermittlungsergebnis zu nehmen oder die Untersuchungen in eine bestimmte Richtung zu lenken, müsste von staatlichen Maßnahmen

---

426 BGBl II 2007, 1618.

427 *v. Rosen*, BB 2009, 230 (230).

428 Neben der Umgehung der Rechtshilfe insbesondere mit Blick auf etwaige Interessenkonflikte, die Einfluss auf die Unabhängigkeit und Objektivität der Beteiligten haben könnten.

429 So auch *Jahn*, StV 2009, 41 (42f.); *Schulte/Görts*, RIW 2006, 561 (567); *Dann/Schmidt*, NJW 2009, 1851 (1852); *Wybitul* BB 2009, 606 (607).

430 Vgl. *Wehnert*, FS Strafrechtsausschuss BRAK, S. 175 (184); *Jahn*, StV 2009, 41 (43); *Schulte/Görts*, RIW 2006, 561 (567).

ausgegangen werden, da die Ermittler dann als instrumentalisierte Werkzeuge fungieren würden.[431]

III) Zwischenergebnis

Befragungen durch in- und ausländische Ermittler sind grundsätzlich zulässig und auch rechtmäßig. Es bleibt trotzdem abzuwarten, wie ein deutsches Gericht hinsichtlich der Bedenken in Zusammenhang mit der Umgehung des internationalen Rechtshilfeverkehrs entscheiden würde. Rechtsprechung hierzu existiert – soweit ersichtlich – noch nicht. Eine Klärung dieser Frage wäre wünschenswert.

C) Amnestieregelungen zur Förderung und Beschleunigung der Ermittlungen

I) Begriff der „Amnestie“

Die Begriff „Amnestie“[432] steht für einen vollständigen oder teilweisen Straferlass bzw. Gnadenerweis. In der Compliance-Diskussion versteht man unter Amnestie bzw. Amnestieregelung die Bereitschaft eines Unternehmens, trotz Fehlverhalten eines Mitarbeiters auf bestimmte zivil- und arbeitsrechtliche Konsequenzen zu verzichten, falls festgesetzte Voraussetzungen nach Ansicht des Unternehmens erfüllt sind. Die Tatsache, dass die Vokabel „Amnestie“ für derartige Zusagen des Unternehmens gebräuchlich geworden ist, darf nicht zu der Annahme führen, dass an diesen Begriff feststehende Rechtsfolgen geknüpft sind. Die genaue Wirkung und der Adressatenkreis sind für jeden Einzelfall gesondert zu bestimmen.[433]

Primäres Ziel der Amnestierung von Mitarbeitern ist es, Informationen zu erlangen. Das Amnestieangebot, d.h. die in Aussicht gestellten Zusagen des Unternehmens, soll für die Mitarbeiter einen Anreiz schaffen, ihr „Sonderwissen“ zu

---

431 So auch *Dann/Schmidt*, NJW 2009, 1851 (1852); weiterführend *Wehnert*, NJW 2009, 1190 (1191) zur Entscheidung *United States vs. Stein* über die Frage, inwieweit Behörden in den USA Unternehmen unter Druck setzen dürfen, damit diese ihre Mitarbeiter bedrängen, auf ihre Rechte zu verzichten.

432 Ursprünglich aus dem Altgriechischen (*amnēstia*) und dem Lateinischen (*amnestia*).

433 *Breßler/Kuhnke/Schulz/Stein*, NZG 2009, 721 (722).

offenbaren. Auf diese Weise können neue Erkenntnisse erlangt und Untersuchungen beschleunigt werden.[434]

Wesentliche Elemente einer Amnestieregelung sind der Verzicht auf Schadensersatzansprüche und arbeitsrechtliche Konsequenzen (insbesondere Kündigung). Um unter den „Schutzschirm" der Regelung zu gelangen, müssen die Mitarbeiter freiwillig und umfassend über eigene oder ihnen bekannte fremde Verstöße Auskunft geben. Nach Überprüfung der Aussagen kann das Unternehmen erklären, von Schadensersatzansprüchen und arbeitsrechtlichen Konsequenzen abzusehen.

In Anlehnung an strafrechtliche Vorschriften (insbesondere § 46b StGB, vgl. auch § 153e Abs. 1 S. 2 StPO, §§ 129 Abs. 6 Nr. 2, 261 Abs. 10 StGB, § 31 BtMG) wird statt Amnestie auch der Begriff Kronzeugenregelung verwendet.[435] Die synonyme Verwendung beider Begriffe ist jedoch juristisch ungenau. Die strafrechtlichen sog. Kronzeugenregelungen sind typischerweise Ermessensentscheidungen der Gerichte[436] und darüber hinaus in einigen Fällen an weiterführende Bedingungen[437] geknüpft.[438] Mitarbeiteramnestien sind hingegen regelmäßig eine gebundene Entscheidung des Unternehmens.[439]

II) Praxisbeispiel: Amnestieangebot der Siemens AG

Im Folgenden ist das Amnestieprogramm der Siemens AG aufgeführt, wie es der Zentralvorstand am 31.10.2007 beschlossen hat:[440]

---

434 So auch in den Fällen Siemens und MAN, vgl. o. Drittes Kapitel A) I) 1), B) I) (S. 59, 64).

435 Etwa *Göpfert/Merten/Siegrist*, NJW 2008, 1703 (1704).

436 Z.B. § 46b Abs. 1 StGB: „[…] kann das Gericht die Strafe nach § 49 Abs. 1 mildern, […] Anstelle einer Milderung kann das Gericht von Strafe absehen, wenn […]."; § 153e Abs. 1 S. 2 i. V. m. S. 1 StPO: „[…] kann von der Verfolgung einer solchen Tat absehen, wenn […]."; § 31 BtMG: „Das Gericht kann die Strafe nach seinem Ermessen mildern […] oder von einer Bestrafung […] absehen, wenn […].".

437 Vgl. z.B. § 129 Abs. 6 Nr. 2 StGB: „[…] freiwillig sein Wissen so rechtzeitig einer Dienststelle offenbart, dass Straftaten, deren Planung er kennt, noch verhindert werden können.".

438 *Breßler/Kuhnke/Schulz/Stein*, NZG 2009, 721 (722 Fn. 9).

439 *Breßler/Kuhnke/Schulz/Stein*, NZG 2009, 721 (722 Fn. 9).

440 Z-Rundschreiben Nr. 2/2008 der Siemens AG; Vgl. hierzu auch *Rödiger*, Strafverfolgung von Unternehmen, S. 229, sowie *Sieg*, in FS Buchner, S. 859 (870), der ein nahezu wortgleiches Beispiel für ein Amnestieangebot aufführt.

„Das Unternehmen wird gegenüber Mitarbeitern, die bis zum... das Unternehmen freiwillig und wahrheitsgemäß und nach dem Wissen des Mitarbeiters vollständig über mögliche Verstöße gegen die Gesetze zum Verbot der Korruption im Öffentlichen Sektor, einschließlich jeglicher Unregelmäßigkeiten bei der Buchführung, informieren, (1) keine Ansprüche auf Schadensersatz geltend machen und (2) das Beschäftigungsverhältnis nicht einseitig lösen. Das Unternehmen behält sich leichtere Disziplinarmaßnahmen wie Abmahnung, Versetzung, Änderungen im Verantwortungsbereich oder zusätzliches Compliance-Training vor. [...]

Diese Regelung bindet in keiner Weise staatliche Strafverfolgungs- oder sonstige Ermittlungsbehörden. Das Unternehmen kann Mitarbeiter nicht davon freistellen, dass Ermittlungen von staatlichen Behörden eingeleitet bzw. durchgeführt werden. Jedoch wird das Unternehmen im Fall von solchen Ermittlungen gegen Mitarbeiter, die Gebrauch von der Amnestieregelung gemacht haben, die Strafverfolgungs- oder sonstige Ermittlungsbehörde auf die Kooperation des Mitarbeiters mit dem Unternehmen hinweisen und darauf hinwirken, dass die Kooperation entsprechend gewürdigt wird. Die Strafverfolgungs- und sonstigen Ermittlungsbehörden sind in ihrer Entscheidung selbstverständlich frei, ob sie die Kooperation des Mitarbeiters berücksichtigen. Nach den bisherigen Erfahrungen ist das Unternehmen jedoch zuversichtlich, dass zahlreiche Strafverfolgungs- und sonstige Ermittlungsbehörden eine solche Kooperation vorteilhaft aufnehmen."

III) Rechtsnatur

1) Stillhaltevereinbarung oder Erlassvertrag

Rechtlich handelt es sich bei einer Amnestie bzw. einem Amnestieangebot entweder um das Angebot zum Abschluss einer Stillhaltevereinbarung (pactum de non petendo) oder eines Erlassvertrages gem. § 397 BGB.

Durch ein pactum de non petendo vereinbaren die beteiligten Parteien, dass der Gläubiger seine Forderung gegen den Schuldner nicht (oder befristet nicht) geltend machen darf.[441] Als Verpflichtungsgeschäft begründet dies eine selbstständige Pflicht des Gläubigers.[442] Die Abrede gibt dem Schuldner eine Einrede mit unterschiedlichen Auswirkungen. Schließen die Parteien eine Vereinbarung, die die prozessuale Anspruchsgeltendmachung zeitweise oder dauerhaft ausschließt, ist eine gleichwohl erhobene Klage als (zurzeit) unzulässig abzuweisen.[443] Das pactum de non petendo kann aber auch die materielle Rechtslage betreffen. Dann

441 *Krüger*, in: MünchKomm BGB, § 271 Rn. 18.
442 *Rieble*, in: Staudinger BGB, § 397 Rn. 28, 32.
443 *Krüger*, in: MünchKomm BGB, § 271 Rn. 18.

soll dem Schuldner die Einrede der Nichtfälligkeit gestattet sein und eine Klage wäre zwar zulässig, aber (zurzeit) unbegründet.[444]

Bei einem Erlassvertrag im Sinne von § 397 BGB verzichtet der Gläubiger auf eine ihm zustehende Forderung. Nach dem Wortlaut des Gesetzes erlischt das „Schuldverhältnis“ infolge des Erlassvertrages. Gemeint sind allerdings nur die konkret aus dem Schuldverhältnis entspringenden Forderungen, nicht jedoch das Schuldverhältnis als Ganzes.[445] Es genügt insoweit auch, dass die Forderung bedingt entstanden ist oder dem Rechtsgrund nach angelegt ist.[446]

2) Haftungsfalle durch Gesamtschuldnerregress?

Welche der beiden Konstruktionen im Einzelfall gewollt ist, ist grundsätzlich durch Auslegung zu ermitteln. Auswirkungen können sich auf eine mögliche Haftung der amnestierten Mitarbeiter als Gesamtschuldner ergeben.

Entschließt sich das Unternehmen (wie auch in den Fällen Siemens und MAN) von den bisherigen Unternehmensverantwortlichen Schadensersatz zu fordern, liegt auf materiell-rechtlicher Ebene die Annahme eines Gesamtschuldverhältnis zwischen den amnestierten Mitarbeitern und den nicht-amnestierten Führungskräften nahe.[447] Das Unternehmen hätte dann mehrere Schuldner, die es in Anspruch nehmen könnte, soll die Leistung jedoch nur einmal erhalten. Ein Gesamtschuldverhältnis gem. §§ 421 ff. BGB kann sich auch zwischen amnestierten Mitarbeitern und solchen, die nicht am Amnestieprogramm teilgenommen haben oder sonstigen Dritten ergeben.[448] Insoweit kann für einen Mitarbeiter die genaue Rechtsnatur der Amnestie von beachtlicher Bedeutung sein, da eine „existenzvernichtende Haftung durch die Hintertür“[449] droht.[450] Eine genaue Analyse der jeweiligen Vor- und Nachteile der Gestaltungen, namentlich die Problematik eines

444 *Krüger*, in: MünchKomm BGB, § 271 Rn. 18.
445 *Schlüter*, in: MünchKomm BGB, § 397 Rn. 7.
446 *Grüneberg*, in: Palandt, BGB, § 397 Rn. 2.
447 *Wastl/Pusch*, RdA 2009, 376 (377).
448 So auch *Pelz/Annuß*, BB-Special 4.2010, 14 (15).
449 *Wastl/Pusch*, RdA 2009, 376 (377).
450 A.A. *Breßler/Kuhnke/Schulz/Stein*, NZG 2009, 721 (722). Hiernach soll es auch Sicht des Mitarbeiters gleichgültig sein, ob der Verzicht auf Schadensersatzforderungen mittels Stillhalteabkommen oder Erlassvertrag vereinbart wird.

Gesamtschuldnerregresses, kann im Rahmen dieser Untersuchung nicht vorgenommen werden.[451]

IV) Reichweite einer „Amnestie“

1) General- und Spezialamnestie

Prinzipiell ist zwischen General- und der Spezialamnestie (oder Individualamnestie) zu differenzieren. Werden die Amnestieerklärungen auf sämtliche Mitarbeiter eines Unternehmens bzw. auf sämtliche Mitarbeiter eines einzelnen Unternehmensbereichs ausgedehnt, spricht man von einer Generalamnestie. Dabei kommen die Zusagen des Unternehmens den Adressaten unabhängig von weiteren Voraussetzungen zugute.[452] Eine solche Generalamnestie entfaltet die größtmögliche Reichweite in einem Unternehmen, ist jedoch aus Arbeitgebersicht nicht empfehlenswert, da eine Amnestierung ohne klar definierte Gegenleistung der Mitarbeiter im Regelfall nicht geeignet ist, Verdachtsfälle oder Verstöße aufzuklären. Eine Spezialamnestie ist hingegen an vom Unternehmen vorgegebene Bedingungen geknüpft. Ein Unternehmen amnestiert in diesem Fall Einzelpersonen, die an einer stattfindenden Untersuchung freiwillig teilnehmen und sich umfassend und wahrheitsgemäß offenbaren und über den Untersuchungsgegenstand Auskunft erteilen.[453] Die Spezialamnestie ist in der Praxis der Regelfall, da eine Generalamnestierung dem primären Ziel, einen Anreiz für die Offenbarung von Mitarbeitern zu schaffen, zuwider läuft: Die betroffenen Mitarbeiter wüssten, dass sie selbst dann von der Amnestieregelung profitieren würden, wenn sie sich nicht vollständig offenbaren. Beispielsweise könnten eigene Verstöße verschwiegen oder nur teilweise offenbart werden. Im Zweifel würde ein Mitarbeiter in dem Bewusstsein, dass Verstöße nur schwer nachzuweisen sind, sein Sonderwissen nicht offenlegen.

Zusätzlich besteht auch die Möglichkeit, General- und Spezialamnestie zu kombinieren.[454] Insoweit ist denkbar, dass ein Unternehmen beide Gestaltungsformen in einem Stufenverhältnis zur Anwendung bringt. In einem ersten Schritt sieht das Unternehmen gegenüber allen Mitarbeitern von einer bestimmten Sanktion ab.

---

451 Vgl. weiterführend *Pelz/Annuß*, BB-Special 4.2010, 14 ff. sowie *Wastl/Pusch*, RdA 2009, 376 ff., jeweils m. w. N.

452 *Breßler/Kuhnke/Schulz/Stein*, NZG 2009, 721 (722).

453 So auch *Breßler/Kuhnke/Schulz/Stein*, NZG 2009, 721 (722).

454 *Breßler/Kuhnke/Schulz/Stein*, NZG 2009, 721 (722).

Anschließend kommt für einen dann eingeschränkten Adressatenkreis eine Spezialamnestie in Betracht, die darüber hinaus Gestaltungsspielraum für individuelle Absprachen bieten kann.[455]

Des Weiteren können Unternehmen die angebotenen Zusagen genau spezifizieren und dem Amnestieangebot dadurch inhaltliche Schranken setzen. Jedoch gilt es, genau abzuwägen, welche Einschränkungen vorgenommen werden sollen und welche Auswirkungen diese auf den Anreiz zur Teilnahme und Offenlegung haben. Im Amnestieangebot kann etwa mit Blick auf die Schwere des Verstoßes festgelegt sein, dass bei Verbrechen oder Vorsatztaten keine Amnestierung möglich sein wird.[456]

2) Zeitliche Reichweite

Die Reichweite einer Amnestie muss auch in zeitlicher Hinsicht bestimmt werden. Grundsätzlich wird die Amnestie durch die Annahme des Amnestieangebots wirksam, in der Regel unter der auflösenden Bedingung gem. § 158 Abs. 2 BGB, dass die Voraussetzungen der Amnestierung in der Person des Mitarbeiters weiterhin gegeben sind. Maßgeblich ist der Zeitpunkt der Gewährung der Amnestie, zu differenzieren sind demnach Sachverhalte vor und nach der Amnestierung. Zurückliegende Sachverhalte können unproblematisch in den zeitlichen Anwendungsbereichs eines Amnestieprogramms aufgenommen werden. In der Praxis wird der Prüfungszeitraum exakt definiert, typischerweise umfasst er einzelne Unternehmensprojekte oder gesamte zurückliegende Geschäftsjahre. Ein Amnestieangebot, das sich auf zukünftige Sachverhalte erstreckt, ist regelmäßig wegen § 276 Abs. 3 BGB unwirksam.[457] Nach dieser Vorschrift kann dem Schuldner die Haftung wegen Vorsatzes nicht im Voraus erlassen werden. Genau dies wäre jedoch der Fall, falls auch zukünftige Sachverhalte erfasst werden würden.

V) Zusagen des Unternehmens

Noch gibt es keine anerkannten Standardelemente eines Amnestieangebots, jedoch haben sich in der Praxis einige Regelungen entwickelt, die typischerweise Bestandteil der Zusagen des Unternehmens sind.

---

455 Vgl. hierzu das Beispiel bei *Breßler/Kuhnke/Schulz/Stein*, NZG 2009, 721 (722).

456 *Breßler/Kuhnke/Schulz/Stein*, NZG 2009, 721 (723).

457 So auch *Göpfert/Merten/Siegrist*, NJW 2008, 1703 (1704); *Breßler/Kuhnke/Schulz/Stein*, NZG 2009, 721 (723).

1) Verzicht auf Schadensersatzansprüche

Compliance-Verstöße stellen regelmäßig eine Pflichtverletzung dar, die den Arbeitgeber berechtigen, einen Schadensersatzanspruch geltend zu machen. Aufgrund des möglichen existenzbedrohenden Ausmaßes von Schadensersatzansprüchen des Unternehmens gegenüber Mitarbeitern, kann der in Aussicht gestellte Verzicht auf die (Geltendmachung der) Ansprüche wesentlich zur Förderung der Kooperation beitragen.

2) Verzicht auf arbeitsrechtliche Konsequenzen

Das von einem Mitarbeiter offenbarte Fehlverhalten berechtigt den Arbeitgeber in der Regel arbeitsrechtliche Konsequenzen auszusprechen. Der Verzicht auf Disziplinarmaßnahmen (insbesondere Abmahnungen und Kündigungen) schafft für Mitarbeiter indes einen bedeutenden Anreiz zur Teilnahme an einem Amnestieprogramm. Hier besteht hinsichtlich der Formulierung der Klausel ein großer Gestaltungsspielraum für das Unternehmen. Typischerweise wird nicht auf jede arbeitsrechtliche Sanktionsmaßnahme verzichtet. Ein Unternehmen kann etwa lediglich auf die einseitige Beendigung des Arbeitsverhältnisses verzichten, so dass die Möglichkeit eines Aufhebungsvertrages erhalten bleibt. Des Weiteren kann das Unternehmen zwischen der Art der Kündigung differenzieren und beispielsweise nur einen Verzicht auf außerordentliche Kündigungen aussprechen.

3) Übernahme der Rechtsverteidigungskosten

Für Mitarbeiter, die im Rahmen eines Amnestieprogramms eigenes Fehlverhalten einräumen, besteht die Gefahr, dass gegen sie strafrechtliche Ermittlungen eingeleitet werden. Dementsprechend findet sich in Amnestieangeboten regelmäßig die Klausel, dass das Unternehmen die erforderlichen Kosten der Rechtsverteidigung übernehmen wird. Grundsätzlich ist eine solche Kostenübernahme möglich und erhöht zusätzlich den Anreiz zur Teilnahme, da den Mitarbeitern ein mögliches Kostenrisiko abgenommen wird.[458]

4) Schutz vor Einleitung von Strafverfolgungsmaßnahmen

Mit der Übernahme von Verteidigerkosten verknüpft ist die Frage, inwieweit das Unternehmen den teilnehmenden Mitarbeitern Schutz vor Strafverfolgung

---

458 *Göpfert/Merten/Siegrist*, NJW 2008, 1703 (1704); *Breßler/Kuhnke/Schulze/Stein*, NZG 2009, 721 (722).

zusichern kann. Da Strafverfolgungsmaßnahmen jedoch nur ausnahmsweise zur Disposition des Unternehmens stehen, ist der Handlungsspielraum begrenzt.[459] In der Praxis findet sich die Formulierung, dass das Unternehmen wegen der durch die Compliance-Ermittlungen aufgedeckten Vorgänge keinen Strafantrag bzw. keine Strafanzeige gegen den Mitarbeiter stellen wird.

5) Vertraulichkeitserklärung

Ein obligatorisches Element von Amnestieangeboten sind Vertraulichkeitsvereinbarungen. Hierdurch wird datenschutzrechtlichen Bedürfnissen Rechnung getragen. Zudem wird die Sicherheit vermittelt, dass die Informationen vertraulich behandelt werden, wodurch etwaige bestehende Vorbehalte seitens der Mitarbeiter überwunden werden können. Vor allem bei der Offenbarung von fremden Fehlverhalten ist den Mitarbeitern daran gelegen, dass nicht bekannt wird, wer einen anderen Mitarbeiter belastet hat. Der Kreis der Personen, die Zugang zu den Informationen haben, ist ferner möglichst eng zu fassen. Hierzu gehören in der Regel die Mitglieder der Unternehmensleitung sowie die an der Untersuchung beteiligten Rechtsanwälte.[460] In der Praxis können nationale und internationale Ermittlungsbehörden in diesen Personenkreis aufgenommen werden, so auch geschehen in den Fällen Siemens und MAN.[461]

VI) Rechtliche Probleme im Zusammenhang mit Amnestieangeboten

1) Ausdehnung des Amnestieangebots auf Vorstandsmitglieder einer AG?

Für Vorstandsmitglieder einer AG wäre der Schutz vor Schadensersatzansprüchen sehr attraktiv. Die Unternehmensleitung ist in der Regel aber vom Anwendungsbereich einer Amnestieregelung ausgeschlossen. Der Grund hierfür ist § 93 Abs. 4 S. 3 AktG. Nach dieser Vorschrift kann eine Aktiengesellschaft nur unter bestimmten Voraussetzungen auf einen Ersatzanspruch gegenüber einem Vorstand verzichten oder sich darüber vergleichen. Eine Gesellschaft kann erst drei Jahre nach der Entstehung eines Anspruchs wegen Verletzung

---

459 *Breßler/Kuhnke/Schulz/Stein*, NZG 2009, 721 (722).
460 *Breßler/Kuhnke/Schulz/Stein*, NZG 2009, 721 (723).
461 Vgl. oben Fünftes Kapitel A) II) 5) (S. 102 ff.).

der Vorstandspflichten auf diesen verzichten oder sich über diesen vergleichen. Zusätzlich muss die Hauptversammlung zustimmen und es besteht die Möglichkeit des Widerspruchs von Minderheitsaktionären. Im Ergebnis kommt somit eine Ausdehnung des Amnestieangebots auf den Vorstand nicht in Betracht. Die Dreijahresfrist könnte zwar im Rahmen der zeitlichen Reichweite des Amnestieangebots berücksichtigt werden, der notwendige zustimmende Beschluss der Hauptversammlung sowie die Widerspruchsmöglichkeit von Minderheitsaktionären stehen jedoch entgegen.

2) Schutz vor Schadensersatzansprüchen

Compliance-Verstöße können zu gravierenden Schadenspositionen bei der Gesellschaft führen.[462] Dem Unternehmen stehen dann Schadensersatzansprüche gegen den oder die Mitarbeiter zu, die sich non-compliant verhalten haben. Wird nun im Rahmen des Amnestieangebots zugesagt, diese Ansprüche nicht geltend zu machen, kann die Unternehmensleitung dadurch ihrerseits pflichtwidrig die Vermögensinteressen der Gesellschaft verletzen.[463]

Die Organmitglieder sind, ähnlich einem Treuhänder, fremden Vermögensinteressen verpflichtet und haben in ihrer Leitungsfunktion pflichtbewusst und selbstständig zu handeln.[464] Grundsätzlich haben die Leitungsorgane einer AG gem. § 93 Abs. 1 S. 1 AktG[465] bei der Geschäftsführung die Sorgfalt eines ordentlichen und gewissenhaften Geschäftsleiters anzuwenden. Die Ersatzpflicht für pflichtwidrig handelnde Vorstandsmitglieder ist in § 93 Abs. 2 AktG normiert. Hiernach sind sie der Gesellschaft als Gesamtschuldner zum Schadensersatz verpflichtet.

Eine Pflichtverletzung kann aber durch die sog. Business Judgement Rule ausgeschlossen sein.[466] Diese aus dem US-amerikanischen Recht stammende Regel ist in § 93 Abs. 1 S. 2 AktG kodifiziert und konkretisiert.[467, 468] Danach wird

---

462 Beispielsweise sind durch Korruption zustande gekommene Verträge unwirksam oder kündbar, vgl. *Breßler/Kuhnke/Schulz/Stein*, NZG 2009, 721 (723).

463 *Breßler/Kuhnke/Schulz/Stein*, NZG 2009, 721 (723).

464 *Hüffer*, AktG, § 93 Rn. 4; *Breßler/Kuhnke/Schulz/Stein*, NZG 2009, 721 (723).

465 Bzw. § 43 Abs. 1 GmbHG bei einer GmbH.

466 Instruktiv zur Business Judgement Rule vgl. *Bürkle/Fecker*, NZA 2007, 589 ff. m. w. N.

467 Vgl. hierzu: Gesetz zur Unternehmensintegrität und zur Modernisierung des Anfechtungsrechts (UMAG) v. 22.09.2005, BGBl. I 2005, 2802.

468 Gilt entsprechend für Gesellschaften mit begrenzter Haftung. Vgl. *Altmeppen*, in: Roth/Altmeppen, GmbHG, § 43 Rn. 8; BGHZ 152, 280 (282 f.) = NJW 2003, 358 ff.; *Breßler/Kuhnke/Schulz/Stein*, NZG 2009, 721 (723 Fn. 19) m. w. N.

unwiderlegbar vermutet, dass keine Pflichtverletzung vorliegt, wenn das Leitungsorgan bei einer unternehmerischen Entscheidung vernünftigerweise annehmen durfte, auf der Grundlage angemessener Information zum Wohle der Gesellschaft zu handeln.[469]

Im Zusammenhang mit der Amnestierung von Mitarbeitern ist für die Frage, ob die Vermutungsregel greift, das Merkmal „auf der Grundlage angemessener Information" i. S. v. § 93 Abs. 1 S. 2 AktG von Bedeutung. Denn die entscheidenden Informationen erhält das Unternehmen in der Regel erst durch das Amnestieprogramm. Maßgeblich ist somit, welcher Informationsstand erreicht werden muss, damit dieser als angemessen angesehen werden kann.[470] Nach der Begründung des Gesetzentwurfs der Bundesregierung ist auf die „vernünftigerweise als angemessen erachtete Information, auf deren Basis und nach deren freier Würdigung dann eine unternehmerische Entscheidung fällt"[471] abzustellen. Die Angemessenheit ist „anhand des Zeitvorlaufs, des Gewichts und der Art der zu treffenden Entscheidung und unter Berücksichtigung anerkannter betriebswirtschaftlicher Verhaltensmaßstäbe von ihm [Anm. des Verf.: dem Vorstandsmitglied] ohne groben Pflichtenverstoß zu entscheiden"[472]. Die zwingende Frage ist somit, welche Informationsbeschaffungsmaßnahmen für die Gesellschaft vor Erklärung der Amnestie zumutbar sind.[473] Im Ergebnis muss es genügen, dass das vorhandene Informationsmaterial exakt ausgewertet wird. Darüber hinaus gehende Maßnahmen sind nicht zumutbar, wenn die erklärte Amnestie bestimmt genug formuliert und auflösend bedingt ist.[474] Die Annahme der Unzumutbarkeit weiterer Maßnahmen überzeugt, da die Durchführung der internen Ermittlungen und somit auch das Amnestieprogramm im Unternehmensinteresse erfolgen. Auch um weiteren Schaden vom Unternehmen abzuwenden muss eine zeitnahe Aufklärung des Sachverhalts sichergestellt werden.[475]

---

469 *Hüffer*, AktG § 93 Rn. 4c, 4d m. w. N.

470 *Breßler/Kuhnke/Schulz/Stein*, NZG 2009, 721 (724).

471 Gesetzentwurf der Bundesregierung zum UMAG, S. 21, abzurufen unter www.gesmat.bundesgerichtshof.de/gesetzesmaterialien/15_wp/umag/rege.pdf (Stand: 20.07.2013).

472 Gesetzentwurf der Bundesregierung zum UMAG, S. 24, abzurufen unter www.gesmat.bundesgerichtshof.de/gesetzesmaterialien/15_wp/umag/rege.pdf (Stand: 20.07.2013).

473 So treffend *Breßler/Kuhnke/Schulz/Stein*, NZG 2009, 721 (724).

474 *Breßler/Kuhnke/Schulz/Stein*, NZG 2009, 721 (724).

475 *Breßler/Kuhnke/Schulz/Stein*, NZG 2009, 721 (724).

3) Verzicht auf arbeitsrechtliche Sanktionen

Aus arbeitsrechtlicher Sicht ergeben sich Bedenken im Zusammenhang mit dem Verzicht auf das Recht zur außerordentlichen Kündigung durch eine Amnestieregelung.[476] Nach allgemeiner Meinung kann auf das Recht zur außerordentlichen Kündigung aus wichtigem Grund grundsätzlich nicht im Voraus verzichtet werden,[477] es sei denn, das Unternehmen hat bereits Kenntnis von einem kündigungsrelevanten Sachverhalt.[478] Der Verzicht auf das Recht zur außerordentlichen Kündigung ist darüber hinaus abzugrenzen von der grundsätzlich zulässigen arbeitsrechtlichen Verzeihung. Diese setzt voraus, dass der Kündigungsberechtigte zu erkennen gibt, einen Kündigungssachverhalt nicht mehr zum Anlass für eine außerordentliche Kündigung nehmen zu wollen.[479] Doch auch im Fall der Einordnung als Verzeihung muss das Unternehmen vom zur Kündigung berechtigenden Umstand Kenntnis haben.[480] Ein Verzicht „ins Blaue hinein"[481] ist unwirksam. Für Mitarbeiter und Unternehmen besteht dementsprechend nur dann Rechtssicherheit, wenn der Sachverhalt, der zur Kündigung berechtigen könnte, hinreichend konkret aufgeklärt wurde und erst im Anschluss daran eine Amnestie ausgesprochen wird.[482]

Für den Arbeitgeber, der außerordentlichen Kündigungsschutz in einer Amnestie zusagt, und trotzdem eine außerordentliche Kündigung ausspricht, entsteht ein Folgeproblem: Die vorherige Zusage im Amnestieangebot beeinflusst die bei einer Kündigung vorzunehmende Interessenabwägung, da er durch die Amnestieerklärung zum Ausdruck gebracht hat, dass er dem Sachverhalt nur untergeordnete Bedeutung beimisst.[483] Ebenso könnte einem Arbeitgeber in einer solchen Konstellation widersprüchliches Verhalten entgegengehalten werden.[484]

---

476 Auf andere personelle Maßnahmen (z.B. Versetzung) kann hingegen zulässig vertraglich verzichtet werden.

477 Hierzu etwa *Henssler*, in: MünchKomm BGB, § 626 Rn. 50; *Weidenkaff*, in: Palandt, BGB, § 626 Rn. 2; *BAG*, Urt. v. 27.06.2002 – 2 AZR 367/01.

478 *Henssler*, in: MünchKomm BGB, § 626 Rn. 50; *Breßler/Kuhnke/Schulz/Stein*, NZG 2009, 721 (725).

479 *Henssler*, in: MünchKomm BGB, § 626 Rn. 50.

480 *Henssler*, in: MünchKomm BGB, § 626 Rn. 51, 278; *BAG*, Urt. v. 28.10.1971 – 2 AZR 15/71.

481 *Breßler/Kuhnke/Schulz/Stein*, NZG 2009, 721 (724).

482 Ebenso *Breßler/Kuhnke/Schulz/Stein*, NZG 2009, 721 (724).

483 *Breßler/Kuhnke/Schulz/Stein*, NZG 2009, 721 (725); *Henssler*, in: MünchKomm BGB, § 626 Rn. 54.

484 So auch *Breßler/Kuhnke/Schulz/Stein*, NZG 2009, 721 (725).

4) Schutz vor Strafverfolgung

Wie schon erwähnt steht die Einleitung von Strafverfolgungsmaßnahmen für das Unternehmen nur ausnahmsweise zur Disposition.[485] Lediglich bei absoluten Antragsdelikten ist eine Strafverfolgung ausschließlich nur dann möglich, wenn ein Strafantrag gestellt wurde.[486] Grundsätzlich erfolgt die Verfolgung von Straftaten von Amts wegen ohne Rücksicht auf den Willen des Verletzten (vgl. §§ 152 Abs. 2, 160 StPO).[487] Sagt nun ein Unternehmen zu, auf die strafrechtliche Verfolgung von amnestierten Mitarbeitern zu verzichten, bedeutet dies somit lediglich, dass es der Arbeitgeber unterlassen wird selbst Strafanzeige bzw. Strafantrag zu stellen. Ein solcher vertraglicher Verzicht im Rahmen einer Amnestie innerhalb der Grenzen des § 138 BGB ist möglich, da die Ausübung des Antragsrechts regelmäßig im freien Ermessen des Berechtigten steht und auch keine grundsätzliche Verpflichtung[488] zur Anzeige von Straftaten besteht.[489] Dies ist jedoch kein Schutz gegen behördliche, von Amts wegen durchzuführende Ermittlungen.

5) Gewährleistung der Vertraulichkeit

Der Gewährleistung der Vertraulichkeit der erlangten Informationen stehen gesellschaftsrechtliche Publizitätspflichten des Unternehmens gegenüber. Insbesondere die Pflicht zur Veröffentlichung einer Ad-hoc-Mitteilung gem. § 15 Abs. 1 S. 1 Hs. 1 WpHG sowie Auskunftsrechte der Gesellschafter (§ 131 Abs. 1 S. 1 AktG; § 51a GmbHG) stehen in einem Spannungsverhältnis zu den Geheimhaltungszusagen einer Amnestieerklärung.

Die Veröffentlichungspflicht von Insiderinformationen gem. § 15 Abs. 1 WpHG kann auch bei Compliance-Verstößen in Betracht kommen. Aus § 15 Abs. 2 i. V. m. Abs. 1 WpHG ist zu entnehmen, dass die Veröffentlichung der Insiderinformation i. S. d. § 13 WpHG lediglich abstrakte Dokumentation des Sachverhalts und die Auswirkungen auf die Gesellschaft beinhalten muss.[490] Es besteht keine

---

485 S. o. Fünftes Kapitel C) V) 4) (S. 113 f.).

486 Vgl. hierzu etwa *Mitsch*, in: MünchKomm StGB, Vorbem. §§ 77 ff. Rn. 2.

487 *Sternberg-Lieben/Bosch*, in: Schönke/Schröder StGB, § 77 Rn. 1; *Mitsch*, in: MünchKomm StGB, Vorbem. §§ 77 ff. Rn. 1.

488 Die Ausnahme des § 138 StGB, der die Nichtanzeige geplanter Straftaten unter Strafe stellt ist selbstverständlich zu beachten.

489 *BGH* NJW 1991, 1046 ff.; *Sternberg-Lieben/Bosch*, in: Schönke/Schröder StGB, § 77 Rn. 31; *Griesbaum*, in: KK-StPO, § 158 Rn. 25.

490 *Breßler/Kuhnke/Schulz/Stein*, NZG 2009, 721 (725).

Verpflichtung persönliche Informationen der Mitarbeiter bekannt zu geben.[491] Für betroffene Mitarbeiter besteht dennoch die Gefahr, dass nach Veröffentlichung der Ad-hoc-Mitteilung durch Aktionäre oder Geschädigte Strafanzeige erstattet wird, was regelmäßig behördliche Ermittlungsmaßnahmen nach sich zieht.[492]

Die Auskunftsrechte von Aktionären oder Gesellschaftern gem. § 131 AktG bzw. § 51a GmbHG sind umfassender als die kapitalmarktrechtlichen Publizitätspflichten. Gem. § 131 Abs. 1 S. 1 AktG hat der Vorstand auf Verlangen in der Hauptversammlung Auskunft über Angelegenheiten der Gesellschaft zu erteilen. Die Zusage der Geheimhaltung im Rahmen einer Amnestieerklärung entbindet die Unternehmensleitung nicht von der Auskunftspflicht.[493] Die abschließend aufgezählten Verweigerungsgründe nach § 131 Abs. 3 S. 1 AktG[494] sind nur in Ausnahmefällen einschlägig. Ansonsten gilt das bereits Gesagte: Auf persönliche Informationen des Mitarbeiters erstreckt sich das Auskunftsrecht nicht, jedoch dürfte schon die generelle Beschreibung von Pflichtverletzungen oder sogar kriminellen Handlungen staatsanwaltschaftliche Ermittlungen nach sich ziehen.

Für die Formulierung von Amnestieangeboten kann dies zur Folge haben, dass Ausnahmetatbestände in Vertraulichkeitsklauseln aufgenommen werden müssen, wonach das Unternehmen rechtlich verpflichtet sein kann, Informationen zu veröffentlichen.

6) Vergaberechtliche Aspekte

Unternehmen, die an öffentlichen Ausschreibungen teilnehmen, müssen die Auswirkungen von Compliance-Verstößen und deren Aufklärung auf das Vergaberecht berücksichtigen. Sowohl im deutschen als auch im europäischen Vergaberecht ist das Kriterium der „Zuverlässigkeit" des Bewerbers bei Vergabeverfahren statuiert.[495] Fehlt die Zuverlässigkeit kann oder muss das Unternehmen vom Vergabeverfahren ausgeschlossen werden. Die ist unter anderem der Fall, wenn sich das Unternehmen schwere Rechtsverstöße zurechnen lassen muss oder eine

491 *Breßler/Kuhnke/Schulz/Stein*, NZG 2009, 721 (725).

492 So auch *Breßler/Kuhnke/Schulz/Stein*, NZG 2009, 721 (725).

493 *Breßler/Kuhnke/Schulz/Stein*, NZG 2009, 721 (725).

494 Vgl. § 131 Abs. 3 S. 2 AktG.

495 Vgl. z.B. §§ 2 Abs. 1 Nr. 1, 16 Abs. 1 Nr. 1 lit. g, 16 Abs. 1 Nr. 2 lit. c VOB/A; Art. 45 Abs. 2 lit. c Richtlinie 2004/18/EG vom 31.03.2004 über die Koordinierung der Verfahren zur Vergabe öffentlicher Bauaufträge, Lieferaufträge und Dienstleistungsaufträge, AblEG Nr. L 134 vom 30.04.2004, S. 114.

zurechenbare rechtskräftige Verurteilung (im Wesentlichen wegen Bestechung, Betrug, Subventionsbetrug, Geldwäsche und Steuerhinterziehung) vorliegt.[496]

Da ein dauerhafter Ausschluss von Vergabeverfahren unverhältnismäßig wäre, besteht die Möglichkeit die vergaberechtliche Zuverlässigkeit durch eine sog. Selbstreinigung wiederherzustellen. Voraussetzung für den Selbstreinigungsprozess sind glaubwürdige und erfolgversprechende Aufklärungsbemühungen.[497] Darüber hinaus sind auch die notwendigen personellen und strukturellen Konsequenzen zu ziehen, um zukünftigen Verstößen nachhaltig vorzubeugen.[498] Im Hinblick auf das Amnestieangebot ist besonderes Augenmerk auf die personelle Neuausrichtung zu richten. Die verantwortlichen Mitarbeiter müssen ihre Einwirkungsmöglichkeit auf vergaberechtlich relevante Unternehmensvorgänge verlieren.[499] Unter dieser Prämisse scheint ein Compliance-Amnestieprogramm ein probates Mittel zu sein, die erforderliche Selbstreinigung zu gewährleisten. Mit Ausnahme der Gewährung einer Generalamnestie, die mit dem Glaubwürdigkeitserfordernis der Selbstreinigung unvereinbar sein dürfte.[500] Rechtsprechung hierzu existiert jedoch bisher nicht.

D) Stellungnahme

Die Mitarbeiterbefragungen und Amnestieprogramme in den Fällen Siemens und MAN ähneln einander, weisen aber auch signifikante Unterschiede auf. Ähnlichkeiten bei der grundsätzlichen Strategie der Aufklärung stehen Unterschiede hinsichtlich der Ausmaße der Fälle sowie der Beteiligung US-amerikanischer Behörden und Rechtsanwälten gegenüber.

In der öffentlichen Wahrnehmung beider Fälle ist eine Erscheinung bemerkenswert: Im Fall Siemens wurden die externen Ermittlungen mit Skepsis betrachtet und auch scharf kritisiert, da womöglich Informationen aus den Mitarbeiterbefragungen an die Staatsanwaltschaft weitergegeben worden sind. Diese Weitergabe wäre – so die berechtigte Kritik – mit in Deutschland geltenden rechtsstaatlichen Mindeststandards nicht vereinbar. Die Behauptungen sind jedoch nicht belegbar.[501]

---

496 *Breßler/Kuhnke/Schulz/Stein*, NZG 2009, 721 (726).

497 *Annuß/Pelz*, BB-Special 4.2010, 14 (18); *Breßler/Kuhnke/Schulz/Stein*, NZG 2009, 721 (726); *Knierim*, in: Compliance-Diskussion, S. 77 (87).

498 *Annuß/Pelz*, BB-Special 4.2010, 14 (18).

499 *Annuß/Pelz*, BB-Special 4.2010, 14 (18).

500 So auch *Breßler/Kuhnke/Schulz/Stein*, NZG 2009, 721 (727).

501 S. o. Fünftes Kapitel A) II) 5) (S. 102 ff.).

Debevoise handelte nach US-amerikanischen Ermittlungs- und Verfahrensgrundsätzen. Es verwundert nicht, dass dies in Deutschland teilweise mit Befremden aufgenommen worden ist. Erstaunlich ist jedoch, dass die Ermittlungen im Fall MAN vergleichsweise wenig Kritik in Wissenschaft und Praxis hervorgerufen haben, obwohl dort in den Befragungsprotokollen explizit festgelegt ist, dass die Auskünfte der Mitarbeiter an die Strafverfolgungsbehörden übermittelt werden können. Der Fall MAN liefert das Musterbeispiel für die Problematik, die im Fall Siemens kritisiert wurde: Die Weitergabe von Auskünften, die Mitarbeiter gegenüber den privaten Ermittlern getätigt hatten, an die Ermittlungsbehörden.

Es drängt sich die Frage auf, ob dadurch nicht Beschuldigtenrechte, speziell der verfassungsrechtlich garantierte Grundsatz „nemo tenetur se ipsum accusare“, umgangen worden sein könnten. Beschuldigte dürfen schweigen und sind gem. § 136 Abs. 1 S. 2 StPO darüber zu belehren. Den betroffenen Mitarbeitern blieb im Rahmen der Compliance-Befragungen die Möglichkeit zu schweigen verwehrt.

Die Situation der betroffenen Mitarbeiter ist komplex, sie sind persönlichem und wirtschaftlichem Druck ausgesetzt. Im Raum stehende Schadensersatzforderungen und drohende arbeitsrechtliche Konsequenzen zwingen die Mitarbeiter zur „freiwilligen“ Kooperation. Dies konnte im Ergebnis dazu führen, dass eingeschüchterte und verunsicherte Mitarbeiter die Bedeutung der eigenen Äußerungen nicht mehr richtig einschätzen konnten und sich womöglich selbst belasteten.[502] Es wurde zwar auch von Mitarbeitern berichtet, die das Amnestieprogramm als wohlwollendes Angebot des Unternehmens verstanden und bereitwillig daran teilgenommen haben.[503] Diese mögen keinen Zwang zur Kooperation verspürt haben, das ändert jedoch nichts daran, dass auch deren Beschuldigtenrechte möglicherweise ausgehöhlt worden sind.

Werden die Informationen im Anschluss an die Ermittlungsbehörden weitergegeben, so bekommen diese im schlimmsten Fall „quasi Ermittlungsakten“ ausgehändigt. Dieser Umstand wurde von Unternehmensanwälten und Verteidigern in beiden Fällen erkannt. Ausgehend von den Erkenntnissen des Verfassers wurde diese Problematik regelmäßig durch eine offene Kommunikation aller Verfahrensbeteiligten gelöst.

Im Fall Siemens wurde teilweise versucht, bereits im Vorfeld eine Absprache mit der Staatsanwaltschaft zu treffen.[504] Erst im Anschluss daran wurde die

---

502 So auch *Dann/Schmidt*, NJW 2009, 1851 (1852).

503 So *Bruce E. Yannett,* Partner der Kanzlei Debevoise, auf der 8. NStZ-Jahrestagung 2009.

504 Auskunft eines beteiligten Strafverteidigers.

Mitarbeiterbefragung durchgeführt. Die Verteidiger versuchten dadurch einen Gleichlauf der beiden Verfahren herzustellen.[505] So konnte sichergestellt werden, dass einerseits der Mitarbeiter amnestiert wurde und auf der anderen Seite honorierte die Staatsanwaltschaft die Kooperation.

Im Ergebnis ist festzuhalten: Der Nutzen von Mitarbeiterbefragungen ist für Unternehmen und Ermittlungsbehörden groß. Die Gefahren für die betroffenen Mitarbeiter mit Blick auf drohende arbeitsrechtliche und strafrechtliche Konsequenzen allerdings auch.

---

505 Gemeint sind das interne (Amnestie-)Verfahren im Verhältnis zwischen Unternehmen und Mitarbeiter und das (Straf-)Verfahren im Verhältnis Mitarbeiter – Staatsanwaltschaft.

Sechstes Kapitel: Aussagepflicht, Schweigerecht und Verwertbarkeit

A) Einführung

I) Interessenskonflikt

„Protagonisten“ bei der Aufarbeitung von Compliance-Verstößen sind das Unternehmen, die Arbeitnehmer und die Strafverfolgungsbehörden. Jeder der Beteiligten verfolgt eigene Interessen, die in einem Spannungsverhältnis zueinander stehen.

Die Unternehmensleitung ist vor allem den Interessen des Unternehmens verpflichtet und hat zum Wohl der Gesellschaft zu handeln.[506] So zwingen etwa das Gesellschafts- und Vergaberecht, Untersuchungen durchzuführen.[507] Die Durchführung interner Ermittlungen kann auch zu einer Milderung der drohenden Sanktionen nach dem Ordnungswidrigkeitenrecht führen, und darüber hinaus eine negative Berichterstattung in den Medien sowie Auswirkungen auf Geschäftsbeziehungen unterbinden bzw. zeitlich begrenzen.

Wesentlicher Bestandteil der Aufklärung sind oftmals Befragungen der Arbeitnehmer. Diese sollen die Ermittlungen unterstützen und im Rahmen der Befragungen/Amnestieangebote ihr Wissen über eigenes und fremdes Fehlverhalten offenbaren. Die Mitarbeiter finden sich in einer Drucksituation wieder, in der die beruflichen und persönlichen Folgen kaum absehbar sind. Die faktische Entscheidungsfreiheit kann eingeschränkt sein. Für die Beschäftigten bedeutet dies dann: „talk or walk“ – umfassend aussagen oder Verlust des Arbeitsplatzes. Hinzukommen können strafrechtliche Ermittlungen gegen die eigene Person.

Die Staatsanwaltschaft interveniert auf beiden Seiten und schwebt damit als „Damoklesschwert“ über dem Unternehmen und den Arbeitnehmern. Das Interesse der Strafverfolgungsbehörden gilt der Sachverhaltsaufklärung und der Anschlussfrage, ob straf- bzw. ordnungswidrigkeitsrechtliche Sanktionen gegen die Mitarbeiter und das Unternehmen angezeigt sind.

---

506 Vgl. § 83 AktG bzw. § 43 GmbHG.

507 Vgl. hierzu oben Fünftes Kapitel C) VI) 6) (S. 119 f.).

Der interessengerechte Ausgleich der teils kollidieren Interessen von Unternehmen, Arbeitnehmern und Staatsanwaltschaft ist schwierig. Neben rechtlichen sind auch tatsächliche Gesichtspunkte entscheidend. Etwa der Zeitpunkt, in dem das Unternehmen und die Staatsanwaltschaft von Vorgängen und Fehlverhalten Kenntnis erlangen: „Wer weiß was zuerst und wer spricht wann mit wem?" Erlangt z. B. die Staatsanwaltschaft von Verdachtsfällen vor dem Unternehmen Kenntnis, besteht die Möglichkeit, staatsanwaltliche und unternehmensinterne Ermittlungen und die damit einhergehenden Vernehmungen bzw. Befragungen zu koordinieren. Der betroffene Mitarbeiter wird dann versuchen, die Einlassungen während der staatsanwaltschaftlichen Vernehmung mit der Aussage gegenüber dem Unternehmen abzustimmen. Fand die Mitarbeiterbefragung hingegen schon statt, bevor die Staatsanwaltschaft ein Ermittlungsverfahren eröffnet, ist die Konstellation ungleich problematischer. Dann droht ein Informationstransfer zwischen Unternehmen und Ermittlungsbehörde und damit einhergehend möglicherweise eine Umgehung der Beschuldigtenrechte.

Aus dieser Interessenkollision ergeben sich für Compliance-Befragungen im Rahmen von internen Ermittlungen insbesondere zwei Kernprobleme, die nachfolgend zu erörtern sind: Die Reichweite der Mitwirkungspflichten des Arbeitnehmers gegenüber dem Unternehmen und die Frage, inwieweit Erkenntnisse aus Mitarbeiterbefragungen strafprozessual verwertbar sind.

II) BRAK-Thesen Unternehmensanwalt

Im November 2010 veröffentlichte der Strafrechtsausschuss der Bundesrechtsanwaltskammer „Thesen zum Unternehmensanwalt im Strafrecht"[508]. Ausgangspunkt war die Entwicklung in der Praxis, dass Unternehmen wirtschaftsstrafrechtliche Sachverhalte durch Rechtsanwälte und andere externe Ermittler durchführen lassen. Die bei dieser Tätigkeit auftretenden rechtlichen und praktischen Fragen, insbesondere die Durchführung interner

508 BRAK-Stellungnahme-Nr. 35/2010, abzurufen unter www.brak.de/zur-rechtspolitik/stellungnah men-pdf/stellungnahmen-deutschland/2010/november/stellungnahme-der-brak-2010-35.pdf (Stand: 20.07.2013). Vgl. zu den Thesen auch *Leipold*, NJW-Spezial 2011, 56 f.; *Sidhu/v. Saucken/Ruhmannseder*, NJW 2011, 881 ff.; *Ignor*, CCZ 2011, 143 ff.; *Momsen/Grützner*, DB 2011, 1792 ff.

Ermittlungen[509], nahm der Strafrechtsausschuss zum Anlass drei Thesen mit Begründung zu formulieren.[510]

These 1 befasst sich mit dem Mandat des Rechtsanwalts, der für ein Unternehmen Rechtsdienstleistungen auf dem Gebiet des Strafrechts erbringt (strafrechtlicher Unternehmensanwalt) und hält fest, dass dieses Mandat – begrenzt durch die allgemeinen Gesetze, insbesondere das Straf- und Berufsrecht – durch den Mandatsauftrag und das Unternehmensinteresse geprägt ist. These 2 postuliert, dass sich die Mandatstätigkeit des strafrechtlichen Unternehmensanwalts nach der jeweiligen prozessualen Stellung des Unternehmens als Geschädigter, Nebenklageberechtigter, Einziehungsbeteiligter oder Adressat einer Geldbuße richtet.

Von besonderer Relevanz ist These 3 mit Aussagen zum Konflikt zwischen Unternehmen, Mitarbeitern und Staatsanwaltschaft.[511] Mangels verbindlicher verfahrensrechtlicher Vorschriften[512] versucht der Strafrechtsausschuss, Verhaltensempfehlungen für die Durchführung von internen Ermittlungen aufzustellen. Der Ausschuss stellt heraus, dass insbesondere bei der Befragung von Mitarbeitern der Unternehmensanwalt die allgemeinen Gesetze und die sich aus den rechtsstaatlichen Grundsätzen ergebenden Standards wahren soll.[513] In der Thesenbegründung

509 In den Thesen wird statt dem Begriff „Ermittlung“ der Terminus „Erhebung“ verwendet, um Missverständnissen vorzubeugen, da als „Ermittlung“ an sich nur die Aufgaben der Strafverfolgungsbehörden zur Sachverhaltserforschung zu qualifizieren sind; vgl. Thesen, S. 9 Nr. 2, abzurufen unter www.brak.de/zur-rechtspolitik/stellungnahmen-pdf/stellungnahmen-deutschland/2010/november/stellungnahme-der-brak-2010-35.pdf (Stand: 20.07.2013).

510 Vgl. Vorwort der Thesen, S. 3, abzurufen unter www.brak.de/zur-rechtspolitik/stellungnahmen-pdf/stellungnahmen-deutschland/2010/november/stellungnahme-der-brak-2010-35.pdf (Stand: 20.07.2013).

511 Vgl. *Sidhu/v. Saucken/Ruhmannseder*, NJW 2011, 881 (882).

512 S. hierzu auch o. Viertes Kapitel B) I) (S. 76 f.).

513 These 3 im Wortlaut: „(1) Der Unternehmensanwalt erforscht straf- oder ordnungswidrigkeitsrechtliche Sachverhalte, soweit dies im Rahmen seines Mandatsauftrags und im Unternehmensinteresse erforderlich erscheint. (2) Bei internen Erhebungen, insbesondere bei der Befragung von Mitarbeitern des Unternehmens, wahrt der Unternehmensanwalt die allgemeinen Gesetze und die sich aus den rechtsstaatlichen Grundsätzen ergebenden Standards. (3) Der Unternehmensanwalt führt seine Erhebungen in einer Weise durch, dass Beweismittel in ihrer Qualität und Verwertbarkeit nicht beeinträchtigt werden.“; abzurufen unter www.brak.de/zur-rechtspolitik/stellungnahmen-pdf/stellungnahmen-deutschland/2010/november/stellungnahme-der-brak-2010-35.pdf (Stand: 20.07.2013).

benennt der Ausschuss die Standards, die – unbeschadet arbeitsrechtlicher Auskunftspflichten – bei Mitarbeiterbefragungen eingehalten werden sollen:[514]

- Das Recht des Mitarbeiters bei Befragungen durch den Unternehmensanwalt einen eigenen Anwalt zu konsultieren. [515] Hierüber ist der Mitarbeiter zu belehren.
- Der Unternehmensanwalt vermeidet unlautere Einwirkungen, insbesondere die unzulässigen Methoden gem. § 136a StPO. Namentlich darf der Mitarbeiter nicht bedrängt werden, sich selbst zu belasten oder auf Rechte zu verzichten, die er als Zeuge oder Beschuldigter im Strafverfahren hätte. Die Freiheit der Willensentschließung darf nicht beeinträchtigt werden.
- Über die mögliche Weitergabe von Informationen an die Strafverfolgungsbehörden und nachteilige Verwertung der Auskünfte ist der Mitarbeiter zu belehren. Findet die Befragung im Rahmen eines Amnestieprogrammes statt, ist der Mitarbeiter auch darüber zu belehren, dass die Gewährung einer strafrechtlichen Amnestie durch das Unternehmen nicht möglich ist.
- Die Befragung ist schriftlich zu dokumentieren. Auf Verlangen des Mitarbeiters ist eine Niederschrift anzufertigen, die nach Einsicht vom Mitarbeiter zu genehmigen ist. Auch hierüber ist die Auskunftsperson zu belehren.

Der Ausschuss begründet die Notwendigkeit gesetzlicher und rechtsstaatlicher Standards mit der Bedeutung für die „Verwertbarkeit der gewonnen Erkenntnisse in einem prozessordnungsgemäßen Verfahren“[516]. Nach Ansicht des Ausschusses komme bei Nichtbeachtung eine Unverwertbarkeit oder eine Minderung der Beweisqualität in Betracht.[517] Darüber hinaus statuiert der Ausschuss, dass der Auskunftsperson, falls der Unternehmensanwalt den geforderten Standards nicht

---

514 Thesen, S. 10 Nr. 4, abzurufen unter www.brak.de/zur-rechtspolitik/stellungnahmen-pdf/stellungnahmen-deutschland/2010/november/stellungnahme-der-brak-2010-35.pdf (Stand: 20.07.2013).

515 Das Mandatsverhältnis besteht zwischen dem Mitarbeiter und seinem Rechtsbeistand. Das Unternehmen ist nicht involviert.

516 Thesen, S. 11 Nr. 5, abzurufen unter www.brak.de/zur-rechtspolitik/stellungnahmen-pdf/stellung nahmen-deutschland/2010/november/stellungnahme-der-brak-2010-35.pdf (Stand: 20.07.2013).

517 Thesen, S. 11 Nr. 5, abzurufen unter www.brak.de/zur-rechtspolitik/stellungnahmen-pdf/stellung nahmen-deutschland/2010/november/stellungnahme-der-brak-2010-35.pdf (Stand: 20.07.2013).

nachkomme, aus der darauf gestützten Weigerung, sich befragen zu lassen, keine nachteiligen Konsequenzen erwachsen dürfen.[518]

Durch das Thesenpapier bringt der Strafrechtsausschuss der Bundesrechtsanwaltskammer sein Unbehagen hinsichtlich der immer weiter verbreiteten privaten Ermittlungsmaßnahmen deutlich zum Ausdruck. Jedoch bleibt der Ausschuss bei den diskutierten rechtlichen Problemen im Rahmen von Mitarbeiterbefragungen einen dogmatischen Lösungsansatz schuldig. These 3 legt den „Finger in die Wunde" der aktuellen Diskussion um die Beschuldigtenrechte von Mitarbeitern. Aufgrund des stark strafprozessual geprägten Ansatzes bleibt jedoch zu kritisieren, dass ein ausgewogener Interessenausgleich nicht gelingt. In die Lösung des Konflikts ist das Arbeitsrecht einzubeziehen, andernfalls wird den Interessen des Arbeitgebers als Vertragspartner des Mitarbeiters nicht angemessen Rechnung getragen. Die Forderung des Ausschusses, einzelne strafprozessuale Beschuldigtenrechte ins Arbeitsverhältnis zu übertragen, geht zu weit. Mag eine derartige Übertragung auch wünschenswert sein, allein der Hinweis auf rechtsstaatliche Standards genügt als Begründung hierfür nicht.

III) Beweisverbote im deutschen Strafprozessrecht

Der Wahrheitsermittlung sind im Strafverfahren Grenzen gesetzt. Sie darf nur mit den prozessual zulässigen Mitteln und in prozessual zulässiger Weise erfolgen.[519] Erkenntnisse sind lediglich dann prozessual verwertbar, wenn kein Beweisverbot entgegensteht.[520] Im deutschen Recht finden sich Beweiserhebungsverbote, die eine bestimmte Art der Beweiserhebung verbieten, und Beweisverwertungsverbote, die die strafprozessuale Verwertung bestimmter Beweisergebnisse untersagen. Dies bedeutet, es gibt keine Wahrheitserforschung um jeden Preis.[521] Das Gericht hat gem. § 244 Abs. 2 StPO zur Erforschung des wahren Sachverhalts die Beweisaufnahme von Amts wegen durchzuführen, diese muss aber mit der verfassungsrechtlich

518 Thesen, S. 11 Nr. 5, abzurufen unter www.brak.de/zur-rechtspolitik/stellungnahmen-pdf/stellungnahmen-deutschland/2010/november/stellungnahme-der-brak-2010-35.pdf (Stand: 20.07.2013).

519 *Eisenberg*, StPO, Rn. 329; BGHSt 14, 358 (365); 31, 309.

520 Zum Begriff des Beweisverbots vgl. *Eisenberg*, StPO, Rn. 335.

521 BGHSt 14, 358 (365); 31, 304 (308 f.); 38, 372 (374).

garantierten Wertordnung im Einklang stehen.[522] Die Beweisverbote sind hierfür elementar, da die verfahrensrechtliche Aufklärungspflicht zur Wahrung vorrangiger Prinzipien eingeschränkt wird.[523] Insbesondere der Schutz der Menschenwürde gem. Art. 1 Abs. 1 GG und das Allgemeine Persönlichkeitsrecht gem. Art. 2 Abs. 1 i. V. m. Art. 1 Abs. 1 GG sind derartige vorrangige Prinzipien.[524]

Beweisverwertungsverbote schließen es aus, an sich feststellbare Sachverhalte im weiteren Verfahren zu berücksichtigen.[525] Innerhalb der StPO finden sich nur wenige gesetzlich geregelte Beweisverwertungsverbote. Zu nennen ist insbesondere § 136a Abs. 3 S. 2 StPO, nach dem bei einem Einsatz verbotener Vernehmungsmethoden i. S. v. § 136a Abs. 1 und 2 StPO die Aussage des Beschuldigten nicht verwertet werden darf. Weitere, in der StPO normierte Verwertungsverbote sind beispielsweise §§ 81a Abs. 3, 81c Abs. 3 S. 5, 98b Abs. 3 S. 3, 100b Abs. 5 StPO (Zufallsfunde bei Telefonüberwachung), § 100d Abs. 5 StPO (Zufallsfunde bei Einsatz technischer Hilfsmittel) und §§ 108 Abs. 2, 110e StPO (Zufallsfunde beim Einsatz von verdeckten Ermittlern).

Neben den ausdrücklich normierten existieren ungeschriebene Beweisverwertungsverbote, wobei insoweit zwischen unselbstständigen und selbstständigen Beweisverwertungsverboten zu unterscheiden ist.[526] Unselbstständige Beweisverwertungsverbote resultieren aus einem Verstoß gegen ein Beweiserhebungsverbot. Selbstständige Beweisverwertungsverbote können sich, auch bei rechtmäßiger Beweiserhebung, insbesondere direkt aus dem Verfassungsrecht ergeben.[527] Die Existenz selbstständiger verfassungsrechtlicher Beweisverwertungsverbote wird mit der Grundrechtsbindung der Strafverfolgungsorgane begründet.[528] Sie können sich insbesondere in den Fällen ergeben, in denen der Menschenwürde- oder Wesensgehalt eines Grundrechts betroffen ist.[529]

---

522 BVerfGE 33, 367 (383); 57, 250 (275); 63, 45 (61); 77, 65 (77); *Pfeiffer/Hannich*, in: KK-StPO, Einl. Rn. 117; *Beulke*, Strafprozessrecht, Rn. 454. Vgl. zum Wahrheitsbegriff im Strafverfahren s. *Jahn*, Gutachten C zum 67. DJT 2008, S. C20 (C23 ff.).

523 *Eisenberg*, StPO, Rn. 330.

524 *Eisenberg*, StPO, Rn. 330.

525 *Jahn*, Gutachten C zum 67. DJT 2008, S. C20 (C31).

526 Ganz h. M., hierzu etwa BGHSt 38, 214 (219); *Beulke*, Strafprozessrecht, Rn. 457; *Jahn*, JuS 2012, 85 (86), jeweils m. w. N.

527 Vgl. hierzu etwa *Beulke*, Strafprozessrecht, Rn. 457; *Jahn*, Gutachten C zum 67. DJT 2008, S. C20 (C32).

528 *Jahn*, Gutachten C zum 67. DJT 2008, S. C20 (C38).

529 *Eisenberg*, StPO, Rn. 386. Vgl. hierzu auch BVerfGE 34, 238 (249 ff.); 80, 367 (373); BGHSt 19, 325 (329 f.); 38, 214 (219); 44, 46 (48); *Meyer-Goßner*, StPO, Einl Rn. 56.

IV) Im Speziellen: Der Grundsatz „nemo tenetur se ipsum accusare“ anhand des Gemeinschuldnerbeschlusses des BVerfG

In der Diskussion um die Verwertbarkeit von Erkenntnissen aus Mitarbeiterbefragungen sehen viele Stimmen in der Literatur[530] das Schweigerecht der Betroffenen verletzt: Nemo tenetur se ipsum accusare – Niemand darf gezwungen werden sich selbst zu belasten bzw. an seiner eigenen Überführung mitzuwirken.

Der verfassungsrechtliche Grundsatz ist allgemein anerkannt, die genaue Verortung allerdings umstritten.[531] Überzeugend ist die Zurechnung zum Rechtsstaatsprinzip gem. Art. 20 Abs. 3 GG und zum Allgemeinen Persönlichkeitsrecht gem. Art. 2 Abs. 1 i. V. m. Art. 1 Abs. 1 GG.[532] Das Prinzip ist ausdrücklich gewährleistet in Art. 14 Abs. 3 lit. g des Internationalen Paktes über bürgerliche und politische Rechte vom 19. Dezember 1966 (IPBR)[533] sowie mittelbar über Art. 6 EMRK. In der StPO findet sich der Schutz vor Selbstbelastung etwa in §§ 55, 136 Abs. 1 S. 2, 136a Abs. 3 S. 2, 243 Abs. 5 S. 1 StPO wieder.

Aus einem Verstoß gegen den nemo tenetur-Satz resultiert ein Beweisverwertungsverbot. Im Fall des § 136 StPO etwa ist dies durch die Rechtsprechung des BGH[534] anerkannt, für § 136a StPO explizit in § 136a Abs. 3 S. 2 StPO geregelt. Daneben kann eine Verletzung des Prinzips auch ein selbstständiges ungeschriebenes Beweisverwertungsverbot zur Folge haben.

Als ein Grundsatz mit Verfassungsrang ist das nemo tenetur-Prinzip freilich nicht auf das Straf- und Strafprozessrecht beschränkt, sondern grundsätzlich auch zivilrechtlichen Auskunftsverpflichtungen zugänglich. Bei einer Reihe von gesetzlichen Auskunfts- und Mitwirkungspflichten ist der Grundsatz der Selbstbelastungsfreiheit einfach gesetzlich normiert.[535] Von besonderer Bedeutung ist insoweit der sog. „Gemeinschuldner-Beschluss“ des BVerfG vom 13. Januar 1981[536], der die Diskussion um den Selbstbelastungsschutz nachhaltig beeinflusst hat[537]

---

530 Ausführlich hierzu Sechstes Kapitel C) III) 1) b) (S. 157 ff.).

531 Vgl. hierzu *Jahn*, Gutachten C zum 67. DJT 2008, S. C20 (C79) m. w. N.

532 BVerfGE 38, 105 (113); 56, 37 (43).

533 BGBl. II 1973 S. 1533.

534 Vgl. BGHSt 38, 214 (218 f.).

535 Vgl. z. B. § 393 Abs. 2 S. 1 AO, § 65 Abs. 3 SGB I oder § 19 Abs. 8 MarkenG. Vgl. hierzu auch BVerfGE 56, 37 (42 ff.).

536 BVerfGE 56, 37 ff.

537 *Verrel*, NStZ 1997, 361 (361).

und auch im Zusammenhang mit der vorliegenden Problemstellung herangezogen wird.

Das BVerfG hatte über die Vereinbarkeit der umfassenden Auskunftspflicht des Schuldners im Konkursverfahren (§ 100 KO a. F.[538]) mit dem Grundgesetz zu entscheiden. Nach damaliger Rechtslage konnte der Gemeinschuldner zur Erfüllung des Auskunftsverlangens durch Anordnung von Zwangsmitteln angehalten werden, falls er der ihm obliegenden Verpflichtung nicht nach kam.[539] Im zugrundeliegenden Konkursverfahren verweigerte der Gemeinschuldner im Vernehmungstermin hinsichtlich bestimmter Vermögensgegenstände die Aussage mit der Begründung, dass diesbezüglich ein Ermittlungsverfahren anhängig sei und er sich durch die Beantwortung der Fragen möglicherweise selbst belasten müsse.[540] Die gegen die durch das Konkursgericht angeordnete Beugehaft gerichtete sofortige Beschwerde wurde vom Landgericht mit der Begründung zurückgewiesen, dass die Konkursordnung kein Aussageverweigerungsrecht vorsehe.[541] Gegen diese Entscheidung richtete sich die Verfassungsbeschwerde, mit der der Beschwerdeführer die Verletzung von Art. 1 GG und Art. 4 GG rügte. Es sei ein wesentlicher Bestandteil der verfassungsmäßigen Ordnung, dass „niemand gezwungen werden dürfe, sich selbst einer strafbaren Handlung zu beschuldigen“[542].

Das BVerfG verneinte eine Verletzung von Grundrechten des Gemeinschuldners aufgrund der unbeschränkten konkursrechtlichen Aussagepflicht, die durch Beugemittel erzwungen werden kann. Jedoch ist nach dem BVerfG die strafrechtliche Verwertung erzwungener Aussagen unzulässig.[543]

Der Zwang zur Selbstbezichtigung greife unverhältnismäßig in das Allgemeine Persönlichkeitsrecht ein, wenn eine unter Zwang herbeigeführte Selbstbelastung gegen den Willen des Gemeinschuldners zweckentfremdet und der strafrechtlichen Verwertung zugeführt werden würde.[544] Allein der Umstand, dass eine uneingeschränkte Aussagepflicht gegenüber den Gläubigern zumutbar ist, rechtfertige es nicht, dass er zugleich zu seiner eigenen Verurteilung beitragen müsse.[545]

---

538 S. Anhang J) (S. 265).
539 §§ 75, 102 Abs. 2 KO a. F., s. Anhang J) (S. 265).
540 BVerfGE 56, 37 (39).
541 BVerfGE 56, 37 (39).
542 BVerfGE 56, 37 (40).
543 BVerfGE 56, 37 (41).
544 BVerfGE 56, 37 (50).
545 BVerfGE 56, 37 (51).

Die durch das BVerfG aufgezeigte Regelungslücke schloss der Gesetzgeber mit der Einführung des § 97 InsO[546], der ein umfassendes Beweisverwendungsverbot für Auskünfte des Schuldners statuiert.

B) Mitwirkungspflichten des Arbeitnehmers

I) Teilnahmepflicht

Die Teilnahmepflicht des Arbeitnehmers an einer Compliance-Befragung ergibt sich aus dem Direktionsrecht des Arbeitgebers gem. § 106 GewO.[547] Nach der Rechtsprechung des BAG kann der Arbeitgeber den Arbeitnehmer zur Teilnahme an Gesprächen verpflichten, die sich auf Inhalt, Ort und Zeit der Arbeitsleistung sowie auf Ordnung und Verhalten im Betrieb beziehen.[548] Im Rahmen einer Compliance-Ermittlung zur Aufklärung von Verstößen sind im Regelfall die Arbeitsleistung sowie die Ordnung und das Verhalten im Betrieb betroffen, weshalb der Arbeitnehmer zur Teilnahme an der Befragung verpflichtet ist.[549]

Grenzen der Teilnahmepflicht finden sich in den grundrechtlich geschützten Rechtspositionen des Arbeitnehmers, da Weisungen des Arbeitgebers stets billiges Ermessen wahren müssen.[550] Ein rechtlich schützenswertes Interesse des Arbeitnehmers, das eine Teilnahmepflicht entfallen lassen würde, ist bei Ermittlungen nach Compliance-Verstößen allerdings kaum ersichtlich. Insbesondere streitet für den Arbeitgeber stets das Interesse an der Sachverhaltsaufklärung.[551] Verweigert

546 S. Anhang C) (S. 219).

547 So auch *Rudkowski*, NZA 2011, 612 (612); *Tscherwinka*, in: FS Imme Roxin, S. 521 (527).

548 *BAG* NZA 2009, 1011. Das Weisungsrecht erstreckt sich auch auf sog. leistungssichernde Verhaltenspflichten. Nur die Erfüllung dieser Pflichten kann ein sinnvoller Austausch ermöglicht werden. Das BAG verneinte zwar in der Entscheidung eine Teilnahmepflicht, jedoch ging es in dem Verfahren nicht um mögliches Fehlverhalten bzw. Compliance-Verstöße im Unternehmen, sondern um Elemente des Austauschverhältnisses, d.h. um die Höhe des Entgelts sowie den Umfang der geschuldeten Arbeitsleistung. Darauf erstreckt sich das Weisungsrecht nicht.

549 *Lützeler/Müller-Sartori*, CCZ 2011, 19 (22).

550 *BAG* NZA 2009, 1011.

551 *Rudkowski*, NZA 2011, 612 (612).

der Arbeitnehmer die Teilnahme grundlos, drohen diesem aufgrund der darin zu sehenden Arbeitsverweigerung eigene disziplinarische Konsequenzen.[552]

II) Auskunftspflichten des Arbeitnehmers

Den Arbeitnehmer treffen im Verhältnis zum Arbeitgeber vielfältige Auskunftspflichten: Beginnend mit den Vertragsverhandlungen im Rahmen des Einstellungsgespräches, während der Durchführung des bestehenden Arbeitsverhältnisses sowie nach dessen Beendigung.[553] Hinzu kommen Anzeigepflichten des Arbeitnehmers. Hierbei muss der Arbeitnehmer dem Arbeitgeber unaufgefordert einen Sachverhalt mitteilen, falls dessen Kenntnis für die Vermögensinteressen des Arbeitgebers von Bedeutung ist.[554] Praxisrelevante Beispiele sind die Anzeige von drohenden oder eingetretenen Störungen im unmittelbaren Arbeitsumfeld oder Bestechungsversuche.[555]

1) Auskunftserteilung als vertragliche Hauptpflicht des Arbeitnehmers

Der Arbeitsvertrag ist ein Dienstvertrag gem. § 611 BGB mit arbeitsrechtlichen Besonderheiten. Primärleistungspflicht des Arbeitgebers ist es, das vereinbarte Entgelt zu entrichten. Der Arbeitnehmer verpflichtet sich zur Erbringung fremdbestimmter Arbeit.[556] Ist nun ausdrücklich vereinbart, dass der Arbeitnehmer als Teil seiner Primärleistungspflicht Auskunft zu erteilen hat, oder gehört die Auskunftserteilung zu den üblichen Aufgaben der Beschäftigung, ist sie Teil der vergüteten Tätigkeit.[557] Der Auskunftsanspruch des Arbeitgebers ergibt sich dann bereits aus seinem Anspruch auf Vertragserfüllung aus § 611 Abs. 1 BGB.

Bisher war dies nur ausnahmsweise anzunehmen, etwa bei Detektiven oder angestellten Rechtsanwälten.[558] Inzwischen ist diese Konstellation bei Mitarbeitern im Compliance-Bereich von besonderer Relevanz. Schon in der Stellenbeschreibung

552 *Weiße*, in: Moosmayer/Hartwig, Interne Untersuchungen, S. 50; *Ruhmannseder*, in: FS Imme Roxin, S. 501 (506).

553 Ein systematischer Überblick hierzu findet sich bei *Kreitner*, in: Personalbuch 2013, Auskunftspflichten Arbeitnehmer m. w. N.

554 *Reinecke*, in: Personalbuch 2013, Anzeigepflichten Arbeitnehmer, Rn. 1.

555 Vgl. hierzu *Poeche*, in: Personalbuch 2013, Anzeigepflichten Arbeitnehmer m. w. N.

556 *Müller-Glöge*, in: MünchKomm BGB, § 611 Rn. 154; *BAG* NJW 1956, 359 f.

557 Vgl. *Böhm*, WM 2009, 1923 (1924).

558 *Rieble*, ZIP 2003, 1273 (1275); *Böhm*, WM 2009, 1923 (1924).

von Compliance-Beauftragten oder Compliance Officers sind die Überwachungs- und Anzeigepflichten sowie Berichtswege regelmäßig exakt beschrieben. Für den Arbeitgeber ergibt sich somit ein schuldrechtlicher Primäranspruch auf Auskunftserteilung. Dabei ist die Reichweite des Anspruchs auf die vereinbarten Pflichten in der Stellenbeschreibung beschränkt.[559]

2) Auskunftspflicht aus §§ 666, 675 Abs. 1 BGB

Bei Dienstverträgen, die eine Geschäftsbesorgung zum Gegenstand haben, besteht ein Auskunftsanspruch aus §§ 666 i. V. m. 675 Abs. 1 BGB. Unter Geschäftsbesorgung im Sinne von § 675 Abs. 1 BGB ist jede selbstständige Tätigkeit wirtschaftlicher Art zur Wahrnehmung fremder Vermögensinteressen zu verstehen.[560] Hierunter fällt jede Aufgabe, mit der der Arbeitgeber den Arbeitnehmer betraut.[561] Der Arbeitnehmer tätigt seine Aufgaben auf Kosten des Arbeitgebers und in dessen Interesse, demzufolge kann dieser billigerweise verlangen, dass ihn der Arbeitnehmer über die genauen Umstände der Tätigkeit informiert.[562]

Der Anspruch aus §§ 666 i. V. m. 675 Abs. 1 BGB beinhaltet drei Informationspflichten – die Benachrichtigungs-, die Auskunfts- und die Rechenschaftspflicht – und betrifft den persönlichen Arbeitsbereich (das sog. unmittelbare Arbeitsumfeld) des Arbeitnehmers.[563] Dieses unmittelbare Arbeitsumfeld bezieht sich auf Umstände, die im Zusammenhang stehen mit den dem Arbeitnehmer vom Arbeitgeber übertragenen und von ihm wahrgenommenen Tätigkeiten.[564] Im Unterschied zum oben genannten Auskunftsanspruch ist die Auskunftserteilung nicht vertragliche Primärpflicht. Vielmehr ist Auskunft zu erteilen über die Umstände im Zusammenhang mit der Hauptleistungspflicht. Der Inhalt des Anspruchs lässt sich dementsprechend erst durch die konkrete Tätigkeit des Arbeitnehmers ermitteln; hierdurch definiert sich das unmittelbare Arbeitsumfeld. Beispielsweise sind Beschäftigte im Vertrieb eines Unternehmens auskunftspflichtig über die Umstände einer Beratung oder eines Verkaufs eines Produkts oder einer Dienstleistung. Bei

---

559 *Böhm*, WM 2009, 1923 (1924) mit dem richtigen Hinweis, dass der Umfang der Auskunftspflicht auch nach den allgemeinen Regeln wirksam arbeitsvertraglich vereinbart werden kann.

560 Vgl. BGHZ 45, 223 (228 f.).

561 *Böhm*, WM 2009, 1923 (1924); *BGH* DB 1989, 1464.

562 *Fritz/Nolden*, CCZ 2010, 170 (171).

563 *Diller*, DB 2004, 313 (313); *Böhm*, WM 2009, 1923 (1924).

564 *Böhm*, WM 2009, 1923 (1924); *Diller*, DB 2004, 313 (313); vgl. auch *BGH* NJW-RR 1989, 614 (614).

einem Vertriebsleiter (oder anderen Personen mit Personalverantwortung) sind hingegen aufgrund der positionsbedingten Aufsichts- und Koordinierungspflichten weitergehende Auskunftspflichten zu fordern.

Mitarbeiter im Compliance-Bereich, deren Aufgaben stellenbedingt auch die Kontrolle und Überwachung von anderen Arbeitnehmern umfassen, haben umfassender Auskunft zu erteilen. Neben den eigenen Tätigkeiten sind auch die Erkenntnisse, die sich aus der Überwachung und Kontrolle des zugeordneten Personals ergeben, mitzuteilen. Eine trennscharfe Unterscheidung des Anspruches aus dem Arbeitsvertrag und des Anspruchs aus §§ 666 i. V. m. 675 Abs. 1 BGB ist in der Praxis schwierig und dürfte sich nach der Stellenbeschreibung beurteilen: Sind die Kontroll- und Überwachungspflichten dort nicht ausdrücklich und exakt geregelt, ergibt sich der Anspruch des Arbeitgebers aus §§ 666 i. V. m. 675 Abs. 1 BGB.

Fraglich ist die Reichweite des Auskunftsanspruchs. Sie bestimmt sich grundsätzlich nach dem Verlangen des Geschäftsherrn unter Beachtung des zugrundeliegenden Rechtsverhältnisses, darüber hinaus sind der Grundgedanke des § 666 BGB und der Grundsatz von Treu und Glauben gem. § 242 BGB zu berücksichtigen.[565] Somit scheint der Anspruch zunächst einer umfassenden Abwägung zugänglich. Dies gilt jedoch nur bedingt im Arbeitsverhältnis, welches der Beziehung zwischen Auskunftsberechtigtem und Auskunftspflichtigem zugrundeliegt. Wenn der Arbeitgeber gem. § 106 GewO berechtigt ist, Arbeitsaufgaben zuzuweisen, dann kann er dem Mitarbeiter auch die Weisung erteilen, Auskunft über Art und Umfang der Arbeitsleistung zu geben.[566] Andernfalls wäre dem Arbeitgeber sein Recht zur Leistungskontrolle genommen.[567] Solange der Arbeitgeber an den Auskünften ein schutzwürdiges Interesse hat und die Auskünfte nicht zu einer übermäßigen Belastung des Auskunftspflichtigen führen gilt die Auskunftspflicht umfassend.[568] Das berechtigte Interesse des Arbeitgebers ist aufgrund des pflichtwidrigen oder sogar strafbaren Verhaltens des Arbeitnehmers nicht von der Hand

565 *Seiler*, in: MünchKomm BGB, § 666 Rn. 7.

566 *Lützeler/Müller-Sartori*, CCZ 2011, 19 (19).

567 *Lützeler/Müller-Sartori*, CCZ 2011, 19 (20).

568 *Mengel*, Compliance und Arbeitsrecht, Kap. 4 Rn. 20; *Böhm*, WM 2009, 1923 (1924); *Diller*, DB 2004, 313 (314); *Göpfert/Merten/Siegrist*, NJW 2008, 1703 (1705); a. A. *Rieble*, ZIP 2003, 1273 (1275 f.), der allerdings nur zwischen der Auskunftspflicht als geschuldeter Primärleistung und einer nebenvertraglichen Treuepflicht des Arbeitnehmers unterscheidet. A. A. wohl auch *Dann/Schmidt*, NJW 2009, 1851 (1853), die insoweit von einer Beachtung des Verhältnismäßigkeitsgrundsatzes für alle Auskunftsansprüche ausgehen.

zu weisen.[569] Mithin erstreckt sich die Auskunftspflicht auch auf eine Selbst- oder Drittbelastung des Mitarbeiters. Im Zusammenhang mit dem unmittelbaren Arbeitsumfeld besteht für den Arbeitnehmer kein Schutz vor Selbstbezichtigung.[570]

Aus dem Gesagten folgt, dass ein Arbeitnehmer bei einer Compliance-Befragung auf Verlangen grundsätzlich umfassend über sein unmittelbares Arbeitsumfeld Auskunft zu erteilen hat.

3) Auskunftspflicht aus §§ 611, 241 Abs. 2 BGB

Der Auskunftsanspruch aus §§ 611 i. V. m. 241 Abs. 2 BGB erfasst das mittelbare Arbeitsumfeld und ergibt sich als arbeitsvertragliche Nebenpflicht aus der allgemeinen arbeitsrechtlichen Rücksichtnahmepflicht.[571] Aufgrund der Nähe zum allgemeinen Auskunftsanspruch gem. § 242 BGB lassen sich die an dortiger Stelle entwickelten Anspruchsvoraussetzungen übertragen, d. h. zwischen den Parteien muss ein Schuldverhältnis bestehen, der Arbeitergeber muss in entschuldbarer Weise über Bestehen oder Umfang seines Rechts im Ungewissen sein und der Arbeitnehmer muss in der Lage sein, die zur Beseitigung der Unsicherheit erforderliche Auskunft unschwer geben zu können.[572] Der Anspruch greift immer dann, wenn das Auskunftsverlangen des Arbeitgebers nichts mit dem unmittelbaren Arbeitsbereich und dem Arbeitsergebnis des Arbeitnehmers zu tun hat.[573] Das

---

569 Ebenso *Lützeler/Müller-Sartori*, CCZ 2011, 19 (20).

570 So auch *Diller*, DB 2004, 313 (314); *Böhm*, WM 2009, 1923 (1924); *Jahn*, StV 2009, 41 (43); *Wastl/Litzka/Pusch*, NStZ 2009, 68 (70); *Lützeler/Müller-Sartori*, CCZ 2011, 19 (20); *Mengel*, Compliance und Arbeitsrecht, Kap. 4 Rn. 20; *Reeb*, Internal Investigations, S. 95 f.; *Rödiger*, Strafverfolgung von Unternehmen, S. 259 f. *Wewerka*, Internal Investigations, S. 233; *Sprau*, in: Palandt, BGB, § 666 Rn. 1. m. w. N. A. A. *Dann/Schmidt*, NJW 2009, 1851 (1851) unter Hinweis auf das Allgemeine Persönlichkeitsrecht und die Wahrung eines unantastbaren Bereiches privater Lebensgestaltung.

571 *Böhm*, WM 2009, 1923 (1925). Teilweise wird im Schrifttum ohne Nennung einer Anspruchsgrundlage lediglich von Nebenpflichten gesprochen, so etwa *Mengel*, Compliance und Arbeitsrecht, Kap. 4 Rn. 21 oder *Lützeler/Müller-Sartori*, CCZ 2011, 19 (19). Daneben findet eine weitere Differenzierung statt zwischen dem Anspruch aus §§ 611, 241 Abs. 2 BGB und dem Anspruch aus der arbeitsvertraglichen Treuepflicht gem. § 242 BGB, so *Diller*, DB 2004, 313 (314) A. A. auch *Rieble*, ZIP 2003, 1273 (1275), der den Anspruch wohl nur auf § 242 BGB stützt.

572 BGHZ 81, 21 (24); *Rieble*, ZIP 2003, 1273 (1276); *Diller*, DB 2004, 313 (313); *Böhm*, WM 2009, 1923 (1925); vgl. hierzu auch RGZ 108, 1 (7).

573 *Diller*, DB 2004, 313 (314).

Bundesarbeitsgericht hat einen Auskunftsanspruch mehrfach bestätigt, beispielsweise wegen unerlaubter Nebentätigkeiten, der DDR- bzw. Stasi-Vergangenheit eines Arbeitnehmers sowie bei Verstößen gegen ein Wettbewerbsverbot.[574]

Beschränkt wird dieser Anspruch durch das Zumutbarkeitserfordernis auf Seiten des Arbeitnehmers.[575] Im Zuge der erforderlichen Interessenabwägung sind das „berechtigte, billigenswerte und schutzwürdige Interesse“[576] des Arbeitgebers an der Auskunftserteilung und die Zumutbarkeit der Auskunftserteilung für den Arbeitnehmer zu berücksichtigen.[577] Die Bedeutung des Auskunftsinteresses muss der Belastung des Arbeitnehmers entsprechen. Nach den Kriterien der Rechtsprechung ist der Anspruch etwa ausgeschlossen, wenn sich der Arbeitgeber die Information auf zumutbare Weise anderweitig verschaffen könnte. Stellt das Auskunftsverlangen einen Eingriff in das Allgemeine Persönlichkeitsrecht des Arbeitnehmers dar, ist der Verhältnismäßigkeitsgrundsatz zu beachten.[578] Der Einwand des Arbeitnehmers, sich bei wahrheitsgemäßer Auskunft selbst belasten zu müssen, soll nach der Rechtsprechung des BGH nicht möglich sein.[579]

Die notwendige Interessenabwägung führt zu einer Begrenzung des Anspruchs aus §§ 611 i. V. m. 241 Abs. 2 BGB. Hieraus folgt im Ergebnis, dass der Auskunftsanspruch aus dem Arbeitsvertrag und der Auskunftsanspruch über das unmittelbare Arbeitsumfeld weiter reichen als der Anspruch aus der arbeitsvertraglichen Nebenpflicht.

III) Pflicht zur Herausgabe von Dokumenten

Dienstliche Dokumente und Unterlagen hat der Arbeitnehmer dem Arbeitgeber herauszugeben gem. §§ 667 i. V. m. 675 Abs. 1 BGB.[580] Handelt es sich um dienstliche Unterlagen in Papierform, gilt dies umfassend. Der Anspruch des Arbeitgebers ist auch dann nicht beschränkt, wenn in den Unterlagen belastende

574 *BAG* NZA 1997, 41; *BAG* NZA 1996, 637; *BAG* DB 1967, 1327; *BAG* DB 1968, 2041; vgl. *Diller*, DB 2004, 313 (314) sowie *Böhm*, WM 2009, 1923 (1925).

575 *BAG* NZA 1996, 637 (638).

576 *BAG* NZA 1996, 637 (638).

577 *BAG* NZA 1996, 637 (638).

578 *Diller*, DB 2004, 313 (314).

579 Vgl. etwa BGHZ 41, 318; *BGH* NJW 1990, 511; *Diller*, DB 2004, 313 (314); *Dann/Schmidt*, NJW 2009, 1851 (1853).

580 *Göpfert/Merten/Siegrist*, NJW 2008, 1703 (1705); *Fritz/Nolden*, CCZ 2010, 170 (171); *Böhm*, Non-Compliance, S. 165.

Informationen enthalten sind. Private Unterlagen muss der Arbeitnehmer hingegen nicht herausgeben, die Ansprüche des Arbeitgebers scheiden mangels Dienstbezug aus. Bei elektronischen Dokumenten hat der Arbeitgeber die – gegebenenfalls einschränkenden – Vorgaben des BDSG und des TKG zu berücksichtigen.[581]

IV) Reaktionsmöglichkeiten des Arbeitgebers bei fehlender Mitwirkung

Von den arbeitsrechtlichen Sanktionen bei Compliance-Verstößen[582] sind – trotz denkbarer Überschneidungen – die Reaktionsmöglichkeiten des Arbeitgebers bei unterlassener Mitwirkung des Arbeitnehmers zu unterscheiden.

1) Arbeitsrechtliche Sanktionen

Wie bereits dargelegt sind Arbeitnehmer in Compliance-Befragungen grundsätzlich umfassend auskunftspflichtig. Kommt ein Arbeitnehmer seinen Mitwirkungspflichten nicht nach, handelt er pflichtwidrig und kann dem Arbeitgeber zum Ersatz des daraus entstandenen Schadens verpflichtet sein.[583] Des Weiteren beruhen der Auskunftsanspruch und die Vergütungsverpflichtung des Arbeitgebers auf demselben rechtlichen Verhältnis i. S. v. § 273 Abs. 1 BGB, dem Arbeitsverhältnis, folglich kann der Arbeitgeber gem. § 273 Abs. 1 BGB ein Zurückbehaltungsrecht geltend machen und einen Teil der Vergütungszahlung einbehalten.[584] Neben der Entscheidung über die Höhe des einzubehaltenden Betrages muss die Ausübung des Zurückbehaltungsrechts wohl überlegt sein: Für den Arbeitgeber kann sich eine Schadensersatzpflicht ergeben, falls sich im Nachhinein herausstellt, dass der Arbeitnehmer berechtigterweise die Mitwirkung verweigert hat.[585] Außerdem kann der Arbeitgeber die Voraussetzungen für eine Kündigung des Arbeitnehmers schaffen. Dementsprechend ist vor der

581 Vgl. hierzu Viertes Kapitel C) III) (S. 83 ff.).

582 Viertes Kapitel A) III) (S. 71 ff.).

583 *Seiler*, in: MünchKomm BGB, § 666 Rn. 14 für die Auskunftspflicht gem. § 666 BGB; Gleiches gilt bei Verletzung der weiteren Auskunftspflichten, *Böhm*, WM 2009, 1923 (1926).

584 *Göpfert/Merten/Siegrist*, NJW 2008, 1703 (1706).

585 *Göpfert/Merten/Siegrist*, NJW 2008, 1703 (1706).

Ausübung des Zurückbehaltungsrechts der Nutzen der Auskünfte des Arbeitnehmers mit den drohenden Nachteilen abzuwägen.[586]

Daneben kann der Arbeitgeber den Arbeitnehmer wegen Verletzung einer Pflicht aus dem Arbeitsverhältnis abmahnen und so für den Fall der andauernden Mitwirkungsweigerung die Voraussetzungen für eine (ordentliche oder außerordentliche) verhaltensbedingte Kündigung schaffen.[587]

Des Weiteren ist zu beachten, dass der Arbeitnehmer selbst im Fall der Beendigung des Arbeitsverhältnisses zur Auskunft verpflichtet bleiben kann.[588] Denn andernfalls könnte sich der Arbeitnehmer durch eine Kündigung von seinen Mitwirkungspflichten selbst befreien. Dies gilt jedoch nicht bei einer arbeitgeberseitigen Kündigung, wenn der Mitarbeiter mit einer Kündigungsschutzklage reagiert. Wäre er weiterhin umfassend zur Auskunft verpflichtet, würde er unter Umständen selbst die Voraussetzungen für die Rechtmäßigkeit seiner Kündigung schaffen. Grundsätzlich trägt aber der Arbeitgeber die Beweislast gem. § 1 Abs. 2 S. 4 KSchG. Ferner ist nach der Rechtsprechung des BAG grundsätzlich keine Partei gehalten, dem Prozessgegner „das Material für den Prozesssieg zu verschaffen“[589].

Daraus folgt, dass das Auskunftsinteresse des Arbeitgebers mit dem Interesse an der Trennung durch eine Kündigung abzuwägen ist. Die Praxisrelevanz dieser Problematik dürfte allerdings verhältnismäßig gering sein, da eine regelmäßig schnell abgeschlossene interne Untersuchung und ein langwieriger Kündigungsschutzprozess zeitlich kaum in Einklang zu bringen sind.

2) Durchsetzbarkeit des Auskunftsanspruchs

Neben arbeitsrechtlichen Sanktionen kann der Arbeitgeber den Auskunftsanspruch gegen den Arbeitnehmer einklagen. Maßgeblich für die zivilprozessuale Vollstreckbarkeit ist § 888 Abs. 1 ZPO, d. h. der Schuldner wird durch die Verhängung von Zwangsgeld oder Zwangshaft zur Vornahme der Auskunftserteilung angehalten. Die Vollstreckung eines Auskunftsanspruchs als unvertretbare Handlung ist ein Hauptanwendungsfall des § 888 ZPO.[590] Hinsichtlich der erörterten Auskunftsansprüche ist allerdings zu differenzieren. Der Ansicht, ein Auskunftsanspruch sei als unvertretbare Handlung wegen § 888 Abs. 3 Var. 3 ZPO nicht

---

586 *Göpfert/Merten/Siegrist*, NJW 2008, 1703 (1706).

587 *Göpfert/Merten/Siegrist*, NJW 2008, 1703 (1706).

588 *Göpfert/Merten/Siegrist*, NJW 2008, 1703 (1706).

589 Zuletzt *BAG* NZA 2005, 289 (291); *BGH* NJW 1990, 3151 (3151).

590 Vgl. etwa *Gruber*, in: MünchKomm ZPO, § 888 Rn. 3; *Böhm*, WM 2009, 1923 (1925).

vollstreckbar,[591] kann nur zum Teil gefolgt werden. Zwar kommt gem. § 888 Abs. 3 ZPO bei Ansprüchen auf Leistung von Diensten aus einem Dienstvertrag § 888 Abs. 1 ZPO nicht zur Anwendung, dies gilt nach richtiger Ansicht jedoch nur für die jeweiligen Hauptleistungspflichten des Schuldners.[592] Ist die Auskunftsertei-lung vertraglich geschuldete Primärpflicht[593], kann wegen § 888 Abs. 3 ZPO nicht vollstreckt werden. Anders bei Auskunftsansprüchen gem. §§ 666, 675 BGB und §§ 611, 241 Abs. 2 BGB: Die Ansprüche beziehen sich auf vertragliche Nebenpflichten und sind gem. § 888 Abs. 1 ZPO vollstreckbar.[594]

Die Auskunftsklage des Arbeitgebers ist jedoch mit einer unter Zeitdruck stattfindenden internen Untersuchung schwer vereinbar und dementsprechend in der Praxis unüblich. Wie im bereits erwähnten Fall der ordentlichen arbeitgeberseitigen Kündigung mit anschließendem Kündigungsschutzprozess, wird es für ein Unternehmen nur in Ausnahmefällen sinnvoll sein, die Ergebnisse eines Prozesses abzuwarten. Regelmäßig werden Fristen und Termine für die Vorlage von Zwischen- und Abschlussberichten sowie das Interesse des Unternehmens an einer zeitnahen Aufklärung entgegenstehen.

V) Zwischenergebnis

Mitarbeiter sind im Rahmen von Compliance-Befragungen regelmäßig umfänglich zur Mitwirkung verpflichtet. Insbesondere besteht ein weitreichender Auskunftsanspruch des Arbeitgebers, der grundsätzlich auch selbstbelastende Angaben des Arbeitnehmers umfasst. Findet nun einen Informationstransfer in Richtung der Strafverfolgungsbehörden statt, bleibt zu prüfen, ob dieses Ergebnis mit Blick auf den Selbstbelastungsschutz einer Einschränkung bedarf.

C) Stand der Diskussion – bisherige Ansätze

Rechtsprechung, die sich mit der Problematik des Selbstbelastungsschutzes bei Compliance-Befragungen und der strafprozessualen Verwertbarkeit der Erkenntnisse auseinandersetzt, ist – soweit ersichtlich – bisher kaum vorhanden. In der

591 So *Rieble*, ZIP 2003, 1273 (1280).

592 *Knauer/Buhlmann*, AnwBl. 2010, 387 (389); *Böhm*, WM 2009, 1923 (1925); *ders.*, Non-Compliance, S. 157.

593 Sechstes Kapitel B) II) 1) (S. 132 f.).

594 So auch *Böhm*, WM 2009, 1923 (1925).

Literatur wird die Problematik hingegen kontrovers diskutiert. Hierbei werden vor allem zwei Lösungsansätze in verschiedenen Ausprägungen vertreten: Einerseits ein direktes Auskunftsverweigerungsrecht des Mitarbeiters bei Compliance-Befragungen, andererseits ein strafprozessuales Beweisverwertungsverbot mit der Anschlussfrage der Fernwirkung.

I) Berücksichtigung der bestehenden Rechtsprechung

1) ArbG Saarlouis

Das ArbG Saarlouis[595] hatte zu entscheiden, ob ein Arbeitgeber von seinem Arbeitnehmer Auskunft über den Umfang der von diesem aus dem Betrieb des Arbeitgebers entwendeten und veräußerten Ware verlangen kann. Das Gericht verurteilte den beklagten Arbeitnehmer zur Erteilung der Auskunft, da dieser gegen das vereinbarte Wettbewerbsverbot verstoßen habe und gem. §§ 60 HGB, 242 BGB umfassend über die getätigten Geschäfte zur Auskunft verpflichtet sei. Die Grundrechte des Beklagten seien nach Ansicht des Gerichts durch die Auskunftspflicht trotz strafrechtlichen Ermittlungsverfahrens in selbiger Sache nicht verletzt, da das Rechtsschutzinteresse des Arbeitgebers überwiege. Darüber hinaus solle aber das staatliche Strafverfolgungsinteresse zurücktreten, um die Grundrechte des Arbeitnehmers zu wahren, denn hinsichtlich der durch Urteil erzwungenen Auskünfte bestehe ein vom BVerfG in richterlicher Rechtsfortbildung entwickeltes strafprozessuales Verwertungsverbot.[596]

Das Arbeitsgericht überträgt hier, ohne Begründung, die Leitaussagen des Gemeinschuldnerbeschlusses. Richtigerweise geht das Gericht von einer umfassenden Auskunftspflicht des Arbeitnehmers aus. Mutmaßlich sieht das Gericht in der Möglichkeit der Vollstreckung des Urteils die, entsprechend der Gemeinschuldnerentscheidung, staatlich erzwingbare Auskunft des Arbeitnehmers. Mangels näherer Begründung der Entscheidung können aus dem Urteil jedoch keine weiterführenden Rückschlüsse gezogen werden.

2) OLG Karlsruhe

Nach einem Beschluss des OLG Karlsruhe[597] sind die Grundsätze des Gemeinschuldnerbeschlusses nicht auf die Rechtsstellung des Arbeitnehmers gegenüber

595 *ArbG Saarlouis*, Teilurt. v. 19.10.1983 – 1 Ca 493/83 = ZIP 1984, 364 f.
596 *ArbG Saarlouis* ZIP 1984, 364 (365).
597 *OLG Karlsruhe*, Beschl. v. 06.09.1988 – 1 Ss 68/88 = NStZ 1989, 287 f.

dem Arbeitgeber anwendbar. Das Gericht hatte über die Revision einer wegen Sachbeschädigung verurteilten Chemiearbeiterin zu entscheiden. Das Tatgericht wertete es als ein Indiz für die Täterschaft der Arbeitnehmerin, dass diese, vom Arbeitgeber über ihre Tatbeteiligung befragt, „weiß wurde" und sich setzen musste. Eine Antwort auf die ihr gestellte Frage gab die Arbeitnehmerin nicht. Der Strafsenat hob das Urteil zwar mit der Begründung auf, dass es für das Schweigen einer Person auch andere Gründe geben könne. Daneben nahm der Senat auch zur Frage eines möglichen Verwertungsverbotes und zur Übertragbarkeit des Gemeinschuldnerbeschlusses Stellung. Er kam dabei zu dem Ergebnis, dass ein Verwertungsverbot nicht angenommen werden könne. Die Leitsätze der Entscheidung des BVerfG seien nicht übertragbar. Denn anders als der Gemeinschuldner, der durch Zwangsmittel zu selbstbelastenden Auskünften angehalten werden könne, fehle im Hinblick auf die Arbeitnehmerin eine vergleichbare Zwangssituation. Nach Ansicht des Gerichts bestehe auch keine gesetzlich festgelegte Auskunftspflicht des Arbeitnehmers gegenüber dem Arbeitgeber. Äußere sich jemand trotzdem, müsse er die Verantwortung dafür tragen. Dies schließe eine Verwertung im Strafverfahren mit ein. Der Gemeinschuldner hingegen muss Auskünfte erteilen, und eben diese erzwungenen Angaben sind nach dem BVerfG strafrechtlich nicht verwertbar.

Aus der Entscheidung des OLG Karlsruhe lassen sich keine allgemeinen Erkenntnisse für Mitarbeiterbefragungen bei internen Untersuchungen gewinnen. Denn, anders als die hier vertretene und wohl auch herrschende Ansicht in der Literatur, nimmt der Senat keine umfassende Auskunftspflicht des Arbeitnehmers gegenüber dem Arbeitgeber an. Dem ist, wie gezeigt, nicht zuzustimmen.[598] Dennoch ist die Rechtsauffassung des Senats, der seine Ansicht explizit nur für „den hier zu beurteilenden Fall"[599] formuliert, in sich konsequent: Denn verneint man eine Aussagepflicht des Arbeitnehmers, scheitert eine Übertragbarkeit der Grundsätze des Gemeinschuldnerbeschlusses jedenfalls an der Vergleichbarkeit der Konstellationen.

3) LAG Hamm

Das LAG Hamm[600] hatte, ähnlich wie das ArbG Saarlouis, über eine mögliche Selbstbelastungspflicht eines Arbeitnehmers bei einer Auskunftsklage wegen eines Verstoßes gegen ein Wettbewerbsverbot zu entscheiden. Der Arbeitgeber klagte

598 S. o. Sechstes Kapitel B) II) (S. 132 ff.).

599 *OLG Karlsruhe* NStZ 1989, 287 (287).

600 *LAG Hamm*, Urt. v. 03.03.2009 – 14 Sa 1689/08 = CCZ 2010, 237. Vgl. hierzu auch *Schaefer*, NJW-Spezial 2010, 120 f.

gegen den inzwischen fristlos gekündigten Arbeitnehmer, um Auskunft über die Hintergründe eines Systems von Falsch- und Fehlbuchungen zu erhalten, durch die der Arbeitnehmer den Arbeitgeber geschädigt hatte. Darüber hinaus war gegen den Arbeitnehmer ein Ermittlungsverfahren wegen des Verdachts der Unterschlagung, des Diebstahls sowie der Untreue anhängig. Das Gericht geht in seiner Entscheidung von einer umfassenden Auskunftsverpflichtung des Arbeitnehmers aus, einschließlich selbstbelastender Auskünfte. Im Anschluss daran sieht das Gericht die Grundrechte des Arbeitnehmers durch ein strafrechtliches Verwertungsverbot geschützt und führt – mit Hinweis auf die Gemeinschuldnerentscheidung – aus, dass über die Reichweite des Verwertungsverbots das zuständige Fachgericht in einem Strafverfahren zu entscheiden hätte.

Die Entscheidung des LAG Hamm ist zu begrüßen, jedoch bleibt das Gericht durch den pauschalen Hinweis auf den Gemeinschuldnerbeschluss des BVerfG eine genauere Begründung schuldig.

4) LG Hamburg

Ein Beschluss der Großen Strafkammer des LG Hamburg vom 15.10.2010[601] zum Beschlagnahmeverbot nach § 97 StPO ist – soweit ersichtlich – die erste Entscheidung eines Gerichts, in der ausdrücklich auf den nemo-tenetur-Grundsatz im Zusammenhang mit internen Ermittlungen eingegangen wird. Der Entscheidung liegt folgender Sachverhalt zugrunde: Der Aufsichtsrat einer Landesbank hatte eine international tätige Großkanzlei mit einer internen Untersuchung beauftragt. Gegenstand der Sonderermittlung war es, mögliche Pflichtverletzungen von Vorstandsmitgliedern im Zusammenhang mit bestimmten Geschäftsvorgängen bzw. Projekten zu untersuchen. Unter anderem wurden auch Mitarbeiterbefragungen durchgeführt und protokolliert. Die Sozietät übergab der Staatsanwaltschaft nach Abschluss der Untersuchung das auch auf den durchgeführten Befragungen basierende Rechtsgutachten. Nachdem interviewte Mitarbeiter ebenfalls in den Fokus der Ermittlungsbehörden gerieten, verlangte die Staatsanwaltschaft die Befragungsprotokolle heraus. Die Sozietät lehnte dies ab, woraufhin die Staatsanwaltschaft die Unterlagen in den Geschäftsräumen der Sozietät beschlagnahmte. Die von der Kanzlei hiergegen eingelegte Beschwerde wurde vom LG Hamburg verworfen: Die Voraussetzungen der §§ 94, 98 StPO hätten vorgelegen, und insbesondere ein Beschlagnahmeverbot nach § 97 Abs. 1 Nr. 3 StPO hätte nicht bestanden. Die Regelung des § 97 Abs. 1 Nr. 3 StPO sei, entgegen ihres umfassenden

601 *LG Hamburg*, Beschl. v. 15.10.2010 – 608 Qs 18/10 = NJW 2011, 942 ff.

Wortlauts, einschränkend dahingehend auszulegen, dass das Beschlagnahmeverbot nicht das allgemeine Zeugnisverweigerungsrecht des Rechtsanwalts aus § 53 Abs. 1 S. 1 Nr. 3 StPO im Sinne einer ebenso umfassenden Freistellung von der Beschlagnahme widerspiegele. Allein das Vertrauensverhältnis des Beschuldigten im Strafverfahren zu einem von ihm in Anspruch genommenen Zeugnisverweigerungsberechtigten solle durch ein Beschlagnahmeverbot geschützt sein. Hier bestand jedoch das Mandatsverhältnis zwischen dem Unternehmen und der Sozietät, die interviewten Mitarbeiter waren eben nicht die Auftraggeber. Auch sei kein „mandatsähnliches Vertrauensverhältnis" entstanden. Allein die gegenüber den befragten Mitarbeitern erklärte Zusicherung, die Interviewinhalte vertraulich zu behandeln, reiche nicht aus. Die besondere Verhältnismäßigkeitsprüfung des § 160a Abs. 2 StPO stehe nicht entgegen, da gem. § 160a Abs. 5 StPO die §§ 97 ff. StPO leges speciales seien. Hinsichtlich eines Verwertungsverbotes äußerte die Strafkammer die Auffassung, ein solches sei „eher fernliegend"[602]. Aus dem Konflikt des Arbeitnehmers zwischen seiner arbeitsvertraglichen Aussagepflicht und dem nemo-tenetur-Grundsatz ergebe sich in Anwendung des Rechtsgedankens aus § 97 Abs. 1 InsO kein Verwertungsverbot. Weiter betonte die Strafkammer den Unterschied zwischen staatlichem Aussagezwang und (arbeits-)vertraglicher Auskunftspflicht und führt hierzu aus, dass die entstehende Konfliktlage in diesen Fällen nicht von einer im Widerspruch zum nemo-tenetur-Grundsatz stehenden gesetzlichen Auskunftsverpflichtung, sondern von einer vom Betroffenen freiwillig eingegangenen vertraglichen Verpflichtung zur möglichen Selbstbelastung ausgehe.[603]

Die Entscheidung der Hamburger Richter rief aufgrund des zugrundeliegenden Sachverhalts und der getroffenen Aussagen ein breites, überwiegend kritisches Echo hervor.[604] Beachtenswert ist der Beschluss – insbesondere für die tägliche Compliance-Praxis – sowohl hinsichtlich der Ausführungen zum Beschlagnahmeverbot des § 97 Abs. 1 Nr. 3 StPO und dem Zusammenspiel mit § 160a StPO, als auch hinsichtlich der strafprozessualen Verwertbarkeit der Interviewprotokolle.

---

602 *LG Hamburg* NJW 2011, 942 (944).

603 *LG Hamburg* NJW 2011, 942 (944).

604 *v. Galen*, Anm. zu *LG Hamburg* NJW 2011, 942 (943 f.); *Jahn/Kirsch*, Anm. zu *LG Hamburg* StV 2011, 148 (151 ff.); *Jahn*, ZIS 2011, 453 ff.; *Fritz*, Anm. zu *LG Hamburg* CCZ 2011, 155 ff.; *Knierim*, FD-StrafR 2011, 314177; *Schuster*, Anm. zu *LG Hamburg* NZWiSt 2012, 26 ff.; *Kahlenberg/Schwinn*, CCZ 2012, 81 (83 f.); a. A. *Wimmer*, in: FS Imme Roxin, S. 537 (538 f., 543 ff.). Vgl. auch *Müller-Jacobsen*, NJW 2011, 257 ff.; *Siegrist*, wistra 2010, 427 ff.

Die zentrale Streitfrage der Entscheidung ist die Auslegung des § 97 Abs. 1 Nr. 3 StPO. Hierbei ist grundsätzlich umstritten, ob das Beschlagnahmeverbot „anderer Gegenstände" im Sinne von § 97 Abs. 1 Nr. 3 StPO nur im Vertrauensverhältnis zum „Beschuldigten" Anwendung findet,[605] oder, ob der sachliche Schutz der Vorschrift auf das Verhältnis zwischen einem Nichtbeschuldigten und einem zeugnisverweigerungsberechtigten Berufsgeheimnisträger zu erstrecken ist.[606] *Jahn/Kirsch* stellen insoweit treffend eine „argumentative Pattsituation" [607] in der Literatur fest. Der BGH hat die Streitfrage in zwei Entscheidungen ausdrücklich offengelassen,[608] daneben hat das BVerfG in einem Beschluss ausgeführt, die Vorschrift sei von Verfassungs wegen nicht zu beanstanden.[609] Die Ansicht des LG Hamburg entspricht der herrschenden Lehre und deckt sich mit zahlreichen untergerichtlichen Entscheidungen.[610] Vor diesem Hintergrund überrascht der Beschluss nicht.

Wimmer beurteilt die Argumentation des LG Hamburgs dann auch als überzeugend und in sich schlüssig.[611] Andere Literaturstimmen hingegen greifen den Beschluss an. Nach *Jahn/Kirsch* müsse das Vertrauensverhältnis zwischen einem Berufsgeheimnisträger und einem Nichtbeschuldigten von § 97 Abs. 1 Nr. 3 StPO erfasst sein.[612] Dies resultiere bereits aus der einfach-gesetzlichen Norm, jedenfalls aus der verfassungskonformen Auslegung von § 97 Abs. 1 Nr. 3 StPO.[613] *Fritz* kritisiert ebenfalls die restriktive Auslegung des § 97 Abs. 1 Nr. 3 StPO durch das Gericht.[614] Weder der Wortlaut noch der Sinn und Zweck der Vorschrift würden diese Einschränkung nahelegen. Das LG Hamburg hätte demnach von einem Beschlagnahmeverbot ausgehen müssen. Einen anderen Ansatzpunkt wählt *Knierim*, der sich hinsichtlich der Auslegung des § 97 Abs. 1 Nr. 3 StPO der herrschenden

---

605 Vgl. *Samson*, StV 2000, 55 (56); *Schröder/Gocke*, wistra 2010, 466 (468); *Meyer-Goßner*, StPO, § 97 Rn. 10.

606 Vgl. hierzu etwa *Beulke*, in: FS Lüderssen, S. 693 (706); *Krekeler*, NStZ 1987, 199 (201); *Jahn*, ZIS 2011, 453 (454 ff.).

607 *Jahn/Kirsch*, Anm. zu *LG Hamburg* StV 2011, 148 (153).

608 BGHSt 43, 300 (304); *BGH* NStZ 1997, 562.

609 *BVerfG*, Beschl. v. 27.10.2003 – 2 BvR 2211/00 = NStZ-RR 2004, 83 f.

610 Vgl. etwa *Schröder/Gocke*, wistra 2010, 466 (468); *OLG Celle* NJW 1965, 362 f.; *LG Bielefeld* StV 2000, 12 (13).

611 *Wimmer*, in: FS Imme Roxin, S. 537 (543).

612 *Jahn/Kirsch*, Anm. zu *LG Hamburg* StV 2011, 148 (152 ff.); vgl. hierzu auch *Fritz*, Anm. zu *LG Hamburg* CCZ 2011, 155 ff

613 Vgl. hierzu auch *Jahn*, ZIS 2011, 453 ff.

614 *Fritz*, Anm. zu *LG Hamburg* CCZ 2011, 155 (157 f.).

Meinung anschließt.[615] Entgegen der Ansicht des LG Hamburg sei jedoch § 160a Abs. 1, 2 StPO anzuwenden gewesen.[616] § 160a Abs. 5 StPO statuiere nur für den Beschuldigten den Vorrang des § 97 StPO, beim Nicht-Beschuldigten sei eine Prüfung des § 160a StPO dagegen gerade erforderlich.

Zu beachten ist, dass der Beschluss des LG Hamburg zur alten Rechtslage ergangen ist. Mit Wirkung zum 01.02.2011 wurde § 160a StPO durch das Gesetz zur Stärkung des Schutzes von Vertrauensverhältnissen zu Rechtsanwälten im Strafprozessrecht vom 22.12.2010 geändert.[617] Nach § 160a Abs. 1 S. 1 StPO a. F. waren nur Geistliche, Strafverteidiger und Abgeordnete vor staatlichen Ermittlungsmaßnahmen geschützt, durch die Neufassung wurde der Schutzbereich auf Rechtsanwälte, nach § 206 der Bundesrechtsanwaltsordnung in eine Rechtsanwaltskammer aufgenommene Personen und Kammerrechtsbeistände ausgedehnt. Weiterhin besteht jedoch das durch § 160a Abs. 5 StPO angeordnete Spezialitätsverhältnis zwischen § 97 StPO und § 160a StPO. Stimmen in der Literatur schließen daraus, dass der dem Beschluss zugrundeliegende Sachverhalt auch nach neuer Rechtslage durch das LG Hamburg nicht anders beurteilt worden wäre.[618] Dem widerspricht hingegen das gesetzgeberische Ziel der Neufassung der Vorschrift.[619] Das „Zwei-Klassen-Recht“ sollte abgeschafft, das ehemalige Privileg der Strafverteidiger auf alle Rechtsanwälte ausgedehnt werden, um hierdurch den Schutz von Berufsgeheimnisträgern insgesamt weiter zu verbessern.[620] Aufgrund dieser Erwägungen ist zweifelhaft, ob zukünftig eine enge Auslegung des § 97 Abs. 1 Nr. 3 StPO noch geboten ist, denn dies würde zu einer Schwächung des vom Gesetzgeber intendierten, umfassenderen Schutz führen.

Neben der Auffassung des Gerichts zur Beschlagnahmefähigkeit der Interviewprotokolle verdeutlicht die Entscheidung auch die restriktive Haltung der Rechtsprechung zu Beweisverwertungsverboten.[621] Die Ausführungen über eine Anwendung des nemo-tenetur-Satzes im Arbeitsverhältnis bieten Anlass zur Kritik. Denn das Argument, die Konfliktsituation ergebe sich durch freiwilliges, privatautonomes Verhalten des Betroffenen überzeugt nicht. Selbstredend geht der

---

615 *Knierim*, FD-StrafR 2011, 314177.

616 So auch *Fritz*, Anm. zu *LG Hamburg* CCZ 2011, 155 (159).

617 BGBl I 2010, 2261.

618 So auch *Jahn/Kirsch*, Anm. zu *LG Hamburg* StV 2011, 148 (154); *Wimmer*, in: FS Imme Roxin, S. 537 (544 f.).

619 BR-Drucks. 229/10, S. 2. *V. Galen*, Anm. zu *LG Hamburg* NJW 2011, 942 (945); *Fritz*, Anm. zu *LG Hamburg* CCZ 2011, 155 (157 f.).

620 Vgl. hierzu auch *Müller-Jacobsen*, NJW 2011, 257 ff.

621 *Sidhu/v. Saucken/Ruhmannseder*, NJW 2011, 881 (883).

Arbeitnehmer freiwillig arbeitsvertragliche Pflichten ein, die unter Umständen eine Pflicht zur Selbstbelastung enthalten. Dies betrifft jedoch zunächst nur die mögliche Selbstbelastung gegenüber dem Arbeitgeber und deren arbeitsrechtliche Folgen. Die angesprochene „Konfliktlage“ entsteht hingegen erst dann, wenn die Staatsanwaltschaft die Informationen erlangt. Die Annahme, ein Arbeitnehmer verpflichte sich freiwillig zur Selbstbelastung auch gegenüber den Strafverfolgungsbehörden, ist nicht tragfähig. Im Gegenteil, das Vertragsverhältnis wird bestimmt durch die beiden Vertragsparteien. Auf dieses Verhältnis beziehen sich die vertraglichen Verpflichtungen.

5) LG Mannheim

Der Beschluss des LG Mannheim vom 03.07.2012[622] ist die erste Entscheidung zur Beschlagnahmefreiheit von Interviewprotokollen aus unternehmensinternen Ermittlungen seit Neufassung des § 160a StPO zum 01.02.2011. Das Gericht hatte einen ähnlichen Sachverhalt wie das LG Hamburg[623] zu beurteilen: Im Rahmen eines Ermittlungsverfahrens wegen des Verdachts der gewerbsmäßigen Urheberrechtsverletzung gegen Verantwortliche eines Unternehmens erließ das Amtsgericht einen Durchsuchungs- und Beschlagnahmebeschluss für die Geschäftsräume des Unternehmens. Während der Durchsuchung wurden verschiedene Unterlagen an die Ermittlungsbehörden herausgegeben. Dies war gestattet worden, um entsprechende Zwangsmaßnahmen abzuwenden. Insbesondere befand sich unter den Dokumenten der Zwischenbericht über interne Ermittlungen, die von einer Rechtsanwaltskanzlei durchgeführt worden waren. Hintergrund der Ermittlungen war eine Untersuchung eines Sonderausschusses des Aufsichtsrates zu bestimmten Vorgängen. Dies gab der Leiter der Rechtsabteilung des Unternehmens im Verlauf der Durchsuchung an. In der Folge erhob das Unternehmen Widerspruch gegen die Sicherstellung des Zwischenberichts und beantragte dessen Herausgabe. Auf Antrag der Staatsanwaltschaft erließ das Amtsgerichts den Beschluss, mit dem gem. §§ 94, 98, 33 Abs. 4 StPO die Beschlagnahme des Zwischenberichts nebst der für diesen Bericht erhobenen Unterlagen und gefertigten Aufzeichnungen über durchgeführte Befragungen angeordnet wurde. Nach Zustellung des Beschlusses an das Unternehmen und die Rechtsanwaltskanzlei legten die Betroffenen dagegen

622 *LG Mannheim*, Beschl. v. 03.07.2012 – 24 Qs 1/12 = FD-StrafR 2012, 335226.
623 *LG Hamburg*, Beschl. v. 15.10.2010 – 608 Qs 18/10 = NJW 2011, 942 ff.; s. o. Sechstes Kapitel C) I) 4) (S. 142 ff.).

Beschwerde ein. Die Beschwerde des Unternehmens wurde verworfen, der Beschwerde der Rechtsanwaltskanzlei hat das LG Mannheim abgeholfen.

Das LG Mannheim setzte sich mit der Ansicht der Hamburger Richter intensiv auseinander und kommt, insbesondere wegen der gesetzgeberischen Erwägungen zu § 160a StPO n. F., zu einer anderen rechtlichen Bewertung. Nach Ansicht der Mannheimer Kammer ist die Beschlagnahme des Zwischenberichts, der für diesen Bericht erhobenen Unterlagen sowie der Interviewprotokolle gem. § 97 StPO bzw. § 160a StPO beschlagnahmefrei. Der Gesetzgeber habe sich ganz bewusst für die Einbeziehung aller Rechtsanwälte in den Schutzbereich des § 160a StPO n. F. entschieden. Dies habe zur Folge, dass Ermittlungsmaßnahmen an sich nicht zulässig seien. Nach Ansicht der Kammer sei die Neuregelung des § 160a StPO geeignet, eine völlige Verschiebung der bisherigen Kräfteverhältnisse im strafprozessualen Verfahren herbeizuführen. Deswegen erscheine es denkbar und im Falle missbräuchlicher Gestaltungen angezeigt, § 160a Abs. 1 StPO n. F. dahingehend verfassungskonform auszulegen, dass im Hinblick auf die rechtsstaatlich gebotene Sachverhaltsaufklärung eine Beweismittelverlagerung in den Gewahrsamsbereich von Rechtsanwälten nicht ohne jede Einschränkung möglich sei. Eine Einschränkung wäre etwa dann geboten, wenn zielgerichtet die Überwachung bzw. Beschlagnahme verhindert werden solle, indem Unterlagen in den geschützten Gewahrsamsbereich des Rechtsanwalts verbracht werden würden, um eine bewusste Vermischung von Beweismitteln herbeizuführen. Vorliegend würden hinsichtlich der Befragungen bzw. der Protokolle die Fragestellungen der Rechtsanwälte einen mandatsbezogenen Inhalt aufweisen, der insbesondere Rückschlüsse auf die Ermittlungsziele der Untersuchung zulasse, demnach unterfallen sie dem Schutzbereich der §§ 97 Abs. 1 Nr. 3, 160a Abs. 1 StPO. Die Antworten der Mitarbeiter seien zwar an sich nicht vom Schutzbereich umfasst, da aber eine Trennung zwischen der jeweiligen Fragenstellung von der Antwort nicht möglich sei, müsse der gewährte Schutz vor einer Beschlagnehme auf die Gesamtheit der Dokumente erstreckt werden, soweit diese im Gewahrsamsbereich der Rechtsanwälte seien. Die Vermischung erfolge zwangsläufig im Rahmen des Frage-Antwort-Zusammenhangs. Ergänzend bemerkt die Kammer, dass die fehlende Möglichkeit der Beschlagnahme von Interviewprotokollen anderen Ermittlungsmaßnahmen, wie der Befragung von Zeugen, nicht entgegenstehe.

Die Beschwerde des Unternehmens gegen die Beschlagnahmeanordnung ist nach Ansicht des LG Mannheim zwar zulässig, aber unbegründet. Im Verhältnis zwischen dem Beschuldigten und seinem Verteidiger sei § 97 StPO die speziellere Regelung vor § 160a StPO, soweit die Ermittlungsmaßnahme auf die Beschlagnahme von körperlichen Gegenständen abziele. Dies ergebe sich einerseits schon aus dem Wortlaut des § 97 StPO, andererseits aus § 160a Abs. 5 StPO. Die Zulässigkeit einer Beschlagnahme sei in derartigen Fällen nach § 97 StPO zu beurteilen. Dies müsse erst recht gelten im Verhältnis eines lediglich potentiell Beschuldigten und seinem lediglich potentiellen Verteidiger. Da vorliegend das Unternehmen nicht „beschuldigt" gewesen sei, war die Beschlagnahme nach § 97 StPO rechtmäßig.

Für die Compliance-Praxis hat der Beschluss erhebliche Auswirkungen, zeigt doch das LG Mannheim auf, wie § 160a StPO n. F. zukünftig ausgelegt werden könnte. Die inhaltliche Auseinandersetzung mit dem Beschluss des LG Hamburg und der einschlägigen Literatur ist zu begrüßen. Daneben verdeutlicht die Entscheidung auch die Rechtsunsicherheit im Zusammenhang mit der Beschlagnahme von Unterlagen aus internen Untersuchungen, da nach dem LG Mannheim die rechtliche Einordnung des LG Hamburg nicht unerheblichen Bedenken begegne. Ob andere Gerichte der Auffassung der Mannheimer Kammer folgen werden, kann nicht vorhergesagt werden. Die ersten Stimmen in der Literatur begrüßen die Entscheidung grundsätzlich, zumindest im Ergebnis.[624] Daneben mehren sich jedoch auch kritische Stimmen, die hinsichtlich der durch das LG Mannheim angedeuteten Möglichkeit einer verfassungskonformen Beschränkung Bedenken äußern.[625] Das Risiko für die betroffenen Mitarbeiter, dass die Strafverfolgungsbehörden selbstbelastende Angaben erlangen, bleibt bestehen. Das LG Mannheim weist ausdrücklich auf die Möglichkeit von Zeugenbefragungen hin. Unabhängig davon können Unternehmen selbstredend mit der Staatsanwaltschaft kooperieren und Erkenntnisse aus Mitarbeiterbefragungen freiwillig weitergeben.

II) Aussage- bzw. Zeugnisverweigerungsrecht

1) Lösungsansätze in der Literatur

Ein Teil der Literatur vertritt die Ansicht, ein Mitarbeiter dürfe bei Gefahr der Selbstbelastung die Aussage verweigern.[626] Soweit ersichtlich ist ein Beitrag

624 *Jahn/Kirsch*, Anm. zu *LG Mannheim* NStZ 2012, 713 ff.; *Schuster*, Anm. zu *LG Mannheim* NZWiSt 2012, 424 ff.

625 *Beukelmann*, NJW-Spezial 2012, 504 (504); *Zimmermann*, Anm. zu *LG Mannheim*, FD-StrafR 2012, 335226; *Ballo*, NZWiSt 2013, 46 ff.

626 *Rieble*, ZIP 2003, 1273 (1277); *Diller*, DB 2004, 313 (317 f.); *Jahn*, StV 2009, 41 (44); *Wastl/Litzka/Pusch*, NStZ 2009, 68 (71, 72 f., 74), *Dann/Schmidt*, NJW 2009, 1851 (1853); *v. Rosen*, BB 2009, 230 (231); *Rudkowski*, NZA 2011, 612 (613); *Roxin*,

Riebles[627] über die mögliche schuldrechtliche Zeugenpflicht von Arbeitnehmern Ausgangspunkt dieser Literaturmeinung.[628] Danach soll, wenn die Voraussetzungen der §§ 383, 384 ZPO in der Person des Arbeitnehmers bei einer Befragung durch den Arbeitgeber gegeben sind, die Aussage stets unzumutbar sein i. S. v. § 242 BGB.[629] Es kann demnach die Auskunft verweigert werden, wenn diese den Arbeitnehmer der Gefahr der Strafverfolgung aussetze (vgl. § 384 Nr. 2 ZPO). Denn die Aussagepflicht gegenüber dem Arbeitgeber dürfe nicht weiter gehen als diejenige gegenüber dem Staat. Andernfalls wäre der Auskunftsanspruch zugleich ein Anspruch darauf, dass der Auskunftspflichtige auf sein Schweigerecht verzichte.[630]

Jahn[631] überträgt dies auf die Konstellation eines Mitarbeiters in einer Compliance-Befragung und stimmt *Rieble* zu, unterscheidet jedoch zusätzlich zwischen unmittelbarem und mittelbarem Arbeitsumfeld. Hinsichtlich des unmittelbaren Arbeitsumfeldes solle der Fall Siemens Anlass bieten, die restriktive Anwendung des nemo-tenetur-Grundsatzes im Zivilrecht zu überdenken.[632] Wäre die Befragung eine offizielle Vernehmung, stünden dem Mitarbeiter die Rechte aus § 136 Abs. 1 StPO bzw. § 55 StPO zu. Durch die umfassende Aussagepflicht gegenüber dem Arbeitgeber „würde das Schweigerecht im Strafverfahren entkernt, bevor es überhaupt entstanden oder jedenfalls zum Vollrecht erstarkt ist"[633]. Bei Wahrnehmungen des Auskunftspflichtigen im nur mittelbaren Zusammenhang mit der Arbeitsleistung sind nach *Jahn* das allgemeine Persönlichkeitsrecht und damit der nemo-tenetur-Satz analog § 384 Nr. 2 ZPO angemessen zu berücksichtigen.[634]

Maschmann[635] unterscheidet nach dem Zweck der Befragung. Diene diese repressiven Zielen, gelte das „strikte ‚nemo tenetur'"[636], auf das der Arbeitgeber

StV 2012, 116 (121). Differenzierend *Maschmann*, in: Corporate Compliance und Arbeitsrecht, S. 149 (175 f.).

627 *Rieble*, ZIP 2003, 1273 ff.; zustimmend *Diller*, DB 2004, 313 (317 f.).

628 *Rieble* diskutiert die Frage einer schuldrechtlichen neben der staatlichen, prozessrechtlichen Zeugenpflicht. Gemeint ist eine schuldrechtliche Nebenpflicht von Arbeitnehmern, auf Verlangen des Arbeitgebers vor Gerichten oder Schiedsgerichten als Zeuge auszusagen.

629 *Rieble*, ZIP 2003, 1273 (1277).

630 *Rieble*, ZIP 2003, 1273 (1277).

631 *Jahn*, StV 2009, 41 (44).

632 *Jahn*, StV 2009, 41 (44).

633 *Jahn*, StV 2009, 41 (44).

634 *Jahn*, StV 2009, 41 (44).

635 *Maschmann*, in: Corporate Compliance und Arbeitsrecht, S. 149 (175 f.).

636 *Maschmann*, in: Corporate Compliance und Arbeitsrecht, S. 149 (175).

aufgrund seiner Fürsorgepflicht entsprechend § 136 Abs. 1 S. 2 StPO hinzuweisen habe. Dies resultiere daraus, dass die Strafverfolgung nicht Sache des Arbeitgebers sei.[637]

Wastl/Litzka/Pusch konstruieren ein Aussage- bzw. Auskunftsverweigerungsrecht aus einem Verstoß gegen das nemo-tenetur-Prinzip.[638] Der Verstoß ergebe sich aufgrund der faktischen Drucksituation der Mitarbeiter („vernehmungsähnliche Situation"), unter dem Gesichtspunkt staatlich veranlasster Ermittlungen durch Private[639] sowie auch aus der Umgehung supranationaler Regelungen.[640]

Tscherwinka wiederum sieht ein Auskunftsverweigerungsrecht aus zweierlei Gesichtspunkten als begründet an. Zunächst resultiere aus der arbeitsrechtlichen Fürsorgepflicht des Arbeitgebers, dass dieser den Arbeitnehmer vor Compliance-Interviews aufzuklären habe. Nach *Tscherwinka* müsse der Arbeitgeber vollständig und richtig, insbesondere über das strafrechtliche Risiko der Selbstbelastung, die strafrechtlichen Aussageverweigerungsrechte und die beweisverwertungsrechtliche Gefahr der Vernehmung von Compliance-Interviewern im Strafverfahren aufklären.[641] Geschehe dies nicht, stehe dem Arbeitnehmer ein Zurückbehaltungsrecht gem. § 273 BGB zu, welches ihn dazu berechtige, die Teilnahme und Mitwirkung an Compliance-Interviews sowie Auskünfte zu verweigern.[642] Den Arbeitgeber treffe eine erhöhte Aufklärungspflicht, die dann anzunehmen sei, wenn dem Arbeitgeber das Schutzbedürfnis des Arbeitnehmers bekannt sei oder sein müsse. *Tscherwinka* zieht eine Parallele mit einer Entscheidung des BAG.[643] In diesem Urteil hatte das BAG entschieden, dass den Arbeitgeber jedenfalls dann erhöhte Aufklärungspflichten treffen, wenn er im betrieblichen Interesse dem Arbeitnehmer den Abschluss eines Aufhebungsvertrages vorschlägt, der Arbeitnehmer offensichtlich mit den Besonderheiten der ihm zugesagten Zusatzversorgung des öffentlichen Dienstes nicht vertraut sei, sich der baldige Eintritt eines Versorgungsfalles bereits abzeichnet und durch die vorzeitige Beendigung des Arbeitsverhältnisses außergewöhnlich hohe Versorgungseinbußen drohen.[644] Nach *Tscherwinka* sei die Übertragbarkeit der Entscheidung auf Mitarbeiterbefragungen

---

637 *Maschmann*, in: Corporate Compliance und Arbeitsrecht, S. 149 (175).

638 So im Ergebnis auch *Dann/Schmidt*, NJW 2009, 1851 (1853).

639 *Wastl/Litzka/Pusch*, NStZ 2009, 68 (71), speziell bezogen auf Ermittlungen der SEC in Deutschland.

640 *Wastl/Litzka/Pusch*, NStZ 2009, 68 (71 f.).

641 *Tscherwinka*, in: FS Imme Roxin, S. 521 (522).

642 *Tscherwinka*, in: FS Imme Roxin, S. 521 (522, 525 f.).

643 Vgl. *BAG* NZA 2001, 206 ff.

644 *BAG* NZA 2001, 206 (206).

bei internen Untersuchungen leicht erkennbar, wenn man die Begriffe „Aufhebungsvertrag“ und „Versorgungsfall“ durch „Compliance-Interview“ und „Verdachtsfall“ ersetze.[645]

Ferner sei ein Auskunftsverweigerungsrecht des Arbeitnehmers auch aus datenschutzrechtlichen Gründen berechtigt. Ein Verstoß des Arbeitgebers gegen das Abwägungsgebot oder die berechtigten Interessen des Arbeitnehmers gem. § 32 Abs. 1 S. 2 BDSG habe ein Auskunftsverweigerungsrecht zur Folge.[646] Nach *Tscherwinka* hat der Arbeitgeber den Arbeitnehmer umfassend über seine Schutzrechte im Strafverfahren zu belehren, um die schutzwürdigen Interessen sowie das Verhältnismäßigkeitsprinzip gem. § 32 Abs. 1 S. 2 BDSG zu wahren.[647]

2) Stellungnahme

Den Stimmen in der Literatur, die ein Aussage- bzw. Zeugnisverweigerungsrecht für Arbeitnehmer bei Compliance-Befragungen fordern, ist zuzugeben, dass ein solches Recht für die betroffenen Mitarbeiter in der Praxis mehr Rechtssicherheit schaffen würde. Sie könnten gegenüber dem Arbeitgeber mit Blick auf ein späteres Strafverfahren die Aussage verweigern und sich dann gegenüber den Strafverfolgungsbehörden auf sein Schweigerecht berufen. Die Begründung bereitet allerdings Schwierigkeiten.

Zunächst ist zu beachten, dass ein Arbeitnehmer – wie bereits dargelegt – hinsichtlich des unmittelbaren Arbeitsumfeldes grundsätzlich umfassend zur Auskunft verpflichtet ist.[648] Eine Einschränkung kann sich für das mittelbare Arbeitsumfeld im Rahmen der beim Anspruch aus §§ 611, 241 Abs. 2 BGB erforderlichen Abwägungsentscheidung ergeben, falls die Arbeitnehmerinteressen überwiegen.[649] Das Überwiegen der Arbeitnehmerinteressen ist jedoch nicht gleichbedeutend mit einem Aussage- bzw. Zeugnisverweigerungsrecht und zudem bei internen Ermittlungen eher selten. Eine Entscheidung darüber, wie die jeweiligen Interessen zu gewichten sind, kann weder der Arbeitgeber noch der Arbeitnehmer treffen. Hinzu kommt, dass interne Ermittlungen zeitnah abgeschlossen werden müssen und eine gerichtliche Klärung demnach regelmäßig nicht abgewartet werden kann. Bietet das Unternehmen zusätzlich eine Amnestie an, steht dieses Angebot

645 *Tscherwinka*, in: FS Imme Roxin, S. 521 (526).
646 *Tscherwinka*, in: FS Imme Roxin, S. 521 (522).
647 *Tscherwinka*, in: FS Imme Roxin, S. 521 (530).
648 S. o. Sechstes Kapitel B) II) 2) (S. 133 ff.).
649 S. o. Sechstes Kapitel B) II) 3) (S. 135 f.).

typischerweise unter dem Vorbehalt, dass der betroffene Mitarbeiter umfassend Auskunft erteilt.[650]

Eine direkte Anwendung der strafprozessualen Zeugnis- und Aussageverweigerungsrechte, insbesondere §§ 55, 136 Abs. 1 S. 2 StPO scheidet mit Blick auf den Wortlaut der Vorschriften offensichtlich aus. Auch die analoge Anwendung der Vorschriften ist nicht möglich, da das Auskunftsverlangen gerade nicht staatlicher Natur ist.[651]

Um die §§ 383, 384 ZPO analog im Verhältnis zwischen Arbeitgeber und Arbeitnehmer anzuwenden, wie es Teile der Literatur fordern, müssten die Voraussetzungen für einen Analogieschluss gegeben sein. Fraglich ist insoweit schon die (planwidrige) Regelungslücke. Der Gesetzgeber müsste planwidrig übersehen haben, dass ein Bedürfnis für ein Auskunftsverweigerungsrecht des Arbeitnehmers gegenüber dem Arbeitgeber besteht. Doch zeigt schon die mögliche Einschränkung des grundsätzlich umfassenden Auskunftsanspruchs des Arbeitgebers aus Treu und Glauben gem. § 242 BGB oder wegen Unzumutbarkeit,[652] dass der Gesetzgeber sowohl Arbeitgeber- als auch Arbeitnehmerinteressen Rechnung getragen hat.[653] Ein weitergehender Schutz des Arbeitnehmers würde zudem in das ausbalancierte Regelungssystem zwischen Arbeitgeber und Arbeitnehmer eingreifen. Verschiedene Vorschriften in den §§ 611 ff. BGB, z. B. die Beweislastumkehr bei Haftung des Arbeitnehmers gem. § 619a BGB, belegen, dass der Gesetzgeber die verschiedenen Interessen der Vertragsparteien differenziert berücksichtigt hat, um das strukturelle Ungleichgewicht zwischen Arbeitgeber und Arbeitnehmer zu kompensieren. Demzufolge fehlt es wohl schon an einer planwidrigen Regelungslücke. Jedenfalls gelingt der Ähnlichkeitsvergleich nicht. Die Interessenlage des auskunftspflichtigen Arbeitnehmers ist mit der Lage des zivilprozessualen Zeugens nicht vergleichbar. Aufgrund der zivilprozessualen Wahrheitspflicht gem. § 395 Abs. 1 ZPO, deren Verstoß gem. §§ 153 ff. StGB geahndet werden kann, befindet sich der Zeuge im Zivilprozess in einer Situation, in der die Selbstbelastungsfreiheit vor staatlichem Eingriff zu schützen ist. Genau dieser staatliche Eingriffsakt fehlt jedoch bei einer Mitarbeiterbefragung durch den Arbeitgeber oder private Ermittlungspersonen. Die faktische (wirtschaftliche) Drucksituation kann

650 Ausführlich hierzu Fünftes Kapitel C) (S. 107 ff.).

651 Vgl. *Pfordte*, in: FS Arbeitsgemeinschaft Strafrecht DAV, S. 741 (752); *Knauer/Buhlmann*, AnwBl. 2010, 387 (391); *Wewerka*, Internal Investigations, S. 308 ff.

652 S. o. Sechstes Kapitel B) II) 3) (S. 135 f.).

653 *Böhm*, Non-Compliance, S. 159 f.

nicht mit staatlichem Druck gleichgesetzt werden.[654] Demzufolge scheidet eine analoge Anwendung der §§ 383, 384 ZPO bei Compliance-Befragungen aus. Gegen ein Auskunftsverweigerungsrecht aus § 384 Nr. 2 ZPO wendet *Tscherwinka* zudem ein, dass es bei Compliance-Interviews um den betroffenen Arbeitnehmer selbst gehe, während sich § 384 ZPO an Zeugen, also an Dritte, richte.[655] Eine derartige Konstellation sei zwar denkbar, jedoch nicht Gegenstand einer Compliance-Befragung mit einer betroffenen Person. Aus der unterschiedlichen Stellung eines dritten Zeugen ohne vertragliche Bindung einerseits und einem vertraglich gebundenen Arbeitnehmer andererseits könne kein allgemeiner Rechtsgedanke abgeleitet werden, um zu einer analogen Anwendung des § 384 ZPO zu gelangen.[656]

Gegen die Ansicht *Tscherwinkas*, ein Auskunftsverweigerungsrecht aus einer Aufklärungspflicht des Arbeitgebers zu folgern, die sich aus der arbeitgeberseitigen Fürsorgepflicht ergeben soll, bestehen Bedenken. Die Fürsorgepflicht ist arbeitsvertragliche Nebenpflicht und beruht auf § 241 Abs. 2 BGB und dem in § 242 BGB niedergelegten Grundsatz von Treu und Glauben. Aus der Fürsorgepflicht des Arbeitgebers resultieren zwar Aufklärungspflichten, allerdings nur in begrenztem Umfang. Bei der konkreten Ausgestaltung sind stets die beiderseitigen Interessen abzuwiegen. Die unternehmerische Freiheit des Arbeitgebers steht dem Persönlichkeitsrecht und den Freiheitsrechten des Arbeitnehmers gegenüber. Entscheidend ist, was unter Berücksichtigung der konkreten Umstände des Einzelfalls vom Arbeitgeber erwartet werden kann.[657] Hierbei ist vor allem zu beachten, dass die Compliance-Befragungen nicht verdachtsunabhängig sind. In der Regel stehen unternehmensbezogene Gesetzes- oder Regelverstöße des betroffenen Mitarbeiters im Raum, die durch die Mitarbeiterbefragung aufgeklärt werden sollen. Demzufolge ist im Rahmen der Abwägung den Interessen des Arbeitgebers erhebliches Gewicht beizumessen. Die von *Tscherwinka* geforderte umfassende Aufklärungspflicht des Arbeitgebers ist regelmäßig unzumutbar, die Grenzen der Fürsorgepflicht werden dadurch verkannt. Und selbst wenn man *Tscherwinka*

---

654 Vgl. hierzu auch den Beschluss der Abteilung Strafrecht auf dem 67. Deutschen Juristentag, wonach Erkenntnisse aus Ermittlungen von Privatpersonen nicht allein deshalb unverwertbar sind, falls diese unter wirtschaftlichem Druck erlangt worden sind. www.djt.de/fileadmin/downloads/67/djt_67_beschluesse.pdf, S. 14 (Stand: 20.07.2013). Der Beschluss wurde mit 20:31:8 Stimmen gefasst. Hierzu auch *Jahn*, StV 2009, 41 (45); *Böhm* WM 2009, 1923 (1928); *Theile*, StV 2011, 381 (385).

655 *Tscherwinka*, in: FS Imme Roxin, S. 521 (527).

656 *Tscherwinka*, in: FS Imme Roxin, S. 521 (527).

657 *Becker-Schaffner*, BB 1993, 1281 (1281).

folgt und von überwiegenden Arbeitnehmerinteressen ausgeht, ist nicht ersichtlich, woraus sich eine derart umfassende Aufklärungspflicht ergeben soll. Die Übertragung der zitierten BAG-Entscheidung[658] als Begründung überzeugt nicht, betraf das Urteil doch die Besonderheiten einer dem Arbeitnehmer zugesagten Zusatzversorgung des öffentlichen Dienstes im Rahmen eines Aufhebungsvertrages. Aus einer solchen Einzelfallkonstellation lassen sich keine allgemeinen Rückschlüsse über erhöhte Hinweis- bzw. Aufklärungspflichten des Arbeitgebers ziehen, folglich ist das Urteil nicht geeignet, um auf etwaige Aufklärungspflichten des Arbeitgebers bei Compliance-Befragungen übertragen zu werden. Vielmehr zeigt das Urteil, dass das BAG der arbeitgeberrechtlichen Fürsorgepflicht enge Grenzen setzt und nur in Ausnahmefällen von erhöhten Hinweis- und Belehrungspflichten ausgegangen werden kann.

Entgegen *Tscherwinka* ergibt sich ein Auskunftsverweigerungsrecht auch nicht aus einem Verstoß gegen das datenschutzrechtliche Abwägungsgebot des § 32 Abs. 1 S. 2 BDSG. Wiederum überwiegen im Rahmen der Abwägung regelmäßig die Interessen des Arbeitgebers, da Mitarbeiterbefragungen typischerweise der Verdacht von unternehmensbezogen Compliance-Verstößen zugrunde liegt. Darüber hinaus ist, entsprechend *Tscherwinkas* Argumentation für ein Auskunftsverweigerungsrecht wegen eines Verstoßes gegen die arbeitgeberrechtliche Fürsorgepflicht, nicht ersichtlich, weshalb eine fehlerhafte Abwägung i. S. v. § 32 Abs. 1 S. 2 BDSG eine umfassende Belehrungspflicht des Arbeitgebers zur Folge haben sollte.

Gegen die von *Jahn* und *Maschmann* vorgenommenen Differenzierungen sprechen auch praktische Erwägungen. Die von *Jahn* vorgenommene Unterscheidung zwischen unmittelbarem und mittelbarem Arbeitsumfeld ist bei Befragungen zu komplexen Geschäftsvorgängen in der Praxis oftmals nicht möglich. Gleiches gilt für die Auffassung *Maschmanns* und seiner Unterscheidung hinsichtlich präventiven und repressiven Befragungszwecken. Wann bei einer Befragung die Schwelle zwischen unmittelbarem und mittelbarem Arbeitsumfeld bzw. zwischen präventivem und repressivem Befragungszweck erreicht ist oder überschritten wird, kann nicht rechtssicher festgestellt werden. Außerdem steht die Rolle des jeweiligen Arbeitnehmers zu Beginn der Befragungen oftmals (noch) nicht fest.[659]

Das von *Jahn* und *Wastl/Litzka/Pusch* vorgetragene Argument, es bestünde die Gefahr, dass das Schweigerecht im Strafverfahren durch die umfassende

---

658 *BAG* NZA 2001, 206 ff.

659 *Wewerka*, Internal Investigations, S. 312.

Aussagepflicht ausgehöhlt werde,[660] beschreibt hingegen lediglich das Problem. Als Begründung eines Lösungsversuchs genügt es nicht. Hinzu kommt, dass die Staatsanwaltschaft nicht zwangsläufig bei internen Ermittlungen eingeschaltet bzw. beteiligt ist. Oftmals wollen Unternehmen die Staatsanwaltschaft nicht informieren oder die Behörden erlangen erst zu einem späteren Zeitpunkt Kenntnis von den Umständen. Denkt man an einen Arbeitnehmer als Täter betrieblicher Straftaten (z. B. Diebstahl von Unternehmenseigentum), die das Unternehmen ohne Einschaltung der Staatsanwaltschaft aufklären möchte, ist nicht ersichtlich, weshalb dem Arbeitnehmer ein Auskunftsverweigerungsrecht zustehen soll. Das Unternehmen als „Opfer" von Straftaten hat ein legitimes Interesse, mögliche arbeitsrechtliche Pflichtverletzungen des Vertragspartners aufzuklären. Auf der anderen Seite stehen die ungleich problematischeren Fallkonstellationen, in denen die Staatsanwaltschaft informiert und involviert ist. Die Einbindung der Staatsanwaltschaft kann durch das Unternehmen selbst erfolgen, auf eigenen Ermittlungen der Staatsanwaltschaft beruhen oder durch Dritte initiiert werden, beispielsweise durch eine Strafanzeige eines Wettbewerbers. Nur in diesen Fällen, in denen die Strafverfolgungsbehörden involviert sind, besteht die unmittelbare faktische Zwangslage für den Arbeitnehmer. Ein Auskunftsverweigerungsrecht des Arbeitnehmers, wie es von Teilen der Literatur diskutiert wird, würde zwar die Interessen der Arbeitnehmer umfassend sichern, lässt sich jedoch weder dogmatisch begründen noch in der Praxis anwenden.

III) Beweisverwertungsverbot

Neben dem eben dargelegten Lösungsansatz, Mitarbeiter im Rahmen von Compliance-Befragungen durch ein Auskunftsverweigerungsrecht zu schützen, bleibt die Möglichkeit, diesen Schutz mittels eines strafprozessualen Beweisverwertungsverbotes zu erreichen. Ein Verwertungsverbot für Auskünfte von Mitarbeitern im Rahmen von Compliance-Befragungen wird in der Literatur unterschiedlich hergeleitet und begründet, jedoch fast einstimmig vertreten.[661] Bei der Anschlussfrage

660 So *Jahn*, StV 2009, 41 (44); *Wastl/Litzka/Pusch*, NStZ 2009, 68 (73).

661 *Jahn*, StV 2009, 41 (45); *Bittmann/Molkenbur*, wistra 2009, 373 (377 f.); *Wastl/Litzka/Pusch*, NStZ 2009, 68 (73); *Böhm*, WM 2009, 1923 (1926 ff.); *Dann/Schmidt*, NJW 2009, 1851 (1854); *Knauer/Buhlmann*, AnwBl. 2010, 389 (392 ff.); *Pfordte*, in: FS Arbeitsgemeinschaft Strafrecht DAV, S. 741 (754 ff.); *Maschmann*, in: Corporate Compliance und Arbeitsrecht, S. 149 (170 ff.); *Beulke*, Strafprozessrecht, Rn. 481; *Theile*, StV 2011, 381 (384 f.); *Momsen*, ZIS 2011, 508 (512 ff.); *Roxin*, StV 2012,

der Fernwirkung eines Verwertungsverbotes lässt sich hingegen keine einheitliche Linie erkennen.[662]

1) Lösungsansätze in der Literatur

a) Verstoß gegen das Recht auf ein faires Verfahren

Nach *Knauer/Buhlmann*[663] ist die strafprozessuale Verwertung von Erkenntnissen aus Mitarbeiterbefragungen mit dem Recht auf ein faires Verfahren unvereinbar. Dieser Grundsatz beruht auf dem Rechtsstaatsprinzip, den Freiheitsgrundrechten und der Pflicht des Staates zur Achtung der Menschenwürde.[664] Eine einfachgesetzliche Normierung enthält Art. 6 Abs. 1 EMRK. Der direkte Rückgriff auf den Grundsatz kommt jedoch methodisch nur in Betracht, soweit die StPO für den maßgeblichen Sachverhalt eine Regelungslücke enthält, da der Gesetzgeber das Gebot bereits bei der Ausgestaltung der StPO zu beachten hatte.[665] Eine solche Regelungslücke bestehe hier, da das Leitbild der StPO eben nicht auf private Ermittlungen, sondern ausschließlich auf Ermittlungen der Staatsanwaltschaft und der Polizei ausgelegt sei.[666]

Ausgangspunkt der Ansicht von *Knauer/Buhlmann* ist die Argumentation des Großen Senats für Strafsachen in der Entscheidung zur sog. „Hörfalle"[667]: In Fällen, in denen der nemo-tenetur-Grundsatz zwar nicht verletzt sei, die Gesamtumstände

116 (120); *Reeb*, Internal Investigations, S. 119 ff.; *Rödiger*, Strafverfolgung von Unternehmen, S. 225 ff.; 281 ff.; *Wewerka*, Internal Investigations, S. 314 ff; *Kottek*, Kooperation von Unternehmen, S. 129 ff. Soweit ersichtlich spricht sich lediglich *Rudkowski*, NZA 2011, 612 (613 mit Fn. 19) gegen ein Verwertungsverbot aus, da der Umfang eines solchen Beweisverwertungsverbotes nahezu unübersehbar wäre.

662 Für eine Fernwirkung eines Verwertungsverbotes plädieren *Böhm*, WM 2009, 1923 (1926 ff.); *Wastl/Litzka/Pusch*, NStZ 2009, 68 (73) *Theile*, StV 2011, 381 (385 f.); *Beulke*, ZStW (1991) 103, 657 (669); *Rödiger*, Strafverfolgung von Unternehmen, S. 308 ff.; *Kottek*, Kooperation von Unternehmen, S. 179 ff. Gegen eine Fernwirkung eines Verwertungsverbotes argumentieren *Bittmann/Molkenbur*, wistra 2009, 373 (378); *Wewerka*, Internal Investigations, S. 318.

663 *Knauer/Buhlmann*, AnwBl. 2010, 387 (390 ff.); zustimmend *Momsen*, ZIS 2011, 508 (512 ff.).

664 BVerfGE 26, 66 (71); 63, 380 (390).

665 *Knauer/Buhlmann*, AnwBl. 2010, 387 (390 f.); *Momsen*, ZIS 2011, 508 (513).

666 *Knauer/Buhlmann*, AnwBl. 2010, 387 (391).

667 BGHSt 42, 139 ff.

jedoch einem Verstoß nahekommen, könne ein Beweisverwertungsverbot aufgrund einer Verletzung des fair-trial-Grundsatzes geboten sein.[668]

Ein Verwertungsverbot aufgrund eines Verstoßes gegen den nemo-tenetur-Satz scheide bei internen Ermittlungen mangels staatlich veranlasster Zwangslage aus. Ein Verstoß gegen das Fairnessgebot liege jedoch vor, weil, entsprechend der BGH-Rechtsprechung zum fair-trial-Grundsatz,[669] die Gesamtumstände der Beweisgewinnung in faktischer Hinsicht nicht hinnehmbar seien.[670] Neben der Nähe zum nemo-tenetur-Satz ist nach *Knauer/Buhlmann* bei Mitarbeiterbefragungen regelmäßig auch § 136a StPO tangiert.[671] Dies ergebe sich durch die Vorgehensweise der privaten Ermittler im Rahmen der internen Untersuchungen. Die Unternehmen würden die Kooperationsbereitschaft der Mitarbeiter unter „Ausübung massivsten Drucks"[672] fördern. Die Mitarbeiter fänden sich demnach in einer „überbordenden faktischen Gesamtzwangslage"[673] wieder. Eine vom Unternehmen in Aussicht gestellte Amnestie ändere nach der Auffassung von *Knauer/Buhlmann* an dem Ergebnis nichts, da eben gerade keine Straffreiheit garantiert werden könne und den betroffenen Mitarbeitern die Folgen deutlich gemacht würden, sollten diese nicht kooperieren.[674] Über eine denkbare Fernwirkung des Verwertungsverbots machen *Knauer/Buhlmann* keine Ausführungen.

b) Verstoß gegen den Grundsatz der Selbstbelastungsfreiheit

Überwiegend wird im Schrifttum vertreten, die Weitergabe von Erkenntnissen aus Mitarbeiterbefragungen an die Strafverfolgungsbehörden verstoße gegen den Grundsatz der Selbstbelastungsfreiheit und müsse ein Verwertungsverbot zur Folge haben.[675] Im Mittelpunkt der Diskussion steht die Frage, ob insoweit

668 BGHSt 42, 139 Rn. 56; *Knauer/Buhlmann*, AnwBl. 2010, 387 (391).

669 Vgl. BGHSt 53, 294 ff. = NStZ 2009, 519 ff.

670 *Knauer/Buhlmann*, AnwBl. 2010, 387 (393); zustimmend *Momsen*, ZIS 2011, 508 (516).

671 *Knauer/Buhlmann*, AnwBl. 2010, 387 (392).

672 *Knauer/Buhlmann*, AnwBl. 2010, 387 (392).

673 *Knauer/Buhlmann*, AnwBl. 2010, 387 (391).

674 *Knauer/Buhlmann*, AnwBl. 2010, 387 (392).

675 Ausführlich *Böhm*, WM 2009, 1923 (1926 ff.). Vgl. auch *Jahn*, StV 2009, 41 (44); *Bittmann/Molkenbur*, wistra 2009, 373 (377 ff.); *Wastl/Litzka/Pusch*, NStZ 2009, 68 (73); *Rödiger*, Strafverfolgung von Unternehmen, S. 264 ff., 275 ff. Angedeutet auch bei *Maschmann*, in: Corporate Compliance und Arbeitsrecht, S. 149 (175) für Befragungen, die präventive Ziele verfolgen.

die Leitaussagen der Gemeinschuldnerentscheidung des BVerfG[676] übertragen werden können. Hinsichtlich der dogmatischen Begründung und Reichweite des Verwertungsverbotes werden unterschiedliche Ansätze erörtert.

Nach *Böhm*[677] besteht für Auskünfte des Arbeitnehmers, die unter Zwang bei einer internen Untersuchung gemacht und anschließend ohne Zustimmung des Arbeitnehmers weitergegeben werden, ein Beweisverwendungsverbot analog § 97 Abs. 1 S. 3 InsO. Eine Einschränkung sei für freiwillige Auskünfte des Arbeitnehmers vorzunehmen, da dadurch die Zwangssituation entfalle.[678] *Böhm* stellt heraus, dass der Gesetzgeber dem Schutz vor Selbstbelastung in zahlreichen Fällen Rechnung getragen und Aussageverweigerungsrechte sowie Verwertungs- bzw. Verwendungsverbote normiert habe.[679] Einer dieser Fälle sei der Gemeinschuldnerbeschluss des BVerfG. Aus dieser Entscheidung, die für die Schaffung von § 97 InsO verantwortlich ist,[680] leitet *Böhm* den allgemeinen Rechtsgedanken ab, dass das Allgemeine Persönlichkeitsrecht eines Aussagepflichtigen ein Mindestmaß an Schutz bedürfe, um eine Entwurzelung des Grundrechts des Betroffenen zu verhindern.[681] Ein Beweisverwertungsverbot sei daher in den Konstellationen erforderlich, in denen Auskünfte erzwungen werden können.[682] Dieser Rechtsgedanke ist nach Ansicht *Böhms* auf einen auskunftspflichtigen Arbeitnehmer übertragbar, denn die faktische Zwangssituation des Arbeitnehmers sei mit staatlich ausgeübtem Zwang vergleichbar. Entscheidend sei die Intensität des Zwangs. Das Persönlichkeitsrecht sei dann in beiden Fällen unmittelbar betroffen und die Gefährdungssituationen könnten nicht unterschiedlich beurteilt werden.[683] Es erschiene willkürlich, für den Insolvenzschuldner ein Beweisverwendungsverbot zu schaffen, für den Arbeitnehmer hingegen nicht einmal ein Verwertungsverbot. Das

---

676 S. o. Sechstes Kapitel A) IV) (S. 129 ff.).

677 *Böhm*, WM 2009, 1923 ff.; ebenso *Rödiger*, Strafverfolgung von Unternehmen, S. 275 ff. Im Ergebnis so wohl auch *Wastl/Litzka/Pusch*, NStZ 2009, 68 (73), für den Fall, dass, entgegen der Auffassung der Autoren, ein umfassendes Aussageverweigerungsrecht verneint wird.

678 *Böhm*, WM 2009, 1923 (1929). Freiwillig sind danach auch Auskünfte im Rahmen eines Amnestieangebots des Arbeitgebers.

679 Z. B. § 393 Abs. 2 S. 1 AO, § 19 Abs. 8 MarkenG oder eben § 97 Abs. 1 S. 3 InsO.

680 S. o. Sechstes Kapitel A) IV) (S. 129 ff.).

681 *Böhm*, WM 2009, 1923 (1927).

682 *Böhm*, WM 2009, 1923 (1927).

683 *Böhm*, WM 2009, 1923 (1928).

Persönlichkeitsrecht des Arbeitnehmers sei auch in gleicher Weise schutzwürdig wie das des Insolvenzschuldners.[684]

Bittmann/Molkenbur[685] halten wie *Böhm* freiwillige Aussagen mangels Zwangselement für vollumfänglich verwertbar. Gleiches gelte für unwahre Aussagen, da falsche Angaben nie in Erfüllung einer arbeitsvertraglichen Pflicht erfolgen können.[686] Ein Verwertungsverbot ergebe sich für selbstbelastende Aussagen gegenüber dem Arbeitgeber oder privaten Ermittlern, falls die Auskünfte erzwingbar sind. In Anlehnung an die Ausführungen des Gemeinschuldnerbeschlusses könne der Betroffene jedoch sein Einverständnis in die Verwertbarkeit erklären.[687] Die Autoren vergleichen die Situation des Arbeitnehmers mit der Wahrheitspflicht im Zivilprozess gem. § 138 Abs. 1 ZPO und der Pflicht zu wahrheitsgemäßen Angaben gegenüber einem Versicherer. Die Versicherungs- oder Zivilakten können jeweils Teil eines strafprozessualen Verfahrens werden und sind frei verwertbar.[688] Den entscheidenden Unterschied zur Mitarbeiterbefragung sehen *Bittmann/Molkenbur* in der Entscheidungsfreiheit des Betroffenen: Während es einem potentiellen Kläger oder Versicherten frei stünde, ob er Klage erhebt oder einen Anspruch gegen den Versicherer geltend macht, fehle eben diese Entscheidungsfreiheit bei einem Beschäftigten, der gegenüber seinem Arbeitgeber umfassend zur Auskunft verpflichtet sei.[689] Eine Fernwirkung des Verwertungsverbotes könne jedoch nicht angenommen werden, da die „fruit of the poisonous tree"-Doktrin in Deutschland nicht gelte.[690] Darüber hinaus seien auch Aussagen über Compliance-Verstöße Dritter verwertbar, da ein Verwertungsverbot grundsätzlich personenbezogen sei.[691]

Im Rahmen einer Compliance-Befragung, mit der der Arbeitgeber repressive Ziele verfolgt, argumentiert *Maschmann*[692] für ein Schweigerecht, auf das der Arbeitnehmer entsprechend § 136 Abs. 1 S. 2 StPO hinzuweisen sei. Bei einer präventiven Befragung komme dies jedoch nicht in Betracht.[693] In dieser Konstellation möchte der Arbeitgeber gegenwärtige Missstände beseitigen, um Betriebsabläufe

684 *Böhm*, WM 2009, 1923 (1928).
685 *Bittmann/Molkenbur*, wistra 2009, 373 (377 f.).
686 *Bittmann/Molkenbur*, wistra 2009, 373 (377).
687 *Bittmann/Molkenbur*, wistra 2009, 373 (378).
688 *Bittmann/Molkenbur*, wistra 2009, 373 (377).
689 *Bittmann/Molkenbur*, wistra 2009, 373 (377).
690 *Bittmann/Molkenbur*, wistra 2009, 373 (378).
691 *Bittmann/Molkenbur*, wistra 2009, 373 (378).
692 *Maschmann*, in: Corporate Compliance und Arbeitsrecht, S. 149 (175).
693 *Maschmann*, in: Corporate Compliance und Arbeitsrecht, S. 149 (175).

für die Zukunft zu optimieren. Der Mitarbeiter müsse sich nicht verteidigen, da es nichts zu verteidigen, sondern lediglich etwas zu korrigieren gebe.[694] Komme es hierbei zu einer Selbstbelastung, sei nach *Maschmann* eine analoge Anwendung des § 97 Abs. 1 S. 3 InsO denkbar.[695]

Theile[696] wiederum plädiert bei Mitarbeiterbefragungen für ein selbstständiges Verwertungsverbot aus Art. 2 Abs. 1 i. V. m. Art. 1 Abs. 1 GG und attestiert diesem Fernwirkung im Sinne eines Verwendungsverbotes. Die Weitergabe von Informationen greife unverhältnismäßig in das Allgemeine Persönlichkeitsrecht des Betroffenen ein, da der Erkenntnistransfer eine Entfremdung des zunächst ausschließlich zivilrechtlichen und eben nicht strafrechtlichen Informationszwecks zur Folge hätte.[697] Eine zivilrechtliche Verpflichtung zur Selbstbelastung könne mit Blick auf die Unternehmensinteressen gestattet werden, innerhalb des Strafverfahrens sei jedoch auf die Durchsetzung des staatlichen Strafanspruches abzustellen. Die Legitimität des staatlichen Strafanspruchs hänge maßgeblich davon ab, auch die Interessen des Beschuldigten zu wahren, mithin verfassungsrechtliche Rechtspositionen zu schützen.[698]

c) Staatlich veranlasste Ermittlungstätigkeit Privater

Wastl/Litzka/Pusch[699] sehen den nemo-tenetur-Grundsatz bei SEC-Ermittlungen zusätzlich unter dem Gesichtspunkt staatlich veranlasster Ermittlungstätigkeit Privater betroffen und verletzt und vertreten ein umfassendes Beweisverwertungsverbot mit entsprechender Fernwirkung.[700] Die Autoren kritisieren die Rechtsprechung, die private Ermittlungstätigkeit weitgehend als zulässig erachtet. Dadurch würde einer zunehmenden Privatisierung der Strafverfolgung und einer Umgehung rechtsstaatlicher Schutzmechanismen Vorschub geleistet.[701] Die im Rahmen eines SEC-Verfahrens mandatierten Rechtsanwälte würden auf Veranlassung der US-amerikanischen Behörde SEC ermitteln und Mitarbeiterbefragungen durchführen. Dies sei mit der Selbstbelastungsfreiheit unvereinbar.[702]

---

694 *Maschmann*, in: Corporate Compliance und Arbeitsrecht, S. 149 (175).
695 *Maschmann*, in: Corporate Compliance und Arbeitsrecht, S. 149 (175).
696 *Theile*, StV 2011, 381 (385 f.).
697 *Theile*, StV 2011, 381 (385).
698 *Theile*, StV 2011, 381 (385).
699 *Wastl/Litzka/Pusch*, NStZ 2009, 68 (70 ff.).
700 *Wastl/Litzka/Pusch*, NStZ 2009, 68 (70 f., 74).
701 *Wastl/Litzka/Pusch*, NStZ 2009, 68 (70).
702 *Wastl/Litzka/Pusch*, NStZ 2009, 68 (70).

Pfordte[703] hält es, ähnlich wie *Wastl/Litzka/Pusch*, für nicht fern liegend, die Tätigkeit der externen Ermittler den Behörden zuzurechnen, da die Privatermittler auch im Auftrag der Ermittlungsbehörden tätig würden. Dies könne dann angenommen werden, wenn die staatlichen Behörden den Ermittlungsdrang der Unternehmen geradezu ausnutzen und ihre eigenen Ermittlungsbemühungen insoweit zurückschrauben würden, um vor allem die Erkenntnisse der Privatermittler zu nutzen.[704]

Auf eine Umgehung des § 136 Abs. 1 S. 2 StPO mit der Folge eines Verwertungsverbotes stellen *Roxin/Schünemann*[705] ab, wenn die internen Ermittlungen durch eine Anwaltskanzlei durchgeführt werden und deren Ergebnisse von vornherein zur Weiterleitung and die Staatsanwaltschaft bestimmt sind. Zutreffend weist *Rödiger* darauf hin, dass die Autoren mit dieser Argumentation unausgesprochen von einer Zurechnung ausgehen.[706]

d) (Mittelbarer) Verstoß gegen § 136a StPO (analog)

Pfordte[707] fordert für SEC-Ermittlungen ein Beweisverwertungsverbot resultierend aus der mittelbaren Wirkung des § 136a StPO. Dies gelte für interne Ermittlungen, wenn bei diesen gegen elementare Rechte des Mitarbeiters, insbesondere das Recht zur (ungeahndeten) Auskunftsverweigerung im Falle einer möglichen Selbstbelastung, verstoßen werde.[708] Ein Verstoß sei etwa im Falle einer fehlenden Belehrung des Mitarbeiters gegeben, oder aber, wenn der Mitarbeiter im Rahmen einer Belehrung über die bestehenden oder nicht bestehenden Verwertungsmöglichkeiten seiner Aussage getäuscht werden würde.[709] Als Begründung führt *Pfordte* die Fürsorgepflicht der Staatsanwaltschaften gegenüber möglichen Beschuldigten an. Aus dieser Pflicht folge, dass Strafverfolgungsbehörden in zumutbaren Maß Einfluss auf Ermittlungshandlungen nehmen und entsprechende Anleitungen vorgeben müssten. Wenn nun aber die Ermittlungsbehörden bei internen Untersuchungen die Problemlage der betroffenen Mitarbeiter bewusst

703 *Pfordte*, in: FS Arbeitsgemeinschaft Strafrecht DAV, S. 741 (755); zustimmend *Kottek*, Kooperation von Unternehmen, S. 149.
704 *Pfordte*, in: FS Arbeitsgemeinschaft Strafrecht DAV, S. 741 (755).
705 *Roxin/Schünemann*, Strafverfahrensrecht, § 25 Rn. 14; *Rödiger*, Strafverfolgung von Unternehmen, S. 242 f.
706 *Rödiger*, Strafverfolgung von Unternehmen, S. 243.
707 *Pfordte*, in: FS Arbeitsgemeinschaft Strafrecht DAV, S. 741 (756).
708 *Pfordte*, in: FS Arbeitsgemeinschaft Strafrecht DAV, S. 741 (756).
709 *Pfordte*, in: FS Arbeitsgemeinschaft Strafrecht DAV, S. 741 (756).

ausnutzen, müssten die Behörden an einer Verwertung der Erkenntnisse gehindert sein.[710]

Auch *Kottek*[711] stellt auf die Fürsorgepflicht der Staatsanwaltschaft ab und vertritt ein generelles Beweisverwertungsverbot analog § 136a Abs. 3 S. 2 StPO für Aussagen von Mitarbeitern in SEC-Verfahren, wenn die Behörden den arbeitsrechtlichen Aussagezwang des Mitarbeiters vorsätzlich ausnutzen und sich mit den internen Ermittlern austauschen würden. Die Kommunikation bzw. Abstimmung zwischen privaten und staatlichen Ermittlern könne als eine „Mittäterschaft" oder „mittelbare Täterschaft" ermittlungstechnischer Art interpretiert werden.[712] Dies verstärke das rechtsstaatliche Bedürfnis nach einer mittelbaren Drittwirkung des § 136a StPO. Die Staatsanwaltschaft habe die Kommunikation mit den Privatermittlern aufgrund ihrer Fürsorgepflicht abzubrechen. Da diese Abstimmung schwer nachzuweisen sei, sei ein Beweisverwertungsverbot geboten, um Rechtssicherheit zu schaffen.

2) Stellungnahme

a) Regelmäßig kein Verstoß gegen das Recht auf ein faires Verfahren

Der Vorschlag von *Knauer/Buhlmann*, ein Beweisverwertungsverbot wegen eines Verstoßes gegen das Recht auf ein faires Verfahren, bringt im Vergleich zu den Lösungsansätzen, die den nemo-tenetur-Satz verletzt sehen, einen entscheidenden Vorteil mit sich: Die faktische Zwangssituation des Arbeitnehmers muss nicht mit staatlichem Zwang gleichgesetzt werden. Bedenken ergeben sich jedoch hinsichtlich der Begründung des fair-trial-Verstoßes. Der Parallele zur „Hörfallen"-Entscheidung[713] des Großen Senats für Strafsachen kann insoweit nicht gefolgt werden. Entscheidend bei der Hörfallenentscheidung war, dass eine Privatperson auf Veranlassung der Ermittlungsbehörden mit einem Tatverdächtigen ein Telefongespräch geführt hatte, das von der Polizei heimlich mitgehört worden war. Die Konstellation ist somit dadurch gekennzeichnet, dass beauftragte Privatpersonen verdeckt ermitteln. Mitarbeiterbefragungen im Rahmen von internen Untersuchungen werden hingegen nicht auf Veranlassung der Ermittlungsbehörden geführt und insbesondere fehlt das Merkmal der Heimlichkeit.[714] Die externen

---

710 *Pfordte*, in: FS Arbeitsgemeinschaft Strafrecht DAV, S. 741 (755).

711 *Kottek*, Kooperation von Unternehmen, S. 144 ff., 147.

712 *Kottek*, Kooperation von Unternehmen, S. 146.

713 BGHSt 42, 139 ff. = *BGH* NJW 1996, 2940 ff.

714 So auch *Jahn*, StV 2009, 41 (45).

Ermittler werden – so auch in den Fällen Siemens und MAN – nicht im Auftrag der Behörden tätig. Die Mandatierung erfolgt durch das Unternehmen selbst.[715] Der Mitarbeiter mag sich mit Blick auf zivilrechtliche Folgen in einer Zwangssituation befinden, er wird jedoch nicht mit kriminalistischer List zu selbstbelastenden Äußerungen gebracht. Anders als in der Konstellation der Hörfallenentscheidung irrt der betroffene Mitarbeiter nicht darüber, dass mit seinen Auskünften nachteilige Folgen verbunden sein könnten. Dem Mitarbeiter ist vielmehr bewusst, dass die Befragung mit (privater) Ermittlungsabsicht erfolgt.

Zusätzlich sehen *Knauer/Buhlmann* das fair-trial-Gebot dadurch tangiert, dass die Gesamtumstände der Befragungen eine Nähe zu § 136a StPO aufweisen. Derartige „Vernehmungspraktiken" sind zwar durchaus denkbar, jedoch nicht der Regelfall. Auch für die Fälle Siemens und MAN können diese Methoden nicht bestätigt werden.[716] Darüber hinaus lässt sich den Autoren entgegen halten, dass es auch zahlreiche Fälle gab, in denen Mitarbeiter erleichtert waren, vom Amnestieangebot und der damit verbundenen Befragung Gebrauch machen zu können.[717]

Unterstellt man dennoch die Anwendung derartiger Methoden, bleibt die Frage, ob die Ausübung von Druck unter Ausnutzung der bestehenden Zwangslage die Erheblichkeitsschwelle des § 136a StPO überschreitet. Maßnahmen nach § 136a StPO wirken intensiv auf die Freiheit der Willensentschließung und Willensbetätigung des Betroffenen ein. Es geht um die Disponibilität des eigenen Willens hinsichtlich der Fragen, ob, in welchem Umfang und mit welchem Inhalt der Betroffene aussagt. Wird bei Mitarbeiterbefragungen auf die Willensfreiheit durch den Hinweis auf zivilrechtliche Konsequenzen eingewirkt, bleibt der Mitarbeiter (im Lichte des § 136a StPO) in seinem Handeln dennoch im Wesentlichen unbeeinträchtigt. Die Situation kann zweifellos „unangenehm" sein, die Intensität der Gesamtumstände ist mit den verbotenen Maßnahmen gem. § 136a StPO aber nur in Ausnahmefällen vergleichbar. Ein solcher Extremfall wäre etwa dann gegeben, wenn die internen Ermittler den Mitarbeiter tatsächlich täuschen oder ihm drohen würden i. S. v. § 136a Abs. 1 StPO.[718]

---

715 Vgl. hierzu auch Drittes Kapitel A) I), B) I) (S. 59 f., 64); Fünftes Kapitel B) (S. 104 ff.).

716 Vgl. hierzu o. Fünftes Kapitel A) (S. 95 ff.).

717 So *Bruce E. Yannett,* Partner der Kanzlei Debevoise, auf der 8. NStZ-Jahrestagung 2009.

718 S. hierzu Sechstes Kapitel C) III) 2) d) (S. 167 f.).

b) Kein originärer Verstoß gegen den nemo-tenetur-Grundsatz

Soweit von Teilen der Literatur vertreten wird, die Weitergabe von Informationen aus Mitarbeiterbefragungen an die Strafverfolgungsbehörden verstoße gegen den Grundsatz der Selbstbelastungsfreiheit und müsse ein Beweisverwertungsverbot zur Folge haben, lässt sich dies dogmatisch kaum überzeugend begründen. Die angesprochenen Literaturansichten sind durch eine ergebnisorientierte Argumentation gekennzeichnet. Die Konfliktsituation des Mitarbeiters, der aufgrund der arbeitsrechtlichen Auskunftspflicht zu mitunter selbstbelastenden Angaben verpflichtet ist, weist eine Nähe zum nemo-tenetur-Grundsatz auf. Insoweit ist den Ausführungen in der Literatur zuzustimmen.[719] Dennoch: Die unternehmensinternen Ermittlungen werden durch Private durchgeführt und nicht durch die Strafverfolgungsbehörden. Dementsprechend fehlt das unabdingbare staatliche Zwangselement. Wie bereits im Rahmen der Ausführungen zu einem möglichen Auskunftsverweigerungsrecht gezeigt, sind staatlicher Zwang und faktischer Druck nicht gleichzusetzen.[720] Im Ergebnis scheidet eine originäre Verletzung des verfassungsrechtlichen Fundamentalgrundsatzes aus.

Auch aus diesem Grund lassen sich die Grundsätze des Gemeinschuldner-Beschlusses auf Mitarbeiterbefragungen im Rahmen von internen Untersuchungen nicht übertragen. Nach dem BVerfG beschränke sich der Schutz vor Selbstbelastung zwar nicht auf strafrechtliche oder vergleichbare Verfahren.[721] In anderen Verfahren können in Zwangssituationen die Individualinteressen ebenfalls Vorrang genießen. Im Fokus stehen jedoch stets staatliche Zwangssituationen, nicht faktische oder wirtschaftliche. Beispielhaft führt das BVerfG die Grenzen der Wahrheitspflicht im Zivilprozess sowie die Grenzen der Mitwirkungspflichten des Leistungsempfängers im Bereich der Gewährung von Sozialleistungen nach § 65 Abs. 3 SGB I an.[722]

Dies hat zur Folge, dass der Annahme eines Beweisverwendungsverbotes analog § 97 Abs. 1 S. 3 InsO schon aus diesem Grund nicht gefolgt werden kann, da wesentliches Argument für die Übertragung des Verwendungsverbotes auf Compliance-Befragungen die Gleichsetzung von faktischem Druck und staatlichen Zwang ist. Daneben wäre die analoge Anwendung des § 97 Abs. 1 S. 3 InsO auch aus weiteren Erwägungen problematisch. Zunächst ist zu fragen, ob sich eine Vorschrift, die auf einer Entscheidung aus dem Jahr 1981 fußt, ca. 30 Jahre später

---

719 S. o. Sechstes Kapitel C) III) 1) a), b) (S. 156 ff.).

720 S. o. Sechstes Kapitel C) II) 2) (S. 151 ff.).

721 BVerfGE 56, 37 (44).

722 BVerfGE 56, 37 (44).

für einen Analogieschluss eignet. Dies erscheint insbesondere unter der Prämisse bedenklich, dass Compliance-Ermittlungen in Großkonzernen mit einem Ausmaß wie in den Fällen Siemens und MAN in Deutschland vollkommen neu und nicht vergleichbar mit bis dato diskutierten privaten Ermittlungen sind. Unabhängig davon ist darüber hinaus die Analogiefähigkeit der Vorschrift zweifelhaft.[723] § 97 InsO sichert eine sachgerechte und effektive Durchführung des Insolvenzfahrens.[724] Abs. 1 S. 3 der Vorschrift versucht in diesem Rahmen die Interessen der Gläubiger und die Individualinteressen des Schuldners auszugleichen. Die Norm ist demnach im Zusammenhang mit den Rechten und Pflichten der Beteiligten im Insolvenzverfahren zu lesen, mithin im Lichte der gesamten Verfahrensordnung. Das Verhältnis zwischen Arbeitgeber und Arbeitnehmer ist hingegen im Wesentlichen von der Privatautonomie der Parteien und nicht etwa einer vollständigen Verfahrensordnung geprägt. Dies steht einer Übertragung auf arbeitsrechtliche Sachverhalte entgegen.

Schließlich würde der für den Analogieschluss notwendige Ähnlichkeitsvergleich voraussetzen, dass wirtschaftlicher bzw. faktischer Druck staatlichem Zwang gleichzusetzen ist. Dem ist, wie bereits gezeigt, nicht zu folgen. Die staatliche Durchsetzung der Mitwirkung des Insolvenzschuldners gem. § 98 Abs. 2 InsO (zwangsweise Vorführung und gegebenenfalls Anordnung von Haft) ist anders zu beurteilen als der Fall, dass eine arbeitsrechtliche Auskunftspflicht zivilrechtlich gem. § 888 ZPO vollstreckt wird.[725] Denn im Falle der Vollstreckung nach den Vorschriften der ZPO gibt der Staat lediglich das Instrumentarium zur (privaten) Rechtsdurchsetzung vor.[726]

c) Kein Fall staatlich veranlasster Ermittlungstätigkeit Privater

Dem Ansatz von *Wastl/Litzka/Pusch*,[727] der nemo-tenetur-Grundsatz wäre bei SEC-Ermittlungen unter dem Gesichtspunkt staatlich veranlasster Ermittlungstätigkeit Privater verletzt, kann nicht gefolgt werden. Ausgehend von den SEC-Ermittlungen im Fall Siemens und der Mandatierung der „Vertrauenskanzlei" Debevoise führen die Autoren aus, die Aufklärung strafrechtlich relevanter

---

723 In diesem Sinne wohl auch *Theile*, StV 2011, 381 (385).

724 *Kroth*, in: Braun, InsO, § 97 Rn. 1.

725 Vgl. hierzu oben Sechstes Kapitel B) IV) 2) (S. 138 f.).

726 A. A. *Böhm*, WM 2009, 1923 (1928), der insoweit darauf abstellt, dass in beiden Fällen durch ein staatlich geregeltes Verfahren auf die Auskunftserteilung hingewirkt werden kann.

727 Sechstes Kapitel C) III) 1) b) (S. 157 ff.).

Sachverhalte auf Veranlassung staatlicher Behörden sei erklärtes Ziel der internen Ermittlungen.[728] Die Ermittlungen „der vermeintlich ‚eigenen' Anwälte"[729] würden durchgeführt aufgrund eines formellen Auskunftsverlangens der SEC und unter dem Damoklesschwert drakonischer Strafen der US-amerikanischen Behörden.[730] Wie bereits dargelegt besteht das Mandatsverhältnis zwischen dem Unternehmen und der Kanzlei. Die Anwälte handeln nicht mit staatlichem Auftrag und das Handeln kann auch keiner staatlichen Behörde zugerechnet werden.[731] Das nemo-tenetur-Prinzip ist unter diesem Gesichtspunkt nicht betroffen.

Das von *Pfordte*[732] gezeichnete Szenario, die staatlichen Behörden würden ihre eigene Ermittlungstätigkeit zurückschrauben und die internen Untersuchungen des Unternehmens ausnutzen, lässt sich in der Praxis, soweit ersichtlich, nicht beobachten. Und selbst in dem Fall, dass die Strafverfolgungsbehörden tatsächlich die eigenen Ermittlungen hinauszögern würden, um sich bewusst die Ergebnisse der Privatermittler zu Nutze zu machen, würde daraus kein Beweisverwertungsverbot resultieren. Voraussetzung für die von *Pfordte* angedachte Zurechnung der privaten Ermittlungstätigkeit wäre ein Zurechnungstatbestand, ein solcher ist jedoch nicht ersichtlich. Das bloße Ausnutzen interner Ermittlungen des Unternehmens genügt nicht, um eine Zurechnung zu rechtfertigen. Denn seitens der Strafverfolgungsbehörden besteht grundsätzlich ein Ermessensspielraum, wie die Ermittlungen zu gestalten sind.[733]

Gleiches lässt sich auch der Ansicht von *Roxin/Schünemann*[734] entgegenhalten, die ein Verwertungsverbot aufgrund einer Umgehung des § 136 Abs. 1 S. 2 StPO fordern. Denn es fehlt selbst dann einem Zurechnungstatbestand, wenn die aus einer internen Ermittlung gewonnen Erkenntnisse von Anfang an zur Weiterleitung an die Behörden bestimmt sind. Es besteht keine Verantwortung der staatlichen Behörden für die private Beweisbeschaffung, wenn diese nicht staatlich veranlasst und damit nicht zurechenbar ist.

728 *Wastl/Litzka/Pusch*, NStZ 2009, 68 (71).
729 *Wastl/Litzka/Pusch*, NStZ 2009, 68 (71).
730 *Wastl/Litzka/Pusch*, NStZ 2009, 68 (71).
731 Vgl. auch *Wewerka*, Internal Investigations, S. 252 f.
732 Sechstes Kapitel C) III) 1) c) (S. 160 f.).
733 *Jahn*, StV 2009, 41 (45); *Wewerka*, Internal Investigations, S. 249; *Rödiger*, Strafverfolgung von Unternehmen, S. 242 f.
734 Sechstes Kapitel C) III) 1) c) (S. 160 f.).

d) *Regelmäßig kein Verstoß gegen § 136a StPO (analog)*

An sich richtet sich § 136a StPO ausschließlich an die staatlichen Strafverfolgungsorgane. Bei internen Ermittlungen scheidet demnach ein unmittelbarer Verstoß gegen § 136a StPO aus, wie gezeigt werden aber die analoge Anwendung sowie ein mittelbarer Verstoß gegen die Vorschrift diskutiert.[735] In Ausnahmefällen hat der BGH eine analoge Anwendung des § 136a StPO bejaht und ein Beweisverwertungsverbot angenommen, wenn die Methoden der Beweisgewinnung grob rechtsstaatswidrig waren und ein Verstoß gegen die Menschenwürde gegeben ist.[736] Da aber interne Untersuchungen grundsätzlich zulässig sind[737] und die Erkenntnisse aufgrund der arbeitsrechtlichen Auskunftspflicht der Mitarbeiter in der Regel in rechtmäßiger Weise erlangt werden[738], ist ein Beweisverwertungsverbot analog § 136a Abs. 3 S. 2 StPO nur dann denkbar, wenn die Privatermittler tatsächlich verbotene Methoden i. S. v. § 136a StPO anwenden würden, und diese Methoden dazu als grob rechtsstaatswidrig und als Eingriff in die Menschenwürde des Betroffenen angesehen werden müssten. Zu denken wäre etwa an die – in der Praxis nicht zu beobachtende – Sonderkonstellation, dass interne Ermittler einem Mitarbeiter während einer Compliance-Befragung drohen oder täuschen i. S. v. § 136a Abs. 1 StPO.

Pfordtes[739] Ansatz, ein Beweisverwertungsverbot aus der mittelbaren Wirkung des § 136a StPO im Fall des Verstoßes gegen elementare Rechte des Mitarbeiters zu konstruieren, vermag hingegen nicht zu überzeugen. So sieht *Pfordte* elementare (Beschuldigten-)Rechte des Mitarbeiters etwa dann verletzt, wenn dieser im Rahmen einer Mitarbeiterbefragung durch die internen Ermittler nicht belehrt wird. Damit geht *Pfordte* unausgesprochen von einer Belehrungspflicht der Privatermittler aus, die jedoch im Verhältnis zwischen einem Mitarbeiter und den internen Ermittlern bzw. dem Unternehmen als Auftraggeber nicht existiert. Das Verhältnis der Beteiligten ist rein zivilrechtlich geprägt, es ist nicht ersichtlich, weswegen strafprozessuale Belehrungsvorschriften bei Compliance-Befragungen verpflichtend sein sollten. Das vorgetragene Argument, aufgrund der Fürsorgepflicht gegenüber möglichen Beschuldigten müsse die Staatsanwaltschaft Einfluss auf die Ermittlungen nehmen und entsprechende Anleitungen für die interne Untersuchung des Unternehmens vorgeben, erfasst auch nur diejenigen

---

735 S. o. Sechstes Kapitel C) III) 1) d) (S. 161 f.).

736 Vgl. etwa BGHSt 44, 129 ff.

737 S. o Viertes Kapitel B) (S. 76 ff.).

738 S. o. Sechstes Kapitel B) II) (S. 132 ff.).

739 Sechstes Kapitel C) III) d) (S. 161 f.).

Fallkonstellationen, in denen die Strafverfolgungsbehörden Kenntnis von der unternehmensinternen Untersuchung haben. Denn nur dann wäre eine Pflicht zur Einflussnahme denklogisch möglich. Die in der Praxis ebenfalls weit verbreitete Variante, dass Unternehmen interne Sonderuntersuchungen (zunächst) ohne Einschaltung der Behörden durchführen, wird indessen nicht erfasst. Folgt man dennoch der Ansicht *Pfordtes* und unterstellt man, die Staatsanwaltschaften würden die Problemlage der Mitarbeiter bewusst ausnutzen, fehlt es wiederum, wie in der bereits dargelegten Konstellation der staatlich veranlassten Ermittlungstätigkeit Privater,[740] an einem Zurechnungstatbestand.

Ein umfassendes Beweisverwertungsverbot lässt sich auch nicht mit der Kommunikation zwischen Staatsanwaltschaft und internen Ermittlern begründen. Diese Ansicht *Kotteks*[741], die Abstimmung als „Mittäterschaft" oder „mittelbare Täterschaft" ermittlungstechnischer Art zu interpretieren, geht zu weit. Daran könnte allenfalls gedacht werden, wenn Staatsanwaltschaft und Privatermittler kollusiv zusammenwirken würden. Dann wiederum könnte das Handeln der internen Ermittler den Behörden auch zugerechnet werden. Die schlichte Abstimmung von privaten und staatlichen Ermittlungen, die im Übrigen auch den Regelfall in der Praxis darstellt,[742] reicht dafür nicht aus.

Demzufolge bleibt festzuhalten, dass bei internen Untersuchungen nur in den aufgezeigten extremen Einzelfällen ein Beweisverwertungsverbot analog § 136a Abs. 3 S. 2 StPO angenommen werden kann.

D) Lösungsansatz

Die „Unschärfe des nemo-tenetur-Prinzips"[743] führt schon in rein strafrechtlichen Sachverhalten dazu, dass die Einbeziehung völlig zwangsfrei zustande gekommener Selbstbelastungen in den Schutzbereichs des Grundsatzes gefordert wird.[744] Grund für die schwer zu fassenden Konturen des Prinzips ist insbesondere, dass es, abgesehen von Art. 14 Abs. 3 lit. g IPBR, lediglich mittelbar normiert ist, und folglich in verschiedenen Prinzipien des Verfassungsrechts verortet wird.[745]

---

740 S. o. Sechste Kapitel C) III) 2) c) (S. 165 ff.).
741 S. o. Sechste Kapitel C) III) 2) d) (S. 167 f.).
742 Siehe oben Fünftes Kapitel A) II) 5) (S. 102 ff.).
743 *Verrel*, NStZ 1997, 361 (365).
744 *Verrel*, NStZ 1997, 361 (365).
745 S. o. Sechstes Kapitel A) IV) (S. 127 ff.). Vgl. hierzu auch *Verrel*, NStZ 1997, 361 (365) m. w. N.

Im Privatrecht besteht auf den ersten Blick kaum Bedarf für „nemo tenetur", da es statt des Schutzes vor staatlicher Bestrafung im Regelfall um die Wahrung der eigenen Rechtsposition innerhalb eines Privatrechtsverhältnisses geht.[746] Trotzdem wird, wie die Diskussion in der Literatur zeigt, der Schutz vor Selbstbelastung auch für Auskunftsplichten im Zivilrecht gefordert und mit dem Verfassungsrang des Prinzips begründet. In der Tat ist die Weitergabe von Erkenntnissen aus Mitarbeiterbefragungen an die Strafverfolgungsbehörden eine bisher nicht bekannte Konstellation. Dies macht eine Neubewertung des Selbstbelastungsschutzes erforderlich.

I) Identifizierung der relevanten Fallkonstellationen

Die Thematik der Compliance-Befragungen im Rahmen von internen Untersuchungen umfasst eine große Zahl von teilweise sehr unterschiedlichen Einzelfällen. Die Motive für eine Compliance-Untersuchung in einem Unternehmen sind vielfältig, dazu kann die Situation der betroffenen Mitarbeiter nicht pauschal, sondern muss für jeden Einzelfall gesondert beurteilt werden. Dementsprechend kann die Annahme eines einheitlichen strafprozessualen Beweisverwertungsverbotes für Erkenntnisse aus Mitarbeiterbefragungen der Komplexität der Problemstellung nur schwer gerecht werden. Im Folgenden sind zunächst diejenigen Konstellationen zu identifizieren, in denen ein Beweisverwertungsverbot überhaupt geboten ist. Dies soll anhand von zwei Fallgruppen verdeutlicht werden:

> **Fallgruppe I:**
> Es besteht der Verdacht, dass in verschiedenen Geschäftsbereichen eines Unternehmens in großem Umfang Schmiergelder gezahlt wurden. Neben der Unternehmensleitung erlangen auch die Strafverfolgungsbehörden vom Korruptionsverdacht Kenntnis. Das Unternehmen kooperiert vollumfänglich mit der Staatsanwaltschaft und führt (auch) aus diesem Grund umfassende interne Ermittlungen durch, deren Ergebnisse der Staatsanwaltschaft übermittelt werden. Darunter befinden sich auch selbstbelastende Angaben von Mitarbeitern aus Compliance-Befragungen. Diese Erkenntnisse werden im Strafverfahren gegen die Mitarbeiter verwertet. Die gegen das Unternehmen durchgeführten Ermittlungen ergeben, dass die Schmiergeldzahlungen durch die defizitäre Compliance-Organisation des Unternehmens begünstigt waren. Deswegen wird gem. §§ 9, 30, 130 OWiG eine Unternehmensgeldbuße

746 *Maschmann*, in: Corporate Compliance und Arbeitsrecht, S. 149 (171).

festgesetzt. Die Kooperation mit der Staatsanwaltschaft und Unterstützung der Strafverfolgungsbehörden durch die internen Ermittlungen wird zugunsten des Unternehmens erheblich mildernd berücksichtigt.

Fallgruppe II:
Wie im Beispiel der **Fallgruppe I** erlangen die Unternehmensleitung sowie die Strafverfolgungsbehörden Kenntnis von möglicherweise gesetzwidrigem Verhalten innerhalb verschiedener Geschäftsbereiche eines Unternehmens. Die Unternehmensleitung beauftragt eine Rechtsanwaltskanzlei mit der Durchführung interner Ermittlungen, um etwaiges Fehlverhalten aufzuklären. Einzelne Pflichtverletzungen können, auch mittels Compliance-Befragungen, festgestellt werden. Daneben leitet die Staatsanwaltschaft Ermittlungsverfahren gegen Mitarbeiter des Unternehmens ein und eröffnet auch Verfahren gegen die Unternehmensleitung und das Unternehmen selbst. Das Unternehmen kooperiert während der Verfahren nicht mit den Strafverfolgungsbehörden. Die Staatsanwaltschaft durchsucht das Unternehmen und beschlagnahmt Unterlagen, darunter auch der Abschlussbericht der internen Untersuchung sowie die Interviewprotokolle. Nach Abschluss der Ermittlungen setzt die Staatsanwaltschaft eine Unternehmensgeldbuße wegen Verletzung der Aufsichtspflichten fest. Die Geldbuße wird mangels Unterstützung durch das Unternehmen nicht reduziert. In den Strafverfahren gegen die Mitarbeiter werden die Erkenntnisse aus den beschlagnahmten Unterlagen verwertet.

Die beiden Fallgruppen unterscheiden sich primär hinsichtlich der Kooperationsbereitschaft der beteiligten Unternehmen. In **Fallgruppe I** kooperiert das Unternehmen (vollumfänglich) mit der Staatsanwaltschaft, in **Fallgruppe II** hingegen nicht. Die Auswirkungen einer derartigen Kooperation sind jedoch tiefgreifend.

In den Fällen, in denen keine Kooperation des Unternehmens mit der Staatsanwaltschaft stattfindet (vgl. **Fallgruppe II**), herrschen durchwegs „Zwei-Personen-Verhältnisse“:

- Arbeitnehmer – Unternehmen
- Arbeitnehmer – Staatsanwaltschaft
- Unternehmen – Staatsanwaltschaft

In einer solchen „linearen“ Sachverhaltskonstellation ist ein Mitarbeiter dem Unternehmen im Rahmen einer Compliance-Befragung grundsätzlich umfassend zur Auskunft verpflichtet. Der Auskunftsanspruch umfasst auch selbstbelastende

Angaben.[747] Die Staatsanwaltschaft führt die Ermittlungen ohne fremde Unterstützung durch. Es besteht die Möglichkeit, innerhalb der Grenzen der §§ 97, 160a StPO die Berichte und Protokolle zu beschlagnahmen und auch zu verwerten. Daneben können Zeugen befragt werden. Ein Beweisverwertungsverbot kann allerdings regelmäßig nicht angenommen werden. Mag dieses Ergebnis auch unbefriedigend sein, unter konsequenter Berücksichtigung der geltenden Rechtslage lässt sich die Annahme eines generellen Beweisverwertungsverbotes dogmatisch nicht begründen. Grundsätzlich sind weder der nemo-tenetur-Grundsatz noch das fair-trial-Prinzip originär verletzt.[748] Nur in den dargelegten Ausnahmefällen kann die Art und Weise der Mitarbeiterbefragung gegen den fair-trial-Grundsatz sowie § 136a StPO verstoßen.[749] In diesen Konstellationen ist ein Beweisverwertungsverbot anzunehmen.

Ansonsten bleibt für die Annahme eines Beweisverwertungsverbotes kein Raum. Dies führt mitunter zu dem zugegebenermaßen unbefriedigenden Ergebnis, dass die Staatsanwaltschaft selbstbelastende Angaben von Mitarbeitern erlangt und diese auch verwerten darf.

Kooperiert jedoch das Unternehmen mit der Staatsanwaltschaft (vgl. **Fallgruppe I**), kann dies zu einer anderen Beurteilung führen. Vorangestellt ist zu erwähnen, dass auch in diesen Konstellationen ein Beweisverwertungsverbot wegen einer Verletzung des fair trial Grundsatzes bzw. aus § 136a StPO in den erwähnten Ausnahmefällen denkbar ist.[750] Daneben hat aber die Kooperation entscheidende Auswirkungen, da aus den an sich „linearen" Beziehungen ein „Dreiecks-Verhältnis" zwischen Mitarbeiter, Unternehmen und Staatsanwaltschaft wird:

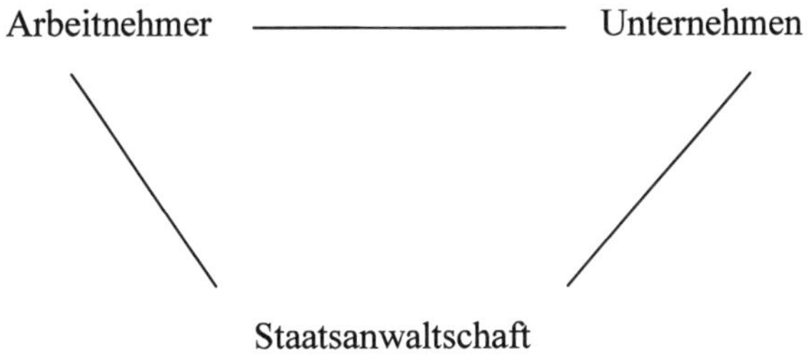

747 Ausführlich hierzu Sechstes Kapitel B) II) (S. 132 ff.).

748 Ausführlich hierzu Sechstes Kapitel C) III) 2) (S. 162 ff.).

749 Vgl. hierzu Sechstes Kapitel C) III) 2) a), d) (S. 162 ff., 167 ff.).

750 S. o. Sechstes Kapitel C) III) 2) a), d) (S. 162 ff., 167 ff.).

In der Praxis – so auch in den Fällen Siemens und MAN[751] – ist diese Art der Kooperation weit verbreitet.[752] Sie macht in publik gewordenen Fällen den Aufklärungswillen gegenüber der Öffentlichkeit und Geschäftspartnern deutlich und beugt so einem Reputationsverlust vor. Doch in noch größerem Maße profitieren die Unternehmen finanziell von der Zusammenarbeit. Erfahrungen aus der Praxis zeigen, dass Staatsanwaltschaften zu erheblichen Zugeständnissen bereit sind, wenn sich Unternehmen kooperativ zeigen und freiwillig intern ermitteln.[753] Kooperation führt regelmäßig zur Reduzierung der Unternehmensgeldbuße nach §§ 30, 130 OWiG sowie des abgeschöpften wirtschaftlichen Vorteils gem. §§ 30 Abs. 3 i. V. m. 17 Abs. 4 OWiG.[754] Die Staatsanwaltschaft München I erklärte im Bußgeldbescheid an die Siemens AG:

> *„Zugunsten der Siemens AG konnte erheblich mildernd berücksichtigt werden, dass sie während den Ermittlungen in außergewöhnlich großem Umfang mit den Ermittlungsbehörden kooperiert hat und ihnen jede Unterstützung bei der Aufklärung der Vorwürfe gewährt hat.“*[755]

Auch die Staatsanwaltschaft profitiert von der Kooperation des Unternehmens, denn die Strafverfolgungsbehörden haben nicht die Kapazitäten, Korruptionsfälle mit den Dimensionen von Siemens oder MAN selbstständig und zeitnah in der notwendigen Tiefe aufzuarbeiten. Dies bestätigte auch Oberstaatsanwältin *Bäumler-Hösl* im Rahmen einer Podiumsdiskussion auf der 8. NStZ-Jahrestagung. Nach ihren Angaben wurden im Fall Siemens Projektunterlagen, Verträge, Rechnungen und E-Mails an die Staatsanwaltschaft weitergegeben. *Bäumler-Hösl* bezeichnete die Kooperation des Unternehmens als „*total hilfreich*“. Gleiches gilt für den Fall MAN. Dort hätten die Datenmengen ein Aktenregal „*von mehr als zehn Kilometern Länge*“[756] ergeben. Doch nicht nur derartige Großverfahren sind geeignet die

---

751 S. o. Drittes Kapitel A) I), B) I) (S. 59, 64).

752 Vgl. hierzu auch *Leyendecker/Ott*, Wirtschaftsanwalt Feigen über Justiz: „Schauen Sie doch einfach mal in Kellerraum II…“, 29.06.2010, abzurufen unter www.sueddeutsche.de/wirtschaft/wirtschaftsanwalt-feigen-im-gespraech-neue-lust-am-strafrecht-1.966881 (Stand: 20.07.2013).

753 *Sahan*, in: Compliance-Diskussion, S. 95 (97).

754 So auch Kremer, in: FS Schneider, S. 701 (703); *Kuhlen*, in: Compliance und Strafrecht, S. 1 (8); *Sahan*, in: Compliance und Strafrecht, S. 171 (178); *Petermann*, Die Bedeutung von Compliance-Maßnahmen, S. 214 ff., 218 ff.

755 Vgl. Entwurf Bußgeldbescheid Siemens (Anhang K) (S. 267) S. 12, abzurufen unter www.siemens.com/press/pool/de/events/2008-12-PK/MucStaats.pdf (Stand: 20.07.2013). Vgl. hierzu auch Drittes Kapitel A) II) (S. 61 f.).

756 *Ott*, Lukrativer Deal, SZ vom 19./20.06.2010, S. 25.

zuständige Staatsanwaltschaft zu überlasten. Auch weniger umfangreiche Fälle stellen die Behörden vor beachtliche Herausforderungen hinsichtlich der Bewältigung.

Die Tatsache, dass sich eine Kooperation zwischen Unternehmen und Staatsanwaltschaft für beide Seiten „lohnt", führt zu einem Ungleichgewicht im „Dreiecks-Verhältnis" zu Lasten des betroffenen Arbeitnehmers:

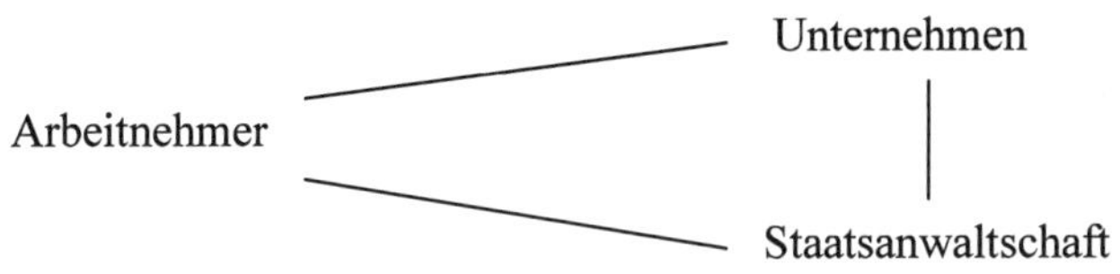

Diese Verschiebung der Kräfteverhältnisse veranschaulicht, dass der Schlüssel für die Annahme eines Beweisverwertungsverbotes bei internen Untersuchungen in der Rolle der Strafverfolgungsbehörden liegt. Der betroffene Arbeitnehmer steht nunmehr der kooperierenden „Einheit" von Unternehmen und Staatsanwaltschaft gegenüber.

Dabei ist das zeitliche Moment nicht das ausschlaggebende Kriterium. **Fallgruppe I** umfasst alle Fälle, in denen das Unternehmen mit den Behörden kooperiert, unabhängig davon, ob die Staatsanwaltschaft von Anfang an oder erst nachträglich involviert ist. Damit werden auch die praxisrelevanten Fälle erfasst, in denen die internen und staatsanwaltschaftlichen Ermittlungen parallel ablaufen und sich (teilweise) überschneiden. Dies ist geboten, da es auch vom Zufall abhängen kann, ob zuerst das Unternehmen oder zuerst die Staatsanwaltschaft Kenntnis von möglichen Gesetzesverstößen erlangt und Ermittlungen eingeleitet werden. Doch auch in diesen Fällen bleibt es bei der eben dargelegten Unterscheidung. Maßgeblich ist stets, ob durch eine Kooperation des Unternehmens eine Verschiebung der Kräfteverhältnisse herbeigeführt wird. Ist dies der Fall, ergibt sich die besondere Schutzwürdigkeit der Rechte der Arbeitnehmer, die im Rahmen der staatlichen Verwertung der Erkenntnisse zu berücksichtigen ist.

II) Beweisverwertungsverbot aus Art. 2 Abs. 1 i. V. m. Art. 1 Abs. 1 GG

1) Einordnung

Mangels ausdrücklicher gesetzlicher Regelung kommt in der hier zu beurteilenden Konstellation (Verwertbarkeit privat erlangter Beweismittel) nur ein selbstständiges verfassungsrechtliches Beweisverwertungsverbot in Betracht. An ein solches

Verwertungsverbot ist immer dann zu denken, wenn die Beweiserhebung an sich (straf-) verfahrenskonform abgelaufen ist oder die StPO keine ausdrückliche Regelung über die Beweisverwertbarkeit enthält.[757] Dies ist hier der Fall. Die StPO trifft eben keine Aussage darüber, wie mit zivilrechtlich geschuldeten, mitunter selbstbelastenden Auskünften nach einem Informationstransfer vom Auskunftsgläubiger in Richtung der Strafverfolgungsbehörden zu verfahren ist.

Wie bereits erörtert, erfolgt die Beweisgewinnung im Regelfall aufgrund der arbeitsrechtlichen Auskunftspflicht in rechtmäßiger Weise.[758] Auch in diesen Fällen kann ein Beweisverwertungsverbot geboten sein, da die Annahme eines Verwertungsverbotes nicht die Rechtswidrigkeit der Beweiserhebung voraussetzt.[759] Zudem ist es unbeachtlich, ob die Beweise durch staatliche Organe oder private Ermittler erhoben wurden.[760] Die Verwertung kann den Strafverfolgungsorganen im Einzelfall dann versagt sein, wenn durch die Verwertbarkeit von Beweismitteln gegen Obersätze des Grundgesetzes verstoßen würde.[761] Das BVerfG und der BGH mussten sich mit der Problematik in den sog. Tonbandentscheidungen[762] und der sog. Tagebuchentscheidung[763] wiederholt auseinandersetzen. Unabhängig von der Rechtmäßigkeit der privaten Beweisbeschaffung stütze der BGH das Beweisverwertungsverbot jeweils auf den verfassungsrechtlich nicht gerechtfertigten Grundrechtseingriff, den eine Verwertung der Beweismittel zur Folge gehabt hätte.[764] Das BVerfG wiederum entwickelte im Zusammenhang mit der Frage der Verwertbarkeit einer heimlichen Tonbandaufnahme die sog. Sphärentheorie.[765] Danach ist für die Verwertbarkeit maßgeblich, in welche Sphäre des Allgemeinen Persönlichkeitsrechts durch den Verwertungsakt eingegriffen wird.[766] Zu unterscheiden sind Eingriffe in die Intim-, Privat- und Sozialsphäre. Beweismittel, die in die Sozialsphäre eingreifen, sind danach grundsätzlich verwertbar, da das Persönlichkeitsrecht nur am Rande berührt ist. Bei einer Verletzung der Privatsphäre muss der Betroffene als Mitglied der Gemeinschaft Einschränkungen im Inter-

---

757 *Beulke*, Jura 2008, 653 (654 mit Fn. 13). Vgl. auch oben Sechstes Kapitel A) III) (S. 127 ff.).

758 S. o. Sechstes Kapitel B) II) (S. 132 ff.).

759 *Wewerka*, Internal Investigations, S. 263.

760 *Bockemühl*, Private Ermittlungen im Strafprozess, S. 116 f.

761 *Wewerka*, Internal Investigations, S. 263; BGHSt 14, 358 (364 f.); 19, 325 (331).

762 BVerfGE 34, 238 ff.; BGHSt 14, 358 ff.; 36, 167 ff.

763 BGHSt 19, 325 ff.

764 BGHSt 14, 358 (365); *Wewerka*, Internal Investigations, S. 264.

765 BVerfGE 34, 238 ff.; *Eisenberg*, Beweisrecht StPO, Rn. 385 ff.

766 *Wewerka*, Internal Investigations, S. 264.

esse der Allgemeinheit unter Umständen dulden.[767] Voraussetzung ist, dass das Strafverfolgungsinteresse das Individualinteresse überwiegt und der Verhältnismäßigkeitsgrundsatz gewahrt bleibt.[768] Beweismittel, die durch einen Eingriff in die Intimsphäre erlangt wurden, sind im Strafverfahren dagegen nicht verwertbar. Eine Verletzung des Kernbereichs privater Lebensgestaltung i. S. v. Art. 2 Abs. 1 i. V. m. Art. 1 Abs. 1 GG können selbst überwiegende Interessen der Allgemeinheit, wie z. B. ein gesteigertes staatliches Strafverfolgungsinteresse, nicht rechtfertigen. Folglich dürfen auch Verhältnismäßigkeitserwägungen keine Berücksichtigung finden.[769]

Im Ergebnis zeigt sich, dass Voraussetzung für die Annahme eines Beweisverwertungsverbotes zunächst ein Eingriff in grundrechtlich geschützte Interessen des Betroffenen ist. In einem zweiten Schritt ist dann abzuwägen, ob das staatliche Strafverfolgungsinteresse hinter den Interessen des Betroffenen zurücktreten muss.[770]

2) Auswirkungen einer Kooperation zwischen Unternehmen und Staatsanwaltschaft

Sowohl Mitarbeiterbefragungen im Rahmen einer internen Untersuchung als auch staatsanwaltschaftliche Ermittlungsmaßnahmen bzw. die Verwertung von Erkenntnissen im Strafverfahren weisen eine hohe Grundrechtsintensität auf. Beide Male geht es um selbstbelastende Angaben: Während eines Interviews belastet sich ein Mitarbeiter mitunter selbst, im Anschluss werden diese Angaben prozessual verwertet. Folglich ist das Allgemeine Persönlichkeitsrecht gem. Art. 2 Abs. 1 i. V. m. Art. 1 Abs. 1 GG, in welchem das nemo-tenetur-Prinzip neben dem Rechtsstaatsprinzip zu verorten ist,[771] in doppelter Hinsicht betroffen.

Im Gemeinschuldnerbeschluss hat das BVerfG ausdrücklich ausgeführt, dass Selbstbezichtigungen gerade wegen ihrer strafrechtlichen Auswirkungen einen schwerwiegenden Grundrechtseingriff darstellen. Demgemäß gehöre das Schweigerecht des Beschuldigten zu den anerkannten Grundsätzen im Strafprozess.[772] Es

767 *Eisenberg*, Beweisrecht StPO, Rn. 387.
768 BGHSt 34, 238 (249 f.).
769 BVerfGE 34, 238 (245).
770 Vgl. hierzu etwa BVerfGE 34, 345 (355 f.); BGHSt 24, 125 (130); *BGH* NJW 2001, 528 (529); *Beulke*, Strafprozessrecht, Rn. 458; *Jahn*, Gutachten C zum 67. DJT 2008, S. C20 (C79).
771 S. o. Sechstes Kapitel A) IV) (S. 129 ff.).
772 BVerfGE 56, 37 (43).

sei selbstverständlicher Ausdruck einer rechtsstaatlichen Grundhaltung, die auf dem Leitgedanken der Achtung der vor der Menschenwürde beruhe.[773]

Ein originärer Verstoß gegen den Grundsatz der Selbstbelastungsfreiheit ist hier jedoch, mangels staatlichen Zwangs, nicht gegeben.[774] Trotzdem muss auch der vorliegende Fall mit der vom BVerfG proklamierten, elementaren Wichtigkeit des Selbstbelastungsschutzes im Einklang stehen.

Wie bereits erläutert ändern sich in Fällen der Kooperation zwischen Unternehmen und Staatsanwaltschaft die Verhältnisse zwischen den Beteiligten. Zu prüfen bleiben die Auswirkungen der Kooperation. Hierbei ist insbesondere zu klären, ob die Vorteile für das Unternehmen und die Staatsanwaltschaft unmittelbar mit Nachteilen für einen betroffenen Arbeitnehmer verbunden sind. Auf der einen Seite bietet ein von der Staatsanwaltschaft in Aussicht gestellter Strafrabatt großen Anreiz, interne Ermittlungen durchzuführen. Die Unternehmen wissen jedoch, dass die Staatsanwaltschaft halbherzige Ermittlungen nicht akzeptieren wird.[775] Nur umfassende und gründlich durchgeführte interne Untersuchungen können zu einem Strafrabatt führen. Folglich wird im Unternehmensinteresse „schonungslos ermittelt" und Arbeitnehmer sehen sich in Mitarbeiterbefragungen mit dem Problem der Selbstbelastung konfrontiert. Aufgrund der umfassenden arbeitsrechtlichen Auskunftspflicht besteht mitunter eine Pflicht zur Selbstbelastung.[776] Dies wiederum wird von den Unternehmen hingenommen, um den Anforderungen der Staatsanwaltschaft an die internen Ermittlungen zu genügen. Somit führt der Vorteil auf Seiten des Unternehmens unmittelbar zu einem Nachteil für den Arbeitnehmer. Auf der anderen Seite enthalten die Berichte, Unterlagen und Dokumente, welche die Staatsanwaltschaft vom Unternehmen erhält, auch eben jene selbstbelastende Angaben von Mitarbeitern, die die Strafverfolgungsbehörden entweder gar nicht, oder nur mit erheblichem Ermittlungsaufwand erlangt hätten. Denn bei einer Vernehmung durch die Staatsanwaltschaft wäre der Arbeitnehmer als Beschuldigter gem. § 136 Abs. 1 S. 2 StPO über sein Schweigerecht zu belehren. Ersichtlich geht auch der Kooperationsvorteil der Staatsanwaltschaft einseitig zu Lasten des Arbeitnehmers.

---

773 BVerfGE 38, 105 (113); BVerfGE 56, 37 (43); BGHSt 14, 358 (364).

774 S. o. Sechstes Kapitel C) III) 2) b) (S. 64 f.).

775 *Neuhaus*, in: Die Finanzkrise, S. 348 (357).

776 S. o. Sechstes Kapitel B) II) (S. 132 ff.). Aufgrund der arbeitsrechtlichen Auskunftspflicht ist ein Rückgriff auf die Grundsätze der rechtswidrigen Erlangung von Beweismitteln durch Private nicht möglich. Vgl. hierzu BGHSt 34, 39 (52); *Eisenberg*, StPO, Rn. 395 ff., 402; *Theile* StV 2011, 381 (385).

Es wird deutlich, dass die nachteiligen Auswirkungen für den Arbeitnehmer die Kehrseite der Vorteile sind. Getrennt voneinander betrachtet sind beide Konstellationen nicht zu beanstanden. Vielmehr ist dies schlicht das Ergebnis der Anwendung geltenden Rechts. Treffen sie jedoch zusammen, begegnet die einseitige Risikoverlagerung erheblichen Bedenken. Das Unternehmen agiert nun – untechnisch gesprochen – als „verlängerter Arm" der Strafverfolgungsbehörden. Die Strafverfolgungsorgane machen sich die Motive des Unternehmens auf Kosten des Persönlichkeitsrechts des Arbeitnehmers zu eigen und „belohnen" das Unternehmen mit einem Strafrabatt. Dies ist nicht zu verwechseln mit der „Zurechnungskonstruktion" der Rechtsprechung und Literatur, nach der insbesondere die analoge Anwendung § 136a StPO möglich sein soll, wenn das Verhalten der privat ermittelnden Personen dem Staat zurechenbar ist.[777] Eine unmittelbare Zurechnung setzt aber voraus, dass das Handeln der Privatperson direkt staatlich veranlasst war, beispielsweise durch einen gezielten Ausforschungsauftrag der ermittelnden Behörden.[778] Hier hingegen sind die Ermittlungen durch das Unternehmen nicht unmittelbar staatlich veranlasst, sondern vielmehr nur mittelbare Folge der dem Unternehmen in Aussicht gestellten bzw. vom Unternehmen erwarteten, gemilderten Sanktion. Dennoch ist die Ähnlichkeit der Fallgestaltungen nicht zu leugnen. Zwar fehlt die direkte Veranlassung, die conditio sine qua non zur Unverwertbarkeit führen kann. Gleichwohl lässt sich ein Kausalzusammenhang beobachten, da für die ermittelnden Behörden die unternehmensinternen Aufklärungsbemühungen bei zugesagter oder angestrebter Kooperation vorhersehbar sind. Die Vorteile von Kooperationen überwiegen so deutlich, dass sie in der Praxis der Regelfall sind.[779] Soweit ersichtlich ist kein Fall öffentlich bekannt, in dem ein Unternehmen auf die Zusammenarbeit verzichtet hätte.

Darüber hinaus ist mit der Weitergabe der Erkenntnisse zwangsläufig auch eine Zweckentfremdung der Informationen verbunden: Zunächst aufgrund einer arbeitsrechtlichen Pflicht gemachte Auskünfte erhalten einen strafrechtlichen Informationszweck.[780] Bereits im Gemeinschuldnerbeschluss sah *Heußner* in

---

777 Vgl. hierzu etwa BGHSt 34, 39 (52); *Beulke*, Jura 2008, 653 (662); *Jahn*, Gutachten C zum 67. DJT 2008, S. C20 (C100 ff.); *ders.*, StV 2009, 41 (45). Vgl. hierzu auch oben, Sechstes Kapitel C) III) 2) c), d) (S. 165 ff.).

778 *Beulke*, Jura 2008, 653 (662).

779 Vgl. oben Sechstes Kapitel D) I) (S. 168 ff.).

780 *Theile*, StV 2011, 381 (385).

seinem Sondervotum allein in dieser Zweckentfremdung einen unverhältnismäßigen Eingriff in das Allgemeine Persönlichkeitsrecht des Betroffenen.[781]

Es bleibt festzuhalten, dass die Verwertung selbstbelastender Angaben, die ein Unternehmen in Fällen der Kooperation mit der Staatsanwaltschaft mittels interner Ermittlungen erlangt hat, das Allgemeine Persönlichkeitsrecht des betroffenen Arbeitnehmers in doppelter Hinsicht verletzt.

3) Kompensation der doppelten Persönlichkeitsrechtsverletzung

Entscheidend ist nun, wie die doppelte Persönlichkeitsrechtsverletzung im Verhältnis zum öffentlichen Strafverfolgungsinteresse abzuwägen ist.

Mehrfach schon hat das BVerfG das öffentliche Interesse an einer möglichst vollständigen Wahrheitsermittlung betont, dazu hat das Gericht die Aufklärung schwerer Straftaten als wesentlichen Auftrag eines rechtsstaatlichen Gemeinwesens bezeichnet.[782] In Deutschland haben unter anderem die Fälle Siemens und MAN gezeigt, welches Ausmaß Wirtschaftskriminalität annehmen kann. Dazu wurde deutlich, wie schwierig umfangreiche Geschäftsvorgänge und Strukturen in weltweit agierenden Konzernen zu ermitteln sind. Insoweit streiten neben den potentiell großen Vermögenswerten und -schäden insbesondere auch das zu schützende Vertrauen in den Wettbewerb für das öffentliche Strafverfolgungsinteresse.

Zu beachten ist allerdings, dass die Durchsetzung des staatlichen Strafanspruchs kein um jeden Preis gerechtfertigter Selbstzweck ist. Die Legitimität dieses Anspruchs hängt vielmehr entscheidend davon ab, inwieweit der Staat die verfassungsrechtlich garantierten Rechte des Betroffenen respektiert.[783] Eben dies ist hier zweifelhaft, denn für das Ziel einer effektiven Strafverfolgung werden mitunter selbstbelastende Erkenntnisse verwertet, die ein Unternehmen und nicht die Staatsanwaltschaft ermittelt hat. In Kooperationsfällen werden die Informationen sogar „für“ die Strafverfolgungsbehörden ermittelt. Es wird, wie bereits dargelegt, zwar nicht per se gegen den Grundsatz der Selbstbelastungsfreiheit verstoßen. Durch diese Vorgehensweise nehmen die Behörden aber eine Umgehung des Selbstbelastungsschutzes hin. Dies wiederum kollidiert mit dem Menschenwürdegehalt des nemo-tenetur-Satzes.

---

781 BVerfGE 56, 37 (53); zustimmend *Theile*, StV 2011, 381 (385).

782 Vgl. etwa BVerfGE 33, 367 (383); 38, 105 (115 f.); 38, 312 (321); 41, 246 (250); 44, 353 (374).

783 *Theile*, StV 2011, 381 (385).

Ferner ist zu beachten, dass sich aus den Grundrechten des Grundgesetzes auch Schutzpflichten des Staates gegenüber dem einzelnen Bürger ergeben, und nicht nur Abwehrrechte des Bürgers gegen staatliche Eingriffe.[784] Werden selbstbelastende Angaben strafprozessual verwertet, ist das mit der staatlichen Schutzpflicht nicht in Einklang zu bringen. Ganz im Gegenteil, der Staat müsste das Persönlichkeitsrecht der Betroffenen vor einer weiteren Verletzung bewahren, anstatt eine Unterwanderung grundgesetzlich garantierter Beschuldigtenrechte in Kauf zu nehmen.

Folglich überwiegen im Ergebnis die schützenswerten Interessen des Einzelnen das öffentliche Strafverfolgungsinteresse. Die doppelte Persönlichkeitsrechtsrechtsverletzung ist mit einem selbstständigen verfassungsrechtlichen Beweisverwertungsverbot aus Art. 2 Abs. 1 i. V. m. Art. 1 Abs. 1 GG zu kompensieren. Es ist als Mittel zur Gewährleistung individueller Freiheitsrechte das notwendige Instrument, um die verfassungsrechtlichen Rechtspositionen des betroffenen Arbeitnehmers zu schützen und zu sichern.[785]

4) Interessenausgleich infolge des Beweisverwertungsverbotes

Durch die Annahme eines Beweisverwertungsverbotes gelingt ein sachgerechter Ausgleich der kollidierenden Interessen im „Dreiecksverhältnis“ zwischen Arbeitnehmer, Unternehmen und Staatsanwaltschaft.

Auf Seiten des Arbeitnehmers bleibt die umfassende Auskunftspflicht gegenüber dem Unternehmen bestehen.[786] Das Verwertungsverbot verhindert die faktische Umgehung des nemo-tenetur-Grundsatzes durch die Staatsanwaltschaft, demgemäß entfällt die doppelte Persönlichkeitsrechtsverletzung.

Auf Unternehmensseite wird das Interesse an einer effizienten Aufklärung von Compliance-Verstößen nicht beeinträchtigt, da sich durch ein Beweisverwertungsverbot im Verhältnis zwischen Unternehmen und Arbeitnehmer nichts ändert. Wie eben erwähnt bestehen die arbeitsrechtlichen Mitwirkungspflichten fort. Um gegenüber den Ermittlungsbehörden zu demonstrieren, dass ein Interesse an einer lückenlosen Aufklärung besteht und Missstände im Unternehmen nicht geduldet werden, ist eine Kooperation mit den Strafverfolgungsbehörden weiter möglich. Zusätzlich zu Zwischen- und Abschlussberichten, Verträgen, E-Mails und anderen

---

784 Vgl. hierzu etwa *Richardi*, in: MünchArbR, § 12 Rn. 13.

785 *Dingeldey*, NStZ 1984, 529 (531); *Beulke*, Strafprozessrecht, Rn. 454.

786 Vgl. oben Sechstes Kapitel B) II) (S. 132 ff.).

Unterlagen können auch die Protokolle der Befragungen den Behörden weiterhin zur Verfügung gestellt werden.

Das öffentliche Strafverfolgungsinteresse ist schließlich ebenfalls nicht unverhältnismäßig beeinträchtigt. Eine effektive Beweisführung ist trotz Beweisverwertungsverbot gewährleistet. Die durch kooperative Unternehmen durchgeführten Untersuchungen bleiben wertvolle Unterstützungshandlungen. Die Grenzen, die sich hinsichtlich der Verwertbarkeit der Erkenntnisse ergeben, sind als Folge der Kooperation gerechtfertigt. Insoweit ist ausschlaggebend, dass es ausschließlich die Entscheidung der Staatsanwaltschaft ist, dem Unternehmen eine Kooperation anzubieten. Sie könnte zweifelsohne auf die „Internal Investigations" verzichten und originär selbst ermitteln, mit der Folge, dass die gewonnenen Erkenntnisse dann grundsätzlich vollständig verwertbar sind. Nehmen die Behörden die Ermittlungshilfe aber an, ist dies neben den erheblichen Vorteilen eben auch mit dem „Nachteil" des Verwertungsverbotes verbunden. In beiden Fällen bleibt die Staatsanwaltschaft „Herrin des Ermittlungsverfahrens".

5) Fernwirkung des Beweisverwertungsverbotes

Die Problematik der Fernwirkung von Beweisverwertungsverboten wird von Judikatur und Schrifttum unterschiedlich beurteilt. Die Rechtsprechung lehnt eine Fernwirkung mitunter grundsätzlich ab, und auch in der Literatur ist die Frage umstritten.[787] Der BGH hat bislang nur im Fall des damaligen § 7 Abs. 3 des Gesetzes zu Art. 10 GG einem Verwertungsverbot Fernwirkung attestiert.[788]

Nach zutreffender Ansicht in der Literatur ist für die Frage der Fernwirkung eine Gesamtabwägung durchzuführen.[789] Hauptabwägungskriterien sind insoweit die Schwere des Verstoßes einerseits und das staatliche Strafverfolgungsinteresse andererseits.[790] Nun besteht hier die Besonderheit, dass diese Kriterien bereits bei der Herleitung des Beweisverwertungsverbotes in die Abwägung einzustellen waren: In Fällen der Kooperation zwischen Unternehmen und Staatsanwaltschaft hat das Strafverfolgungsinteresse zurückzutreten, um die doppelte Persönlichkeitsrechtsverletzung auf Seiten des Arbeitnehmers zu

787 Vgl. etwa BGHSt 27, 355 (358); 29, 244 (247); 32, 68 (71); 34, 362 (364); *OLG Köln* NZV 2001, 137 f.; *Beulke*, Strafprozessrecht, Rn. 482 f.; *ders.*, ZStW 103 (1991), 657 ff.; *Rogall*, NStZ 1988, 385 ff.; *Neuhaus*, NJW 1990, 1221 ff.; *Trüg/Habetha*, NStZ 2008, 481 ff.

788 BGHSt 29, 244 (247).

789 Vgl. *Beulke*, Strafprozessrecht, Rn. 482.

790 *Eisenberg*, StPO, Rn. 408.

kompensieren.[791] Auf Grundlage der obigen Argumentation kann bei der Frage der Fernwirkung nichts anderes gelten. Ein abweichendes Abwägungsergebnis an dieser Stelle wäre widersprüchlich, weswegen vorliegend von einer Fernwirkung des Beweisverwertungsverbotes aus Art. 2 Abs. 1 i. V. m. Art. 1 Abs. 1 GG auszugehen ist.[792]

Darüber hinaus ist folgende Überlegung von entscheidender Bedeutung: Würde man dem Beweisverwertungsverbot keine Fernwirkung zusprechen, wäre es faktisch wirkungslos. Die ermittelnden Behörden müssten zwar auf die direkte Verwertung der Erkenntnisse aus den Compliance-Befragungen verzichten, sie könnten die Informationen jedoch ohne weiteres auf anderem Weg erlangen. Einerseits könnte die Staatsanwaltschaft auf Zeugen zurückgreifen. Eine Vernehmung der internen Ermittler, die die Befragungen durchgeführt haben, würde ähnlich belastbares Beweismaterial liefern wie etwa die Befragungsprotokolle selbst. Andererseits wird zudem richtigerweise darauf hingewiesen, dass im Rahmen interner Ermittlungen immense Datenmengen produziert werden.[793] Dürften die Erkenntnisse aus den Mitarbeiterbefragungen gleichwohl als Ermittlungsansatz für die Staatsanwaltschaft dienen, würden sich zahllose neue Ansatzpunkte ergeben.[794] Der zunächst durch das Verwertungsverbot gewährte Schutz würde weitgehend leer laufen und es bliebe bei der unverhältnismäßigen mehrfachen Persönlichkeitsrechtsverletzung.

Aus der Fernwirkung des Beweisverwertungsverbotes resultiert auch keine unangemessene Privilegierung des Arbeitnehmers. Es besteht zwar die Möglichkeit, dass sich ein Betroffener durch seine Aussage im Rahmen der internen Untersuchung gegenüber der Strafverfolgung immunisieren und auch die drohenden zivilrechtlichen Folgen umgehen könnte, falls das Unternehmen zusätzlich eine Mitarbeiteramnestie anbietet.[795] Jedoch ist zu beachten, dass eine Amnestieregelung im Ermessen des Unternehmens steht und grundsätzlich zulässig ist.[796] Außerdem

791 Sechstes Kapitel D) II) 3) (S. 178 f.).

792 So auch *Böhm*, WM 2009, 1923 (1926 ff.); *Wastl/Litzka/Pusch*, NStZ 2009, 68 (73); *Theile*, StV 2011, 381 (385 f.); zustimmend *Kottek*, Kooperation von Unternehmen, S. 180 f. *Böhm* und *Theile* vertreten insoweit ein Verwendungsverbot. Weiterführend zur Unterscheidung der Begriffe Verwertungs- und Verwendungsverbot vgl. *Danckert*, ZRP 2000, 476 (478); *Hefendehl*, wistra 2003, 1 (3); *Püschel*, in: FS Arbeitsgemeinschaft Strafrecht DAV, S. 759 (763 f.); *Bader*, NZI 2009, 416 (417).

793 *Theile*, StV 2011, 381 (386).

794 *Theile*, StV 2011, 381 (386); *Gerst*, CCZ 2012, 1 (3).

795 *Böhm*, WM 2009, 1923 (1929); *Theile*, StV 2011, 381 (386).

796 S. o. Fünftes Kapitel C) (S. 107 ff.).

wird die Strafverfolgung durch ein fernwirkendes Verwertungsverbot nicht gänzlich unmöglich gemacht. Nur solche Erkenntnisse, die durch die Erkenntnisse aus der Mitarbeiterbefragung gewonnen wurden, unterliegen dem Verwertungsverbot.[797] Demnach ist allenfalls in Ausnahmefällen zu befürchten, dass Mitarbeiter unberechtigterweise weder zivil- noch strafrechtlichen Sanktionen ausgesetzt sind.[798]

6) Einschränkung

Abschließend ist zu klären, in welchen Fällen das fernwirkende Beweisverwertungsverbot einer Einschränkung bedarf.

Zunächst kann ein betroffener Arbeitnehmer einer Verwertung der Erkenntnisse zustimmen. Die Entscheidung über die Verwertbarkeit der Auskünfte obliegt dann ihm selbst. Damit geht einher, dass das strukturelle Ungleichgewicht im „Dreiecksverhältnis" zwischen Arbeitnehmer, Unternehmen und Staatsanwaltschaft entfällt. Der durch das Verwertungsverbot intendierte Schutz des Persönlichkeitsrechts ist in diesen Konstellationen nicht notwendig, folglich sind die Angaben des Arbeitnehmers vollumfänglich verwertbar.

Daneben ist eine Einschränkung des Verwertungsverbots mitunter dann geboten, wenn der Arbeitnehmer freiwillig Auskunft erteilt.[799] Im Unterschied zu einer nachträglichen Zustimmung sind die Konstellationen gemeint, in denen sich der Arbeitnehmer bereits freiwillig offenbart. Zu beachten ist, dass eine freiwillige Auskunftserteilung mit den arbeitsrechtlichen Auskunfts- und Mitwirkungspflichten nicht immer vereinbar ist. Möchte der Arbeitgeber seinen umfassenden Auskunftsanspruch gegen den Arbeitnehmer im Rahmen einer internen Ermittlung geltend machen, bleibt für eine freiwillige Auskunftserteilung kein Raum. Die Möglichkeit der freiwilligen Offenbarung kann sich jedoch daraus ergeben, dass der auskunftsberechtigte Arbeitgeber seinen Anspruch einschränkt. Dadurch verzichtet der Arbeitgeber auf seinen ursprünglich umfassenden Anspruch. Erteilt der Arbeitnehmer dennoch Auskunft, geschieht dies freiwillig. Daneben können Auskünfte im Rahmen einer Amnestieregelung freiwillig sein. Dies resultiert schon aus der Rechtsnatur der Mitarbeiteramnestie, die als vertragliche Vereinbarung zu qualifizieren ist.[800] Der Arbeitnehmer ist nicht verpflichtet, ein Amnestieangebot

---

797 *Eisenberg*, StPO, Rn. 403.
798 *Böhm*, WM 2009, 1923 (1929); *Theile*, StV 2011, 381 (386).
799 So auch *Böhm*, WM 2009, 1923 (1929); *Beulke*, Strafprozessrecht, Rn. 481.
800 S. o. Fünftes Kapitel C) III) 1) (S. 109 f.).

anzunehmen. Nimmt er es aber an und erteilt Auskunft, offenbart er sich dadurch freiwillig.

Voraussetzung ist in beiden Fällen, dass die Freiwilligkeit der Auskunftserteilung auf einem echten Wahlrecht des Arbeitnehmers beruht.[801] Ein derartiges Wahlrecht ist an zwei Bedingungen geknüpft: Der Arbeitnehmer ist ausdrücklich davon in Kenntnis zu setzen, dass er entweder Auskünfte erteilen kann oder auch nicht. Darüber hinaus ist dem Arbeitnehmer mitzuteilen, dass ihm aus einer unterlassenen Auskunftserteilung keine weiterführenden Nachteile erwachsen. Dies gilt insbesondere für Auskünfte, die im Rahmen einer Amnestieregelung getätigt werden. Im Ergebnis ist das Persönlichkeitsrecht des Arbeitnehmers – parallel zu dem Fall, dass der Verwertung zugestimmt wird – hinreichend geschützt: Die Entscheidung über die Verwertbarkeit liegt beim Arbeitnehmer. Konsequenterweise ist somit von einer vollumfänglichen Verwertbarkeit auszugehen.

Das Gebot der Freiwilligkeit führt demnach zu einer mittelbaren Belehrungspflicht: Nur wenn der Arbeitnehmer im Rahmen der Befragung auf die Freiwilligkeit seiner Mitwirkung hingewiesen wird, können (von Anfang an) verwertbare Beweismittel geschaffen werden. In allen anderen Fällen ist die Verwertbarkeit von der Zustimmung des Arbeitnehmers abhängig.

Damit hat die Staatsanwaltschaft ein eigenes, originäres Interesse an einer Belehrung des betroffenen Arbeitnehmers durch das Unternehmen.

801 So auch *Beulke*, Strafprozessrecht, Rn. 481.

Ergebnisse der Arbeit

- Compliance umfasst als originäre Aufgabe der Unternehmensleitung die Einrichtung von Organisationsstrukturen, Prozessen und Systemen, um regelkonformes Verhalten zu erreichen, zu kontrollieren und durchzusetzen.
- Eine einheitliche Rechtsgrundlage, die explizit die Einrichtung einer Compliance-Organisation oder die Durchführung von Compliance-Ermittlungen für alle Unternehmen vorschreibt, existiert im deutschen Recht nicht. Neben § 130 OWiG als sog. „Compliance-Tatbestand" statuieren spezialgesetzliche Organisationsnormen Teilbereiche der Compliance (insbes. § 91 Abs. 2 AktG; § 25a KWG; § 33 Abs. 1 WpHG i. V. m. § 25a KWG).
- Es besteht keine allgemeine Rechtspflicht zur Compliance.
- Corporate Governance beschreibt den rechtlichen und faktischen Ordnungsrahmen für die Leitung und Überwachung eines Unternehmens. Compliance ist Teil der Corporate Governance.
- In Deutschland fehlen unabhängige, kodifizierte Compliance-Standards. Dies führt zu einer nicht unerheblichen Rechtsunsicherheit hinsichtlich der praktischen Umsetzung.
- Zu den unverzichtbaren Mindeststandards eines Compliance-Systems gehören die Selbstverpflichtung der Unternehmensleitung, der Verhaltenskodex sowie die eigentliche Compliance-Organisation.
- Eine Compliance-Organisation besteht aus präventiven Maßnahmen, Instrumentarien zur Identifikation von Compliance-Verstößen und der Reaktion auf Fehlverhalten. Hinzu kommen strukturelle und organisatorische Maßnahmen, die die Funktionalität der Compliance-Organisation gewährleisten.
- Die Thematik Compliance hat ihren Ursprung in den USA. Die wichtigsten Rechtssetzungsakte sind der FCPA, der SOX und die *Federal Sentencing Guidelines*. Aufgrund des weiten Anwendungsbereichs und der potentiell existenzbedrohenden Strafen können diese Gesetze für deutsche Unternehmen von essentieller Bedeutung sein.
- Es ist zu unterscheiden zwischen arbeitsrechtlicher Compliance und dem Einfluss arbeitsrechtlicher Normen und Prinzipien auf Compliance. Arbeitsrechtliche Compliance umfasst die Befolgung der einschlägigen arbeitsrechtlichen Normen sowie die Umsetzung und Implementierung von Compliance-Regeln.

- Im Falle eines Compliance-Verstoßes hat der Arbeitgeber die angemessene Sanktionsmaßnahme zu treffen. Je nach Schwere des Verstoßes steht hierfür der gesamte arbeitsrechtliche Maßnahmenkatalog bis hin zur einseitigen Beendigung des Arbeitsverhältnisses zur Verfügung.
- Private Ermittlungen in Unternehmen sind grundsätzlich zulässig. Insbesondere kollidiert die Ermittlungstätigkeit Privater nicht mit der Offizialmaxime, nach der die Strafverfolgung grundsätzlich dem Staat und nicht dem einzelnen Bürger obliegt.
- Interne Ermittlungsmaßnahmen weisen eine hohe Grundrechtsintensität auf und finden regelmäßig ihre Grenzen im Grundrechtsschutz der betroffenen Arbeitnehmer. Daneben ist das BDSG aufgrund des vielfältigen Einsatzes elektronischer Datenverarbeitung und moderner Kommunikationsmittel im Rahmen von internen Ermittlungen von großer Bedeutung.
- Der Maßnahmenkatalog bei internen Ermittlungen umfasst insbesondere die Überwachung und Auswertung der Telekommunikation, der E-Mail- und Internetkommunikation, die Auswertung von Briefen, die visuelle Überwachung sowie die Auswertung geschäftlicher Unterlagen.
- Eine inhaltliche Kontrolle von Telefongesprächen ist regelmäßig unzulässig, während die Überwachung und Auswertung peripherer Telefondaten grundsätzlich als zulässig erachtet werden können.
- Bei der Überwachung und Auswertung der E-Mail- und Internetkommunikation ist zwischen der Art der Nutzung zu differenzieren. Hat der Arbeitgeber nur die dienstliche Nutzung des betrieblichen E-Mail-Accounts gestattet, bieten sich umfangreiche Kontrollmöglichkeiten. Die Zulässigkeit einzelner Maßnahmen ist an § 32 BDSG zu messen. Sowohl eine Kontrolle der Verbindungsdaten als auch eine inhaltliche Kontrolle sind im Regelfall aufgrund der überwiegenden Interessen des Arbeitgebers gerechtfertigt. Dürfen betriebliche E-Mail-Accounts auch privat genutzt werden, sind die Kontrollmöglichkeiten eingeschränkt. Sie sind kaum in zulässiger Weise durchzuführen sind. Das TKG findet im Verhältnis zwischen Arbeitgeber und Arbeitnehmer Anwendung, weswegen der Arbeitgeber zur Wahrung des Fernmeldegeheimnisses nach § 88 TKG verpflichtet ist.
- Geschäftspost darf im Rahmen von internen Ermittlungen umfassend gesichtet und inhaltlich ausgewertet werden. Bei ersichtlich als privat einzustufender Post besteht die Gefahr einer Strafbarkeit gem. § 202 StGB.
- Bei der Zulässigkeit der visuellen Überwachung ist zwischen offener und heimlicher Videoüberwachung sowie öffentlich zugänglichen und nicht öffentlich zugänglichen Räumlichkeiten zu differenzieren. In öffentlich zugänglichen

Räumen ist die Zulässigkeit an § 6b BDSG zu messen, in nicht öffentlich zugänglichen Räumen an § 32 BDSG. Zur Prüfung der Rechtmäßigkeit offener und verdeckter Überwachung wurden durch die Rechtsprechung verschiedene Abwägungskriterien entwickelt, um das Persönlichkeitsrecht des Arbeitnehmers zu schützen. Eine offene visuelle Überwachung kann etwa zur Aufklärung von Straftaten bei konkretem Verdacht erfolgen. Eine heimliche Überwachung muss für den Arbeitgeber praktisch das einzig noch verbleibende Mittel darstellen.

- Geschäftliche Unterlagen dürfen als unternehmenseigene Dokumente grundsätzlich umfassend gesichtet und ausgewertet werden.
- Im Rahmen von Compliance-Ermittlungen sind Mitarbeiterbefragungen ein besonders effektives Instrument, um Verstöße oder Fehlverhalten aufzuklären. Insbesondere in Kombination mit Amnestieregelungen kann die Aufklärung von Compliance-Verstößen hierdurch beschleunigt werden.
- In den Fällen Siemens und MAN weisen die Mitarbeiterbefragungen teils signifikante Unterschiede auf, die der Beteiligung der US-amerikanischen Behörden und der damit verbundenen Mandatierung der Kanzlei Debevoise geschuldet sind. Namentlich wurden im Fall Siemens die sog. Interviews nicht wörtlich protokolliert, ebenso wurde auf eine Gegenzeichnung verzichtet. Auch die Weitergabe der in den Befragungen gewonnenen Erkenntnisse wurde unterschiedlich gehandhabt. Im Fall MAN wurde explizit darauf hingewiesen, dass die gemachten Auskünfte an die Ermittlungsbehörden weitergegeben werden. Dies konnte im Fall Siemens nicht festgestellt werden.
- Die Ermittlungstätigkeit ausländischer Privatpersonen wie im Fall Siemens ist zulässig und grundsätzlich auch rechtmäßig. Solange ausländische Behörden die Unabhängigkeit der privaten Ermittlungspersonen nicht gefährden, ist keine Umgehung des internationalen Rechtshilfeverkehrs anzunehmen.
- Unter Amnestieregelung ist die Bereitschaft eines Unternehmens zu verstehen, trotz Fehlverhalten eines Arbeitnehmers auf bestimmte zivil- und arbeitsrechtliche Konsequenzen zu verzichten, falls festgesetzte Voraussetzungen nach Ansicht des Unternehmens erfüllt sind. Ein Amnestieangebot, d. h. die in Aussicht gestellten Zusagen des Unternehmens, soll einen Anreiz zur Offenbarung schaffen. Wesentliche Elemente einer Amnestieregelung sind der Verzicht auf Schadensersatzansprüche und arbeitsrechtliche Konsequenzen (insbes. Kündigung).
- Rechtlich handelt es sich bei einem Amnestieangebot um das Angebot zum Anschluss einer Stillhaltevereinbarung oder eines Erlassvertrages gem. § 397 BGB. Die genaue Einordnung der rechtlichen Konstruktion kann Auswirkungen auf eine mögliche Haftung des amnestierten Mitarbeiters als Gesamtschuldner haben.

- Grundsätzlich ist zwischen General- und Spezialamnestie zu unterscheiden. Daneben kann wegen § 276 Abs. 3 BGB nicht auf zukünftige Sachverhalte erstrecken.
- Eine Ausdehnung des Amnestieangebots auf Vorstandsmitglieder einer AG scheitert an § 93 Abs. 4 S. 3 AktG. Hiernach kann eine Aktiengesellschaft nur unter bestimmten Voraussetzungen auf einen Ersatzanspruch gegenüber einem Vorstand verzichten oder sich über einen solchen vergleichen.
- Die Zusage der Unternehmensleitung im Rahmen eines Amnestieangebots auf Schadensersatzansprüche zu verzichten, begründet regelmäßig keine Ersatzpflicht der Vorstandsmitglieder gem. § 93 Abs. 2 AktG, da die Durchführung interner Ermittlungen und somit auch das Amnestieprogramm im Unternehmensinteresse erfolgen. Aufgrund der sog. Business Judgement Rule gem. § 93 Abs. 1 S. 2 AktG wird unwiderlegbar vermutet, dass keine Pflichtverletzung vorliegt, wenn das Leitungsorgan vernünftigerweise annehmen durfte, zum Wohle der Gesellschaft zu handeln.
- Bedenken ergeben sich in Bezug auf den Verzicht auf eine außerordentliche Kündigung in einem Amnestieangebot, da auf dieses Recht grundsätzlich nicht im Voraus verzichtet werden kann.
- Die Zusage des Schutzes vor Strafverfolgung im Zuge einer Amnestieregelung entfaltet lediglich bei absoluten Antragsdelikten Wirkung. In allen anderen Fällen steht die Einleitung von Strafverfolgungsmaßnahmen nicht zur Disposition des Unternehmens.
- Die Gewährleistung der Vertraulichkeit der Auskünfte, die im Rahmen einer Amnestieregelung zugesagt wird, kann mit gesellschaftsrechtlichen Publizitätspflichten des Unternehmens kollidieren (§ 15 Abs. 1 WpHG; § 131 AktG; § 51a GmbHG).
- Im Hinblick auf das Vergaberecht und dem vergaberechtlichen Gebot der Selbstreinigung ist ein Compliance-Amnestieprogramm ein probates Mittel, um nicht wegen fehlender Zuverlässigkeit vom Vergabeverfahren ausgeschlossen zu werden.
- Bei der Aufarbeitung von Compliance-Verstößen stehen die Interessen des Unternehmens, der betroffenen Arbeitnehmer und der Strafverfolgungsbehörden in einem Spannungsverhältnis.
- Der Arbeitnehmer ist zur Teilnahme an einer Mitarbeiterbefragung verpflichtet. Dies ergibt sich aus dem Direktionsrecht des Arbeitgebers gem. § 106 GewO.
- Ist die Auskunftserteilung vertragliche Primärleistungspflicht des Arbeitnehmers, ergibt sich für den Arbeitgeber ein Auskunftsanspruch aus § 611 Abs. 1 BGB.

- Hinsichtlich des unmittelbaren Arbeitsumfeldes hat der Arbeitgeber gegen den Arbeitnehmer einen Auskunftsanspruch aus §§ 666 i. V. m. 675 Abs. 1 BGB. Die Reichweite dieses Anspruchs ist grundsätzlich umfassend, insbesondere besteht für den Arbeitnehmer kein Schutz vor Selbstbelastung.
- Hinsichtlich des mittelbaren Arbeitsumfeldes hat der Arbeitgeber gegen den Arbeitnehmer einen Auskunftsanspruch aus §§ 611 i. V. m. 241 Abs. 2 BGB. Der Anspruch wird beschränkt durch das Erfordernis der Zumutbarkeit auf Seiten des Arbeitnehmers. Im Rahmen der durchzuführenden Interessenabwägung sind das berechtigte Interesse des Arbeitgebers an der Auskunftserteilung und die Zumutbarkeit der Auskunftserteilung für den Arbeitnehmer zu berücksichtigen.
- Dienstliche Dokumente und Unterlagen hat der Arbeitnehmer dem Arbeitgeber herauszugeben gem. §§ 667 i. V. m. 675 Abs. 1 BGB.
- Der Arbeitgeber kann im Fall der unterlassen Mitwirkung gem. § 273 Abs. 1 BGB ein Zurückbehaltungsrecht geltend machen und einen Teil der Vergütung des Arbeitnehmers einbehalten, da der Auskunftsanspruch und die Vergütungsverpflichtung auf demselben rechtlichen Verhältnis i. S. v. § 273 Abs. 1 BGB beruhen, nämlich dem Arbeitsverhältnis.
- Der Auskunftsanspruch aus § 611 Abs. 1 BGB bezieht sich auf eine Hauptleistungspflicht des Schuldners und kann als unvertretbare Handlung gem. § 888 Abs. 3 ZPO nicht vollstreckt werden.
- Die Auskunftsansprüche gem. §§ 666, 675 BGB und §§ 611, 241 Abs. 2 BGB sind hingegen gem. § 888 Abs. 1 ZPO vollstreckbar, da sie sich auf vertragliche Nebenpflichten beziehen.
- Arbeitnehmer haben bei Befragungen durch den Arbeitgeber grundsätzlich kein Zeugnis- bzw. Aussageverweigerungsrecht.
- Ein Beweisverwertungsverbot bei Weitergabe der Arbeitnehmerauskünfte aus Compliance-Befragungen an die Strafverfolgungsorgane und späterer Verwertung der Erkenntnisse kann in der Regel nicht aus einem Verstoß gegen das Recht auf ein faires Verfahren hergeleitet werden. Dies ist nur in Ausnahmefällen möglich, wenn die Erheblichkeitsschwelle des § 136a StPO bei internen Ermittlungen überschritten wird. Voraussetzung wäre demnach, dass während der Mitarbeiterbefragungen gem. § 136a StPO verbotene Methoden zum Einsatz kommen würden, etwa im Falle von Täuschung oder Drohung des betroffenen Mitarbeiters.
- Die Weitergabe der Erkenntnisse aus Compliance-Befragungen verstößt grundsätzlich nicht gegen den nemo-tenetur-Grundsatz. Auch scheidet eine Analogie zu § 97 Abs. 1 S. 3 InsO aus. Staatlicher Zwang und faktischer Druck sind nicht gleichzusetzen.

- Der nemo-tenetur-Grundsatz ist bei SEC-Ermittlungen auch nicht unter dem Gesichtspunkt staatlich veranlasster Ermittlungstätigkeit Privater betroffen.
- In Ausnahmefällen ist ein Beweisverwertungsverbot analog § 136a Abs. 3 S. 2 StPO denkbar, wenn die Privatermittler tatsächlich verbotene Methoden i. S. v. § 136a StPO anwenden würden, und diese Methoden dazu als grob rechtsstaatswidrig und als Eingriff in die Menschenwürde des Betroffenen angesehen werden müssten. Zu denken wäre etwa an die – in der Praxis nicht zu beobachtende – Sonderkonstellation, dass interne Ermittler einem Mitarbeiter während einer Compliance-Befragung drohen oder täuschen i. S. v. § 136a Abs. 1 StPO.
- Für Erkenntnisse, die im Rahmen von Mitarbeiterbefragungen gewonnen werden, kann sich ein selbstständiges Beweisverwertungsverbot gem. Art. 2 Abs. 1 i. V. m. Art. 1 Abs. 1 GG ergeben. Voraussetzung hierfür ist, dass das Unternehmen mit der Staatsanwaltschaft kooperiert und sich diese Kooperation einseitig zu Lasten des Arbeitnehmers auswirkt. Ein Beweisverwertungsverbot ist dann notwendig, um die doppelte Persönlichkeitsrechtsverletzung des Arbeitnehmers zu kompensieren und das strukturelle Ungleichgewicht im Dreiecksverhältnis zwischen Arbeitnehmer, Unternehmen und Staatsanwaltschaft auszugleichen.
- Das Beweisverwertungsverbot hat Fernwirkung. Andernfalls würde der durch das Verwertungsverbot gewährte Schutz weitgehend leer laufen.
- Eine Einschränkung des Verwertungsverbotes ist vorzunehmen für freiwillige Auskünfte des Arbeitnehmers. Die Freiwilligkeit muss auf einem echten Wahlrecht des Arbeitnehmers beruhen.
- Das Gebot der Freiwilligkeit führt zu einer mittelbaren Belehrungspflicht der Arbeitnehmer. Nur wenn der Arbeitnehmer im Rahmen der Befragung auf die Freiwilligkeit seiner Mitwirkung hingewiesen wird, können (von Anfang an) verwertbare Beweismittel geschaffen werden. Danach hat die Staatsanwaltschaft ein eigenes, originäres Interesse an einer Belehrung des Arbeitnehmers durch das Unternehmen.
- Darüber hinaus kann der Arbeitnehmer der Verwertung der Erkenntnisse zustimmen.

Literaturverzeichnis

Abeltshauser, Thomas E./*Buck*, Petra, Corporate Governance, Tagungsband der 1. Hannoveraner Unternehmensrechtstage, Köln, 2004 (zit.: *Bearbeiter*, in: Abeltshauser/Buck, Corporate Governance).

Achenbach, Hans, Verbandsgeldbuße und Aufsichtspflichtverletzung (§§ 30 und 130 OWiG) – Grundlagen und aktuelle Probleme, NZWiSt 2012, S. 321–328.

Achenbach, Hans/*Ransiek*, Andreas (Herausgeber), Handbuch Wirtschaftsstrafrecht, 3. Auflage, Heidelberg, 2012 (zit.: *Bearbeiter*, in: Handbuch Wirtschaftsstrafrecht).

Annuß, Georg/*Pelz*, Christian, Amnestieprogramme – Fluch oder Segen?, BB-Special 4.2010, S. 14–21.

Ascheid, Reiner/*Preis*, Ulrich/*Schmidt*, Ingrid, Kündigungsrecht, Großkommentar zum gesamten Recht der Beendigung von Arbeitsverhältnissen, 4. Auflage, München, 2012 (zit.: *Bearbeiter*, in: Kündigungsrecht).

Bader, Markus, Das Verwendungsverbot des § 97 I 3 InsO, NZI 2009, S. 416–420.

Ballo, Emanuel H. F., Beschlagnahmeschutz im Rahmen von Internal Investigations – Zur Reichweite und Grenze des § 160a StPO, NZWiSt 2013, S. 46–52.

Becker-Schaffner, Reinhard, Umfang und Grenzen der arbeitgeberseitigen Hinweis- und Belehrungspflichten, BB 1993, S. 1281–1283.

Beckschulze, Martin/*Henkel*, Wolfram, Der Einfluss des Internets auf das Arbeitsrecht, DB 2001, S. 1491–1506.

Behling, Thorsten B., Compliance versus Fernmeldegeheimnis, Wo liegen die Grenzen bei E-Mail-Kontrollen als Antikorruptionsmaßnahme?, BB 2010, S. 892–896.

Behrens, Alexander, Internal Investigations: Hintergründe und Perspektiven anwaltlicher „Ermittlungen" in deutschen Unternehmen, RIW 2009, S. 22–33.

Bergmoser, Ulrich/*Theusinger*, Ingo/*Gushurst*, Klaus-Peter, Corporate Compliance – Grundlagen und Umsetzung, BB-Special 5.2008, S. 1–11.

Berndt, Thomas/*Hoppler*, Ivo, Whistleblowing – ein integraler Bestandteil effektiver Corporate Governance, BB 2005, S. 2623–2628.

Beukelmann, Stephan, Beschlagnahme von Mitteilungen zwischen Anwälten und Mandanten, NJW-Spezial 2012, S. 504.

Beulke, Werner, Hypothetische Kausalverläufe im Strafverfahren bei rechtswidrigem Vorgehen von Ermittlungsorganen, ZStW 103 (1991), S. 657–680.

ders., Beschlagnahmefreiheit von Verteidigerunterlagen, in: Festschrift für Klaus Lüderssen zum 70. Geburtstag, Baden-Baden, 2002, S. 693–716 (zit.: *Beulke*, in: FS Lüderssen).

ders., Beweiserhebungs- und Beweisverwertungsverbote im Spannungsfeld zwischen den Garantien des Rechtsstaats und der effektiven Bekämpfung von Kriminalität und Terrorismus, Jura 2008, S. 653–666.

ders., Strafprozessrecht, 12. Auflage, Heidelberg, 2012 (zit.: *Beulke*, Strafprozessrecht).

Beulke, Werner/*Lüdke*, Inka/*Swoboda*, Sabine, Unternehmen im Fadenkreuz – Über den Umfang anwaltlicher Privilegien von Syndici/Rechtsabteilungen im Ermittlungsverfahren, Heidelberg, 2009 (zit.: *Beulke/Lüdke/Swoboda*, Unternehmen im Fadenkreuz).

Beulke, Werner/*Ruhmannseder*, Felix, Die Strafbarkeit des Verteidigers, Heidelberg, 2010 (zit.: *Beulke/Ruhmannseder*, Strafbarkeit des Verteidigers).

Bittmann, Folker/*Molkenbur*, Josef, Private Ermittlungen, arbeitsrechtliche Aussagepflicht und strafprozessuales Schweigerecht, wistra 2009, S. 373–379.

Blasche, Sebastian, Die Mindestanforderungen an ein Risikofrüherkennungs- und Überwachungssystem nach § 91 Abs. 2 AktG, CCZ 2009, S. 62–67.

Bock, Dennis, Strafrechtliche Aspekte der Compliance-Diskussion – § 130 OWiG als zentrale Norm der Criminal Compliance, ZIS 2009, S. 68–81.

ders., Criminal Compliance, Baden-Baden, 2011 (zit.: *Bock*, Criminal Compliance).

ders., Stand der strafrechtswissenschaftlichen Compliance-Diskussion in Deutschland, in: Wissenschaftliche und praktische Aspekte der nationalen und internationalen Compliance-Diskussion, Baden-Baden, 2102, S. 63–76 (zit.: *Bock*, in: Compliance-Diskussion).

Bockemühl, Jan, Private Ermittlungen im Strafprozess, Baden-Baden, 1996 (zit.: *Bockemühl*, Private Ermittlungen im Strafprozess).

Böckli, Peter, Corporate Governance: Der Stand der Dinge nach den Berichten „Hampel“, „Viénot“ und „OECD“ sowie dem deutschen „KonTraG“, Schweizerische Zeitschrift für Wirtschaftsrecht 1999, S. 1–15.

Böhm, Wolf-Tassilo, Strafrechtliche Verwertbarkeit der Auskünfte von Arbeitnehmern bei unternehmensinternen Untersuchungen, WM 2009, S. 1923–1929.

ders., Non-Compliance und Arbeitsrecht, Baden-Baden, 2011 (zit.: *Böhm*, Non-Compliance).

Boos, Karl-Heinz/*Fischer*, Reinfrid/*Schulte-Mattler*, Hermann (Herausgeber), Kreditwesengesetz, Kommentar zu KWG und Ausführungsvorschriften, 4. Auflage, München, 2012 (zit.: *Bearbeiter*, in: Boos/Fischer/Schulte-Mattler, KWG).

Borgmann, Bernd, Ethikrichtlinien und Arbeitsrecht, NZA 2003, S. 352–357.

Böttcher, Lars, Compliance: Der IDW PS 980 – Keine Lösung für alle (Haftungs-) Fälle!, NZG 2011, S. 1054–1058.

Braun, Eberhard, Insolvenzordnung, Kommentar, 5. Auflage, München, 2012 (zit.: *Bearbeiter*, in: Braun, InsO).

Breßler, Steffen/*Kuhnke*, Michael/*Schulz*, Stephan/*Stein*, Roland, Inhalte und Grenzen von Amnestien bei Internal Investigations, NZG 2009, S. 721–727.

Brückner, Andreas, Die Aufarbeitung von Compliance-Verstößen – Praktische Erfahrungen und Fallstricke, BB-Special 4.2010, S. 21–27.

Buchert, Rainer, Der externe Ombudsmann – ein Erfahrungsbericht – Hinweisgeber brauchen Vertrauen und Schutz, CCZ 2008, S. 148–152.

Buchholz, Dario, Der Begriff der Zuwiderhandlung in § 130 OWiG unter Berücksichtigung aktueller Compliance-Fragen, Hamburg, 2013 (zit.: *Buchholz*, Begriff der Zuwiderhandlung in § 130 OWiG).

Bürkle, Jürgen, Corporate Compliance – Pflicht oder Kür für den Vorstand der AG?, BB 2005, S. 565–570.

Bürkle, Jürgen/*Fecker*, Jörg, Business Judgment Rule: Unternehmerischer Haftungsfreiraum für leitende Angestellte, NZA 2007, S. 589–596.

Busekist, Konstantin von/*Hein*, Oliver, Der IDW PS 980 und die allgemeinen rechtlichen Mindestanforderungen an ein wirksames Compliance Management System (1) – Grundlagen, Kultur und Ziele, CCZ 2012, S. 41–48.

Bussmann, Kai-D./*Matschke*, Sebastian, Die Zukunft der unternehmerischen Haftung bei Compliance-Verstößen, CCZ 2009, 132–138.

Claussen, Carsten P./*Bröcker*, Norbert, Corporate-Governance-Grundsätze in Deutschland – nützliche Orientierungshilfe oder regulatorisches Übermaß?, AG 2000, S. 481–491.

Danckert, Peter, Aussagezwang im parlamentarischen Untersuchungsausschuss – Zur Ausgestaltung der Aussagepflicht im künftigen Untersuchungsausschussrecht des Bundes, ZRP 2000, S. 476–480.

Dann, Matthias/*Gastell*, Roland, Geheime Mitarbeiterkontrollen: Straf- und arbeitsrechtliche Risiken bei unternehmensinterner Aufklärung, NJW 2008, S. 2945–2949.

Dann, Matthias/*Schmidt*, Kerstin, Im Würgegriff der SEC? – Mitarbeiterbefragungen und die Selbstbelastungsfreiheit, NJW 2009, S. 1851–1854.

Däubler, Wolfgang, Gläserne Belegschaften?, Das Handbuch zum Arbeitnehmerdatenschutz, 5. Auflage, Frankfurt am Main, 2009 (zit.: *Däubler*, Gläserne Belegschaften?).

Däubler, Wolfgang/*Klebe*, Thomas/*Wedde*, Peter/*Weichert*, Thilo (Herausgeber), Bundesdatenschutzgesetz, Kompaktkommentar zum BDSG, 3. Auflage, Frankfurt am Main, 2010 (zit.: *Bearbeiter*, in: Däubler/Klebe/Wedde/Weichert, BDSG).

Dingeldey, Thomas, Der Schutz der strafprozessualen Aussagefreiheit durch Verwertungsverbote bei außerstrafrechtlichen Aussage- und Mitwirkungspflichten, NStZ 1984, S. 529–534.

Duggin, Sarah Helene, Internal Corporate Investigations: Legal Ethics, Professionalism and the Employee Interview, Columbia Business Law Review (2003), S. 859–964.

Eisele, Jörg, Compliance und Datenschutzstrafrecht – Strafrechtliche Grenzen der Arbeitnehmerüberwachung, Baden-Baden, 2012 (zit.: *Eisele*, Compliance und Datenschutzstrafrecht).

Eisenberg, Ulrich, Beweisrecht der StPO – Spezialkommentar, 8. Auflage, München, 2012 (zit.: *Eisenberg*, StPO).

Eisolt, Dirk, Prüfung von Compliance-Management-Systemen: erste Überlegungen zu IDW EPS 908, BB 2010, S. 1843–1848.

Engelhart, Marc, Sanktionierung von Unternehmen: Eine rechtsvergleichende Analyse des Straf- und Ordnungswidrigkeitenrechts in Deutschland und den USA, Berlin, 2010. (zit.: *Engelhart*, Sanktionierung von Unternehmen).

ders., Reform der Compliance-Regelungen der United States Sentencing Guidelines, NZG 2011, S. 126–129.

Erfurter Kommentar zum Arbeitsrecht, herausgegeben von *Müller-Glöge*, Rudi/*Preis*, Ulrich/*Schmidt*, Ingrid, 13. Auflage, München, 2013 (zit.: *Bearbeiter*, in: ErfK).

Eufinger, Alexander, Zu den historischen Ursprüngen der Compliance, CCZ 2012, S. 21–22.

Fett, Torsten/*Theusinger*, Ingo, Compliance im Konzern – Rechtliche Grundlagen und praktische Umsetzung, BB-Special 4.2010, S. 6–14.

Fischer, Thomas, Strafgesetzbuch und Nebengesetze, 60. Auflage, München, 2013 (zit.: *Fischer*, StGB).

Fleischer, Holger, Vorstandsverantwortlichkeit und Fehlverhalten von Unternehmensangehörigen – Von der Einzelüberwachung zur Errichtung einer Compliance-Organisation, AG 2003, S. 291–300.

ders., Corporate Compliance im aktienrechtlichen Unternehmensverbund, CCZ 2008, S. 1–6.

ders., Kartellrechtsverstöße und Vorstandsrecht, BB 2008, S. 1070–1076.

Fritz, Hans-Joachim, Unterrichtungspflichten und Einsichtsrechte des Arbeitnehmers im Rahmen von unternehmensinternen Untersuchungen, CCZ 2010, S. 170–177.

ders., Anmerkung zu *LG Hamburg*, Beschluss vom 15.10.2010 – 608 Qs 18/10, CCZ 2011, S. 155–160.

Fuchs, Andreas, Wertpapierhandelsgesetz, Kommentar, München, 2009. (zit.: *Fuchs*, WpHG).

Galen, Margarete von, Anmerkung zu *LG Hamburg*, Beschluss vom 15.10.2010–608 Qs 18/10, NJW 2011, S. 942–945.

Geismar, Anne-Gwendolin, Der Tatbestand der Aufsichtspflichtverletzung bei der Ahndung von Wirtschaftsdelikten, Baden-Baden, 2012 (zit.: *Geismar*, Tatbestand der Aufsichtspflichtverletzung).

Gelhausen, Hans Friedrich/*Wermelt*, Andreas, Haftungsrechtliche Bedeutung des IDW EPS 980: Grundsätze ordnungsmäßiger Prüfung von Compliance-Management-Systemen, gleichzeitig: Replik zum Aufsatz von Dr. Markus S. Rieder und Marcus Jerg zum Thema „Anforderungen an die Überprüfung von Compliance-Programmen", CCZ 2010, S. 208–213.

Gerst, Hans-Joachim, Unternehmensinteresse und Beschuldigtenrechte bei Internal Investigations – Problemskizze und praktische Lösungswege, CCZ 2012, S. 1–5.

Göhler, Erich, Gesetz über Ordnungswidrigkeiten, 16. Auflage, München, 2012 (zit.: *Bearbeiter*, in: Göhler, OWiG).

Göpfert, Burkard, Außerordentliche Kündigung bei Compliance-Verstößen ohne Ausschlussfrist? – Ein Diskussionsbeitrag, CCZ 2011, S. 25–30.

Göpfert, Burkard/*Merten*, Frank/*Siegrist*, Carolin, Mitarbeiter als „Wissensträger", Ein Beitrag zur aktuellen Compliance-Diskussion, NJW 2008, S. 1703–1709.

Göpfert, Burkard/*Landauer*, Martin, „Arbeitsstrafrecht" und die Bedeutung von Compliance-Systemen: Straftaten „für" das Unternehmen, NZA-Beilage 2011, S. 16–21.

Görling, Helmut/*Inderst*, Cornelia/*Bannenberg*, Britta (Herausgeber), Compliance, Aufbau – Management – Risikobereiche, Heidelberg, 2010 (zit.: *Bearbeiter*, in: Görling/Inderst/Bannenberg, Compliance).

Görtz, Birthe, Der neue Compliance-Prüfungsstandard (EPS 980) Inhalte und Aussagen, CCZ 2010, S. 127–133.

Görtz, Birthe/*Roßkopf*, Michael, Zur Signalwirkung von zertifizierten Compliance-Management-Systemen, CCZ 2011, S. 103–105.

Götz, Heinrich, Die Pflicht des Aufsichtsrats zur Haftbarmachung von Vorstandsmitgliedern – Besprechung des ARAG-Urteils des BGH, NJW 1997, S. 3275–3278.

Grau, Carsten/*Meshulam*, Deborah/*Blechschmidt*, Vanessa, Der „lange Arm" des US-Foreign Corrupt Practices Act: unerkannte Strafbarkeitsrisiken auch jenseits der eigentlichen Korruptionsdelikte, BB 2010, S. 652–658.

Grimm, Detlef/*Schiefer*, Jennifer, Videoüberwachung am Arbeitsplatz, RdA 2009, S. 329–345.

Grosjean, Sascha R., Überwachung von Arbeitnehmern – Befugnisse des Arbeitgebers und mögliche Beweisverwertungsverbote, DB 2003, S. 2650–2654.

Grundmeier, Charlotte Elisabeth, Rechtspflicht zur Compliance im Konzern, Köln, 2011 (zit.: *Grundmeier*, Rechtspflicht zur Compliance).

Hanfland, Philipp, Haftungsrisiken im Zusammenhang mit § 161 AktG und dem Deutschen Corporate Governance Kodex, Baden-Baden, 2006 (zit.: *Hanfland*, Haftungsrisiken im Zusammenhang mit § 161 AktG).

Hauschka, Christoph E., Compliance, Compliance-Manager, Compliance-Programme: eine geeignete Reaktion auf gestiegene Haftungsrisiken für Unternehmen und Management?, NJW 2004, S. 257–261.

ders.,Compliance am Beispiel der Korruptionsbekämpfung, ZIP 2004, S. 877–883.

ders. (Herausgeber), Corporate Compliance, Handbuch der Haftungsvermeidung im Unternehmen, 2. Auflage, München, 2011 (zit.: *Bearbeiter*, in: Hauschka, Corporate Compliance).

Hauschka, Christoph E./*Greeve*, Gina, Compliance in der Korruptionsprävention – was müssen, was sollen, was können die Unternehmen tun?, BB 2007, S. 165–173.

Hefendehl, Roland, Beweisermittlungs- und Beweisverwertungsverbote bei Auskunfts- und Mitwirkungspflichten – das sog. Verwendungsverbot nach § 97 Abs. 1 S. 3 InsO, wistra 2003, S. 1–9.

Hegel, Georg Wilhelm Friedrich, Phänomenologie des Geistes, München, 2009.

Hommelhoff, Peter/*Hopt*, Kaus J./*Werder*, Axel v., Handbuch Corporate Governance, Leitung und Überwachung börsennotierter Unternehmen in der Rechts- und Wirtschaftspraxis, 2. Auflage, Köln, 2009 (zit.: *Bearbeiter*, in: Handbuch Corporate Governance).

Hoppe, René/*Braun*, Frank, Arbeitnehmer-E-Mails: Vertrauen ist gut – Kontrolle ist schlecht, Auswirkungen der neuesten Rechtsprechung des BVerfG auf das Arbeitsverhältnis, MMR 2010, S. 80–84.

Hopson, Mark D./*Koehler*, Kristin Graham, Effektive ethische Compliance-Programme im Sinne der United States Federal Sentencing Guidelines, CCZ 2008, S. 208–213.

Hopt, Kaus J., Gemeinsame Grundsätze der Corporate Governance in Europa?, ZGR 2000, S. 779–818.

Horney, Jörg/*Kuhlmann*, Matthias, Der Entwurf für einen Standard zur Prüfung von Compliance-Management-Systemen aus Sicht der Unternehmenspraxis, CCZ 2010, S. 192–195.

Hüffer, Uwe, Aktiengesetz, Kommentar, 10. Auflage, München, 2012 (zit.: *Hüffer*, AktG).

Ignor, Alexander, Rechtsstaatliche Standards für interne Erhebungen in Unternehmen Die „Thesen zum Unternehmensanwalt im Strafrecht" des Strafrechtsausschusses der Bundesrechtsanwaltskammer, CCZ 2011, S. 143–146.

Itzen, Uta, Richtungswechsel, Bestandsaufnahme, Prävention: Das Gerüst einer erfolgreichen Compliance-Strategie, BB-Special 5.2008, S. 12–16.

Jäger, Christian, Beweisverwertung und Beweisverwertungsverbote im Strafprozess, München, 2003 (zit.: *Jäger*, Beweisverwertung und Beweisverwertungsverbote).

Jahn, Joachim, Verdächtige Eintracht zwischen Anwälten und Strafverfolgern, Frankfurter Allgemeine Zeitung vom 01.07.2009, Nr. 149, S. 21.

Jahn, Matthias, Beweiserhebungs- und Beweisverwertungsverbote im Spannungsfeld zwischen den Garantien des Rechtsstaates und der effektiven Bekämpfung von Kriminalität und Terrorismus, in: Verhandlungen des 67. Deutschen Juristentages Erfurt 2008, Band I: Gutachten/Teil C, München, 2008 (zit.: *Jahn*, Gutachten C zum 67. DJT 2008).

ders., Ermittlungen in Sachen Siemens/SEC, StV 2009, S. 41–46.

ders., Die verfassungskonforme Auslegung des § 97 Abs. 1 Nr. 3 StPO, ZIS 2011, S. 453–460.

ders., Strafprozessrecht: Voraussetzungen eines Beweisverwertungsverbots – Entscheidungsbesprechung zu BGH, Beschluss vom 23.08.2011–1 StR 153/11, JuS 2012, S. 85–88.

Jahn, Matthias/*Kirsch,* Stefan, Anmerkung zu *LG Hamburg,* Beschluss vom 15.10.2010–608 Qs 18/10, StV 2011, S. 148–155.

dies., Anmerkung zu *LG Mannheim*, Beschluss vom 03.07.2012–24 Qs 1/12; 24 Qs 2/12, NStZ 2012, S. 713–720.

Jarass, Hans D., Das allgemeine Persönlichkeitsrecht im Grundgesetz, NJW 1989, S. 857–862.

Kahlenberg, Harald/*Schwinn,* Hannes, Amnestieprogramme bei Compliance-Untersuchungen im Unternehmen, CCZ 2012, S. 81–86.

Karlsruher Kommentar zum Gesetz über Ordnungswidrigkeiten, herausgegeben von *Senge*, Lothar, 3. Auflage, München, 2006 (zit.: *Bearbeiter*, in KK-OWiG).

Karlsruher Kommentar zur Strafprozessordnung und zum Gerichtsverfassungsgesetz, herausgegeben von Hannich, Rolf, 6. Auflage, München 2008 (zit.: *Bearbeiter*, in: KK-StPO).

Keßler, Hans-Christian, Strafrechtliche Aspekte von Corporate Governance – Eine Untersuchung der Strafbarkeit im Zusammenhang mit der gesetzlichen Corporate Governance Publizität nach § 161 AktG und § 289a HGB sowie dem Deutschen Corporate Governance Kodex, Berlin, 2012 (zit.: *Keßler*, Strafrechtliche Aspekte von Corporate Governance).

Kindler, Peter, Corporate Compliance – Grundpflichten und Haftungsgefahren für Unternehmensleiter nach Aktienrecht, in: Wissenschaftliche und praktische Aspekte der nationalen und internationalen Compliance-Diskussion, Baden-Baden, 2102, S. 1–15 (zit.: *Kindler*, in: Compliance-Diskussion).

Klengel, Jürgen Detlef W./*Mückenberger*, Ole, Internal Investigations – typische Rechts- und Praxisprobleme unternehmensinterner Ermittlungen, CCZ 2009, S. 81–87.

Klindt, Thomas/*Pelz*, Christian/*Theusinger*, Ingo, Compliance im Spiegel der Rechtsprechung, NJW 2010, S. 2385–2391.

Knauer, Christoph, Bildung verdeckter Kassen als Untreue – Fall Siemens, NStZ 2009, S. 151–153.

Knauer, Christoph/*Buhlmann*, Erik, Unternehmensinterne (Vor-)Ermittlungen – was bleibt von nemo-tenetur und fair-trial?, AnwBl. 2010, S. 387–393.

Knierim, Thomas C., Das Verhältnis von strafrechtlichen und internen Ermittlungen, StV 2009, S. 324–331.

ders., Mitwirkung von Rechtsanwälten bei internen Ermittlungen im Unternehmen – aus Sicht des Unternehmensanwalts, Vortrag im Rahmen der 10. NStZ-Jahrestagung 2011 in Frankfurt am Main.

ders., Anmerkung zu *LG Hamburg*, Beschluss vom 15.10.2010 – 608 Qs 18/10, FD-StrafR 2011, 314177.

ders., Erfordernisse und Grenzen der Internal Investigation, in: Wissenschaftliche und praktische Aspekte der nationalen und internationalen Compliance-Diskussion, Baden-Baden, 2102, S. 77–94 (zit.: *Knierim*, in: Compliance-Diskussion).

Knierim, Thomas C./*Rübenstahl*, Markus/*Tsambikakis*, Michael (Herausgeber), Internal Investigations – Ermittlungen im Unternehmen, Heidelberg, 2013 (zit.: *Bearbeiter*, in: Knierim/Rübenstahl/Tsambikakis, Internal Investigations).

Koch, Jens, Compliance-Pflichten im Unternehmensverbund?, WM 2009, S. 1013–1020.

Kolbe, Sebastian, Unkündbarkeit für Korruptionstäter, NZA 2009, S. 228–232.

Kort, Michael, Verhaltensstandardisierung durch Corporate Compliance, NZG 2008, S. 81–86.

ders., Lückenhafte Reform des Beschäftigtendatenschutzes – Offene Fragen und mögliche Antworten in Bezug auf die geplanten §§ 32 ff. BDSG, MMR 2011, S. 294–299.

Köstner, Dominic, Compliance-Richtlinien im Unternehmen – Arbeits- und datenschutzrechtliche Implementierungsaspekte, Frankfurt am Main, 2012 (zit.: *Köster*, Compliance-Richtlinien).

Kottek, Petr, Die Kooperation von deutschen Unternehmen mit der US-amerikanischen Börsenaufsicht SEC – Grenzen der strafprozessualen Verwertbarkeit unternehmensinterner Ermittlungen, Frankfurt am Main, 2012 (zit.: *Kottek*, Kooperation von Unternehmen).

Krekeler, Wilhelm, Zufallsfunde bei Berufsgeheimnisträgern und ihre Verwertbarkeit, NStZ 1987, S. 199–203.

Kremer, Thomas, Kooperation des Unternehmens mit der Staatsanwaltschaft im Compliance Bereich, in: Festschrift für Uwe H. Schneider zum 70. Geburtstag, Köln, 2011, S. 701–715 (zit.: *Kremer*, in: FS Schneider).

Krey, Volker, Zur Problematik privater Ermittlungen des durch eine Straftat Verletzten – Zulässigkeit und Schranken privater Straftataufklärung durch den Verletzten, seinen Rechtsanwalt und durch Detektive zum Zwecke der Strafverfolgung, Berlin, 1994 (zit.: *Krey*, Zur Problematik privater Ermittlungen).

Kuhlen, Lothar, Grundfragen von Compliance und Strafrecht, in: Compliance und Strafrecht, herausgegeben von *Kuhlen*, Lothar/*Kudlich*, Hans/*Ortiz de Urbina*, Iñigo, Heidelberg, 2013, S. 1–25 (zit.: *Kuhlen*, in: Compliance und Strafrecht).

Lackner, Karl/*Kühl*, Kristian, Strafgesetzbuch mit Erläuterungen, 27. Auflage, München, 2011 (zit.: *Lackner/Kühl*, StGB).

Lampert, Thomas, Gestiegenes Unternehmensrisiko Kartellrecht – Risikoreduzierung durch Competition-Compliance-Programme, BB 2002, S. 2237–2243.

Larenz, Karl, Methodenlehre der Rechtswissenschaft, 6. Auflage, Berlin, 1991.

Leipold, Klaus, Der Strafverteidiger als Unternehmensanwalt, NJW-Spezial 2011, S. 56–57.
Liese, Jens, Much Adoe about Nothing? oder: Ist der Vorstand einer Aktiengesellschaft verpflichtet, eine Compliance-Organisation zu implementieren?, BB-Special 5.2008, S. 17–22.
Liese, Jens/*Schulz*, Martin, Risikomanagement durch Compliance-Audits – Neue Herausforderungen für die Unternehmensorganisation, BB 2011, S. 1347–1353.
Lindemann, Achim/*Simon*, Oliver, Betriebsvereinbarung zur E-Mail-, Internet- und Intranet-Nutzung, BB 2001, S. 1950–1956.
Löwe-Rosenberg, Die Strafprozessordnung und das Gerichtsverfassungsgesetz, Großkommentar, herausgegeben von *Erb*, Volker/*Esser*, Robert/*Franke*, Ulrich/*Graalmann-Scheerer*, Kirsten/*Hilger*, Hans/*Ignor*, Alexander, Fünfter Band – §§ 151–212b, 26. Auflage, Berlin, 2008 (zit.: *Bearbeiter*, in: Löwe-Rosenberg, StPO).
Lützeler, Martin/*Müller-Sartori*, Patrick, Die Befragung des Arbeitnehmers – Auskunftspflicht oder Zeugnisverweigerungsrecht?, CCZ 2011, S. 19–25.
Mahnhold, Thilo, Compliance und Arbeitsrecht, Insiderrechtliche Verhaltenskonzepte im nationalen und multinationalen Unternehmen, Frankfurt am Main, 2003 (zit.: *Mahnhold*, Compliance und Arbeitsrecht).
Maschmann, Frank, Zuverlässigkeitstests durch Verführung illoyaler Mitarbeiter?, NZA 2002, S. 13–22.
ders., Mitarbeiterkontrolle und private Ermittlungen, in: *Maschmann*, Frank (Herausgeber), Corporate Compliance und Arbeitsrecht, Mannheimer Arbeitsrechtstag 2009, Baden-Baden, 2009, S. 149–183 (zit.: *Maschmann*, in: Corporate Compliance und Arbeitsrecht).
ders., Compliance versus Datenschutz, NZA-Beil. 2012, S. 50–58.
ders., Compliance und Mitarbeiterrechte, in: Compliance und Strafrecht, herausgegeben von *Kuhlen*, Lothar/*Kudlich*, Hans/*Ortiz de Urbina*, Iñigo, Heidelberg, 2013, S. 85–93 (zit.: *Maschmann*, in: Compliance und Strafrecht).
Maunz, Theodor/*Dürig*, Günter, Grundgesetz Kommentar, Band I (Stand: Oktober 2011), München, 2011 (zit.: *Bearbeiter*, in: Maunz/Dürig, GG-Kommentar).
Mengel, Anja, Kontrolle der Telekommunikation am Arbeitsplatz, Wege durch einen juristischen Irrgarten?, BB 2004, S. 1445–1453.
dies., Kontrolle der E-mail- und Internetkommunikation am Arbeitsplatz, Wege durch einen juristischen Irrgarten, BB 2004, S. 2014–2021.
dies., Arbeitsrechtliche Besonderheiten der Implementierung von Compliance-Programmen in internationalen Konzernen, CCZ 2008, S. 85–91.

dies., Compliance und Arbeitsrecht, Implementierung, Durchsetzung, Organisation, München, 2009 (zit.: *Mengel*, Compliance und Arbeitsrecht).

Mengel, Anja /*Ullrich*, Thilo, Arbeitsrechtliche Aspekte unternehmensinterner Investigations, NZA 2006, S. 240–246.

Mengel, Anja/*Hagemeister*, Volker, Compliance und Arbeitsrecht, BB 2006, S. 2466–2470.

Mengel, Anja/*Hagemeister*, Volker, Compliance und arbeitsrechtliche Implementierung im Unternehmen, BB 2007, S. 1386–1392.

Menzies, Christof, Sarbanes-Oxley Act, Professionelles Management interner Kontrollen, Stuttgart, 2004 (zit.: *Menzies*, SOX).

Metten, Michael, Corporate Governance – Eine aktienrechtliche und institutionenökonomische Analyse der Leitungsmaxime von Aktiengesellschaften, Wiesbaden, 2010 (zit.: *Metten*, Corporate Governance).

Meyer-Goßner, Lutz, Strafprozessordnung, Gerichtsverfassungsgesetz, Nebengesetze und ergänzende Bestimmungen 56. Auflage, München, 2013 (zit.: *Meyer-Goßner*, StPO).

Minoggio, Ingo, Firmenverteidigung, 2. Auflage, Münster, 2010 (zit.: *Minoggio*, Firmenverteidigung).

Moll, Wilhelm (Herausgeber), Münchener Anwaltshandbuch Arbeitsrecht, 2. Auflage, München, 2009 (zit.: *Bearbeiter*, in: MAH ArbR).

Mölter, Thomas, Überwachung und Informationsbeschaffung des Arbeitgebers – Strafrechtlicher Schutz der Privatsphäre des Arbeitnehmers am Arbeitsplatz, Hamburg, 2012 (zit.: *Mölter*, Überwachung und Informationsbeschaffung des Arbeitgebers).

Momsen, Carsten, Internal Investigations zwischen arbeitsrechtlicher Mitwirkungspflicht und strafprozessualer Selbstbelastungsfreiheit, ZIS 2011, S. 508–516.

Momsen, Carsten./*Grützner*, Thomas, Verfahrensregeln für interne Ermittlungen – Kritische Würdigung der Thesen der BRAK zum Unternehmensanwalt im Strafrecht, DB 2011, S. 1792–1798.

Moosmayer, Klaus, Compliance – Praxisleitfaden für Unternehmen, 2. Auflage, München, 2012 (zit.: *Moosmayer*, Compliance).

ders., Modethema oder Pflichtprogramm guter Unternehmensführung? – Zehn Thesen zu Compliance, NJW 2012, S. 3013–3017.

Moosmayer, Klaus/*Hartwig*, Niels (Herausgeber), Interne Untersuchungen – Praxisleitfaden für Unternehmen, München, 2012 (zit.: *Bearbeiter*, in: Moosmayer/Hartwig, Internal Investigations).

Moosmayer, Klaus/*Gropp-Stadler*, Susanne, Der Diskussionsentwurf des Bundesministeriums der Justizu zur Änderung der §§ 30, 130 OWiG: Ein Zwischenruf, NZWiSt 2012, S. 241–243.

Müller-Bonanni, Thomas, Arbeitsrecht und Compliance – Hinweise für die Praxis, AnwBl. 2010, S. 651–655.

Müller-Bonanni, Thomas/*Sagan*, Adam, Arbeitsrechtliche Aspekte der Compliance, BB-Special 5.2008, S. 28–32.

Müller-Jacobsen, Anke, Schutz von Vertrauensverhältnissen zu Rechtsanwälten im Strafprozess – Ein erster Schritt zum Abschied vom „Zwei-Klassen-Recht", NJW 2011, S. 257–259.

Münchener Kommentar zum Aktiengesetz, herausgegeben von *Goette*, Wulf/*Habersack*, Mathias/*Kalss*, Susanne, Band 2, 3. Auflage, München, 2008 (zit.: *Bearbeiter*, in: MünchKomm AktG).

Münchener Kommentar zum Bürgerlichen Gesetzbuch, herausgegeben von *Säcker*, Franz Jürgen/*Rixecker*, Roland, Band 2, 6. Auflage, München, 2012, Band 4, 6. Auflage, München, 2012 (zit.: *Bearbeiter*, in: MünchKomm BGB).

Münchener Kommentar zum Strafgesetzbuch, herausgegeben von *Joecks*, Wolfgang/*Miebach*, Klaus, Band 2, München, 2012 (zit.: *Bearbeiter*, in: MünchKomm StGB).

Münchener Kommentar zur Zivilprozessordnung mit Gerichtsverfassungsgesetz und Nebengesetzen, herausgegeben von *Krüger*, Wolfgang/*Rauscher*, Thomas, Band 2, 4. Auflage, München, 2012 (zit.: *Bearbeiter*, in: MünchKomm ZPO).

Nagel, Simone, Entwicklung und Effektivität internationaler Maßnahmen zur Korruptionsbekämpfung, Baden-Baden, 2007 (zit.: *Nagel*, Korruptionsbekämpfung).

Neuhaus, Ralf, Zur Fernwirkung von Beweisverwertungsverboten, NJW 1990, S. 1221–1222.

ders., Compliance-Systeme und Vorfeldermittlungen, in: Die Finanzkrise, das Wirtschaftsstrafrecht und die Moral, Berlin, 2010, S. 348–360 (zit.: *Neuhaus*, in: Die Finanzkrise).

Oberwetter, Christian, Arbeitnehmerrechte bei Lidl, Aldi & Co., NZA 2008, S. 609–613.

Odenthal, Roger, Korruption und Mitarbeiterkriminalität, 2. Auflage, Wiesbaden, 2009 (zit.: *Odenthal*, Korruption und Mitarbeiterkriminalität).

Ott, Klaus, Lukrativer Deal, Süddeutsche Zeitung vom 19./20.06.2010, Nr. 138, S. 25.

Palandt, Otto, Bürgerliches Gesetzbuch, 72. Auflage, München, 2013 (zit.: *Bearbeiter*, in: Palandt, BGB).

Partsch, Christoph, The Foreign Corrupt Practices Act (FCPA) der USA, Das amerikanische Bestechungsverbot und seine Auswirkungen auf Deutschland, Berlin, 2007 (zit.: *Partsch*, FCPA).

Petermann, Stefan, Die Bedeutung von Compliance-Maßnahmen für die Sanktionsbegründung und –bemessung im Vertragskonzern, Baden-Baden, 2013 (zit.: *Petermann*, Bedeutung von Compliance-Maßnahmen).

Pfordte, Thilo, "Outsourcing of Investigations?" – Anwaltskanzleien als Ermittlungsgehilfen der Staatsanwaltschaft, in: Strafverteidigung im Rechtsstaat, 25 Jahre Arbeitsgemeinschaft Strafrecht des Deutschen Anwaltsvereins, Baden-Baden, 2009, S. 740–758 (zit.: *Pfordte*, in: FS Arbeitsgemeinschaft Strafrecht DAV).

Preußner, Joachim, Risikomanagement im Schnittpunkt von Bankaufsichtsrecht und Gesellschaftsrecht – Zur Schrittmacherrolle des Aufsichtsrechts am Beispiel der Organisation des Risikomanagements in Kreditinstituten, NZG 2004, S. 57–61.

Püschel, Christof, Das Verwendungsverbot des § 97 Abs. 1 S. 3 InsO und seine Folgen für die Verteidigung in Insolvenzstrafverfahren, in: Strafverteidigung im Rechtsstaat, 25 Jahre Arbeitsgemeinschaft Strafrecht des Deutschen Anwaltsvereins, Baden-Baden, 2009, S. 759–772 (zit.: *Püschel*, in: FS Arbeitsgemeinschaft Strafrecht DAV).

Rathgeber, Christian, Criminal Compliance – Kriminalpräventive Organisations- und Aufsichtspflichten am Beispiel der Wirtschaftskorruption, Baden-Baden, 2012 (zit.: *Rathgeber*, Criminal Compliance).

Reeb, Philipp, Internal Investigations – Neue Tendenzen privater Ermittlungen, Berlin, 2011 (zit.: *Reeb*, Internal Investigations).

Reichert, Jochem, Reaktionspflichten und Reaktionsmöglichkeiten der Organe auf (möglicherweise) strafrechtsrelevantes Verhalten innerhalb des Unternehmens, ZIS 2011, S. 113–122.

Retemeyer, Alexander, Gewinnabschöpfung im Ordnungswidrigkeitenrecht, wistra 2012, S. 56–60.

Rettenmaier, Felix/*Palm*, Lisa, Das Ordnungswidrigkeitenrecht und die Aufsichtspflicht von Unternehmensverantwortlichen, NJOZ 2010, S. 1414–1419.

Reyhn, Nadège, Wer bist Du und wenn ja, wie viele? Der Corporate Monitor im US-Straf- und Zivilprozessrecht, CCZ 2011, S. 48–59.

Richardi, Reinhard/*Wlotzke*, Otfried/*Wißmann*, Hellmut/*Oetker*, Hartmut (Herausgeber), Münchener Handbuch zum Arbeitsrecht, Band 1 – Individualarbeitsrecht, 3. Auflage, München, 2009 (zit.: *Bearbeiter*, in: MünchArbR).

Rieble, Volker, Schuldrechtliche Zeugenpflicht von Mitarbeitern, ZIP 2003, S. 1273–1283.

Rieder, Markus S./*Jerg*, Marcus, Anforderungen an die Überprüfung von Compliance-Programmen, Zugleich kritische Anmerkung zum Entwurf eines IDW Prüfungsstandards: Grundsätze ordnungsmäßiger Prüfung von Compliance-Management-Systemen (IDW EPS 980), CCZ 2010, S. 201–207.

Ringleb, Henrik-Michael/*Kremer*, Thomas/*Lutter*, Marcus/*Werder*, Axel von, Kommentar zum Deutschen Corporate Governance Kodex, 4. Auflage, München, 2010 (zit.: *Bearbeiter*, in: Kodex-Kommentar).

Rödiger, Katja, Strafverfolgung von Unternehmen, Internal Investigations und strafrechtliche Verwertbarkeit von „Mitarbeitergeständnissen“ – Untersuchung am Beispiel der Siemens-Korruptionsaffäre, Frankfurt am Main, 2012 (zit.: *Rödiger*, Strafverfolgung von Unternehmen).

Rogall, Klaus, Hypothetische Ermittlungsverläufe im Strafprozess – Ein Beitrag zur Lehre der Beweiserhebungs- und Beweisverwertungsverbote, NStZ 1988, S. 385–393.

Röller, Jürgen, Personalbuch 2013 – Arbeitsrecht, Lohnsteuerrecht, Sozialversicherungsrecht, 20. Auflage, München, 2013 (zit.: *Bearbeiter*, in: Personalbuch 2013).

Rosen, Rüdiger von, Rechtskollision durch grenzüberschreitende Sonderermittlungen, BB 2009, S. 230–232.

Roxin, Claus/*Schünemann*, Bernd, Strafverfahrensrecht, 27. Auflage, München, 2012 (zit.: *Roxin/Schünemann*, Strafverfahrensrecht).

Roxin, Imme, Probleme und Strategien der Compliance-Begleitung in Unternehmen, StV 2012, S. 116–121.

Rübenstahl, Markus, Der Foreign Corrupt Practices Act (FCPA) der USA, NZWiSt 2012, S. 401–407.

ders., Der Foreign Corrupt Practices Act (FCPA) der USA (Teil 2), NZWiSt 2013, S. 6–10.

Rübenstahl, Markus/*Debus*, Stefanie, Strafbarkeit verdachtsunabhängiger E-Mail- und EDV-Kontrollen bei Internal Investigations?, NZWiSt 2012, S. 129–137.

Rudkowski, Lena, Die Aufklärung von Compliance-Verstößen durch “Interviews”, NZA 2011, S. 612–615.

Ruhmannseder, Felix, Unternehmensinterne Ermittlungen – rechtliche Fallstricke in Deutschland und Österreich, in: Festschrift für Imme Roxin, Heidelberg, 2012, S. 501–520 (zit.: *Ruhmannseder*, in: FS Imme Roxin).

Sahan, Oliver, Kommunikation bei der Beendigung von Korruptionssystemen, in: Wissenschaftliche und praktische Aspekte der nationalen und internationalen Compliance-Diskussion, Baden-Baden, 2102, S. 95–112 (zit.: *Sahan*, in: Compliance-Diskussion).

ders., Unternehmensinterne Untersuchungen aus rechtsanwaltlicher Perspektive, in: Compliance und Strafrecht, herausgegeben von *Kuhlen*, Lothar/*Kudlich*, Hans/*Ortiz de Urbina*, Iñigo, Heidelberg, 2013, S. 171–183 (zit.: *Sahan*, in: Compliance und Strafrecht).

Samson, Erich, Im Irrgarten von Zeugnisverweigerungsrecht und Beschlagnahmefreiheit, StV 2000, S. 55–56.

Satzger, Helmut, „Schwarze Kassen" zwischen Untreue und Korruption – Eine Besprechung des Urteils BGH – 2 StR 587/07 (Siemens-Entscheidung), NStZ 2009, S. 297–306.

Schaefer, Hans/Baumann, Diethelm, Compliance-Organisation und Sanktionen bei Verstößen, NJW 2011, S. 3601–3605.

Schaefer, Torsten, Selbstbelastungsschutz außerhalb des Strafverfahrens, NJW-Spezial 2010, S. 120–121.

Scheben, Barbara/*Klos*, Christian/*Geschonneck*, Alexander, Evidence and Disclosure Management (EDM) – Eine (datenschutz-)rechtliche Analyse, CCZ 2012, S. 13–17.

Schemmel, Alexander/*Ruhmannseder*, Felix, Straftaten und Haftung vermeiden mit Compliance-Management – Risiken und Herausforderungen für Wirtschaftsunternehmen, AnwBl 2010, S. 647–650.

Schemmel, Alexander/*Minkoff*, Andreas, Die Bedeutung des Wirtschaftsstrafrechts für Compliance Management Systeme und Prüfungen nach dem IDW PS 980, CCZ 2012, S. 49–54.

Schemmel, Alexander/*Ruhmannseder*, Felix/*Witzigmann*, Tobias, Hinweisgebersysteme – Implementierung in Unternehmen, Heidelberg, 2012 (zit.: *Schemmel/Ruhmannseder/Witzigmann*, Hinweisgebersysteme).

Schimansky, Herbert/*Bunte*, Hermann-Josef/*Lwowski*, Hans-Jürgen, Bankrechts-Handbuch, Band II, 4. Auflage, München, 2011 (zit.: *Bearbeiter*, in: Bankrechts-Handbuch).

Schmidt, Compliance in Kapitalgesellschaften, Baden-Baden, 2010 (zit.: *Schmidt*, Compliance in Kapitalgesellschaften).

Schmidt, Karsten/*Lutter*, Marcus, Aktiengesetz Kommentar, Band I, 2. Auflage, Köln, 2010 (zit.: *Bearbeiter*, in: Schmidt/Lutter, AktG).

Schneider, David, Die arbeitsrechtliche Implementierung von Compliance- und Ethikrichtlinien, Baden-Baden, 2009 (zit.: *Schneider*, Die arbeitsrechtliche Implementierung von Compliance- und Ethikrichtlinien).

Schneider, Uwe H., Kapitalmarktorientierte Corporate Governance-Grundsätze, DB 2000, S. 2413–2417.

ders., Compliance als Aufgabe der Unternehmensleitung, ZIP 2003, S. 645–650.

Schönke, Adolf/*Schröder*, Horst, Strafgesetzbuch, Kommentar, 28. Auflage, München, 2010 (zit.: *Bearbeiter*, in: Schönke/Schröder, StGB).

Schreiber, Alexander, Implementierung von Compliance-Richtlinien, NZA-RR 2010, S. 617–623.

Schröder, Christian/*Kroke*, Susann, Erosion der strafprozessualen Stellung des Wirtschaftsprüfers durch das Berufsaufsichtsrecht?, wistra 2010, S. 466–474.

Schulte, Martin/*Görts*, Cornelius, Die SEC-Untersuchung nach dem Foreign Corrupt Practices Act, RIW 2006, S. 561–568.

Schürrle, Thomas/*Olbers*, Lucie Anne Mary, Praktische Hinweise zu Rechtsfragen bei eigenen Untersuchungen im Unternehmen, CCZ 2010, S. 178–183.

Schuster, Doris-Maria/*Darsow*, Ingebjörg, Einführung von Ethikrichtlinien durch Direktionsrecht, NZA 2005, S. 273–277.

Schuster, Frank Peter, Anmerkung zu *LG Hamburg*, Beschluss vom 15.10.2010 – 608 Qs 18/10, NZWiSt 2012, S. 26–30.

ders., Anmerkung zu *LG Mannheim*, Beschluss vom 03.07.2012 – 24 Qs 1/12; 24 Qs 2/12, NZWiSt 2012, S. 424–434.

Sidhu, Karl/*Saucken*, Alexander von/*Ruhmannseder*, Felix, Der Unternehmensanwalt im Strafrecht und die Lösung von Interessenkonflikten, NJW 2011, S. 881–884.

Sieg, Rainer, Arbeitnehmer im Banne von Compliance-Programmen – zwischen Zivilcourage und Denunziantentum, in: Festschrift für Herbert Buchner zum 70. Geburtstag, München, 2009, S. 859–874 (zit.: *Sieg*, in: FS Bucher).

Siegrist, Uwe, Ermittlungen in Steuer- und Wirtschaftsstrafsachen – Quo Vadis?, wistra 2010, S. 427–432.

Spindler, Gerald, Unternehmensorganisationspflichten: Zivilrechtliche und öffentlich-rechtliche Regelungskonzepte, Köln, 2001 (zit.: *Spindler*, Unternehmensorganisationspflichten).

Spindler, Gerald/*Stilz*, Eberhard (Herausgeber), Kommentar zum Aktiengesetz, Band 1, 2. Auflage, München, 2010 (zit.: *Bearbeiter*, in: Spindler/Stilz, AktG).

Staudinger, Kommentar zum Bürgerlichen Gesetzbuch, Buch 2 – Recht der Schuldverhältnisse, §§ 397–432, Berlin, 2012 (zit.: *Bearbeiter*, in: Staudinger BGB).

Taschke, Jürgen, Zur Entwicklung der Verfolgung von Wirtschaftsstrafsachen in der Bundesrepublik Deutschland – Bemerkungen aus der Praxis, NZWiSt 2012, S. 9–11.

ders., Zur Entwicklung der Verfolgung von Wirtschaftsstrafsachen in der Bundesrepublik Deutschland – Teil 3: Auf dem Weg zur Privatisierung der Strafverfolgung, NZWiSt 2012, S. 89–94.

Theile, Hans, "Internal Investigations" und Selbstbelastung – Zum Verantwortungstransfer bei Akkumulation privater und staatlicher Ermittlungen, StV 2011, S. 381–386.

Theile, Hans/*Petermann*, Stefan, Die Sanktionierung von Unternehmen nach dem OWiG, JuS 2011, S. 496–501.

Tinnefeld, Marie-Theres, Die Reform des Beschäftigtendatenschutzes auf Abwegen?, ZD-Aktuell 2011, S. 1–2.

Tinnefeld, Marie-Theres/*Petri*, Thomas/*Brink*, Stefan, Aktuelle Fragen um ein Beschäftigtendatenschutzgesetz – Eine erste Analyse und Bewertung, MMR 2010, S. 727–735.

Tinnefeld, Marie-Theres /*Petri*, Thomas/*Brink*, Stefan, Aktuelle Fragen zur Reform des Beschäftigtendatenschutzes – Ein Update, MMR 2011, S. 427–432.

Trüg, Gerson/*Habetha*, Jörg, Beweisverwertung trotz rechtswidriger Beweisgewinnung – insbesondere mit Blick auf die „Liechtensteiner Steueraffäre", NStZ 2008, S. 481–492.

Tscherwinka, Ralf, Interne Ermittlungen zwischen Selbstbelastung und Auskunftspflicht, in: Festschrift für Imme Roxin, Heidelberg, 2012, S. 521–536 (zit.: *Tscherwinka*, in: FS Imme Roxin).

Verrel, Torsten, Nemo tenetur – Rekonstruktion eines Verfahrensgrundsatzes – 1. Teil, NStZ 1997, S. 361–365.

ders., Nemo tenetur – Rekonstruktion eines Verfahrensgrundsatzes – 2. Teil, NStZ 1997, S. 415–420.

Vietmeyer, Katja/*Byers*, Philipp, Zulässige heimliche Videoüberwachung an öffentliche zugänglichen Arbeitsplätzen?, – Klarstellung durch den Gesetzgeber dringend geboten, DB 2010, S. 1462–1464.

Vogt, Volker, Compliance und Investigations – Zehn Fragen aus Sicht der arbeitsrechtlichen Praxis, NJW 2009, S. 3755–3756.

Wagner, Jens, "Internal Investigations" und ihre Verankerung im Recht der AG, CCZ 2009, S. 8–17.

Wastl, Ulrich/*Litzka*, Philippe/*Pusch,* Martin, SEC-Ermittlungen in Deutschland – eine Umgehung rechtsstaatlicher Mindeststandards!, NStZ 2009, S. 68–74.

Wastl, Ulrich/*Pusch,* Martin, Haftungsrechtliche Konsequenzen einer so genannten Mitarbeiter-Amnestie – dargestellt am Beispiel Siemens – Ein weiteres Lehrstück für die Notwendigkeit der Berücksichtigung deutschen Rechts bei der Anwendung US-amerikanischer Rechtstradition, RdA 2009, S. 376–380.

Wehnert, Anne, Strafverteidigung vor neuen Herausforderungen, in: Festschrift zu Ehren des Strafrechtsausschusses der Bundesrechtsanwaltskammer, Neuwied, 2006, S. 175–186 (zit.: *Wehnert*, in: FS Strafrechtsausschuss BRAK).

dies., SEC: Kapitulation vor der (un)heimlichen Übermacht?, in: Festschrift für Egon Müller, Baden-Baden, 2008, S. 729–737 (zit.: *Wehnert*, in: FS Egon Müller).

dies., Die US-amerikanischen Richtlinien zur Strafverfolgung von Unternehmen – Ein importiertes Schrecknis auf dem Rückmarsch, NJW 2009, S. 1190–1193.

Weißgerber, Michael, Das Einsehen kennwortgeschützter Privatdaten des Arbeitnehmers durch den Arbeitgeber, NZA 2003, S. 1005–1009.

Werner, Rüdiger, Die Enthaftung des Vorstands: Die strafrechtliche Dimension, CCZ 2011, S. 201–207.

Werres, Thomas, Siemens – Leistungsabfall, in: manager magazin, Heft 7 2008, 38. Jahrgang, S. 40–48.

Wessing, Jürgen, Compliance – oder wie sich der Staat aus der Kriminalprävention stiehlt, in: in dubio pro libertate – Festschrift für Klaus Volk zum 65. Geburtstag, München, 2009, S. 867–883 (zit.: *Wessing*, in: FS Klaus Volk).

Wewerka, Frederike, Internal Investigations – Private Ermittlungen im Spannungsfeld von strafprozessualen Grundsätzen und Anforderungen eines globalisierten Wirtschaftsstrafverfahrens, Eine Problemanalyse unter besonderer Berücksichtigung des Falles Siemens, Frankfurt am Main, 2012 (zit.: *Wewerka*, Internal Investigations).

Wilhelm, Barbara, Das Ausmaß der erforderlichen Aufsichtsmaßnahmen iSd. § 130 OWiG, Hamburg, 2013 (zit.: *Wilhelm*, Ausmaß der erforderlichen Aufsichtsmaßnahmen).

Willemsen, Alexander, Einführung und Inhaltskontrolle von Ethikrichtlinien, Freiburg, 2009 (zit.: *Willemsen*, Einführung und Inhaltskontrolle von Ethikrichtlinien).

Wimmer, Renate, Die Verwertung unternehmensinterner Untersuchungen – Aufgabe oder Durchsetzung des Legalitätsprinzips?, in: Festschrift für Imme Roxin, Heidelberg, 2012, S. 537–552 (zit.: *Wimmer*, in: FS Imme Roxin).

Wisskirchen, Gerlind/*Körber*, Anke/*Bissels*, Alexander, „Whistleblowing" und „Ethikhotlines", BB 2006, S. 1567–1571.

Withus, Karl-Heinz, Bedeutung der geänderten Compliance Anforderungen der US Sentencing Guidelines für deutsche Unternehmen, CCZ 2011, S. 63–69.
Wolf, Sebastian, Die Siemens-Korruptionsaffäre – ein Überblick, in: Der Korruptionsfall Siemens, Analysen und praxisnahe Folgerungen des wissenschaftlichen Arbeitskreises von Transparency International Deutschland, Baden-Baden, 2009, S. 9–20 (zit.: *Wolf*, in: Korruptionsfall Siemens).
Wybitul, Tim, Interne Ermittlungen auf Aufforderung von US-Behörden – ein Erfahrungsbericht, BB 2009, S. 606–611.
Wysong, Wendy/*Pinto*, Lindsay/*Hugger*, Heiner, SEC erstreckt ihre Zuständigkeit zur Durchsetzung des FCPA auf ausländische Emittenten, CCZ 2011, S. 30–32.
Zimmer, Mark/*Stetter*, Sabine, Korruption und Arbeitsrecht, BB 2006, S. 1445–1451.
Zimmermann, Gernot, Anmerkung zu *LG Mannheim*, Beschluss vom 03.07.2012 – 24 Qs 1/12; 24 Qs 2/12, FD-StrafR 2012, 335226.

Verzeichnis der Internetquellen

Desio, Paula, An Overview of the Organizational Guidelines, abzurufen unter www.ussc.gov/Guidelines/Organizational_Guidelines/ORGOVER VIEW.pdf

Eckl-Dorna, Wilfried, Siemens hat aus Schmiergeldskandal Lehren gezogen, 29.12.2009, abzurufen unter www.wiwo.de/unternehmen/korruption-sie mens-hat-aus-schmiergeldskandal-lehren-gezogen/5144804.html

Fasse, Markus, *Hofer*, Joachim, Der Versuch eines sauberen Neustarts, 10.08.2010, abzurufen unter www.handelsblatt.com/unternehmen/industrie/der-ver such-eines-sauberen-neustarts/3512232.html

FOCUS Online, Ermittlungen – Weit über 100 Beschuldigte im MAN-Korruptionsskandal, 11.05.2009, abzurufen unter www.focus.de/panorama /ver mischtes/ermittlungen-weit-ueber-100-beschuldigte-im-man-korrupti onsskandal_aid_398204.html

Höpner, Axel, Kampf der Korruption, 15.11.2011, abzurufen unter www.han delsblatt.com/unternehmen/industrie/siemens-kampf-der-korrupti on/5836868.html

Höpner, Axel/*Schnell*, Christian, Deutsche Konzerne sagen US-Börsen Adieu, 23.09.2009, abzurufen unter www.handelsblatt.com/unternehmen/ban ken/deutsche-konzerne-sagen-us-boersen-adieu/3264514.html

Jahn, Joachim/*Budras*, Corinna, Unterstützung für die Strafverfolger, 17.05.2010, abzurufen unter www.faz.net/aktuell/wirtschaft/unterstuetzung-fu er-die-strafverfolger-1983594.html

Leyendecker, Hans/*Ott*, Klaus, Wirtschaftsanwalt Feigen über Justiz: „Schauen Sie doch einfach mal in Kellerraum II…", 29.06.2010, abzurufen unter www. sueddeutsche.de/wirtschaft/wirtschaftsanwalt-feigen-im-gespraech-neue-lust-am-strafrecht-1.966881

Maier, Angela, Waigel beendet Anti-Korruptionsarbeit bei Siemens, 31.10.2012, abzurufen unter www.ftd.de/unternehmen/industrie/:korruptionsaffae re-waigel-beendet-anti-korruptionsarbeit-bei-siemens/70112053.html

manager magazin Online, Weitere Siemens-Manager vor Gericht, 07.04.2010, abzurufen unter www.manager-magazin.de/koepfe/artikel/0,2828, 687683,00.html

Ott, Klaus, MAN-Korruptionsaffäre, „Piëch gnadenlos“, 17.01.2011, abzurufen unter www.sueddeutsche.de/wirtschaft/man-korruptionsaffaere-pich-gnadenlos-1.1047302

Wildhagen, Andreas, Siemens-Manager-Anwalt im Interview: „Szenisch effektvoll und überraschend“, 07.08.2008, abzurufen unter www.wiwo.de/unternehmen/siemens-manager-anwalt-im-interview-szenisch-effektvoll-und-ueberraschend/5456268.html

Wildhagen, Andreas, Jürgen Wessing im Interview: „Das könnte tödlich treffen“, 13.09.2008, abzurufen unter www.wiwo.de/unternehmen/juergen-wessing-im-interview-das-koennte-toedlich-treffen/5466694.html

Anhang

A) Kreditwesengesetz (KWG)

§ 25a KWG

(1) Ein Institut muss über eine ordnungsgemäße Geschäftsorganisation verfügen, die die Einhaltung der vom Institut zu beachtenden gesetzlichen Bestimmungen und der betriebswirtschaftlichen Notwendigkeiten gewährleistet. Die in § 1 Abs. 2 Satz 1 bezeichneten Personen sind für die ordnungsgemäße Geschäftsorganisation des Instituts verantwortlich. Eine ordnungsgemäße Geschäftsorganisation muss insbesondere ein angemessenes und wirksames Risikomanagement umfassen, auf dessen Basis ein Institut die Risikotragfähigkeit laufend sicherzustellen hat; das Risikomanagement

1. beinhaltet die Festlegung von Strategien, Verfahren zur Ermittlung und Sicherstellung der Risikotragfähigkeit sowie die Einrichtung interner Kontrollverfahren mit einem internen Kontrollsystem und einer Internen Revision, wobei das interne Kontrollsystem insbesondere

a) aufbau- und ablauforganisatorische Regelungen mit klarer Abgrenzung der Verantwortungsbereiche und
b) Prozesse zur Identifizierung, Beurteilung, Steuerung sowie Überwachung und Kommunikation der Risiken entsprechend den in Anhang V der Bankenrichtlinie niedergelegten Kriterien umfasst;

2. setzt eine angemessene personelle und technisch-organisatorische Ausstattung des Instituts voraus;

3. schließt die Festlegung eines angemessenen Notfallkonzepts, insbesondere für IT-Systeme, ein und

4. umfasst angemessene, transparente und auf eine nachhaltige Entwicklung des Instituts ausgerichtete Vergütungssysteme für Geschäftsleiter und Mitarbeiter; dies gilt nicht, soweit die Vergütung durch Tarifvertrag oder in seinem Geltungsbereich durch Vereinbarung der Arbeitsvertragsparteien über die Anwendung der tarifvertraglichen Regelungen oder aufgrund eines Tarifvertrags in einer Betriebs- oder Dienstvereinbarung vereinbart ist.

Die Ausgestaltung des Risikomanagements hängt von Art, Umfang, Komplexität und Risikogehalt der Geschäftstätigkeit ab. Seine Angemessenheit und Wirksamkeit ist vom Institut regelmäßig zu überprüfen. Eine ordnungsgemäße Geschäftsorganisation umfasst darüber hinaus

1. angemessene Regelungen, anhand derer sich die finanzielle Lage des Instituts jederzeit mit hinreichender Genauigkeit bestimmen lässt;

2. eine vollständige Dokumentation der Geschäftstätigkeit, die eine lückenlose Überwachung durch die Bundesanstalt für ihren Zuständigkeitsbereich gewährleistet; erforderliche Aufzeichnungen sind mindestens fünf Jahre aufzubewahren; § 257 Abs. 4 des Handelsgesetzbuchs bleibt unberührt, § 257 Abs. 3 und 5 des Handelsgesetzbuchs gilt entsprechend.

Die Bundesanstalt kann Vorgaben zur Ausgestaltung einer plötzlichen und unerwarteten Zinsänderung und zur Ermittlungsmethodik der Auswirkungen auf den Barwert bezüglich der Zinsänderungsrisiken im Anlagebuch festlegen. Die Bundesanstalt kann gegenüber einem Institut im Einzelfall Anordnungen treffen, die geeignet und erforderlich sind, die ordnungsgemäße Geschäftsorganisation im Sinne der Sätze 3 und 6 sowie die Beachtung der Vorgaben nach Satz 7 sicherzustellen.

(1a) Absatz 1 gilt für Institutsgruppen, Finanzholding-Gruppen und Institute im Sinne des § 10a Absatz 14 mit der Maßgabe entsprechend, dass die in § 1 Absatz 2 Satz 1 oder § 2d Absatz 1 bezeichneten Personen des übergeordneten Unternehmens für die ordnungsgemäße Geschäftsorganisation der Institutsgruppe oder Finanzholding-Gruppe verantwortlich sind. § 10a Absatz 12 und 13 Satz 1 und 2 gilt entsprechend.

(1b) (weggefallen)

(2) Ein Institut muss abhängig von Art, Umfang, Komplexität und Risikogehalt einer Auslagerung von Aktivitäten und Prozessen auf ein anderes Unternehmen, die für die Durchführung von Bankgeschäften, Finanzdienstleistungen oder

sonstigen institutstypischen Dienstleistungen wesentlich sind, angemessene Vorkehrungen treffen, um übermäßige zusätzliche Risiken zu vermeiden. Eine Auslagerung darf weder die Ordnungsmäßigkeit dieser Geschäfte und Dienstleistungen noch die Geschäftsorganisation im Sinne des Absatzes 1 beeinträchtigen. Insbesondere muss ein angemessenes und wirksames Risikomanagement durch das Institut gewährleistet bleiben, welches die ausgelagerten Aktivitäten und Prozesse einbezieht. Die Auslagerung darf nicht zu einer Delegation der Verantwortung der in § 1 Abs. 2 Satz 1 bezeichneten Personen an das Auslagerungsunternehmen führen. Das Institut bleibt bei einer Auslagerung für die Einhaltung der vom Institut zu beachtenden gesetzlichen Bestimmungen verantwortlich. Durch die Auslagerung darf die Bundesanstalt an der Wahrnehmung ihrer Aufgaben nicht gehindert werden; ihre Auskunfts- und Prüfungsrechte sowie Kontrollmöglichkeiten müssen in Bezug auf die ausgelagerten Aktivitäten und Prozesse auch bei einer Auslagerung auf ein Unternehmen mit Sitz in einem Staat des Europäischen Wirtschaftsraums oder einem Drittstaat durch geeignete Vorkehrungen gewährleistet werden. Entsprechendes gilt für die Wahrnehmung der Aufgaben der Prüfer des Instituts. Eine Auslagerung bedarf einer schriftlichen Vereinbarung, welche die zur Einhaltung der vorstehenden Voraussetzungen erforderlichen Rechte des Instituts, einschließlich Weisungs- und Kündigungsrechten, sowie die korrespondierenden Pflichten des Auslagerungsunternehmens festschreibt.

(3) Sind bei Auslagerungen nach Absatz 2 die Prüfungsrechte und Kontrollmöglichkeiten der Bundesanstalt beeinträchtigt, kann die Bundesanstalt im Einzelfall Anordnungen treffen, die geeignet und erforderlich sind, diese Beeinträchtigung zu beseitigen. Die Befugnisse der Bundesanstalt nach Absatz 1 Satz 8 bleiben unberührt.

(4) Bedient sich ein Einlagenkreditinstitut oder Wertpapierhandelsunternehmen eines vertraglich gebundenen Vermittlers im Sinne des § 2 Abs. 10 Satz 1, so hat es sicherzustellen, dass dieser zuverlässig und fachlich geeignet ist, bei der Erbringung der Finanzdienstleistungen die gesetzlichen Vorgaben erfüllt, Kunden vor Aufnahme der Geschäftsbeziehung über seinen Status nach § 2 Abs. 10 Satz 1 und 2 informiert und unverzüglich von der Beendigung dieses Status in Kenntnis setzt. Die erforderlichen Nachweise für die Erfüllung seiner Pflichten nach Satz 1 muss das Einlagenkreditinstitut oder Wertpapierhandelsunternehmen mindestens bis fünf Jahre nach dem Ende des Status des vertraglich gebundenen Vermittlers aufbewahren. Nähere Bestimmungen zu den erforderlichen Nachweisen können durch Rechtsverordnung nach § 24 Abs. 4 getroffen werden.

(5) Das Bundesministerium der Finanzen wird ermächtigt, durch Rechtsverordnung, die nicht der Zustimmung des Bundesrates bedarf, im Benehmen mit der Deutschen Bundesbank nähere Bestimmungen zu erlassen über

1. die Ausgestaltung der Vergütungssysteme nach Absatz 1 Satz 3 Nummer 4 in den Instituten einschließlich der Entscheidungsprozesse und Verantwortlichkeiten, der Zusammensetzung der Vergütung, der Ausgestaltung positiver und negativer Vergütungsparameter, der Leistungszeiträume sowie der Berücksichtigung der Geschäftsstrategie, der Ziele, der Werte und der langfristigen Interessen des Instituts,
2. die Überwachung der Angemessenheit und Transparenz der Vergütungssysteme durch das Institut und die Weiterentwicklung der Vergütungssysteme,
3. die Offenlegung der Ausgestaltung der Vergütungssysteme und der Zusammensetzung der Vergütung einschließlich des Gesamtbetrags der garantierten Bonuszahlungen und der einzelvertraglichen Abfindungszahlungen unter Angabe der höchsten geleisteten Abfindung und der Anzahl der Begünstigten sowie
4. das Offenlegungsmedium und die Häufigkeit der Offenlegung im Sinne der Nummer 3.

Die Regelungen haben sich insbesondere an Größe und Vergütungsstruktur des Instituts sowie Art, Umfang, Komplexität, Risikogehalt und Internationalität der Geschäftsaktivitäten zu orientieren. Im Rahmen der Bestimmungen nach Satz 1 Nummer 3 müssen die auf Offenlegung der Vergütung bezogenen handelsrechtlichen Bestimmungen nach § 340a Absatz 1 und 2 in Verbindung mit § 340l Absatz 1 Satz 1 des Handelsgesetzbuchs unberührt bleiben. Das Bundesministerium der Finanzen kann die Ermächtigung durch Rechtsverordnung auf die Bundesanstalt mit der Maßgabe übertragen, dass die Rechtsverordnung im Einvernehmen mit der Deutschen Bundesbank ergeht. Vor Erlass der Rechtsverordnung sind die Spitzenverbände der Institute zu hören.

B) Wertpapierhandelsgesetz (WpHG)

§ 33 WpHG

(1) Ein Wertpapierdienstleistungsunternehmen muss die organisatorischen Pflichten nach § 25a Abs. 1 und 4 des Kreditwesengesetzes einhalten. Darüber hinaus muss es

1. angemessene Grundsätze aufstellen, Mittel vorhalten und Verfahren einrichten, die darauf ausgerichtet sind, sicherzustellen, dass das

Wertpapierdienstleistungsunternehmen selbst und seine Mitarbeiter den Verpflichtungen dieses Gesetzes nachkommen, wobei insbesondere eine dauerhafte und wirksame Compliance-Funktion einzurichten ist, die ihre Aufgaben unabhängig wahrnehmen kann;

2. angemessene Vorkehrungen treffen, um die Kontinuität und Regelmäßigkeit der Wertpapierdienstleistungen und Wertpapiernebendienstleistungen zu gewährleisten;

3. auf Dauer wirksame Vorkehrungen für angemessene Maßnahmen treffen, um Interessenkonflikte bei der Erbringung von Wertpapierdienstleistungen oder Wertpapiernebendienstleistungen zwischen ihm selbst einschließlich seiner Mitarbeiter und der mit ihm direkt oder indirekt durch Kontrolle im Sinne des § 1 Abs. 8 des Kreditwesengesetzes verbundenen Personen und Unternehmen und seinen Kunden oder zwischen seinen Kunden zu erkennen und eine Beeinträchtigung der Kundeninteressen zu vermeiden;

3a. im Rahmen der Vorkehrungen nach Nummer 3 Grundsätze oder Ziele, die den Umsatz, das Volumen oder den Ertrag der im Rahmen der Anlageberatung empfohlenen Geschäfte unmittelbar oder mittelbar betreffen (Vertriebsvorgaben), derart ausgestalten, umsetzen und überwachen, dass Kundeninteressen nicht beeinträchtigt werden;

4. wirksame und transparente Verfahren für eine angemessene und unverzügliche Bearbeitung von Beschwerden durch Privatkunden vorhalten und jede Beschwerde sowie die zu ihrer Abhilfe getroffenen Maßnahmen dokumentieren;

5. sicherstellen, dass die Geschäftsleitung und das Aufsichtsorgan in angemessenen Zeitabständen, zumindest einmal jährlich, Berichte der mit der Compliance-Funktion betrauten Mitarbeiter über die Angemessenheit und Wirksamkeit der Grundsätze, Mittel und Verfahren nach Nummer 1 erhalten, die insbesondere angeben, ob zur Behebung von Verstößen des Wertpapierdienstleistungsunternehmens oder seiner Mitarbeiter gegen Verpflichtungen dieses Gesetzes oder zur Beseitigung des Risikos eines solchen Verstoßes geeignete Maßnahmen ergriffen wurden;

6. die Angemessenheit und Wirksamkeit der nach diesem Abschnitt getroffenen organisatorischen Maßnahmen überwachen und regelmäßig bewerten sowie die erforderlichen Maßnahmen zur Beseitigung von Unzulänglichkeiten ergreifen.

Im Rahmen der nach Satz 2 Nr. 1 zu treffenden Vorkehrungen muss das Wertpapierdienstleistungsunternehmen Art, Umfang, Komplexität und Risikogehalt seines Geschäfts sowie Art und Spektrum der von ihm angebotenen Wertpapierdienstleistungen berücksichtigen.

(1a) Ein Wertpapierdienstleistungsunternehmen muss zusätzlich die in diesem Absatz genannten Bestimmungen einhalten, wenn es in der Weise Handel mit Finanzinstrumenten betreibt, dass ein Computeralgorithmus die einzelnen Auftragsparameter automatisch bestimmt, ohne dass es sich um ein System handelt, das nur zur Weiterleitung von Aufträgen zu einem oder mehreren Handelsplätzen oder zur Bestätigung von Aufträgen verwendet wird (algorithmischer Handel). Auftragsparameter im Sinne des Satzes 1 sind insbesondere Entscheidungen, ob der Auftrag eingeleitet werden soll, über Zeitpunkt, Preis oder Quantität des Auftrags oder wie der Auftrag nach seiner Einreichung mit eingeschränkter oder überhaupt keiner menschlichen Beteiligung bearbeitet wird. Ein Wertpapierdienstleistungsunternehmen, das algorithmischen Handel betreibt, muss über Systeme und Risikokontrollen verfügen, die sicherstellen, dass

1. seine Handelssysteme belastbar sind, über ausreichende Kapazitäten verfügen und angemessenen Handelsschwellen und Handelsobergrenzen unterliegen;
2. die Übermittlung von fehlerhaften Aufträgen oder eine Funktionsweise des Systems vermieden wird, durch die Störungen auf dem Markt verursacht oder ein Beitrag zu diesen geleistet werden könnten;
3. seine Handelssysteme nicht für einen Zweck verwendet werden können, der gegen die europäischen und nationalen Vorschriften gegen Marktmissbrauch oder die Vorschriften des Handelsplatzes verstößt, mit dem es verbunden ist.

Ein Wertpapierdienstleistungsunternehmen, das algorithmischen Handel betreibt, muss ferner über wirksame Notfallvorkehrungen verfügen, um mit unvorgesehenen Störungen in seinen Handelssystemen umzugehen, und sicherstellen, dass seine Systeme vollständig geprüft sind und ordnungsgemäß überwacht werden. Es muss darüber hinaus sicherstellen, dass jede Änderung eines zum Handel verwendeten Computeralgorithmus dokumentiert wird.

(2) Ein Wertpapierdienstleistungsunternehmen muss bei einer Auslagerung von Aktivitäten und Prozessen sowie von Finanzdienstleistungen die Anforderungen nach § 25a Abs. 2 des Kreditwesengesetzes einhalten. Die Auslagerung darf nicht die Rechtsverhältnisse des Unternehmens zu seinen Kunden und seine Pflichten, die nach diesem Abschnitt gegenüber den Kunden bestehen, verändern. Die Auslagerung darf die Voraussetzungen, unter denen dem Wertpapierdienstleistungsunternehmen eine Erlaubnis nach § 32 des Kreditwesengesetzes erteilt worden ist, nicht verändern.

(3) Ein Wertpapierdienstleistungsunternehmen darf die Finanzportfolioverwaltung für Privatkunden im Sinne des § 31a Abs. 3 nur dann an ein Unternehmen mit Sitz in einem Drittstaat auslagern, wenn

1. das Auslagerungsunternehmen für diese Dienstleistung im Drittstaat zugelassen oder registriert ist und von einer Behörde beaufsichtigt wird, die mit der Bundesanstalt eine hinreichende Kooperationsvereinbarung unterhält, oder

2. die Auslagerungsvereinbarung bei der Bundesanstalt angezeigt und von ihr nicht innerhalb eines angemessenen Zeitraums beanstandet worden ist.

Die Bundesanstalt veröffentlicht auf ihrer Internetseite eine Liste der ausländischen Aufsichtsbehörden, mit denen sie eine angemessene Kooperationsvereinbarung im Sinne des Satzes 1 Nr. 1 unterhält und die Bedingungen, unter denen sie Auslagerungsvereinbarungen nach Satz 1 Nr. 2 in der Regel nicht beanstandet, einschließlich einer Begründung, weshalb damit die Einhaltung der Vorgaben nach Absatz 2 gewährleistet werden kann.

(4) Das Bundesministerium der Finanzen kann durch Rechtsverordnung, die nicht der Zustimmung des Bundesrates bedarf, nähere Bestimmungen zu den organisatorischen Anforderungen nach Absatz 1 Satz 2 erlassen. Das Bundesministerium der Finanzen kann die Ermächtigung durch Rechtsverordnung auf die Bundesanstalt übertragen.

C) Insolvenzordnung (InsO)

§ 97 Auskunfts- und Mitwirkungspflichten des Schuldners

(1) Der Schuldner ist verpflichtet, dem Insolvenzgericht, dem Insolvenzverwalter, dem Gläubigerausschuß und auf Anordnung des Gerichts der Gläubigerversammlung über alle das Verfahren betreffenden Verhältnisse Auskunft zu geben. Er hat auch Tatsachen zu offenbaren, die geeignet sind, eine Verfolgung wegen einer Straftat oder einer Ordnungswidrigkeit herbeizuführen. Jedoch darf eine Auskunft, die der Schuldner gemäß seiner Verpflichtung nach Satz 1 erteilt, in einem Strafverfahren oder in einem Verfahren nach dem Gesetz über Ordnungswidrigkeiten gegen den Schuldner oder einen in § 52 Abs. 1 der Strafprozessordnung bezeichneten Angehörigen des Schuldners nur mit Zustimmung des Schuldners verwendet werden.

(2) Der Schuldner hat den Verwalter bei der Erfüllung von dessen Aufgaben zu unterstützen.

(3) Der Schuldner ist verpflichtet, sich auf Anordnung des Gerichts jederzeit zur Verfügung zu stellen, um seine Auskunfts- und Mitwirkungspflichten zu erfüllen. Er hat alle Handlungen zu unterlassen, die der Erfüllung dieser Pflichten zuwiderlaufen.

D) Deutscher Corporate Governance Kodex (DGCK)

1. Präambel

Der Deutsche Corporate Governance Kodex (der „Kodex“) stellt wesentliche gesetzliche Vorschriften zur Leitung und Überwachung deutscher börsennotierter Gesellschaften (Unternehmensführung) dar und enthält international und national anerkannte Standards guter und verantwortungsvoller Unternehmensführung. Der Kodex hat zum Ziel, das deutsche Corporate Governance System transparent und nachvollziehbar zu machen. Er will das Vertrauen der internationalen und nationalen Anleger, der Kunden, der Mitarbeiter und der Öffentlichkeit in die Leitung und Überwachung deutscher börsennotierter Gesellschaften fördern.

Der Kodex verdeutlicht die Verpflichtung von Vorstand und Aufsichtsrat, im Einklang mit den Prinzipien der sozialen Marktwirtschaft für den Bestand des Unternehmens und seine nachhaltige Wertschöpfung zu sorgen (Unternehmensinteresse).

Deutschen Aktiengesellschaften ist ein duales Führungssystem gesetzlich vorgegeben.

Der Vorstand leitet das Unternehmen in eigener Verantwortung. Die Mitglieder des Vorstands tragen gemeinsam die Verantwortung für die Unternehmensleitung. Der Vorstandsvorsitzende koordiniert die Arbeit der Vorstandsmitglieder.

Der Aufsichtsrat bestellt, überwacht und berät den Vorstand und ist in Entscheidungen, die von grundlegender Bedeutung für das Unternehmen sind, unmittelbar eingebunden. Der Aufsichtsratsvorsitzende koordiniert die Arbeit im Aufsichtsrat.

Die Mitglieder des Aufsichtsrats werden von den Aktionären in der Hauptversammlung gewählt. Bei Unternehmen mit mehr als 500 bzw. 2 000 Arbeitnehmern im Inland sind auch die Arbeitnehmer im Aufsichtsrat vertreten, der sich dann zu einem Drittel bzw. zur Hälfte aus von den Arbeitnehmern gewählten Vertretern zusammensetzt. Bei Unternehmen mit mehr als 2 000 Arbeitnehmern hat der Aufsichtsratsvorsitzende, der praktisch immer ein Vertreter der Anteilseigner ist, ein die Beschlussfassung entscheidendes Zweitstimmrecht. Die von den Aktionären gewählten Anteilseignervertreter und die Arbeitnehmervertreter sind gleichermaßen dem Unternehmensinteresse verpflichtet.

Alternativ eröffnet die Europäische Gesellschaft (SE) die Möglichkeit, sich auch in Deutschland für das international verbreitete System der Führung durch ein einheitliches Leitungsorgan (Verwaltungsrat) zu entscheiden.

Die Ausgestaltung der unternehmerischen Mitbestimmung in der SE wird grundsätzlich durch eine Vereinbarung zwischen der Unternehmensleitung und der Arbeitnehmerseite festgelegt. Die Arbeitnehmer in den EU-Mitgliedstaaten sind einbezogen.

Die Rechnungslegung deutscher Unternehmen ist am True-and-fair-view-Prinzip orientiert und hat ein den tatsächlichen Verhältnissen entsprechendes Bild der Vermögens-, Finanz- und Ertragslage des Unternehmens zu vermitteln.

Empfehlungen des Kodex sind im Text durch die Verwendung des Wortes „soll" gekennzeichnet. Die Gesellschaften können hiervon abweichen, sind dann aber verpflichtet, dies jährlich offenzulegen und die Abweichungen zu begründen („comply or explain"). Dies ermöglicht den Gesellschaften die Berücksichtigung branchen- oder unternehmensspezifischer Bedürfnisse. Eine gut begründete Abweichung von einer Kodexempfehlung kann im Interesse einer guten Unternehmensführung liegen. So trägt der Kodex zur Flexibilisierung und Selbstregulierung der deutschen Unternehmensverfassung bei. Ferner enthält der Kodex Anregungen, von denen ohne Offenlegung abgewichen werden kann; hierfür verwendet der Kodex den Begriff „sollte". Die übrigen sprachlich nicht so gekennzeichneten Teile des Kodex betreffen Beschreibungen gesetzlicher Vorschriften und Erläuterungen.

In Regelungen des Kodex, die nicht nur die Gesellschaft selbst, sondern auch ihre Konzernunternehmen betreffen, wird der Begriff „Unternehmen" statt „Gesellschaft" verwendet.

Der Kodex richtet sich in erster Linie an börsennotierte Gesellschaften und Gesellschaften mit Kapitalmarktzugang im Sinne des § 161 Absatz 1 Satz 2 des Aktiengesetzes. Auch nicht kapitalmarktorientierten Gesellschaften wird die Beachtung des Kodex empfohlen.

Der Kodex wird in der Regel einmal jährlich vor dem Hintergrund nationaler und internationaler Entwicklungen überprüft und bei Bedarf angepasst.

3.4 Die ausreichende Informationsversorgung des Aufsichtsrats ist gemeinsame Aufgabe von Vorstand und Aufsichtsrat. Der Vorstand informiert den Aufsichtsrat regelmäßig, zeitnah und umfassend über alle für das Unternehmen relevanten Fragen der Planung, der Geschäftsentwicklung, der Risikolage, des Risikomanagements und der Compliance. [...]

4.1.3 Der Vorstand hat für die Einhaltung der gesetzlichen Bestimmungen und der unternehmensinternen Richtlinien zu sorgen und wirkt auf deren Beachtung durch die Konzernunternehmen hin (Compliance).

4.1.4 Der Vorstand sorgt für ein angemessenes Risikomanagement und Risikocontrolling im Unternehmen.

5.3.2 Der Aufsichtsrat soll einen Prüfungsausschuss (Audit Committee) einrichten, der sich insbesondere mit der Überwachung des Rechnungslegungsprozesses, der Wirksamkeit des internen Kontrollsystems, des Risikomanagementsystems [...] sowie - falls kein anderer Ausschuss damit betraut ist - der Compliance, befasst. [...]

E) Foreign Corrupt Practices Act (FCPA) (Anti-Bribery and Books & Records Provisions)

§ 78m. Periodical and other reports

(a) Reports by issuer of security; contents

Every issuer of a security registered pursuant to section 78l of this title shall file with the Commission, in accordance with such rules and regulations as the Commission may prescribe as necessary or appropriate for the proper protection of investors and to insure fair dealing in the security–

(1) such information and documents (and such copies thereof) as the Commission shall require to keep reasonably current the information and documents required to be included in or filed with an application or registration statement filed pursuant to section 78l of this title, except that the Commission may not require the filing of any material contract wholly executed before July 1, 1962.

(2) such annual reports (and such copies thereof), certified if required by the rules and regulations of the Commission by independent public accountants, and such quarterly reports (and such copies thereof), as the Commission may prescribe.

Every issuer of a security registered on a national securities exchange shall also file a duplicate original of such information, documents, and reports with the exchange.

(b) Form of report; books, records, and internal accounting; directives

* * *

(2) Every issuer which has a class of securities registered pursuant to section 78l of this title and every issuer which is required to file reports pursuant to section 78o(d) of this title shall–

(A) make and keep books, records, and accounts, which, in reasonable detail, accurately and fairly reflect the transactions and dispositions of the assets of the issuer; and

(B) devise and maintain a system of internal accounting controls sufficient to provide reasonable assurances that–

(i) transactions are executed in accordance with management's general or specific authorization;

(ii) transactions are recorded as necessary (I) to permit preparation of financial statements in conformity with generally accepted accounting principles or any other criteria applicable to such statements, and (II) to maintain accountability for assets;

(iii) access to assets is permitted only in accordance with management's general or specific authorization; and

(iv) the recorded accountability for assets is compared with the existing assets at reasonable intervals and appropriate action is taken with respect to any differences.

(3)

(A) With respect to matters concerning the national security of the United States, no duty or liability under paragraph (2) of this subsection shall be imposed upon any person acting in cooperation with the head of any Federal department or agency responsible for such matters if such act in cooperation with such head of a department or agency was done upon the specific, written directive of the head of such department or agency pursuant to Presidential authority to issue such directives. Each directive issued under this paragraph shall set forth the specific facts and circumstances with respect to which the provisions of this paragraph are to be invoked. Each such directive shall, unless renewed in writing, expire one year after the date of issuance.

(B) Each head of a Federal department or agency of the United States who issues such a directive pursuant to this paragraph shall maintain a complete file of all such directives and shall, on October 1 of each year, transmit a summary of matters covered by such directives in force at any time during the previous year to the Permanent Select Committee on Intelligence of the House of Representatives and the Select Committee on Intelligence of the Senate.

(4) No criminal liability shall be imposed for failing to comply with the requirements of paragraph (2) of this subsection except as provided in paragraph (5) of this subsection.

(5) No person shall knowingly circumvent or knowingly fail to implement a system of internal accounting controls or knowingly falsify any book, record, or account described in paragraph (2).

(6) Where an issuer which has a class of securities registered pursuant to section 781 of this title or an issuer which is required to file reports pursuant to section

78o(d) of this title holds 50 per centum or less of the voting power with respect to a domestic or foreign firm, the provisions of paragraph (2) require only that the issuer proceed in good faith to use its influence, to the extent reasonable under the issuer's circumstances, to cause such domestic or foreign firm to devise and maintain a system of internal accounting controls consistent with paragraph (2). Such circumstances include the relative degree of the issuer's ownership of the domestic or foreign firm and the laws and practices governing the business operations of the country in which such firm is located. An issuer which demonstrates good faith efforts to use such influence shall be conclusively presumed to have complied with the requirements of paragraph (2).

(7) For the purpose of paragraph (2) of this subsection, the terms "reasonable assurances" and "reasonable detail" mean such level of detail and degree of assurance as would satisfy prudent officials in the conduct of their own affairs.

§ 78dd-1 [Section 30A of the Securities & Exchange Act of 1934]

Prohibited foreign trade practices by issuers

(a) Prohibition

It shall be unlawful for any issuer which has a class of securities registered pursuant to section 78l of this title or which is required to file reports under section 78o(d) of this title, or for any officer, director, employee, or agent of such issuer or any stockholder thereof acting on behalf of such issuer, to make use of the mails or any means or instrumentality of interstate commerce corruptly in furtherance of an offer, payment, promise to pay, or authorization of the payment of any money, or offer, gift, promise to give, or authorization of the giving of anything of value to-

(1) any foreign official for purposes of-

(A) (i) influencing any act or decision of such foreign official in his official capacity, (ii) inducing such foreign official to do or omit to do any act in violation of the lawful duty of such official, or (iii) securing any improper advantage; or

(B) inducing such foreign official to use his influence with a foreign government or instrumentality thereof to affect or influence any act or decision of such government or instrumentality,

in order to assist such issuer in obtaining or retaining business for or with, or directing business to, any person;

(2) any foreign political party or official thereof or any candidate for foreign political office for purposes of-

(A) (i) influencing any act or decision of such party, official, or candidate in its or his official capacity, (ii) inducing such party, official, or candidate to do or omit to do an act in violation of the lawful duty of such party, official, or candidate, or (iii) securing any improper advantage; or

(B) inducing such party, official, or candidate to use its or his influence with a foreign government or instrumentality thereof to affect or influence any act or decision of such government or instrumentality.

in order to assist such issuer in obtaining or retaining business for or with, or directing business to, any person; or

(3) any person, while knowing that all or a portion of such money or thing of value will be offered, given, or promised, directly or indirectly, to any foreign official, to any foreign political party or official thereof, or to any candidate for foreign political office, for purposes of-

(A) (i) influencing any act or decision of such foreign official, political party, party official, or candidate in his or its official capacity, (ii) inducing such foreign official, political party, party official, or candidate to do or omit to do any act in violation of the lawful duty of such foreign official, political party, party official, or candidate, or (iii) securing any improper advantage; or

(B) inducing such foreign official, political party, party official, or candidate to use his or its influence with a foreign government or instrumentality thereof to affect or influence any act or decision of such government or instrumentality,

in order to assist such issuer in obtaining or retaining business for or with, or directing business to, any person.

(b) Exception for routine governmental action

Subsections (a) and (g) of this section shall not apply to any facilitating or expediting payment to a foreign official, political party, or party official the purpose of which is to expedite or to secure the performance of a routine governmental action by a foreign official, political party, or party official.

(c) Affirmative defenses

It shall be an affirmative defense to actions under subsection (a) or (g) of this section that–

(1) the payment, gift, offer, or promise of anything of value that was made, was lawful under the written laws and regulations of the foreign official's, political party's, party official's, or candidate's country; or

(2) the payment, gift, offer, or promise of anything of value that was made, was a reasonable and bona fide expenditure, such as travel and lodging expenses, incurred by or on behalf of a foreign official, party, party official, or candidate and was directly related to–

(A) the promotion, demonstration, or explanation of products or services; or

(B) the execution or performance of a contract with a foreign government or agency thereof.

(d) Guidelines by Attorney General

Not later than one year after August 23, 1988, the Attorney General, after consultation with the Commission, the Secretary of Commerce, the United States Trade Representative, the Secretary of State, and the Secretary of the Treasury, and after obtaining the views of all interested persons through public notice and comment procedures, shall determine to what extent compliance with this section would be enhanced and the business community would be assisted by further clarification of the preceding provisions of this section and may, based on such determination and to the extent necessary and appropriate, issue–

(1) guidelines describing specific types of conduct, associated with common types of export sales arrangements and business contracts, which for purposes of the Department of Justice's present enforcement policy, the Attorney General determines would be in conformance with the preceding provisions of this section; and

(2) general precautionary procedures which issuers may use on a voluntary basis to conform their conduct to the Department of Justice's present enforcement policy regarding the preceding provisions of this section.

The Attorney General shall issue the guidelines and procedures referred to in the preceding sentence in accordance with the provisions of subchapter II of chapter 5 of Title 5 and those guidelines and procedures shall be subject to the provisions of chapter 7 of that title.

(e) Opinions of Attorney General

(1) The Attorney General, after consultation with appropriate departments and agencies of the United States and after obtaining the views of all interested persons through public notice and comment procedures, shall establish a procedure to

provide responses to specific inquiries by issuers concerning conformance of their conduct with the Department of Justice's present enforcement policy regarding the preceding provisions of this section. The Attorney General shall, within 30 days after receiving such a request, issue an opinion in response to that request. The opinion shall state whether or not certain specified prospective conduct would, for purposes of the Department of Justice's present enforcement policy, violate the preceding provisions of this section. Additional requests for opinions may be filed with the Attorney General regarding other specified prospective conduct that is beyond the scope of conduct specified in previous requests. In any action brought under the applicable provisions of this section, there shall be a rebuttable presumption that conduct, which is specified in a request by an issuer and for which the Attorney General has issued an opinion that such conduct is in conformity with the Department of Justice's present enforcement policy, is in compliance with the preceding provisions of this section. Such a presumption may be rebutted by a preponderance of the evidence. In considering the presumption for purposes of this paragraph, a court shall weight all relevant factors, including but not limited to whether the information submitted to the Attorney

General was accurate and complete and whether it was within the scope of the conduct specified in any request received by the Attorney General. The Attorney General shall establish the procedure required by this paragraph in accordance with the provisions of subchapter II of chapter 5 of Title 5 and that procedure shall be subject to the provisions of chapter 7 of that title.

(2) Any document or other material which is provided to, received by, or prepared in the Department of Justice or any other department or agency of the United States in connection with a request by an issuer under the procedure established under paragraph (1), shall be exempt from disclosure under section 552 of Title 5 and shall not, except with the consent of the issuer, be made publicly available, regardless of whether the Attorney General responds to such a request or the issuer withdraws such request before receiving a response.

(3) Any issuer who has made a request to the Attorney General under paragraph (1) may withdraw such request prior to the time the Attorney General issues an opinion in response to such request. Any request so withdrawn shall have no force or effect.

(4) The Attorney General shall, to the maximum extent practicable, provide timely guidance concerning the Department of Justice's present enforcement policy with respect to the preceding provisions of this section to potential exporters and small businesses that are unable to obtain specialized counsel on issues pertaining to such provisions. Such guidance shall be limited to responses

to requests under paragraph (1) concerning conformity of specified prospective conduct with the Department of Justice's present enforcement policy regarding the preceding provisions of this section and general explanations of compliance responsibilities and of potential liabilities under the preceding provisions of this section.

(f) Definitions

For purposes of this section:

(1)

(A) The term "foreign official" means any officer or employee of a foreign government or any department, agency, or instrumentality thereof, or of a public international organization, or any person acting in an official capacity for or on behalf of any such government or department, agency, or instrumentality, or for or on behalf of any such public international organization.

(B) For purposes of subparagraph (A), the term "public international organization" means–

(i)

an organization that is designated by Executive Order pursuant to section 1 of the International Organizations Immunities Act (22 U.S.C. § 288); or

(ii)

any other international organization that is designated by the President by Executive order for the purposes of this section, effective as of the date of publication of such order in the Federal Register.

(2)

(A) A person's state of mind is "knowing" with respect to conduct, a circumstance, or a result if–

(i)

such person is aware that such person is engaging in such conduct, that such circumstance exists, or that such result is substantially certain to occur; or

(ii)

such person has a firm belief that such circumstance exists or that such result is substantially certain to occur.

(B) When knowledge of the existence of a particular circumstance is required for an offense, such knowledge is established if a person is aware of a high probability of the existence of such circumstance, unless the person actually believes that such circumstance does not exist.

(3)
(A) The term "routine governmental action" means only an action which is ordinarily and commonly performed by a foreign official in–

(i) obtaining permits, licenses, or other official documents to qualify a person to do business in a foreign country;

(ii) processing governmental papers, such as visas and work orders;

(iii) providing police protection, mail pick-up and delivery, or scheduling inspections associated with contract performance or inspections related to transit of goods across country;

(iv) providing phone service, power and water supply, loading and unloading cargo, or protecting perishable products or commodities from deterioration; or

(v) actions of a similar nature.

(B) The term "routine governmental action" does not include any decision by a foreign official whether, or on what terms, to award new business to or to continue business with a particular party, or any action taken by a foreign official involved in the decision-making process to encourage a decision to award new business to or continue business with a particular party.

(g) Alternative Jurisdiction

(1) It shall also be unlawful for any issuer organized under the laws of the United States, or a State, territory, possession, or commonwealth of the United States or a political subdivision thereof and which has a class of securities registered pursuant to section 12 of this title or which is required to file reports under section 15(d) of this title, or for any United States person that is an officer, director, employee, or agent of such issuer or a stockholder thereof acting on behalf of such issuer, to corruptly do any act outside the United States in furtherance of an offer, payment, promise to pay, or authorization of the payment of any money, or offer, gift, promise to give, or authorization of the giving of anything of value to any of the persons or entities set forth in paragraphs (1), (2), and (3) of this subsection (a) of this section for the purposes set forth therein, irrespective of whether such issuer or such officer, director, employee, agent, or stockholder makes use of the mails or any means or instrumentality of interstate commerce in furtherance of such offer, gift, payment, promise, or authorization.

(2) As used in this subsection, the term "United States person" means a national of the United States (as defined in section 101 of the Immigration and Nationality Act (8 U.S.C. § 1101)) or any corporation, partnership, association, joint-stock company, business trust, unincorporated organization, or sole proprietorship

organized under the laws of the United States or any State, territory, possession, or commonwealth of the United States, or any political subdivision thereof.

§ 78dd-2. Prohibited foreign trade practices by domestic concerns

(a) Prohibition

It shall be unlawful for any domestic concern, other than an issuer which is subject to section 78dd-1 of this title, or for any officer, director, employee, or agent of such domestic concern or any stockholder thereof acting on behalf of such domestic concern, to make use of the mails or any means or instrumentality of interstate commerce corruptly in furtherance of an offer, payment, promise to pay, or authorization of the payment of any money, or offer, gift, promise to give, or authorization of the giving of anything of value to–

(1) any foreign official for purposes of–

(A) (i) influencing any act or decision of such foreign official in his official capacity, (ii) inducing such foreign official to do or omit to do any act in violation of the lawful duty of such official, or (iii) securing any improper advantage; or

(B) inducing such foreign official to use his influence with a foreign government or instrumentality thereof to affect or influence any act or decision of such government or instrumentality,

in order to assist such domestic concern in obtaining or retaining business for or with, or directing business to, any person;

(2) any foreign political party or official thereof or any candidate for foreign political office for purposes of–

(A) (i) influencing any act or decision of such party, official, or candidate in its or his official capacity, (ii) inducing such party, official, or candidate to do or omit to do an act in violation of the lawful duty of such party, official, or candidate, or (iii) securing any improper advantage; or

(B) inducing such party, official, or candidate to use its or his influence with a foreign government or instrumentality thereof to affect or influence any act or decision of such government or instrumentality,

in order to assist such domestic concern in obtaining or retaining business for or with, or directing business to, any person;

(3) any person, while knowing that all or a portion of such money or thing of value will be offered, given, or promised, directly or indirectly, to any foreign

official, to any foreign political party or official thereof, or to any candidate for foreign political office, for purposes of–

(A) (i) influencing any act or decision of such foreign official, political party, party official, or candidate in his or its official capacity, (ii) inducing such foreign official, political party, party official, or candidate to do or omit to do any act in violation of the lawful duty of such foreign official, political party, party official, or candidate, or (iii) securing any improper advantage; or

(B) inducing such foreign official, political party, party official, or candidate to use his or its influence with a foreign government or instrumentality thereof to affect or influence any act or decision of such government or instrumentality,

in order to assist such domestic concern in obtaining or retaining business for or with, or directing business to, any person.

(b) Exception for routine governmental action

Subsections (a) and (i) of this section shall not apply to any facilitating or expediting payment to a foreign official, political party, or party official the purpose of which is to expedite or to secure the performance of a routine governmental action by a foreign official, political party, or party official.

(c) Affirmative defenses

It shall be an affirmative defense to actions under subsection (a) or (i) of this section that–

(1) the payment, gift, offer, or promise of anything of value that was made, was lawful under the written laws and regulations of the foreign official's, political party's, party official's, or candidate's country; or

(2) the payment, gift, offer, or promise of anything of value that was made, was a reasonable and bona fide expenditure, such as travel and lodging expenses, incurred by or on behalf of a foreign official, party, party official, or candidate and was directly related to–

(A) the promotion, demonstration, or explanation of products or services; or

(B) the execution or performance of a contract with a foreign government or agency thereof.

(d) Injunctive relief

(1) When it appears to the Attorney General that any domestic concern to which this section applies, or officer, director, employee, agent, or stockholder thereof, is

engaged, or about to engage, in any act or practice constituting a violation of subsection (a) or (i) of this section, the Attorney General may, in his discretion, bring a civil action in an appropriate district court of the United States to enjoin such act or practice, and upon a proper showing, a permanent injunction or a temporary restraining order shall be granted without bond.

(2) For the purpose of any civil investigation which, in the opinion of the Attorney General, is necessary and proper to enforce this section, the Attorney General or his designee are empowered to administer oaths and affirmations, subpoena witnesses, take evidence, and require the production of any books, papers, or other documents which the Attorney General deems relevant or material to such investigation. The attendance of witnesses and the production of documentary evidence may be required from any place in the United States, or any territory, possession, or commonwealth of the United States, at any designated place of hearing.

(3) In case of contumacy by, or refusal to obey a subpoena issued to, any person, the Attorney General may invoke the aid of any court of the United States within the jurisdiction of which such investigation or proceeding is carried on, or where such person resides or carries on business, in requiring the attendance and testimony of witnesses and the production of books, papers, or other documents. Any such court may issue an order requiring such person to appear before the Attorney General or his designee, there to produce records, if so ordered, or to give testimony touching the matter under investigation. Any failure to obey such order of the court may be punished by such court as a contempt thereof.

All process in any such case may be served in the judicial district in which such person resides or may be found. The Attorney General may make such rules relating to civil investigations as may be necessary or appropriate to implement the provisions of this subsection.

(e) Guidelines by Attorney General

Not later than 6 months after August 23, 1988, the Attorney General, after consultation with the Securities and Exchange Commission, the Secretary of Commerce, the United States Trade Representative, the Secretary of State, and the Secretary of the Treasury, and after obtaining the views of all interested persons through public notice and comment procedures, shall determine to what extent compliance with this section would be enhanced and the business community would be assisted by further clarification of the preceding provisions of this section and may, based on such determination and to the extent necessary and appropriate, issue–

(1) guidelines describing specific types of conduct, associated with common types of export sales arrangements and business contracts, which for purposes of the Department of Justice's present enforcement policy, the Attorney General determines would be in conformance with the preceding provisions of this section; and

(2) general precautionary procedures which domestic concerns may use on a voluntary basis to conform their conduct to the Department of Justice's present enforcement policy regarding the preceding provisions of this section.

The Attorney General shall issue the guidelines and procedures referred to in the preceding sentence in accordance with the provisions of subchapter II of chapter 5 of Title 5 and those guidelines and procedures shall be subject to the provisions of chapter 7 of that title.

(f) Opinions of Attorney General

(1) The Attorney General, after consultation with appropriate departments and agencies of the United States and after obtaining the views of all interested persons through public notice and comment procedures, shall establish a procedure to provide responses to specific inquiries by domestic concerns concerning conformance of their conduct with the Department of Justice's present enforcement policy regarding the preceding provisions of this section. The Attorney General shall, within 30 days after receiving such a request, issue an opinion in response to that request. The opinion shall state whether or not certain specified prospective conduct would, for purposes of the Department of Justice's present enforcement policy, violate the preceding provisions of this section. Additional requests for opinions may be filed with the Attorney General regarding other specified prospective conduct that is beyond the scope of conduct specified in previous requests. In any action brought under the applicable provisions of this section, there shall be a rebuttable presumption that conduct, which is specified in a request by a domestic concern and for which the Attorney General has issued an opinion that such conduct is in conformity with the Department of Justice's present enforcement policy, is in compliance with the preceding provisions of this section. Such a presumption may be rebutted by a preponderance of the evidence. In considering the presumption for purposes of this paragraph, a court shall weigh all relevant factors, including but not limited to whether the information submitted to the Attorney General was accurate and complete and whether it was within the scope of the conduct specified in any request received by the Attorney General. The Attorney General shall establish the procedure required by this paragraph in accordance

with the provisions of subchapter II of chapter 5 of Title 5 and that procedure shall be subject to the provisions of chapter 7 of that title.

(2) Any document or other material which is provided to, received by, or prepared in the Department of Justice or any other department or agency of the United States in connection with a request by a domestic concern under the procedure established under paragraph (1), shall be exempt from disclosure under section 552 of Title 5 and shall not, except with the consent of the domestic concern, by made publicly available, regardless of whether the Attorney General response to such a request or the domestic concern withdraws such request before receiving a response.

(3) Any domestic concern who has made a request to the Attorney General under paragraph (1) may withdraw such request prior to the time the Attorney General issues an opinion in response to such request. Any request so withdrawn shall have no force or effect.

(4) The Attorney General shall, to the maximum extent practicable, provide timely guidance concerning the Department of Justice's present enforcement policy with respect to the preceding provisions of this section to potential exporters and small businesses that are unable to obtain specialized counsel on issues pertaining to such provisions. Such guidance shall be limited to responses to requests under paragraph (1) concerning conformity of specified prospective conduct with the Department of Justice's present enforcement policy regarding the preceding provisions of this section and general explanations of compliance responsibilities and of potential liabilities under the preceding provisions of this section.

(g) Penalties

(1)

(A) Any domestic concern that is not a natural person and that violates subsection (a) or (i) of this section shall be fined not more than $2,000,000.

(B) Any domestic concern that is not a natural person and that violates subsection (a) or (i) of this section shall be subject to a civil penalty of not more than $10,000 imposed in an action brought by the Attorney General.

(2)

(A) Any natural person that is an officer, director, employee, or agent of a domestic concern, or stockholder acting on behalf of such domestic concern, who willfully violates subsection (a) or (i) of this section shall be fined not more than $100,000 or imprisoned not more than 5 years, or both.

(B) Any natural person that is an officer, director, employee, or agent of a domestic concern, or stockholder acting on behalf of such domestic concern, who violates subsection (a) or (i) of this section shall be subject to a civil penalty of not more than $10,000 imposed in an action brought by the Attorney General.

(3)

Whenever a fine is imposed under paragraph (2) upon any officer, director, employee, agent, or stockholder of a domestic concern, such fine may not be paid, directly or indirectly, by such domestic concern.

(h) Definitions

For purposes of this section:

(1)

The term "domestic concern" means–

(A) any individual who is a citizen, national, or resident of the United States; and

(B) any corporation, partnership, association, joint-stock company, business trust, unincorporated organization, or sole proprietorship which has its principal place of business in the United States, or which is organized under the laws of a State of the United States or a territory, possession, or commonwealth of the United States.

(2)

(A) The term "foreign official" means any officer or employee of a foreign government or any department, agency, or instrumentality thereof, or of a public international organization, or any person acting in an official capacity for or on behalf of any such government or department, agency, or instrumentality, or for or on behalf of any such public international organization.

(B) For purposes of subparagraph (A), the term "public international organization" means –

(i) an organization that has been designated by Executive order pursuant to Section 1 of the International Organizations Immunities Act (22 U.S.C. § 288); or

(ii)any other international organization that is designated by the President by Executive order for the purposes of this section, effective as of the date of publication of such order in the Federal Register.

(3)

(A) A person's state of mind is "knowing" with respect to conduct, a circumstance, or a result if–

(i) such person is aware that such person is engaging in such conduct, that such circumstance exists, or that such result is substantially certain to occur; or

(ii) such person has a firm belief that such circumstance exists or that such result is substantially certain to occur.

(B) When knowledge of the existence of a particular circumstance is required for an offense, such knowledge is established if a person is aware of a high probability of the existence of such circumstance, unless the person actually believes that such circumstance does not exist.

(4)

(A) The term "routine governmental action"means only an action which is ordinarily and commonly performed by a foreign official in–

(i) obtaining permits, licenses, or other official documents to qualify a person to do business in a foreign country;

(ii) processing governmental papers, such as visas and work orders;

(iii) providing police protection, mail pick-up and delivery, or scheduling inspections associated with contract performance or inspections related to transit of goods across country;

(iv) providing phone service, power and water supply, loading and unloading cargo, or protecting perishable products or commodities from deterioration; or

(v) actions of a similar nature.

(B) The term "routine governmental action" does not include any decision by a foreign official whether, or on what terms, to award new business to or to continue business with a particular party, or any action taken by a foreign official involved in the decision-making process to encourage a decision to award new business to or continue business with a particular party.

(5) The term "interstate commerce"means trade, commerce, transportation, or communication among the several States, or between any foreign country and any State or between any State and any place or ship outside thereof, and such term includes the intrastate use of–

(A) a telephone or other interstate means of communication, or

(B) any other interstate instrumentality.

(i) Alternative Jurisdiction

(1)

It shall also be unlawful for any United States person to corruptly do any act outside the United States in furtherance of an offer, payment, promise to pay, or authorization of the payment of any money, or offer, gift, promise to give, or authorization of the giving of anything of value to any of the persons or entities set forth in paragraphs (1), (2), and (3) of subsection (a), for the purposes set forth therein, irrespective of whether such United States person makes use of the mails or any means or instrumentality of interstate commerce in furtherance of such offer, gift, payment, promise, or authorization.

(2)

As used in this subsection, a "United States person"means a national of the United States (as defined in section 101 of the Immigration and Nationality Act (8 U.S.C. § 1101)) or any corporation, partnership, association, joint-stock company, business trust, unincorporated organization, or sole proprietorship organized under the laws of the United States or any State, territory, possession, or commonwealth of the United States, or any political subdivision thereof.

§ 78dd-3. Prohibited foreign trade practices by persons other than issuers or domestic concerns

(a) Prohibition

It shall be unlawful for any person other than an issuer that is subject to section 30A of the Securities Exchange Act of 1934 or a domestic concern, as defined in section 104 of this Act), or for any officer, director, employee, or agent of such person or any stockholder thereof acting on behalf of such person, while in the territory of the United States, corruptly to make use of the mails or any means or instrumentality of interstate commerce or to do any other act in furtherance of an offer, payment, promise to pay, or authorization of the payment of any money, or offer, gift, promise to give, or authorization of the giving of anything of value to–

(1) any foreign official for purposes of–

(A) (i) influencing any act or decision of such foreign official in his official capacity, (ii) inducing such foreign official to do or omit to do any act in violation of the lawful duty of such official, or (iii) securing any improper advantage; or

(B) inducing such foreign official to use his influence with a foreign government or instrumentality thereof to affect or influence any act or decision of such government or instrumentality,

in order to assist such person in obtaining or retaining business for or with, or directing business to, any person;

(2) any foreign political party or official thereof or any candidate for foreign political office for purposes of–

(A) (i) influencing any act or decision of such party, official, or candidate in its or his official capacity, (ii) inducing such party, official, or candidate to do or omit to do an act in violation of the lawful duty of such party, official, or candidate, or (iii) securing any improper advantage; or

(B) inducing such party, official, or candidate to use its or his influence with a foreign government or instrumentality thereof to affect or influence any act or decision of such government or instrumentality.

in order to assist such person in obtaining or retaining business for or with, or directing business to, any person; or

(3) any person, while knowing that all or a portion of such money or thing of value will be offered, given, or promised, directly or indirectly, to any foreign official, to any foreign political party or official thereof, or to any candidate for foreign political office, for purposes of–

(A) (i) influencing any act or decision of such foreign official, political party, party official, or candidate in his or its official capacity, (ii) inducing such foreign official, political party, party official, or candidate to do or omit to do any act in violation of the lawful duty of such foreign official, political party, party official, or candidate, or (iii) securing any improper advantage; or

(B) inducing such foreign official, political party, party official, or candidate to use his or its influence with a foreign government or instrumentality thereof to affect or influence any act or decision of such government or instrumentality,

in order to assist such person in obtaining or retaining business for or with, or directing business to, any person.

(b) Exception for routine governmental action

Subsection (a) of this section shall not apply to any facilitating or expediting payment to a foreign official, political party, or party official the purpose of which is to expedite or to secure the performance of a routine governmental action by a foreign official, political party, or party official.

(c) Affirmative defenses

It shall be an affirmative defense to actions under subsection (a) of this section that–

(1) the payment, gift, offer, or promise of anything of value that was made, was lawful under the written laws and regulations of the foreign official's, political party's, party official's, or candidate's country; or

(2) the payment, gift, offer, or promise of anything of value that was made, was a reasonable and bona fide expenditure, such as travel and lodging expenses, incurred by or on behalf of a foreign official, party, party official, or candidate and was directly related to–

(A) the promotion, demonstration, or explanation of products or services; or

(B) the execution or performance of a contract with a foreign government or agency thereof.

(d) Injunctive relief

(1) When it appears to the Attorney General that any person to which this section applies, or officer, director, employee, agent, or stockholder thereof, is engaged, or about to engage, in any act or practice constituting a violation of subsection (a) of this section, the Attorney General may, in his discretion, bring a civil action in an appropriate district court of the United States to enjoin such act or practice, and upon a proper showing, a permanent injunction or a temporary restraining order shall be granted without bond.

(2) For the purpose of any civil investigation which, in the opinion of the Attorney General, is necessary and proper to enforce this section, the Attorney General or his designee are empowered to administer oaths and affirmations, subpoena witnesses, take evidence, and require the production of any books, papers, or other documents which the Attorney General deems relevant or material to such investigation. The attendance of witnesses and the production of documentary evidence may be required from any place in the United States, or any territory, possession, or commonwealth of the United States, at any designated place of hearing.

(3) In case of contumacy by, or refusal to obey a subpoena issued to, any person, the Attorney General may invoke the aid of any court of the United States within the jurisdiction of which such investigation or proceeding is carried on, or where such person resides or carries on business, in requiring the attendance and testimony of witnesses and the production of books, papers, or other documents. Any such court may issue an order requiring such person to appear before the Attorney General or his designee, there to produce records, if so ordered, or to give testimony touching the matter under investigation. Any failure to obey such order of the court may be punished by such court as a contempt thereof.

(4) All process in any such case may be served in the judicial district in which such person resides or may be found. The Attorney General may make such rules relating to civil investigations as may be necessary or appropriate to implement the provisions of this subsection.

(e) Penalties

(1)

(A) Any juridical person that violates subsection (a) of this section shall be fined not more than

$2,000,000.

(B) Any juridical person that violates subsection (a) of this section shall be subject to a civil penalty of not more than $10,000 imposed in an action brought by the Attorney General.

(2)

(A) Any natural person who willfully violates subsection (a) of this section shall be fined not more than $100,000 or imprisoned not more than 5 years, or both.

(B) Any natural person who violates subsection (a) of this section shall be subject to a civil penalty of not more than $10,000 imposed in an action brought by the Attorney General.

(3)

Whenever a fine is imposed under paragraph (2) upon any officer, director, employee, agent, or stockholder of a person, such fine may not be paid, directly or indirectly, by such person.

(f) Definitions

For purposes of this section:

(1)

The term "person," when referring to an offender, means any natural person other than a. national of the United States (as defined in 8 U.S.C. § 1101) or any corporation, partnership, association, joint-stock company, business trust, unincorporated organization, or sole proprietorship organized under the law of a foreign nation or a political subdivision thereof

(2)

(A) The term "foreign official" means any officer or employee of a foreign government or any department, agency, or instrumentality thereof, or of a public international organization, or any person acting in an official capacity for or on behalf of any such government or department, agency, or instrumentality, or for or on behalf of any such public international organization.

For purposes of subparagraph (A), the term "public international organization" means –

(i)

an organization that has been designated by Executive Order pursuant to Section 1 of the International Organizations Immunities Act (22 U.S.C. § 288); or

(ii)

any other international organization that is designated by the President by Executive order for the purposes of this section, effective as of the date of publication of such order in the Federal Register.

(3)

(A) A person's state of mind is "knowing"with respect to conduct, a circumstance, or a result if –

(i)

such person is aware that such person is engaging in such conduct, that such circumstance exists, or that such result is substantially certain to occur; or

(ii)

such person has a firm belief that such circumstance exists or that such result is substantially certain to occur.

(B) When knowledge of the existence of a particular circumstance is required for an offense, such knowledge is established if a person is aware of a high probability of the existence of such circumstance, unless the person actually believes that such circumstance does not exist.

(4)

(A) The term "routine governmental action"means only an action which is ordinarily and commonly performed by a foreign official in–

(i)

obtaining permits, licenses, or other official documents to qualify a person to do business in a foreign country;

(ii)

processing governmental papers, such as visas and work orders;

(iii)

providing police protection, mail pick-up and delivery, or scheduling inspections associated with contract performance or inspections related to transit of goods across country;

(iv)

providing phone service, power and water supply, loading and unloading cargo, or protecting perishable products or commodities from deterioration; or

(v)

actions of a similar nature.

(B) The term "routine governmental action" does not include any decision by a foreign official whether, or on what terms, to award new business to or to continue business with a particular party, or any action taken by a foreign official involved in the decision-making process to encourage a decision to award new business to or continue business with a particular party.

(5) The term "interstate commerce" means trade, commerce, transportation, or communication among the several States, or between any foreign country and any State or between any State and any place or ship outside thereof, and such term includes the intrastate use of—

(A) a telephone or other interstate means of communication, or

(B) any other interstate instrumentality.

§ 78ff. Penalties

(a) Willful violations; false and misleading statements

Any person who willfully violates any provision of this chapter (other than section 78dd-1 of this title), or any rule or regulation thereunder the violation of which is made unlawful or the observance of which is required under the terms of this chapter, or any person who willfully and knowingly makes, or causes to be made, any statement in any application, report, or document required to be filed under this chapter or any rule or regulation thereunder or any undertaking contained in a registration statement as provided in subsection (d) of section 78o of this title, or by any self-regulatory organization in connection with an application for membership or participation therein or to become associated with a member thereof, which statement was false or misleading with respect to any material fact, shall upon conviction be fined not more than $5,000,000, or imprisoned not more than 20 years, or both, except that when such person is a person other than a natural person, a fine not exceeding $25,000,000 may be imposed; but no person shall be subject to imprisonment under this section for the violation of any rule or regulation if he proves that he had no knowledge of such rule or regulation.

(b) Failure to file information, documents, or reports

Any issuer which fails to file information, documents, or reports required to be filed under subsection (d) of section 78o of this title or any rule or regulation thereunder shall forfeit to the United States the sum of $100 for each and every day such failure to file shall continue. Such forfeiture, which shall be in lieu of any criminal penalty for such failure to file which might be deemed to arise under subsection (a) of this section, shall be payable into the Treasury of the United States and shall be recoverable in a civil suit in the name of the United States.

(c) Violations by issuers, officers, directors, stockholders, employees, or agents of issuers

(1)

(A) Any issuer that violates subsection (a) or (g) of section 30A of this title [15 U.S.C. § 78dd-1] shall be fined not more than $2,000,000.

(B) Any issuer that violates subsection (a) or (g) of section 30A of this title [15 U.S.C. § 78dd-1] shall be subject to a civil penalty of not more than $10,000 imposed in an action brought by the Commission.

(2)

(A) Any officer, director, employee, or agent of an issuer, or stockholder acting on behalf of such issuer, who willfully violates subsection (a) or (g) of section 30A of this title [15 U.S.C. § 78dd-1] shall be fined not more than $100,000, or imprisoned not more than 5 years, or both.

(B) Any officer, director, employee, or agent of an issuer, or stockholder acting on behalf of such issuer, who violates subsection (a) or (g) of section 30A of this title [15 U.S.C. § 78dd-1] shall be subject to a civil penalty of not more than $10,000 imposed in an action brought by the Commission.

(3) Whenever a fine is imposed under paragraph (2) upon any officer, director, employee, agent, or stockholder of an issuer, such fine may not be paid, directly or indirectly, by such issuer.

F) Sarbanes Oxley Act (SOX)

Sec. 101. Establishment; Administrative Provisions

(a) ESTABLISHMENT OF BOARD- There is established the Public Company Accounting Oversight Board, to oversee the audit of public companies that are subject to the securities laws, and related matters, in order to protect the interests of investors and further the public interest in the preparation of informative, accurate, and independent audit reports for companies the securities of which are sold to, and held by and for, public investors. The Board shall be a body corporate, operate as a nonprofit corporation, and have succession until dissolved by an Act of Congress.

(b) STATUS- The Board shall not be an agency or establishment of the United States Government, and, except as otherwise provided in this Act, shall be subject to, and have all the powers conferred upon a nonprofit corporation by, the District of Columbia Nonprofit Corporation Act. No member or person employed by, or agent for, the Board shall be deemed to be an officer or employee of or agent for the Federal Government by reason of such service.

(c) DUTIES OF THE BOARD- The Board shall, subject to action by the Commission under section 107, and once a determination is made by the Commission under subsection (d) of this section–

(1) register public accounting firms that prepare audit reports for issuers, in accordance with section 102;

(2) establish or adopt, or both, by rule, auditing, quality control, ethics, independence, and other standards relating to the preparation of audit reports for issuers, in accordance with section 103;

(3) conduct inspections of registered public accounting firms, in accordance with section 104 and the rules of the Board;

(4) conduct investigations and disciplinary proceedings concerning, and impose appropriate sanctions where justified upon, registered public accounting firms and associated persons of such firms, in accordance with section 105;

(5) perform such other duties or functions as the Board (or the Commission, by rule or order) determines are necessary or appropriate to promote high professional standards among, and improve the quality of audit services offered by, registered public accounting firms and associated persons thereof, or otherwise to carry out this Act, in order to protect investors, or to further the public interest;

(6) enforce compliance with this Act, the rules of the Board, professional standards, and the securities laws relating to the preparation and issuance of audit reports and the obligations and liabilities of accountants with respect thereto, by registered public accounting firms and associated persons thereof; and

(7) set the budget and manage the operations of the Board and the staff of the Board.

(d) COMMISSION DETERMINATION- The members of the Board shall take such action (including hiring of staff, proposal of rules, and adoption of initial and transitional auditing and other professional standards) as may be necessary or appropriate to enable the Commission to determine, not later than 270 days after the date of enactment of this Act, that the Board is so organized and has the capacity to carry out the requirements of this title, and to enforce compliance with this title by registered public accounting firms and associated persons thereof.

The Commission shall be responsible, prior to the appointment of the Board, for the planning for the establishment and administrative transition to the Board's operation.

(e) BOARD MEMBERSHIP-

(1) COMPOSITION- The Board shall have 5 members, appointed from among prominent individuals of integrity and reputation who have a demonstrated commitment to the interests of investors and the public, and an understanding of the responsibilities for and nature of the financial disclosures required of issuers under the securities laws and the obligations of accountants with respect to the preparation and issuance of audit reports with respect to such disclosures.

(2) LIMITATION- Two members, and only 2 members, of the Board shall be or have been certified public accountants pursuant to the laws of 1 or more States, provided that, if 1 of those 2 members is the chairperson, he or she may not have been a practicing certified public accountant for at least 5 years prior to his or her appointment to the Board.

(3) FULL-TIME INDEPENDENT SERVICE- Each member of the Board shall serve on a full-time basis, and may not, concurrent with service on the Board, be employed by any other person or engage in any other professional or business activity. No member of the Board may share in any of the profits of, or receive payments from, a public accounting firm (or any other person, as determined by rule of the Commission), other than fixed continuing payments, subject to such conditions as the Commission may impose, under standard arrangements for the retirement of members of public accounting firms.

(4) APPOINTMENT OF BOARD MEMBERS-

(A) INITIAL BOARD- Not later than 90 days after the date of enactment of this Act, the Commission, after consultation with the Chairman of the Board of Governors of the Federal Reserve System and the Secretary of the Treasury, shall appoint the chairperson and other initial members of the Board, and shall designate a term of service for each.

(B) VACANCIES- A vacancy on the Board shall not affect the powers of the Board, but shall be filled in the same manner as provided for appointments under this section.

(5) TERM OF SERVICE-

(A) IN GENERAL- The term of service of each Board member shall be 5 years, and until a successor is appointed, except that–

(i) the terms of office of the initial Board members (other than the chairperson) shall expire in annual increments, 1 on each of the first 4 anniversaries of the initial date of appointment; and

(ii) any Board member appointed to fill a vacancy occurring before the expiration of the term for which the predecessor was appointed shall be appointed only for the remainder of that term.

(B) TERM LIMITATION- No person may serve as a member of the Board, or as chairperson of the Board, for more than 2 terms, whether or not such terms of service are consecutive.

(6) REMOVAL FROM OFFICE- A member of the Board may be removed by the Commission from office, in accordance with section 107(d)(3), for good cause shown before the expiration of the term of that member.

(f) POWERS OF THE BOARD- In addition to any authority granted to the Board otherwise in this Act, the Board shall have the power, subject to section 107–

(1) to sue and be sued, complain and defend, in its corporate name and through its own counsel, with the approval of the Commission, in any Federal, State, or other court;

(2) to conduct its operations and maintain offices, and to exercise all other rights and powers authorized by this Act, in any State, without regard to any qualification, licensing, or other provision of law in effect in such State (or a political subdivision thereof);

(3) to lease, purchase, accept gifts or donations of or otherwise acquire, improve, use, sell, exchange, or convey, all of or an interest in any property, wherever situated;

(4) to appoint such employees, accountants, attorneys, and other agents as may be necessary or appropriate, and to determine their qualifications, define their duties, and fix their salaries or other compensation (at a level that is comparable to private sector self-regulatory, accounting, technical, supervisory, or other staff or management positions);

(5) to allocate, assess, and collect accounting support fees established pursuant to section 109, for the Board, and other fees and charges imposed under this title; and

(6) to enter into contracts, execute instruments, incur liabilities, and do any and all other acts and things necessary, appropriate, or incidental to the conduct of its operations and the exercise of its obligations, rights, and powers imposed or granted by this title.

(g) RULES OF THE BOARD- The rules of the Board shall, subject to the approval of the Commission–

(1) provide for the operation and administration of the Board, the exercise of its authority, and the performance of its responsibilities under this Act;

(2) permit, as the Board determines necessary or appropriate, delegation by the Board of any of its functions to an individual member or employee of the Board, or to a division of the Board, including functions with respect to hearing, determining, ordering, certifying, reporting, or otherwise acting as to any matter, except that–

(A) the Board shall retain a discretionary right to review any action pursuant to any such delegated function, upon its own motion;

(B) a person shall be entitled to a review by the Board with respect to any matter so delegated, and the decision of the Board upon such review shall be deemed to be the action of the Board for all purposes (including appeal or review thereof); and

(C) if the right to exercise a review described in subparagraph (A) is declined, or if no such review is sought within the time stated in the rules of the Board, then the action taken by the holder of such delegation shall for all purposes, including appeal or review thereof, be deemed to be the action of the Board;

(3) establish ethics rules and standards of conduct for Board members and staff, including a bar on practice before the Board (and the Commission, with respect to Board-related matters) of 1 year for former members of the Board, and appropriate periods (not to exceed 1 year) for former staff of the Board; and

(4) provide as otherwise required by this Act.

(h) ANNUAL REPORT TO THE COMMISSION- The Board shall submit an annual report (including its audited financial statements) to the Commission, and the Commission shall transmit a copy of that report to the Committee on Banking, Housing, and Urban Affairs of the Senate, and the Committee on Financial Services of the House of Representatives, not later than 30 days after the date of receipt of that report by the Commission.

Sec. 102. Registration with the Board

(a) MANDATORY REGISTRATION- Beginning 180 days after the date of the determination of the Commission under section 101(d), it shall be unlawful for any person that is not a registered public accounting firm to prepare or issue, or to participate in the preparation or issuance of, any audit report with respect to any issuer.

(b) APPLICATIONS FOR REGISTRATION-

(1) FORM OF APPLICATION- A public accounting firm shall use such form as the Board may prescribe, by rule, to apply for registration under this section.

(2) CONTENTS OF APPLICATIONS- Each public accounting firm shall submit, as part of its application for registration, in such detail as the Board shall specify–

(A) the names of all issuers for which the firm prepared or issued audit reports during the immediately preceding calendar year, and for which the firm expects to prepare or issue audit reports during the current calendar year;

(B) the annual fees received by the firm from each such issuer for audit services, other accounting services, and non-audit services, respectively;

(C) such other current financial information for the most recently completed fiscal year of the firm as the Board may reasonably request;

(D) a statement of the quality control policies of the firm for its accounting and auditing practices;

(E) a list of all accountants associated with the firm who participate in or contribute to the preparation of audit reports, stating the license or certification number of each such person, as well as the State license numbers of the firm itself;

(F) information relating to criminal, civil, or administrative actions or disciplinary proceedings pending against the firm or any associated person of the firm in connection with any audit report;

(G) copies of any periodic or annual disclosure filed by an issuer with the Commission during the immediately preceding calendar year which discloses accounting disagreements between such issuer and the firm in connection with an audit report furnished or prepared by the firm for such issuer; and

(H) such other information as the rules of the Board or the Commission shall specify as necessary or appropriate in the public interest or for the protection of investors.

(3) CONSENTS- Each application for registration under this subsection shall include–

(A) a consent executed by the public accounting firm to cooperation in and compliance with any request for testimony or the production of documents made by the Board in the furtherance of its authority and responsibilities under this title (and an agreement to secure and enforce similar consents from each of the associated persons of the public accounting firm as a condition of their continued employment by or other association with such firm); and

(B) a statement that such firm understands and agrees that cooperation and compliance, as described in the consent required by subparagraph (A), and the securing and enforcement of such consents from its associated persons, in accordance with the rules of the Board, shall be a condition to the continuing effectiveness of the registration of the firm with the Board.

(c) ACTION ON APPLICATIONS-

(1) TIMING- The Board shall approve a completed application for registration not later than 45 days after the date of receipt of the application, in accordance

with the rules of the Board, unless the Board, prior to such date, issues a written notice of disapproval to, or requests more information from, the prospective registrant.

(2) TREATMENT- A written notice of disapproval of a completed application under paragraph (1) for registration shall be treated as a disciplinary sanction for purposes of sections 105(d) and 107(c).

(d) PERIODIC REPORTS- Each registered public accounting firm shall submit an annual report to the Board, and may be required to report more frequently, as necessary to update the information contained in its application for registration under this section, and to provide to the Board such additional information as the Board or the Commission may specify, in accordance with subsection (b)(2).

(e) PUBLIC AVAILABILITY- Registration applications and annual reports required by this subsection, or such portions of such applications or reports as may be designated under rules of the Board, shall be made available for public inspection, subject to rules of the Board or the Commission, and to applicable laws relating to the confidentiality of proprietary, personal, or other information contained in such applications or reports, provided that, in all events, the Board shall protect from public disclosure information reasonably identified by the subject accounting firm as proprietary information.

(f) REGISTRATION AND ANNUAL FEES- The Board shall assess and collect a registration fee and an annual fee from each registered public accounting firm, in amounts that are sufficient to recover the costs of processing and reviewing applications and annual reports.

Sec. 107. Commission Oversight of the Board

(a) GENERAL OVERSIGHT RESPONSIBILITY- The Commission shall have oversight and enforcement authority over the Board, as provided in this Act. The provisions of section 17(a)(1) of the Securities Exchange Act of 1934 (15 U.S.C. 78q(a)(1)), and of section 17(b)(1) of the Securities Exchange Act of 1934 (15 U.S.C. 78q(b)(1)) shall apply to the Board as fully as if the Board were a 'registered securities association' for purposes of those sections 17(a)(1) and 17(b)(1).

(b) RULES OF THE BOARD-

(1) DEFINITION- In this section, the term 'proposed rule' means any proposed rule of the Board, and any modification of any such rule.

(2) PRIOR APPROVAL REQUIRED- No rule of the Board shall become effective without prior approval of the Commission in accordance with this section, other than as provided in section 103(a)(3)(B) with respect to initial or transitional standards.

(3) APPROVAL CRITERIA- The Commission shall approve a proposed rule, if it finds that the rule is consistent with the requirements of this Act and the securities laws, or is necessary or appropriate in the public interest or for the protection of investors.

(4) PROPOSED RULE PROCEDURES- The provisions of paragraphs (1) through (3) of section 19(b) of the Securities Exchange Act of 1934 (15 U.S.C. 78s(b)) shall govern the proposed rules of the Board, as fully as if the Board were a 'registered securities association' for purposes of that section 19(b), except that, for purposes of this paragraph–

(A) the phrase 'consistent with the requirements of this title and the rules and regulations thereunder applicable to such organization' in section 19(b)(2) of that Act shall be deemed to read 'consistent with the requirements of title I of the Sarbanes-Oxley Act of 2002, and the rules and regulations issued thereunder applicable to such organization, or as necessary or appropriate in the public interest or for the protection of investors'; and

(B) the phrase 'otherwise in furtherance of the purposes of this title' in section 19(b)(3)(C) of that Act shall be deemed to read 'otherwise in furtherance of the purposes of title I of the Sarbanes-Oxley Act of 2002'.

(5) COMMISSION AUTHORITY TO AMEND RULES OF THE BOARD- The provisions of section 19(c) of the Securities Exchange Act of 1934 (15 U.S.C. 78s(c)) shall govern the abrogation, deletion, or addition to portions of the rules of the Board by the Commission as fully as if the Board were a 'registered securities association' for purposes of that section 19(c), except that the phrase 'to conform its rules to the requirements of this title and the rules and regulations thereunder applicable to such organization, or otherwise in furtherance of the purposes of this title' in section 19(c) of that Act shall, for purposes of this paragraph, be deemed to read 'to assure the fair administration of the Public Company Accounting Oversight Board, conform the rules promulgated by that Board to the requirements of title I of the Sarbanes-Oxley Act of 2002, or otherwise further the purposes of that Act, the securities laws, and the rules and regulations thereunder applicable to that Board'.

(c) COMMISSION REVIEW OF DISCIPLINARY ACTION TAKEN BY THE BOARD-

(1) NOTICE OF SANCTION- The Board shall promptly file notice with the Commission of any final sanction on any registered public accounting firm or on any associated person thereof, in such form and containing such information as the Commission, by rule, may prescribe.

(2) REVIEW OF SANCTIONS- The provisions of sections 19(d)(2) and 19(e)(1) of the Securities Exchange Act of 1934 (15 U.S.C. 78s (d)(2) and (e)(1)) shall govern the review by the Commission of final disciplinary sanctions imposed by the Board (including sanctions imposed under section 105(b)(3) of this Act for noncooperation in an investigation of the Board), as fully as if the Board were a self-regulatory organization and the Commission were the appropriate regulatory agency for such organization for purposes of those sections 19(d)(2) and 19(e)(1), except that, for purposes of this paragraph–

(A) section 105(e) of this Act (rather than that section 19(d)(2)) shall govern the extent to which application for, or institution by the Commission on its own motion of, review of any disciplinary action of the Board operates as a stay of such action;

(B) references in that section 19(e)(1) to 'members' of such an organization shall be deemed to be references to registered public accounting firms;

(C) the phrase 'consistent with the purposes of this title' in that section 19(e)(1) shall be deemed to read 'consistent with the purposes of this title and title I of the Sarbanes-Oxley Act of 2002';

(D) references to rules of the Municipal Securities Rulemaking Board in that section 19(e)(1) shall not apply; and

(E) the reference to section 19(e)(2) of the Securities Exchange Act of 1934 shall refer instead to section 107(c)(3) of this Act.

(3) COMMISSION MODIFICATION AUTHORITY- The Commission may enhance, modify, cancel, reduce, or require the remission of a sanction imposed by the Board upon a registered public accounting firm or associated person thereof, if the Commission, having due regard for the public interest and the protection of investors, finds, after a proceeding in accordance with this subsection, that the sanction–

(A) is not necessary or appropriate in furtherance of this Act or the securities laws; or

(B) is excessive, oppressive, inadequate, or otherwise not appropriate to the finding or the basis on which the sanction was imposed.

32(d) CENSURE OF THE BOARD; OTHER SANCTIONS-

(1) RESCISSION OF BOARD AUTHORITY- The Commission, by rule, consistent with the public interest, the protection of investors, and the other purposes of this Act and the securities laws, may relieve the Board of any responsibility to enforce compliance with any provision of this Act, the securities laws, the rules of the Board, or professional standards.

(2) CENSURE OF THE BOARD; LIMITATIONS- The Commission may, by order, as it determines necessary or appropriate in the public interest, for the protection of investors, or otherwise in furtherance of the purposes of this Act or the securities laws, censure or impose limitations upon the activities, functions, and operations of the Board, if the Commission finds, on the record, after notice and opportunity for a hearing, that the Board–

(A) has violated or is unable to comply with any provision of this Act, the rules of the Board, or the securities laws; or

(B) without reasonable justification or excuse, has failed to enforce compliance with any such provision or rule, or any professional standard by a registered public accounting firm or an associated person thereof.

(3) CENSURE OF BOARD MEMBERS; REMOVAL FROM OFFICE- The Commission may, as necessary or appropriate in the public interest, for the protection of investors, or otherwise in furtherance of the purposes of this Act or the securities laws, remove from office or censure any member of the Board, if the Commission finds, on the record, after notice and opportunity for a hearing, that such member–

(A) has willfully violated any provision of this Act, the rules of the Board, or the securities laws;

(B) has willfully abused the authority of that member; or

(C) without reasonable justification or excuse, has failed to enforce compliance with any such provision or rule, or any professional standard by any registered public accounting firm or any associated person thereof.

Sec. 203. Audit Partner Rotation

Section 10A of the Securities Exchange Act of 1934 (15 U.S.C. 78j-1), as amended by this Act, is amended by adding at the end the following:

'(j) AUDIT PARTNER ROTATION- It shall be unlawful for a registered public accounting firm to provide audit services to an issuer if the lead (or coordinating) audit partner (having primary responsibility for the audit), or the audit partner responsible for reviewing the audit, has performed audit services for that issuer in each of the 5 previous fiscal years of that issuer.'

Sec. 206. Conflicts of Interest

Section 10A of the Securities Exchange Act of 1934 (15 U.S.C. 78j-1), as amended by this Act, is amended by adding at the end the following:

'(l) CONFLICTS OF INTEREST- It shall be unlawful for a registered public accounting firm to perform for an issuer any audit service required by this title, if a chief executive officer, controller, chief financial officer, chief accounting officer, or any person serving in an equivalent position for the issuer, was employed by that registered independent public accounting firm and participated in any capacity in the audit of that issuer during the 1-year period preceding the date of the initiation of the audit.'.

Sec. 302. Corporate Responsibility for Financial Reports

(a) REGULATIONS REQUIRED- The Commission shall, by rule, require, for each company filing periodic reports under section 13(a) or 15(d) of the Securities Exchange Act of 1934 (15 U.S.C. 78m, 78o(d)), that the principal executive officer or officers and the principal financial officer or officers, or persons performing similar functions, certify in each annual or quarterly report filed or submitted under either such section of such Act that–

(1) the signing officer has reviewed the report;

(2) based on the officer's knowledge, the report does not contain any untrue statement of a material fact or omit to state a material fact necessary in order to make the statements made, in light of the circumstances under which such statements were made, not misleading;

(3) based on such officer's knowledge, the financial statements, and other financial information included in the report, fairly present in all material respects the financial condition and results of operations of the issuer as of, and for, the periods presented in the report;

(4) the signing officers–

(A) are responsible for establishing and maintaining internal controls;

(B) have designed such internal controls to ensure that material information relating to the issuer and its consolidated subsidiaries is made known to such officers by others within those entities, particularly during the period in which the periodic reports are being prepared;

(C) have evaluated the effectiveness of the issuer's internal controls as of a date within 90 days prior to the report; and

(D) have presented in the report their conclusions about the effectiveness of their internal controls based on their evaluation as of that date;

(5) the signing officers have disclosed to the issuer's auditors and the audit committee of the board of directors (or persons fulfilling the equivalent function)–

(A) all significant deficiencies in the design or operation of internal controls which could adversely affect the issuer's ability to record, process, summarize, and report financial data and have identified for the issuer's auditors any material weaknesses in internal controls; and

(B) any fraud, whether or not material, that involves management or other employees who have a significant role in the issuer's internal controls; and

(6) the signing officers have indicated in the report whether or not there were significant changes in internal controls or in other factors that could significantly affect internal controls subsequent to the date of their evaluation, including any corrective actions with regard to significant deficiencies and material weaknesses.

(b) FOREIGN REINCORPORATIONS HAVE NO EFFECT- Nothing in this section 302 shall be interpreted or applied in any way to allow any issuer to lessen the legal force of the statement required under this section 302, by an issuer having reincorporated or having engaged in any other transaction that resulted in the transfer of the corporate domicile or offices of the issuer from inside the United States to outside of the United States.

(c) DEADLINE- The rules required by subsection (a) shall be effective not later than 30 days after the date of enactment of this Act.

Sec. 303. Improper Influence on Conduct of Audits

(a) RULES TO PROHIBIT- It shall be unlawful, in contravention of such rules or regulations as the Commission shall prescribe as necessary and appropriate in the public interest or for the protection of investors, for any officer or director of an issuer, or any other person acting under the direction thereof, to take any action to fraudulently influence, coerce, manipulate, or mislead any independent public or certified accountant engaged in the performance of an audit of the financial statements of that issuer for the purpose of rendering such financial statements materially misleading.

(b) ENFORCEMENT- In any civil proceeding, the Commission shall have exclusive authority to enforce this section and any rule or regulation issued under this section.

(c) NO PREEMPTION OF OTHER LAW- The provisions of subsection (a) shall be in addition to, and shall not supersede or preempt, any other provision of law or any rule or regulation issued thereunder.

(d) DEADLINE FOR RULEMAKING- The Commission shall–

(1) propose the rules or regulations required by this section, not later than 90 days after the date of enactment of this Act; and

(2) issue final rules or regulations required by this section, not later than 270 days after that date of enactment.

Sec. 304. Forfeiture of Certain Bonuses and Profits

(a) ADDITIONAL COMPENSATION PRIOR TO NONCOMPLIANCE WITH COMMISSION FINANCIAL REPORTING REQUIREMENTS- If an issuer is required to prepare an accounting restatement due to the material noncompliance of the issuer, as a result of misconduct, with any financial reporting requirement under the securities laws, the chief executive officer and chief financial officer of the issuer shall reimburse the issuer for–

(1) any bonus or other incentive-based or equity-based compensation received by that person from the issuer during the 12-month period following the first public issuance or filing with the Commission (whichever first occurs) of the financial document embodying such financial reporting requirement; and

(2) any profits realized from the sale of securities of the issuer during that 12-month period.

(b) COMMISSION EXEMPTION AUTHORITY- The Commission may exempt any person from the application of subsection (a), as it deems necessary and appropriate.

Sec. 307. Rules of Professional Responsibility for Attorneys.

Not later than 180 days after the date of enactment of this Act, the Commission shall issue rules, in the public interest and for the protection of investors, setting forth minimum standards of professional conduct for attorneys appearing and practicing before the Commission in any way in the representation of issuers, including a rule–

(1) requiring an attorney to report evidence of a material violation of securities law or breach of fiduciary duty or similar violation by the company or any agent thereof, to the chief legal counsel or the chief executive officer of the company (or the equivalent thereof); and

(2) if the counsel or officer does not appropriately respond to the evidence (adopting, as necessary, appropriate remedial measures or sanctions with respect to the violation), requiring the attorney to report the evidence to the audit committee

of the board of directors of the issuer or to another committee of the board of directors comprised solely of directors not employed directly or indirectly by the issuer, or to the board of directors.

Sec. 401. Disclosures in Periodic Reports

(a) DISCLOSURES REQUIRED- Section 13 of the Securities Exchange Act of 1934 (15 U.S.C. 78m) is amended by adding at the end the following:

'(i) ACCURACY OF FINANCIAL REPORTS- Each financial report that contains financial statements, and that is required to be prepared in accordance with (or reconciled to) generally accepted accounting principles under this title and filed with the Commission shall reflect all material correcting adjustments that have been identified by a registered public accounting firm in accordance with generally accepted accounting principles and the rules and regulations of the Commission.

'(j) OFF-BALANCE SHEET TRANSACTIONS- Not later than 180 days after the date of enactment of the Sarbanes-Oxley Act of 2002, the Commission shall issue final rules providing that each annual and quarterly financial report required to be filed with the Commission shall disclose all material off-balance sheet transactions, arrangements, obligations (including contingent obligations), and other relationships of the issuer with unconsolidated entities or other persons, that may have a material current or future effect on financial condition, changes in financial condition, results of operations, liquidity, capital expenditures, capital resources, or significant components of revenues or expenses.'

(b) COMMISSION RULES ON PRO FORMA FIGURES- Not later than 180 days after the date of enactment of the Sarbanes-Oxley Act fo 2002, the Commission shall issue final rules providing that pro forma financial information included in any periodic or other report filed with the Commission pursuant to the securities laws, or in any public disclosure or press or other release, shall be presented in a manner that–

(1) does not contain an untrue statement of a material fact or omit to state a material fact necessary in order to make the pro forma financial information, in light of the circumstances under which it is presented, not misleading; and

(2) reconciles it with the financial condition and results of operations of the issuer under generally accepted accounting principles.

(c) STUDY AND REPORT ON SPECIAL PURPOSE ENTITIES-

(1) STUDY REQUIRED- The Commission shall, not later than 1 year after the effective date of adoption of off-balance sheet disclosure rules required by section

13(j) of the Securities Exchange Act of 1934, as added by this section, complete a study of filings by issuers and their disclosures to determine–

(A) the extent of off-balance sheet transactions, including assets, liabilities, leases, losses, and the use of special purpose entities; and

(B) whether generally accepted accounting rules result in financial statements of issuers reflecting the economics of such off-balance sheet transactions to investors in a transparent fashion.

(2) REPORT AND RECOMMENDATIONS- Not later than 6 months after the date of completion of the study required by paragraph (1), the Commission shall submit a report to the President, the Committee on Banking, Housing, and Urban Affairs of the Senate, and the Committee on Financial Services of the House of Representatives, setting forth–

(A) the amount or an estimate of the amount of off-balance sheet transactions, including assets, liabilities, leases, and losses of, and the use of special purpose entities by, issuers filing periodic reports pursuant to section 13 or 15 of the Securities Exchange Act of 1934;

(B) the extent to which special purpose entities are used to facilitate off-balance sheet transactions;

(C) whether generally accepted accounting principles or the rules of the Commission result in financial statements of issuers reflecting the economics of such transactions to investors in a transparent fashion;

(D) whether generally accepted accounting principles specifically result in the consolidation of special purpose entities sponsored by an issuer in cases in which the issuer has the majority of the risks and rewards of the special purpose entity; and

(E) any recommendations of the Commission for improving the transparency and quality of reporting off-balance sheet transactions in the financial statements and disclosures required to be filed by an issuer with the Commission.

Sec. 402. Enhanced Conflict of interest Provisions

(a) PROHIBITION ON PERSONAL LOANS TO EXECUTIVES- Section 13 of the Securities Exchange Act of 1934 (15 U.S.C. 78m), as amended by this Act, is amended by adding at the end the following:

'(k) PROHIBITION ON PERSONAL LOANS TO EXECUTIVES-

'(1) IN GENERAL- It shall be unlawful for any issuer (as defined in section 2 of the Sarbanes-Oxley Act of 2002), directly or indirectly, including through any subsidiary, to extend or maintain credit, to arrange for the extension of credit, or to renew an extension of credit, in the form of a personal loan to or for any director or executive officer (or equivalent thereof) of that issuer. An extension of credit maintained by the issuer on the date of enactment of this subsection shall not be subject to the provisions of this subsection, provided that there is no material modification to any term of any such extension of credit or any renewal of any such extension of credit on or after that date of enactment.

'(2) LIMITATION- Paragraph (1) does not preclude any home improvement and manufactured home loans (as that term is defined in section 5 of the Home Owners' Loan Act (12 U.S.C. 1464)), consumer credit (as defined in section 103 of the Truth in Lending Act (15 U.S.C. 1602)), or any extension of credit under an open end credit plan (as defined in section 103 of the Truth in Lending Act (15 U.S.C. 1602)), or a charge card (as defined in section 127(c)(4)(e) of the Truth in Lending Act (15 U.S.C. 1637(c)(4)(e)), or any extension of credit by a broker or dealer registered under section 15 of this title to an employee of that broker or dealer to buy, trade, or carry securities, that is permitted under rules or regulations of the Board of Governors of the Federal Reserve System pursuant to section 7 of this title (other than an extension of credit that would be used to purchase the stock of that issuer), that is–

'(A) made or provided in the ordinary course of the consumer credit business of such issuer;

'(B) of a type that is generally made available by such issuer to the public; and

'(C) made by such issuer on market terms, or terms that are no more favorable than those offered by the issuer to the general public for such extensions of credit.

'(3) RULE OF CONSTRUCTION FOR CERTAIN LOANS- Paragraph (1) does not apply to any loan made or maintained by an insured depository institution (as defined in section 3 of the Federal Deposit Insurance Act (12 U.S.C. 1813)), if the loan is subject to the insider lending restrictions of section 22(h) of the Federal Reserve Act (12 U.S.C. 375b

Sec. 403. Disclosures of Transactions involving Management and Principal Stockholders

(a) AMENDMENT- Section 16 of the Securities Exchange Act of 1934 (15 U.S.C. 78p) is amended by striking the heading of such section and subsection (a) and inserting the following:

‘Sec. 16. Directors, Officers, and Principal Stockholders

‘(a) DISCLOSURES REQUIRED-

‘(1) DIRECTORS, OFFICERS, AND PRINCIPAL STOCKHOLDERS REQUIRED TO FILE- Every person who is directly or indirectly the beneficial owner of more than 10 percent of any class of any equity security (other than an exempted security) which is registered pursuant to section 12, or who is a director or an officer of the issuer of such security, shall file the statements required by this subsection with the Commission (and, if such security is registered on a national securities exchange, also with the exchange).

‘(2) TIME OF FILING- The statements required by this subsection shall be filed–

‘(A) at the time of the registration of such security on a national securities exchange or by the effective date of a registration statement filed pursuant to section 12(g);

‘(B) within 10 days after he or she becomes such beneficial owner, director, or officer;

‘(C) if there has been a change in such ownership, or if such person shall have purchased or sold a security-based swap agreement (as defined in section 206(b) of the Gramm-Leach-Bliley Act (15 U.S.C. 78c note)) involving such equity security, before the end of the second business day following the day on which the subject transaction has been executed, or at such other time as the Commission shall establish, by rule, in any case in which the Commission determines that such 2-day period is not feasible.

‘(3) CONTENTS OF STATEMENTS- A statement filed–

‘(A) under subparagraph (A) or (B) of paragraph (2) shall contain a statement of the amount of all equity securities of such issuer of which the filing person is the beneficial owner; and

‘(B) under subparagraph (C) of such paragraph shall indicate ownership by the filing person at the date of filing, any such changes in such ownership, and such purchases and sales of the security-based swap agreements as have occurred since the most recent such filing under such subparagraph.

‘(4) ELECTRONIC FILING AND AVAILABILITY- Beginning not later than 1 year after the date of enactment of the Sarbanes-Oxley Act of 2002–

‘(A) a statement filed under subparagraph (C) of paragraph (2) shall be filed electronically;

‘(B) the Commission shall provide each such statement on a publicly accessible Internet site not later than the end of the business day following that filing; and

‘(C) the issuer (if the issuer maintains a corporate website) shall provide that statement on that corporate website, not later than the end of the business day following that filing.’.

(b) EFFECTIVE DATE- The amendment made by this section shall be effective 30 days after the date of the enactment of this Act.

Sec. 404. Management Assessment of Internal Controls

(a) RULES REQUIRED- The Commission shall prescribe rules requiring each annual report required by section 13(a) or 15(d) of the Securities Exchange Act of 1934 (15 U.S.C. 78m or 78o(d)) to contain an internal control report, which shall–

(1) state the responsibility of management for establishing and maintaining an adequate internal control structure and procedures for financial reporting; and

(2) contain an assessment, as of the end of the most recent fiscal year of the issuer, of the effectiveness of the internal control structure and procedures of the issuer for financial reporting.

(b) INTERNAL CONTROL EVALUATION AND REPORTING- With respect to the internal control assessment required by subsection (a), each registered public accounting firm that prepares or issues the audit report for the issuer shall attest to, and report on, the assessment made by the management of the issuer. An attestation made under this subsection shall be made in accordance with standards for attestation engagements issued or adopted by the Board. Any such attestation shall not be the subject of a separate engagement.

Sec. 406. Code of Ethics for Senior Financial Officers

(a) CODE OF ETHICS DISCLOSURE- The Commission shall issue rules to require each issuer, together with periodic reports required pursuant to section 13(a) or 15(d) of the Securities Exchange Act of 1934, to disclose whether or not, and if not, the reason therefor, such issuer has adopted a code of ethics for senior financial officers, applicable to its principal financial officer and comptroller or principal accounting officer, or persons performing similar functions.

(b) CHANGES IN CODES OF ETHICS- The Commission shall revise its regulations concerning matters requiring prompt disclosure on Form 8-K (or any successor thereto) to require the immediate disclosure, by means of the filing of such form, dissemination by the Internet or by other electronic means, by any issuer of any change in or waiver of the code of ethics for senior financial officers.

(c) DEFINITION- In this section, the term 'code of ethics' means such standards as are reasonably necessary to promote–

(1) honest and ethical conduct, including the ethical handling of actual or apparent conflicts of interest between personal and professional relationships;

(2) full, fair, accurate, timely, and understandable disclosure in the periodic reports required to be filed by the issuer; and

(3) compliance with applicable governmental rules and regulations.

(d) DEADLINE FOR RULEMAKING- The Commission shall–

(1) propose rules to implement this section, not later than 90 days after the date of enactment of this Act; and

(2) issue final rules to implement this section, not later than 180 days after that date of enactment.

Sec. 407. Disclosure of Audit Committee Financial Expert

(a) RULES DEFINING 'FINANCIAL EXPERT'- The Commission shall issue rules, as necessary or appropriate in the public interest and consistent with the protection of investors, to require each issuer, together with periodic reports required pursuant to sections 13(a) and 15(d) of the Securities Exchange Act of 1934, to disclose whether or not, and if not, the reasons therefor, the audit committee of that issuer is comprised of at least 1 member who is a financial expert, as such term is defined by the Commission.

(b) CONSIDERATIONS- In defining the term 'financial expert' for purposes of subsection (a), the Commission shall consider whether a person has, through education and experience as a public accountant or auditor or a principal financial officer, comptroller, or principal accounting officer of an issuer, or from a position involving the performance of similar functions–

(1) an understanding of generally accepted accounting principles and financial statements;

(2) experience in–

(A) the preparation or auditing of financial statements of generally comparable issuers; and

(B) the application of such principles in connection with the accounting for estimates, accruals, and reserves;

(3) experience with internal accounting controls; and

(4) an understanding of audit committee functions.

(c) DEADLINE FOR RULEMAKING- The Commission shall–

(1) propose rules to implement this section, not later than 90 days after the date of enactment of this Act; and

(2) issue final rules to implement this section, not later than 180 days after that date of enactment.

G) United States Federal Sentencing Guidelines

§8B2.1. Effective Compliance and Ethics Program

(a)To have an effective compliance and ethics program, for purposes of subsection (f) of §8C2.5 (Culpability Score) and subsection (c)(1) of §8D1.4 (Recommended Conditions of Probation – Organizations), an organization shall—

(1)exercise due diligence to prevent and detect criminal conduct; and

(2)otherwise promote an organizational culture that encourages ethical conduct and a commitment to compliance with the law.

Such compliance and ethics program shall be reasonably designed, implemented, and enforced so that the program is generally effective in preventing and detecting criminal conduct. The failure to prevent or detect the instant offense does not necessarily mean that the program is not generally effective in preventing and detecting criminal conduct.

(b)Due diligence and the promotion of an organizational culture that encourages ethical conduct and a commitment to compliance with the law within the meaning of subsection (a) minimally require the following:

(1)The organization shall establish standards and procedures to prevent and detect criminal conduct.

(2)(A)The organization's governing authority shall be knowledgeable about the content and operation of the compliance and ethics program and shall exercise reasonable oversight with respect to the implementation and effectiveness of the compliance and ethics program.

(B)High-level personnel of the organization shall ensure that the organization has an effective compliance and ethics program, as described in this guideline. Specific individual(s) within high-level personnel shall be assigned overall responsibility for the compliance and ethics program.

(C)Specific individual(s) within the organization shall be delegated day-to-day operational responsibility for the compliance and ethics program. Individual(s) with operational responsibility shall report periodically to high-level personnel and, as appropriate, to the governing authority, or an appropriate subgroup of the governing authority, on the effectiveness of the compliance and ethics program. To carry out such operational responsibility, such individual(s) shall be given adequate resources, appropriate authority, and direct access to the governing authority or an appropriate subgroup of the governing authority.

(3)The organization shall use reasonable efforts not to include within the substantial authority personnel of the organization any individual whom the organization knew, or should have known through the exercise of due diligence, has engaged in illegal activities or other conduct inconsistent with an effective compliance and ethics program.

(4)(A)The organization shall take reasonable steps to communicate periodically and in a practical manner its standards and procedures, and other aspects of the compliance and ethics program, to the individuals referred to in subparagraph (B) by conducting effective training programs and otherwise disseminating information appropriate to such individuals' respective roles and responsibilities.

(B)The individuals referred to in subparagraph (A) are the members of the governing authority, high-level personnel, substantial authority personnel, the organization's employees, and, as appropriate, the organization's agents.

(5)The organization shall take reasonable steps—

(A)to ensure that the organization's compliance and ethics program is followed, including monitoring and auditing to detect criminal conduct;

(B)to evaluate periodically the effectiveness of the organization's compliance and ethics program; and

(C)to have and publicize a system, which may include mechanisms that allow for anonymity or confidentiality, whereby the organization's employees and agents may report or seek guidance regarding potential or actual criminal conduct without fear of retaliation.

(6)The organization's compliance and ethics program shall be promoted and enforced consistently throughout the organization through (A) appropriate incentives to perform in accordance with the compliance and ethics program; and (B) appropriate disciplinary measures for engaging in criminal conduct and for failing to take reasonable steps to prevent or detect criminal conduct.

(7)After criminal conduct has been detected, the organization shall take reasonable steps to respond appropriately to the criminal conduct and to prevent further similar criminal conduct, including making any necessary modifications to the organization's compliance and ethics program.

(c)In implementing subsection (b), the organization shall periodically assess the risk of criminal conduct and shall take appropriate steps to design, implement, or modify each requirement set forth in subsection (b) to reduce the risk of criminal conduct identified through this process.

H) Bundesdatenschutzgesetz (BDSG)

§ 32: Datenerhebung, -verarbeitung und -nutzung für Zwecke des Beschäftigungsverhältnisses

(1) Personenbezogene Daten eines Beschäftigten dürfen für Zwecke des Beschäftigungsverhältnisses erhoben, verarbeitet oder genutzt werden, wenn dies für die Entscheidung über die Begründung eines Beschäftigungsverhältnisses oder nach Begründung des Beschäftigungsverhältnisses für dessen Durchführung oder Beendigung erforderlich ist. Zur Aufdeckung von Straftaten dürfen personenbezogene Daten eines Beschäftigten nur dann erhoben, verarbeitet oder genutzt werden, wenn zu dokumentierende tatsächliche Anhaltspunkte den Verdacht begründen, dass der Betroffene im Beschäftigungsverhältnis eine Straftat begangen hat, die Erhebung, Verarbeitung oder Nutzung zur Aufdeckung erforderlich ist und das schutzwürdige Interesse des Beschäftigten an dem Ausschluss der Erhebung, Verarbeitung oder Nutzung nicht überwiegt, insbesondere Art und Ausmaß im Hinblick auf den Anlass nicht unverhältnismäßig sind.

(2) Absatz 1 ist auch anzuwenden, wenn personenbezogene Daten erhoben, verarbeitet oder genutzt werden, ohne dass sie automatisiert verarbeitet oder in oder aus einer nicht automatisierten Datei verarbeitet, genutzt oder für die Verarbeitung oder Nutzung in einer solchen Datei erhoben werden.

(3) Die Beteiligungsrechte der Interessenvertretungen der Beschäftigten bleiben unberührt.

I) Telekommunikationsgesetz (TKG)

§ 3 Begriffsbestimmungen

Im Sinne dieses Gesetzes ist oder sind

[...]

6. „Diensteanbieter“ jeder, der ganz oder teilweise geschäftsmäßig

a) Telekommunikationsdienste erbringt oder

b) an der Erbringung solcher Dienste mitwirkt;

[...]

22. „Telekommunikation“ der technische Vorgang des Aussendens, Übermittelns und Empfangens von Signalen mittels Telekommunikationsanlagen;

§ 88 Fernmeldegeheimnis

(1) Dem Fernmeldegeheimnis unterliegen der Inhalt der Telekommunikation und ihre näheren Umstände, insbesondere die Tatsache, ob jemand an einem Telekommunikationsvorgang beteiligt ist oder war. Das Fernmeldegeheimnis erstreckt sich auch auf die näheren Umstände erfolgloser Verbindungsversuche.

(2) Zur Wahrung des Fernmeldegeheimnisses ist jeder Diensteanbieter verpflichtet. Die Pflicht zur Geheimhaltung besteht auch nach dem Ende der Tätigkeit fort, durch die sie begründet worden ist.

(3) Den nach Absatz 2 Verpflichteten ist es untersagt, sich oder anderen über das für die geschäftsmäßige Erbringung der Telekommunikationsdienste einschließlich des Schutzes ihrer technischen Systeme erforderliche Maß hinaus Kenntnis vom Inhalt oder den näheren Umständen der Telekommunikation zu verschaffen. Sie dürfen Kenntnisse über Tatsachen, die dem Fernmeldegeheimnis unterliegen, nur für den in Satz 1 genannten Zweck verwenden. Eine Verwendung dieser Kenntnisse für andere Zwecke, insbesondere die Weitergabe an andere, ist nur zulässig, soweit dieses Gesetz oder eine andere gesetzliche Vorschrift dies vorsieht und sich dabei ausdrücklich auf Telekommunikationsvorgänge bezieht. Die Anzeigepflicht nach § 138 des Strafgesetzbuches hat Vorrang.

(4) Befindet sich die Telekommunikationsanlage an Bord eines Fahrzeugs für Seefahrt oder Luftfahrt, so besteht die Pflicht zur Wahrung des Geheimnisses nicht gegenüber der Person, die das Fahrzeug führt oder gegenüber ihrer Stellvertretung.

J) Konkursordnung (KO)

(Geltungszeitraum: bis 31.12.1998)

§ 75 [Ermittlungen des Gerichts]

Das Konkursgericht kann zur Aufklärung aller das Verfahren betreffenden Verhältnisse die erforderlichen Ermittlungen, insbesondere die Vernehmung von Zeugen und Sachverständigen anordnen.

§ 100 [Auskunftspflicht des Gemeinschuldners]

Der Gemeinschuldner ist verpflichtet, dem Verwalter, dem Gläubigerausschusse und auf Anordnung des Gerichts der Gläubigerversammlung über alle das Verfahren betreffende Verhältnisse Auskunft zu geben

§ 101 [Anwesenheitspflicht des Gemeinschuldners]

(1) Der Gemeinschuldner darf sich von seinem Wohnorte nur mit Erlaubnis des Gerichts entfernen.

(2) Das Gericht kann die zwangsweise Vorführung und nach Anhörung des Gemeinschuldners die Haft desselben anordnen, wenn er die ihm von dem Gesetze auferlegten Pflichten nicht erfüllt, oder wenn es zur Sicherung der Masse notwendig erscheint.

K) Entwurf Bußgeldbescheid Siemens

B e g l a u b i g t e   A b s c h r i f t

Staatsanwaltschaft München I

Geschäftszeichen | München, den

Rechtskräftig seit

....

München,

....

Urkundsbeamter der Geschäftsstelle

<u>ENTWURF !!!</u>

In dem Ordnungswidrigkeitsverfahren

EINGEGANGEN

03. [illegible] 2003

Erled. ....

gegen die

Siemens Aktiengesellschaft,

– Nebenbetroffene –

Wittelsbacherplatz 2, 80333 München, gesetzlich vertreten durch den Vorstand

Verteidiger:

Rechtsanwälte Dr. Eckhart Müller und Klaus Gussmann, Brunnstr. 1, 80331 München

erlässt die Staatsanwaltschaft München I als gemäß § 42 Abs. I, II OWiG zuständige Behörde folgenden

<u>Bußgeldbescheid</u>

I. Gegen die Nebenbetroffene wird wegen einer ihr zurechenbaren Ordnungswidrigkeit der Aufsichtspflichtverletzung gemäß § 30 IV OWiG eine Geldbuße in Höhe von

Euro 395.000.000,00

(in Worten: dreihundertfünfundneunzig Millionen Euro)

festgesetzt.

Justizgebäude: Nymphenburger Str. 16, 80335 München | Telefon (Vermittlung): 5597-06 | Nachtbriefkästen (für fristgebundene Anträge) | Verkehrsverbindungen:
Postanschrift: Postfach, 80097 München | Telefon (Dienststelle): 5597- | • Strafjustizzentrum Eingang Sandstraße | Haltestelle Stiglmaierplatz
Telefax: 5597-[illegible] | • Justizpalast Hauptausgang Prielmayerstr. 7 | U-Bahn, Trambahn

§ 30 OWiG-Bescheid EntwurfIV.doc

II. Der Nebenbetroffenen wird gestattet, die Geldbuße bis spätestens drei Wochen ab Rechtskraft dieses Bescheides zu bezahlen.

III. Die Nebenbetroffene trägt die durch die Nebenbeteiligung entstandenen Kosten dieses Verfahrens und ihre notwendigen Auslagen.

Angewendete Vorschriften:
§§ 30, 130 Abs. 1, 42 OWiG.

Gründe

I.

1. Die Siemens AG, im Handelsregister des Amtsgerichts München unter der Registernummer HRB 6684 mit Firmensitz in Berlin und München eingetragen, zählt zu den weltweit größten Firmen der Elektrotechnik und Elektronik.

Das Unternehmen beschäftigt weltweit zurzeit ca. 430.000 Mitarbeiter (Stand 2008) und ist in über 190 Ländern mit Niederlassungen vertreten. Die Siemens AG verfügt über zahlreiche Tochtergesellschaften mit unterschiedlichen Beteiligungsverhältnissen. Der Konzern war auf den Gebieten Information and Communications, Automation and Control, Power, Transportation, Medical und Lighting tätig. Im Geschäftsjahr 2007 betrug der Gesamtumsatz des Konzerns 72,4 Mrd. Euro, nach 87,325 Mrd. Euro im Jahr 2006 und 75,445 Mrd. Euro im Jahr 2005. Der Gewinn nach Steuern stieg von 2,248 Mrd. Euro 2005 über 3,033 Mrd. Euro 2006 auf 4,038 Mrd. Euro im Jahr 2007. Mehr als 80 Prozent des Umsatzes wurden außerhalb Deutschlands erzielt. Die Siemens AG produziert weltweit an rund 290 Standorten.

2. Der Gesamtvorstand der Siemens AG nahm nach § 5 Ziffer 1 der Geschäftsordnung des Vorstandes (im folgenden „GO" genannt) die nach dem deutschen Aktiengesetz (AktG) festgelegten Rechte und Pflichten des Vorstandes wahr. Er entwickelte die strategische

Ausrichtung des Unternehmens und sorgte für ihre Umsetzung. Zudem hatte er nach § 2 Ziffer 2 GO die Aufgabe, für ein angemessenes Risikomanagement und –controlling Sorge zu tragen. Die übrigen nicht durch Gesetz oder Satzung dem Gesamtvorstand zugewiesenen Aufgaben wurden dem sogenannten Zentralvorstand der Siemens AG übertragen (§ 5 Ziffer 2 GO).

Der Zentralvorstand der Siemens AG war ein Ausschuss des Gesamtvorstandes. Der Zentralvorstand hatte die Aufgabe, das in den Geschäftsbereichen der Siemens AG geführte operative Geschäft zu überwachen. Ihm gehörten neben dem Vorstandsvorsitzenden und den Leitern der Zentralabteilungen Finanzen und Personal weitere Vorstandmitglieder an, die mit Zustimmung des Aufsichtsrates vom Vorstand gewählt wurden (§ 1 Ziffer 3 GO). Mitglieder des Gesamtvorstandes, die nicht zugleich auch Mitglied des Zentralvorstandes waren, wurden hausintern als „stellvertretende Vorstände" bezeichnet. Den einzelnen Zentralvorständen waren nach § 10 Ziffer 1 GO einzelne Geschäftsbereiche sowie bestimmte Regionen der Welt zur Betreuung zugeordnet. Die Zentralabteilungen der Siemens AG wurden entweder von Zentralvorständen selbst geführt oder sind ihnen zur Überwachung zugewiesen.

Die Geschäftsbereiche der Siemens AG waren eigenständige unternehmerische Einheiten, die für alle auf ihr Arbeitsgebiet entfallenden Entwicklungs-, Fertigungs- und Vertriebsaktivitäten als auch für ihr Ergebnis verantwortlich waren. Sie wurden geleitet von sogenannten Bereichsvorständen, die im Rahmen der Unternehmenspolitik und der Geschäftspolitik der Siemens AG selbständig handelten (§ 2 der Geschäftsordnung der Bereichsvorstände), die allerdings keine Organeigenschaft im aktienrechtlichen Sinn hatten. Sie unterlagen der Überwachung durch den Zentralvorstand und hatten diesem zu berichten (§ 10 Ziffer 2 GO).

Gemäß § 130 OWiG hatte der Gesamtvorstand der Siemens AG diejenigen Aufsichtsmaßnahmen zu ergreifen, die erforderlich waren, um die Begehung von Straftaten aus dem Unternehmen heraus zu verhindern.

II.

1.

2. Als Mitglied des Gesamtvorstandes der Siemens AG hatte der Betroffene eine eigene allgemeine Complianceverantwortung. Diese stellt eine zentrale Aufgabe der Unternehmensleitung im Sinne von § 76 Abs. 1 AktG dar. Das „Tagesgeschäft" der Compliance jedoch kann auf ein einzelnes Vorstandsmitglied übertragen werden, wodurch bei den übrigen Vorstandsmitgliedern, wenn sie nicht eine besondere Bindung an bestimmte Vorgänge aufgrund anderer Kompetenzen haben, nur noch eine allgemeine Kontrollaufgabe verbleibt. Diese allgemeine Kontrollaufgabe ist Ausfluss der Gesamtverpflichtung des Vorstands auf das Unternehmenswohl. Von der Übertragungsmöglichkeit hat die Siemens AG erstmalig mit Z-Rundschreiben 5/2005 vom 01.10.2005, durch das die eingerichtete Compliance-Struktur bei „Corporate Personnel" zugeordnet wurde, Gebrauch gemacht. Das vorher anlässlich des Listings der Siemens AG an der NYSE durch Z-Rundschreiben vom 25.7.2001 eingeführte Programm „Compliance im Wettbewerb" sah noch keine Einzelübertragung auf ein Vorstandsmitglied vor. Das Programm „Compliance im Wettbewerb" bestand aus der Einführung der Business Conduct Guidelines und den Regeln zu deren Implementierung. Es machte jedoch kein einzelnes Vorstandsmitglied insoweit zum Organisations- und Kompetenzträger. Somit blieben alle Vorstandsmitglieder als Ausfluss ihrer aktienrechtlichen Gesamtverantwortung gemeinsam für die Implementierung und Überwachung der Compliance-Organisation verantwortlich. Deswegen wurde auch der Gesamtvorstand der Siemens AG in bestimmten Abständen durch den Chief Compliance Officer über compliancerelevante Themen informiert.

Durch das Z-Rundschreiben 5/2005 wurde im Ergebnis keine wirksame Entlastung der übrigen Vorstandsmitglieder erreicht. Denn nach den getroffenen Regelungen war unklar, welches Vorstandsmitglied die Hauptverantwortung für Compliance zu tragen hatte. Zwar wurde das Compliance Office nunmehr durch den Personalvorstand „betreut" und die Wahrnehmung der Compliance Aufgaben bei Corporate World zusammengefasst. Berichten sollte der Chief Compliance Officer jedoch an den Zentralvorstand und an den Prüfungsausschuss. Zudem häuften sich ab diesem Zeitpunkt die dem Gesamtvorstand berichteten Verdachtsfälle auf Korruptionsvorgänge. Aus dieser Häufung ergab sich, dass die bisherige Compliance-Organisation nicht ausreichend effektiv war. Die Beibehaltung der bisherigen Strukturen schied daher zwingend aus und damit wäre das gesamte Gremium im Rahmen einer Neubewertung und

Verbesserung der Strukturen und Methoden einzubinden gewesen. Jedenfalls eine verstärkte ressortübergreifende Überwachung der Einhaltung der Compliance wäre damit erforderlich gewesen.

3. Für die Mitglieder des Gesamtvorstandes der Siemens AG ergaben sich aufgrund ihrer Teilnahme an Sitzungen des Gesamtvorstandes Hinweise auf massive Probleme bei der Compliance und auf schwarze Kassen, die zur Vornahme von Bestechungszahlungen genutzt wurden.

a. Vorstandssitzung vom 16.04.1999

In der Vorstandssitzung vom 16.04.1999 wurde durch , dem Justitiar der Siemens AG, über verschiedene Vorfälle in der Vergangenheit berichtet. Daraufhin erklärte der damalige Vorstandsvorsitzende der Siemens AG dass die Compliance-Maßnahmen zur Organisations- und Aufsichtspflicht im Unternehmen sehr ernst genommen werden müssten. Die Vielzahl der Ermittlungsverfahren sei besorgniserregend.

b. Vorstandssitzung vom 25.04.2000

In der Vorstandssitzung vom 25.04.2000 präsentierte 'einen Vorschlag zur zentralen Erfassung sogenannter Business Consulting Agreements (BCAs). Diese Verträge und die Einschaltung von Beratern waren eine – auch vom Vorstand der Siemens AG erkannte – einfache Möglichkeit, Gelder aus dem Unternehmen zu ziehen und die „Berater" Schmiergeldzahlungen abwickeln zu lassen. Dieser Vorschlag wurde jedoch nicht aufgegriffen, sondern lediglich festgestellt, dass „einheitliche Richtlinien für alle Bereiche nicht aufgestellt werden könnten wegen der unterschiedlichen Geschäftsgepflogenheiten." Aufgabe der Rechtsabteilung sei es, auf die Probleme aufmerksam zu machen. Zum Schluss wurde noch einmal unterstrichen, wie wichtig es sei, ausschließlich im legalen Bereich Geschäfte zu tätigen. Als Ergebnis der Sitzung gab es gerade keine zentrale Überwachung von Beraterverträgen und auch keine einheitlichen Standards für die Frage der Zulässigkeit solcher Verträge. Damit existierten eben gerade keine Festlegungen von Verhaltensweisen, die einen legalen Umgang mit diesem (erkanntermaßen) zwiespältigem Instrument garantiert hätten. Mit der Delegation des Problems „BCAs" auf die Rechtsabteilung wird der Grundsatz der zentralen Wahrnehmung von Verantwortung verletzt. Ferner wurde die zusätzliche Gefahr geschaffen, dass sich die

Rechtsabteilung, die von den eigentlichen Geschäftsbeziehungen im Zweifel keine vertieften Kenntnisse hatte, auf eine „Formalkontrolle" beschränkt.

Wie wenig wichtig das Thema Korruptionsbekämpfung auf Vorstandsseite genommen wurde lässt sich sehr deutlich im Protokoll dieser Sitzung entnehmen. Während die Verantwortung für die Betreuung der BCAs der Rechtsabteilung überlassen wurde, äußerten und weitere Mitglieder des ZV in eben dieser Sitzung ihre klare und unmissverständliche Einstellung, dass die Kartellvorschriften zwingend eingehalten werden müssten.

c. Vorstandssitzung vom 23.07.2002

In der Vorstandssitzung vom 23.07.2002 referierte wiederum über Compliance im Unternehmen. Herr unterstrich „die strafrechtliche Verantwortung von Mitgliedern der Unternehmensführung ... nicht nur für das, was sie wüssten, sondern für alles, was sie bei ordentlicher Erfüllung ihrer Aufsichtspflicht hätten wissen müssen". Irgendwelche konkreten Umsetzungsschritte, um diesen richtigen Ansatz auch umzusetzen, finden sich jedoch nicht. Wie wenig wichtig seitens der damaligen Vorstandsmitglieder das Thema „Compliance" tatsächlich genommen wurde, zeigt sich nicht zuletzt daran, dass der Chief Compliance Officer erst fast zwei Jahre später, nämlich in der Vorstandssitzung vom 26.04.2004, wieder vom Vorstand gehört wurde.

d. Vermerk vom 27.12.2002

Am 27.12.2002 leitete einen Vermerk an weiter. In diesem Vermerk wurde darüber berichtet, dass die Kriminalpolizei München ein detailliertes Auskunftsersuchen an die Siemens AG gestellt habe. Grundlage hierfür sei ein Verfahren der Staatsanwaltschaft Bozen wegen des Verdachtes der Geldwäsche. Anlass für die Ermittlungen seien drei Projekte des Geschäftsbereiches Information and Communication Networks (ICN). Für diese Projekte seien über Beraterverträge unter Beteiligung von Siemensmitarbeitern ca. 10 Millionen DM an Banken u.a. auf den Kanalinseln bezahlt worden. Der Vermerk enthält die Einschätzung, dass es „nicht sinnvoll" sei, auf das Auskunftsverlangen hin Informationen zu präsentieren.

e. Durchsuchungsbeschluss vom 24.02.2003

Am 17.06.2003 übermittelte an und den bereits vollzogenen Durchsuchungsbeschluss, welchen das Amtsgericht München am 24.02.2003 für die Geschäftsräume der Siemens AG erlassen hatte. Hintergrund des Durchsuchungsbeschlusses war ein Rechtshilfeersuchen der Staatsanwaltschaft Bozen wegen der oben erwähnten Zahlungen in Höhe von 10 Mio. DM. Die Begründung des Beschlusses enthielt den Verdacht auf Schmiergeldzahlungen und Details der Zahlungsabwicklung über einen Beratervertrag.

f. Vermerk vom 10.11.2003

erhielt von der Complianceabteilung am 10.11.2003 eine Analyse zu Barzahlungen im Geschäftsbereich ICN an Business Consultants. In dem Vermerk heißt es u.a., dass aufgrund der Höhe der Provisionszahlungen und der Art ihrer Abwicklung Anhaltspunkte für den Verdacht der Amtsträger- bzw. Angestelltenbestechung im Ausland bestünden. Auch wurden Verstöße gegen die Business Conduct Guidelines festgestellt.

g. Vermerk vom 18.11.2003

_ legte am 18.11.2003 zur Vorbereitung auf eine geplante Vorstandssitzung einen Bericht vor, in dem zahlreiche Verbesserungsvorschläge für die Erhöhung der Effizienz der Compliance Organisation gemacht wurden. Darin wurde u.a. vorgeschlagen, dass die Group Compliance Officer und die anderen Compliancebeauftragten ausschließlich Complianceaufgaben erfüllen sollten. Außerdem sollten sie nur den fachlichen Weisungen des Corporate Compliance Officers unterliegen und von ihren Unternehmenseinheiten fachlich unabhängig sein. Des Weiteren wurde angeregt, dem Corporate Compliance Officer ein Weisungsrecht gegenüber den Revisionsabteilungen für die Durchführung der Ermittlungen einzuräumen. Die Vorschläge wurden nicht weiterverfolgt.

h. Vorstandssitzung vom 26.04.2004

In dieser Sitzung wies auf die besondere Bedeutung der Beraterverträge und deren möglichen Missbrauch zur Gewährung von unberechtigten Vorteilen hin. Obwohl nach Auffassung von bei Siemens bereits seit geraumer Zeit angemessene Compliance-

Richtlinien für den Umgang mit Beratern bestanden, machte er den Vorstand erneut auf die Problematik aufmerksam. Zudem unterstrich er, dass es hier nicht auf die gewählte Form, sondern auf den tatsächlich beabsichtigten Zweck ankomme. Verschleierungsmaßnahmen könnten sogar strafschärfend gewertet werden.

Außerdem machte den Vorstand auf eine zum 01.10.2004 in Kraft tretende Änderung der US Sentencing Guidelines aufmerksam, wonach strengere Anforderungen an die Effizienz von Compliance Programmen gestellt werden. Demnach müssten Unternehmen zukünftig nachweisen, dass ihre Leitung eine „active leadership role" für das Compliance Programm übernehme. Die Compliance Organisation müsse über ausreichend Befugnisse und Mittel verfügen, um ihre Aufgabe auch tatsächlich erfüllen zu können. Die Erfüllung dieser Anforderungen erfordere eine nachhaltige Änderung der Compliancestruktur der Siemens AG.

i. Vorstandssitzung vom 09.11.2004

In dieser Sitzung berichtete abermals über eine Vielzahl von Verdachtsfällen auf Korruption durch Siemensmitarbeiter. Er erwähnte u.a. Ermittlungen gegen vier Mitarbeiter des Geschäftsgebietes PG. Man habe der Staatsanwaltschaft Frankfurt 14 Zahlungsvorgänge mitgeteilt, deren Zahlungsgrund zweifelhaft sei. Es sei nicht möglich gewesen, Feststellungen über die konkreten Zahlungsempfänger und die konkreten Leistungen zu treffen. Hinter diesen Zahlungen verbarg sich eine außerordentlich große schwarze Kasse des Geschäftsgebietes PG.

wies in seinem Bericht darauf hin, dass es Defizite bei der Implementierung des Compliance Programms in den Regionen gebe. Es bestünde Handlungsbedarf, da der Verfolgungsdruck der Ermittlungsbehörden in nächster Zeit weiter zunehmen werde.

j. Vorstandssitzung vom 23.11.2005

berichtete in dieser Sitzung über die Auswertung der Berichte der Group Compliance Officers (GCO) und der Regional Compliance Officers (RCO). Die Überprüfung der bestehenden Beraterverträge habe den Berichten der RCO's zufolge in den meisten Fällen ergeben, dass entweder solche Verträge nicht existierten oder dass mögliche Verletzungen der Gesetze oder der Business Conduct Guidelines nicht ersichtlich seien. stellte fest, dass die Korrektheit dieser Aussage angesichts des bekannten Geschäftsumfeldes beispielsweise im asiatischen Raum in Frage gestellt werden müsse. Die Aussage begründe auch Zweifel an der Qualität der RCO.

k. Vorstandssitzung vom 24.01.2006

In dieser Sitzung des Gesamtvorstandes der Siemens AG teilte u.a. mit, dass im August 2005 durch die schweizerischen Bundesanwaltschaft Konten beschlagnahmt wurden, die ein Mitglied des Vorstandes der Landesgesellschaft Griechenland treuhänderisch geführt habe. Dieser habe der Bank gegenüber mitgeteilt, dass die auf den Konten erfolgten Geldeingänge im Wesentlichen von Siemens stammten. Von Januar 2001 bis August 2005 seien Zuflüsse in Höhe von 37 Mio. € festgestellt worden.

l. Vorstandssitzung vom 08.11.2006

Dem Jahresbericht ließ sich entnehmen, dass in einigen Bereichen bei der Überprüfung von bestehenden Beraterverträgen „problematische Fälle" zu Tage getreten waren. Die Zahl der Beraterverträge habe dem Bericht zufolge inzwischen stark abgenommen. Ob es bei der Implementierung des Compliance Programms Fortschritte gab, konnte das Compliance Office allerdings nicht zuverlässig einschätzen. berichtete von zahlreichen anhängigen Ermittlungsverfahren wegen des Verdachtes der Bestechung, bei denen illegale Zahlungen über Beraterverträge abgewickelt worden waren.

4. Das Compliance-System der Siemens AG war nicht hinreichend effektiv, um die Bildung von schwarzen Kassen und damit die Zurverfügungstellung von Geldern für Schmiergeldzahlungen zu verhindern.

So war -wie eingangs bereits erwähnt - unklar, wer auf der Ebene des Gesamtvorstandes die Hauptverantwortung für Compliance hatte. Mit dem Z-Rundschreiben 5/2005 wurde insoweit eine unklare Regelung getroffen.

Die gesamte Compliancestruktur der Siemens AG war derart schwach ausgestattet, dass eine tatsächliche Umsetzung der Compliancevorgaben schlicht nicht möglich war.

Die personelle Ausstattung des Chief Compliance Office war evident unzureichend. Im Chief Compliance Office waren bis zum Ende des Jahres 2006 lediglich sechs Mitarbeiter tätig. Der

Chief Compliance Officer der Siemens AG widmete sich mit nur 25 % seiner Arbeitszeit überhaupt Compliancethemen und war im Übrigen mit anderen Aufgaben befasst.

Auch die Ausstattung der Group Compliance Offices in den Geschäftsbereichen der Siemens AG war mangelhaft. So waren z.B. auch die Group Compliance Officer der Geschäftsbereiche Power Generation und Power Transmission and Distribution nur zu einem Teil ihrer Zeit mit Compliance beschäftigt. Es kam auch vor, dass Personen zu Group Compliance Officern ernannt wurden, die bekanntermaßen selbst in Schmiergeldzahlungen involviert waren.

Das Chief Compliance Office hatte keine Befugnisse, um in eigener Zuständigkeit selbst Untersuchungen von compliancerelevanten Vorgängen durchführen zu können. Vielmehr war es insoweit auf die Unterstützung durch die Revisionsabteilungen der Siemens AG angewiesen, ohne für die Ermittlungen selbst ein eigenes Weisungsrecht zu haben.

Es gab kein hinreichend wirksames Kontrollsystem für die tatsächliche Umsetzung der Compliance Richtlinien in den Geschäftsbereichen. Vielmehr wurden hier lediglich Self-Assessments als geschäftsbegleitende Kontrollen gemacht, die wenig effizient waren. Eine Überprüfung dieser Self-Assessments war nicht vorgesehen.

Das dem Vorstand hinlänglich bekannte Problem des Missbrauches von Beraterverträgen wurde erst mit dem Z-Rundschreiben 22/2005 überhaupt angegangen. Aber auch hier wurde der Vorschlag des Chief Compliance Officers aus dem Jahr 2000 (zentrale Erfassung aller Beraterverträge) nicht umgesetzt.

5. Das Verfahren gegen den Betroffenen: § 47 Abs. 1 OWiG eingestellt. Bei ihm liegen besondere Umstände vor, die eine Ahndung nicht als angemessen und notwendig erscheinen lassen.

Infolge des unzureichenden Compliancesystems kam es auch im Zeitraum vom August 2003 bis November 2006 in verschiedenen Geschäftsbereichen der Siemens AG zur Bildung von schwarzen Kassen über Scheinberaterverträge und zu Bestechungshandlungen für die Erlangung von Aufträgen ~~im Ausland~~

. Hierdurch erlangte die Siemens AG wirtschaftliche Vorteile (Gewinn sowie Marktvorteile) im Wert von mindestens 394.750.000,- €

IV.

~~Betroffene~~

fällt damit unter § 30 Abs. 1 Nr. 1 OWiG. Da das

Verfahren gegen den Betroffenen nach § 47 OWiG eingestellt wurde, ist nach §§ 30 Abs. 4, 130 OWiG gegen die Siemens AG eine Geldbuße selbständig festzusetzen.

V.

Für die Bemessung der Höhe der Geldbuße gilt zunächst § 130 Abs. 3 S. 1 OWiG (§ 30 Abs. 2 S. 2 OWiG). Die Geldbuße beträgt demnach bis zu einer Million Euro. Nach § 17 Abs. 2 OWiG kann aber fahrlässiges Handeln, welches hier dem Betroffenen zur Last lag, im Höchstmaß nur mit der Hälfte des angedrohten Höchstbetrages der Geldbuße geahndet werden, also mit fünfhunderttausend Euro.

§ 30 Abs. 3 OWiG erklärt darüber hinaus die Regelung des § 17 Abs. 4 OWiG für entsprechend anwendbar. Danach soll die Geldbuße den wirtschaftlichen Vorteil übersteigen, den das Unternehmen aus der Tat gezogen hat. Zu diesem Zweck darf gegebenenfalls das gesetzliche Höchstmaß der Geldbuße überschritten werden, § 17 Abs. 4 Satz 2 OWiG. Aus diesen gesetzlichen Vorgaben folgt, dass der wirtschaftliche Vorteil, welcher der Nebenbeteiligten aus der Tat zugeflossen ist, rechnerisch die unterste Grenze der Geldbuße darstellt.

Der Begriff des wirtschaftlichen Vorteils bezeichnet dabei die erzielten Erlöse, aber auch mittelbare Vorteile wie Marktvorteile. Diesen rechtswidrig erlangten Vermögensvorteil, der abzuschöpfen ist, schätzt die Staatsanwaltschaft vorliegend auf 394.750.000 Euro. Hierbei legt sie das Ergebnis ihrer Ermittlungen und die eigenen Angaben der Siemens AG, die glaubwürdig und nachvollziehbar sind, zugrunde. Bei der Höhe der Gewinnabschöpfung wurde bereits berücksichtigt, dass auch durch die amerikanischen Behörden eine Gewinnabschöpfung zu erwarten ist. Dadurch wird ausgeschlossen, dass derselbe Gewinn von den beteiligten Behörden mehrfach abgeschöpft wird.

Zusätzlich ist der Abschöpfungsteil der Geldbuße um den Ahndungsteil zu erhöhen. Zumessungsgrundlage ist hierbei gemäß § 17 Abs. 3 OWiG analog die Bedeutung der Straftat, also Gewicht und Ausmaß der Pflichtverletzung, deren Häufigkeit, die Schwere des Schadens und die Auswirkungen des Verstoßes.

Zugunsten der Siemens AG konnte erheblich mildernd berücksichtigt werden, dass sie während den Ermittlungen in außergewöhnlich großem Umfang mit den Ermittlungsbehörden kooperiert hat und ihnen jede Unterstützung bei der Aufklärung der Vorwürfe gewährt hat. Auch wurde mittlerweile ein neues, umfangreiches und ernstzunehmendes Compliance-Programm geschaffen. Zudem hat die

Siemens AG auch erhebliche personelle Konsequenzen gezogen. So wurden z.B. nahezu der gesamte Vorstand einschließlich des Vorstandsvorsitzenden und der Aufsichtsratsvorsitzende ausgewechselt.

Zugunsten der Nebenbetroffenen wurde berücksichtigt, dass der Vorwurf des Aufsichts- und Kontrollverschuldens durch den Gesamtvorstand jedenfalls für den Geschäftsbereich Information and Communication Networks (ICN) durch den Beschluss des Landgerichtes München I vom 03.10.2007 in einem Teilbereich bereits geahndet worden ist. Auch wurde mildernd gewertet, dass die Siemens AG durch die amerikanischen Behörden u.a. wegen des Vorwurfes des unzureichenden internen Kontrollsystems eine erhebliche Strafe zu erwarten hat.

Zulasten der Nebenbetroffenen war allerdings in Erwägung zu ziehen, dass es bei der Siemens AG in der Vergangenheit über einen langen Zeitraum hinweg und in vielen Geschäftsgebieten zur Bildung von schwarzen Kassen gekommen ist. In diese Kassen flossen erhebliche Summen. Die Zahlung von Bestechungsgeldern aus durch Scheinberaterverträge gespeisten schwarzen Kassen war in manchen Geschäftsbereichen ein akzeptierter Teil der Unternehmensstrategie. In diese Strategie waren auch hochrangige Manager bis hin zu Bereichsvorständen selbst unmittelbar eingebunden. Zur Verschleierung der Zahlungswege wurde dabei nicht unerhebliche kriminelle Energie eingesetzt. Diese Praxis wurde dadurch ermöglicht, dass gerade der Gesamtvorstand der Siemens AG nicht ausreichend klar machte, dass auf solche Geschäfte, die nur mit dem Einsatz von Schmiergeldern gewonnen werden können, verzichtet werden müsse. Stattdessen wurden die Erwartungen an die Geschäftsbereiche von Jahr zu Jahr immer höher geschraubt. Zugleich sorgte der Gesamtvorstand für keine durchgreifenden Verbesserungen des erkennbar unzureichenden Compliancesystems. Es gab zudem keine deutlichen Konsequenzen für Mitarbeiter, die an der Abwicklung von illegalen Zahlungen beteiligt waren. Durch dieses „Wegsehen" wurden die an der Vornahme der Zahlungen beteiligten Mitarbeiter erkennbar in ihrer Annahme bestärkt, dass ihr Handeln mit Rückendeckung des Gesamtvorstandes erfolgte.

Insgesamt gesehen erachtet die Staatsanwaltschaft München I vorliegend wegen der großen Kooperation des Unternehmens und den zu erwartenden Sanktionen in den USA eine Ahndung im mittleren Bereich, also in Höhe von 250.000,- Euro, für angemessen. Die gegen die Nebenbetroffene festgesetzte Geldbuße ist unter Berücksichtigung aller Umstände innerhalb des gesetzlichen Bußgeldrahmens angemessen und ausreichend, in dieser Höhe aber auch notwendig.

VI.

Die Entscheidung über die Kosten (Gebühren und Auslagen) und die Auslagen der Nebenbeteiligten beruht auf §§ 105 Abs. 1 OWiG i.V.m. §§ 464 ff. StPO.

Beweismittel:

Zeugen:

Urkunden
Sämtliche in der Ermittlungsakte enthaltenen Beweismittel